Renate Fischer

# Tanzen mit Kindern

Spielformen – Technik – Improvisation – Gestaltung

# Renate Fischer

# Tanzen mit Kindern

Spielformen – Technik – Improvisation – Gestaltung

BOSSEVERLAG
MUSIK UND PÄDAGOGIK

4. Auflage 2022
© 1998 by Gustav Bosse Verlag / Bärenreiter-Verlag Karl Vötterle GmbH & Co. KG, Kassel
Alle Rechte vorbehalten / Printed in Germany
Nachdruck bedarf der Genehmigung des Verlages
ISBN 987-3-7649-2666-3

# *Symbole, Begriffe und Abkürzungen*

## Symbole:

| | |
|---|---|
| ∩ | Mädchen; Die Rundung gibt die Blickrichtung an. |
| ∧ | Junge; Die Spitze (Nase) gibt die Blickrichtung an. Dieses Zeichen wird hier im allgemeinen zu Gunsten von übersichtlichen Tanzzeichnungen für Jungen und Mädchen verwendet. In Paartänzen werden beide Zeichen ∩ und ∧ verwendet, um eine unterschiedliche Rolle zweier Partner zu verdeutlichen. Je nach Zusammensetzung der Gruppe werden die Paare von zwei Mädchen, zwei Jungen oder einem Mädchen und einem Jungen gebildet. |
| ⟶ | Pfeile geben die Bewegungsrichtung an. In der Verbindung mit dem Zeichen für das tanzende Kind ergibt sich die Schrittrichtung, z. B.: |
| ↑∧  ∧⟶  ∧↓ | vorwärts, seitwärts, rückwärts |
| ┄┄> | ein zweiter Weg, der anschließend an einen durch einen ⟶ bezeichneten getanzt wird |
| ↺ ↻ | eine ganze Drehung um die linke/rechte Schulter |
| ↶ ↷ | eine halbe Drehung um die linke/rechte Schulter |
| ↖ ↗ | eine viertel Drehung um die linke/rechte Schulter |
| ♫ ♩ | Noten stehen für das relative Tempo der Schritte (siehe *Fortbewegungsarten*) |
| ♩ ♩ | Ein Pfeil über zwei Schritten bezeichnet einen Sprung, wobei die erste Note den Absprung, die zweite die Landung darstellt. |
| \| | ein Taktstrich, der gelegentlich auch in rhythmisch gesprochenen Versen auftaucht |
| r l | rechts und links |
| rl | Sprung auf beide Beine |
| (r) (l) | Rechtes/linkes Bein werden unbelastet (ohne Gewicht) aufgesetzt |
| r̲ l̲ | Stampfschritt |
| (r̲) (l̲) | Stampfschritt ohne Belastung des stampfenden Beines |
| x̄ x̲ | Angegebener Fuß kreuzt vor/hinter dem anderen. |
| ⋏ ⋎ | Strecken der Beine (relevé) und Beugen der Beine (plié) |

7

# Begriffe:

| | |
|---|---|
| gegengleich | Rechts und links werden vertauscht. |
| plié | (gebeugt) Beugen der Knie; Ein demi-plié ist eine halbe Kniebeuge, die Fersen bleiben am Boden. Beim grand-plié werden die Fersen gehoben, nur in der 2. Position bleiben sie am Boden. Im Text ist immer das demi-plié gemeint. |
| relevé | (aufgerichtet) auf den Fußballen in den Ballenstand heben |
| tendu | (ausgestreckt) ein Bein nach vorne, zur Seite oder nach hinten strecken, wobei die Fußspitze den Boden berührt |
| développé | (entwickelt) Entfaltung eines Beines von einer geschlossenen Fußposition ausgehend, über ein passé (an das Knie gezogener Fuß), bis zur Streckung |
| rond de jambe | (Kreisen des Beines) von der 1. Position ausgehend ein tendu vor, mit der Fußspitze bei gestrecktem Bein einen Halbkreis über die Seite nach hinten ziehen und wieder in die 1. Position führen<br>auch nach hinten beginnend |

# Fußpositionen:

Sind im Text die im Ballett üblichen Positionsbezeichnungen erwähnt, so sind die Beine weniger ausgedreht als im Ballett üblich. Die Zeichen r und l hinter einer Positionsbezeichnung geben an, welches Bein vorne steht (z. B. 4. Position r).

| | |
|---|---|
| 1. Position | V-Stellung: Die Fersen berühren einander. |
| 2. Position | leichter Grätschstand: Die Fersen stehen etwa eine Fußlänge voneinander entfernt. |
| 3. Position | Der vordere Fuß verdeckt den hinteren zur Hälfte. Die Füße stehen eng beieinander. |
| 4. Position | Schrittstellung: Die Füße stehen etwa eine Fußlänge voneinander entfernt. |
| 5. Position | Die Ferse des vorderen Fußes steht vor der Spitze des hinteren. |
| Schlussstand | Die Beine sind geschlossen, die Füße stehen parallel. |

# Abkürzungen:

| | |
|---|---|
| Ap | Ausgangsposition |
| Gs | Grundschritt |
| Zz | Zählzeit |

# *Vorwort*

Die meisten Kinder tanzen gerne und spontan zu Musik – ob sie mit einem halben Jahr auf allen Vieren wippen, sich später unaufhörlich im Kreise drehen, ob in der Kinderdisco oder zu Hause mit Hilfe einer buntgefüllten Klamottenkiste. Mit zunehmendem Alter trauen sie sich häufig nicht mehr.

Tanzend drücken sie ihre Freude beim Springen aus, genießen den Schwindel beim Drehen oder das elegante Gleiten eines Schwanes. Der Stolz beim Vorführen einer eigenen Idee wird sichtbar, das Bedürfnis nach Geborgenheit oder jemand ganz Besonderes zu sein.

Wie auch in anderen Kunstformen lassen sich Dinge ausdrücken, die man mit Worten nicht benennen kann. Zu tanzen ist wie zu sagen: „Ich bin".

Dabei wird ein doppelter Aspekt der Musik lebendig: der expressive und emotionale sowie der ordnende und rationale. Zu tanzen kann ebenso Selbstvergessenheit bedeuten wie auch bewusstes Wahrnehmen und Gestalten. Die Kinder können sich in die Musik einschwingen; sie finden ihre Freude und Lebenslust, ihre Ruhe, Trauer oder Angst wieder und können sie umgekehrt im Tanz ausdrücken – im bewussten Umgang mit der Struktur der Musik dagegen, im Festlegen und Gestalten erfordert sie Wachheit, Sammlung und Konzentration.

Besondere Aufmerksamkeit gilt der Musik, aus der der Tanz seine Bewegungen, Gesten, Ausdruck und Gestalt schöpft. Die Kinder begegnen Musik verschiedener Epochen und Stile, vertrauten Klängen und ungewohnter Musik, die sie im Alltag nicht hören.

Die Musik zeigt sich als Partnerin des Tanzes.

Übungen, Spiele und Tanzvorschläge dieses Buches beziehen sich vorwiegend auf die Arbeit mit Kindern zwischen fünf und zwölf Jahren. Es möchte Pädagogen, die im schulischen oder außerschulischen Bereich als Lehrer, Erzieher, Musik-, Sport- oder Sozialpädagogen mit Kindern tanzen, Anregungen geben zur Körperbildung, zum Tanzen und vor allem zur Gestaltung eigener Tänze.

Der Lesbarkeit wegen möchte ich im folgenden auf die Doppelform „der Lehrer/die Lehrerin" verzichten und die Lehrkraft als „Lehrer" bezeichnen.

Ich danke meinen „Tanzkindern" für ihren unermüdlichen Einsatz, meinem Mann Johannes Fischer für ausgedehnte Computerarbeiten, meiner Schwester, der Grundschullehrerin Beata Salehian für intensives Korrekturlesen und Ausprobieren, dem Maler Jens Jensen für seine einfühlsamen Zeichnungen und allen anderen, die mir mit Rat zur Seite gestanden haben.

Renate Fischer                                                                                      Ueberau 1998

# 1. Hinweise zur Unterrichtsgestaltung

## Tanz, Musik und Sprache als elementare Einheit

Sofia ruft zornig „böser Papa", ihr Gesicht ist finster, die Haltung energisch, der Tonfall unterstreicht, dass sie meint, was sie sagt. Ein anderes Mal sagt sie dasselbe, lacht dabei und strahlt, ihre Stimme klingt auffordernd, ihre Haltung zeigt sich zur Flucht bereit und drückt aus: „Komm, spiel mit mir!" Ein Wort kann sagen, was gemeint ist, aber Tonfall, Mimik, Gestik und Haltung bekräftigen die Einstellung und machen sie erst richtig deutlich. Einen zornigen Ausruf mit einer freundlichen Geste zu verbinden, kostet sehr viel Übung.

Klang und Tonfall der Stimme und Gestik entstehen aus ein und demselben Ausdrucksbedürfnis und hinterlassen einen Gesamteindruck. Bei Kindern ist dieser Zusammenhang besonders deutlich, aber auch bei Erwachsenen nicht zu übersehen oder zu überhören. Nicht nur bei Kindern bilden Bewegung, Sprache und Klang eine ursprüngliche Einheit.

- Sie findet sich wieder in frühen Kulturen, wenn Tanz, Gesang, der Rhythmus der Schritte und der Klang von Schmuck einer Aktion entspringen.
- In der griechischen Antike bildeten die Musen – die Schutzgöttinnen der Künste – Gesang, Musik, Tanz und Dichtung eine Einheit. Verse wurden durch Gesang und Reigentanz verwirklicht. Das Wort musike umfasste Musik, Dichtung, Tanz, Religion, Erziehung, Politik und Heilkunst und durchdrang alle Lebensbereiche. Musik und Tanz dienten der Entwicklung körperlicher und geistiger Fähigkeiten im Dienste des Staates.
- Im Mittelalter zogen professionelle Spielleute von Schloss zu Schloss und sangen und tanzten in einer Person. Auch die Lehre von Tänzen und das Musizieren lagen bei den mittelalterlichen Rittern und Damen in einer Hand.
- Zahlreiche Volks- und Kindertänze verbinden verschiedene Ausdrucksformen: Beim Tanz wird gesungen und geklatscht, auf Schenkel und Sohlen gepatscht wie beim Schuhplattler oder bei südeuropäischen Männertänzen. Mit besonderen Schuhen werden Schrittgeräusche und Rhythmen produziert wie bei Holzschuhtänzen oder im Steptanz.

Mit dem Komponisten **Carl Orff** (1895 – 1982) und dem Musikpädagogen und Urvater der Rhythmik **Emile Jaques-Dalcroze** (1865 – 1950) wurde die Verbindung von Musik und Bewegung wieder lebendig.

In der Zeit, in der viele Gymnastik- und Tanzbewegungen entstanden, gründeten Carl Orff und Dorothee Günther eine Schule für Musik, Gymnastik und Tanz, die Güntherschule. Hier sollte eine neue rhythmische Erziehung entwickelt werden, bei der Musik und Tanz sich gegenseitig durchdringen. Später stellte Orff fest:

*„Ebenso war mir klar, was dem Schulwerk bis dahin gefehlt hatte. Von kümmerlichen Versuchen abgesehen, hatten wir in der Güntherschule nie die Singstimme und das gesprochene Wort zu ihrem Recht kommen lassen. Nun waren, wie beim Kind gar nicht anders möglich, der Ruf, der Reim, das Wort, das Singen der entscheidende Ausgangspunkt. Bewegung, Singen und Spielen schlossen sich zu einer Einheit."* [1]

Die Verbindung von Sprache, Musik und Bewegung wurde zum Ausgangspunkt seiner musikalisch-tänzerischen Erziehung.

**Jaques-Dalcroze** gründete 1911 in Dresden-Hellerau die Bildungsanstalt für Musik und Rhythmus. Er ging davon aus, dass die musikalischen Elemente Klang, Rhythmus und Dynamik eine unmittelbare Entsprechung in körperlichen Vorgängen haben. Das Erleben von Rhythmus mit dem Körper fördert nicht nur die musikalischen Fähigkeiten, sondern die gesamte Persönlichkeit. Er erkannte,

*„dass das am stärksten fühlbare und direkt mit dem Leben verbundene Element in der Musik der Rhythmus, die Bewegung sei."* [2]

Mit seiner Methode, die er „rhythmische Gymnastik" nannte, und als hevorragender Improvisator am Klavier erntete er große Erfolge und Bewunderung.

Was sind nun die **Berührungspunkte zwischen Tanz, Musik und Sprache**? Es ist vor allem der Rhythmus, der in metrisch gebundener Form oder metrisch frei auftreten kann.

Doch nicht immer findet sich im Tanz eines Kindes der Rhythmus der Musik wieder. Während sich die einen im Tanz zur Musik selbstverständlich und unwillkürlich in den Rhythmus einschwingen, finden andere – besonders Vorschulkinder – von der Musik inspiriert ihren eigenen Bewegungsrhythmus oder

---

1: Carl Orff, „Das Schulwerk - Rückblick und Ausblick", aus: Orff-Institut, Jahrbuch 1963, Mainz 1964.
2: Jaques-Dalcroze, aus MGG: Bd.6.

tanzen eine Weile mit der Musik, um sich dann wieder zu lösen.

Tanzen Kinder jedoch zum eigenen Gesang oder klatschen und bewegen sich zu rhythmisch gesprochenen Versen und Reimen, so ist in der Regel die Bewegung mit Gesang oder Sprache koordiniert. Die Sprache wirkt dabei wie ein Bindeglied zwischen Musik und Bewegung, als könne sie an den Körper, an die Arme und Beine einen Befehl erteilen und unmittelbar Bewegungen auslösen. In diesem Sinne ist Tanz in Verbindung mit vokaler Begleitung ein ideales Mittel, Bewegungsabläufe zu erlernen und zeitlich zu gliedern. Besonders kleinere Kinder tanzen mit Begeisterung zu Liedern, die sie selber singen, in denen Musik, Sprache und Tanz zu einem Erlebnis werden. Ihre Freude am Klang von Stimme und Sprache kann im Unterricht einbezogen werden. Hinweise zum Umgang mit der Stimme finden sich im folgenden Abschnitt _Bewegungsbegleitung_.

Musik und Bewegung können darüber hinaus, losgelöst von einem unmittelbaren Zusammenwirken, in Form eines komplexen Zusammenspiels in einen „Dialog" treten (z. B Kontraste, Echo, Variation oder ein die Unabhängigkeit beider Ausdrucksmittel betonendes scheinbares Nebeneinander). Differenzen und **Kontraste zwischen Klang und Bewegung** als Gestaltungsmittel können außerordentlich spannend sein. Eine fließende Körperbewegung kann mit einem scharfen Klang gewiss eine sehr innige Verbindung eingehen. Mit älteren Kindern, die Klang und Bewegung voneinander loslösen können, kann mit den vielfältigen Möglichkeiten von Klang und Bewegung gearbeitet werden. Ein Kontrast oder ein Nebeneinander von Unterschiedlichem verstärkt die Eigenheit der einzelnen Elemente. Eine schnelle Bewegungsfolge, verbunden mit langsamen, weichen Schlägen oder gleitenden Klängen kann sehr „stark" werden. Sie muss sich behaupten. Klang und Bewegung behalten ihren eigenen Charakter, der im Zusammenwirken noch verstärkt wird. Im Unterricht mit Kindern, die – je jünger, desto mehr – Musik und Tanz als Einheit erleben, steht jedoch das Zusammenspiel beider Elemente im Mittelpunkt.

# _Bewegungsbegleitung_

Im Unterricht hat Bewegungsbegleitung einen hohen Stellenwert. Sie gibt der Bewegung Ausdruck und Struktur, hilft beim Lernen einer neuen Bewegung und inspiriert die Suche nach eigenen Ideen. Sie motiviert und steigert die Ausdauer und trägt dazu bei, den Unterricht abwechslungsreich zu gestalten.

Bewegungsbegleitung ist in diesem Zusammenhang verstanden als Zusammenspiel von Musik und Bewegung im Sinne einer gegenseitigen Unterstützung durch weitgehende Übereinstimmung der Parameter von Klang und Bewegung (insbesondere von Tempo, Rhythmus und Artikulation).

Dabei lassen sich unterschiedliche Formen des Zusammenspiels unterscheiden. Der Tanzende kann sich der Musik anpassen. Dahinter verbirgt sich die Aufforderung: „Zeige, was du hörst". Umgekehrt kann sich die Musik, verkörpert durch einen Instrumentalisten, dem Tanzenden anpassen. Dahinter steht die Aufforderung: „Spiele, was du siehst". Musik und Bewegung können in einer Person hervorgebracht werden, wenn sich die Kinder selbst in der Bewegung begleiten (Abb.). Musik kann darüber hinaus Bewegung und Tanz untermalen und Stimmung und Ausdruck unterstützen.

Nicht immer ist eine Begleitung sinnvoll. In manchen Unterrichtsphasen tanzen und bewegen sich die Kinder in ihrem individuellen Tempo, sie erfinden und üben Bewegungen, ohne sich in ein vorgegebenes Tempo einzufügen. Bewegungen ohne Musik können eine ganz eigene Ausdruckskraft besitzen. Die Aufmerksamkeit richtet sich intensiver auf den Körper.

Bewegungsbegleitung kann in vielfältiger Form auftreten: mit der **Sprech- und Singstimme**, **Klanggesten**, **elementaren Instrumenten**, **Instrumentalspiel des Lehrers** und mit **Kassetten und anderen Tonträgern**.

# Die Sprech- und Singstimme

In einem Tanzlied wie bei „Brüderchen, komm tanz mit mir" wird zum eigenen Gesang getanzt. Musik, Tanz und Sprache treffen in einem Ereignis zusammen, und die Koordination aller drei Elemente entsteht von selbst. Auch zum Erlernen von Tanzschritten und Bewegungsabläufen kann die Stimme so eingesetzt werden, dass eine Übereinstimmung von Musik und Bewegung entsteht. Das kann in Form von rhythmisch gesprochenen Versen und von Liedern geschehen.

Ist die Bewegung verinnerlicht, fällt die vokale Begleitung wieder weg.

Auf welche Art und Weise kann die **Sprache** das Zusammenwirken von Musik und Bewegung unterstützen? Ein Schüler vernimmt zum einen die Worte seines Lehrers mit ihrer Bedeutung, den semantischen Zusammenhang, zum anderen den Tonfall, der die Absicht der Worte unterstreicht, deutet oder verstärkt (oder auch etwas Gegenteiliges aussagt, so dass das Gesagte eine Interpretation erfährt). Besonders bei Tanz und Musik, beides Darstellungsformen, die nicht mit Worten einen Ausdruck hervorrufen, nutzt ein Lehrer bewusst oder unbewusst, mehr oder weniger seine Stimme, um einen tänzerischen oder musikalischen Ausdruck hervorzurufen.

Diese beiden Elemente, die Wortbedeutung und die Art zu sprechen, können in der vokalen Begleitung einer Bewegung Anwendung finden: Die vokale Begleitung bezeichnet, was man tut und wie man es tut, d. h. die Sprache übernimmt die Funktion eines **Hilfstextes**. Dabei wird vor allem der Rhythmus der Sprache von Kindern unwillkürlich in der Bewegung aufgenommen. Aber auch Artikulation, Dynamik und Stimmlage finden sich in der Bewegung wieder:

1. Der Begriff **Rhythmus** bezieht sich auf die zeitliche Gestaltung eines Ablaufs mit Hebungen, Senkungen, Längen und Kürzen. Der Lehrer wählt Worte und Silben, die zeitgleich zur Bewegung mitgesprochen werden und benennen, was getanzt wird

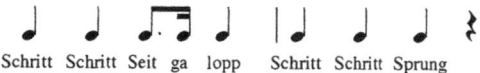

Schritt Schritt Seit ga lopp Schritt Schritt Sprung

Wichtig ist, dass alle Kinder mitsprechen. Ist die Tanzbewegung noch zu schwer oder benötigt viel Kraft, so dass Mitsprechen nicht möglich ist, so kann sie mit den Händen vorbereitet werden. Die Kinder sitzen im Fersensitz, die Hände stellen die Füße dar. Die Hände patschen den Schrittrhythmus auf die Oberschenkel oder den Boden, während die Stimme begleitet.

2. **Artikulation** bezeichnet die Bildung und Abgrenzung von Lauten und Tönen, d. h. wie ein Ton beginnt und wie und wann er endet (siehe Kapitel *Fortbewegungsarten* S. 32). Die Verteilung von Vokalen und Konsonanten und die Art und Weise der Aussprache können die Bewegung beeinflussen. Die begleitenden Worte und Silben können dem Charakter der Bewegung angemessen gewählt werden: Lang oder weich artikulierte Laute unterstützen fließende Bewegungen, kurze oder hart gesprochene die unterbrochenen. Stampfschritte sind deutlich voneinander abgesetzt, die vokale Begleitung wird unwillkürlich kurz und prägnant sein. Das Wort „stampf", was in der Wiederholung schwer zu artikulieren ist, wird beispielsweise ersetzt durch „tap". Das „p" schließt das Wort ab und beendet die Bewegung. Beispiel mit einer Verbindung von Seitgalopp und Stampfen:

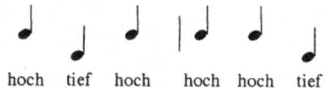

hop ga lopp ga lopp tap tap

Ein Schreiten dagegen wird breiter und weicher begleitet. Das Wort „Schritt" klingt scharf und kurz durch den Explosivlaut „t" und den kurz ausgesprochenen Vokal. Es schließt eine Bewegung ab. Soll dieses Wort die Fortbewegungsart Schreiten unterstützen, muss es also entweder breiter gesprochen werden, oder ein anderes Wort wird gewählt, wie z. B. „lang-sam" oder „schrei-ten" mit lang artikulierbaren Vokalen und Konsonanten (ei, a, m, sch).

3. Die **Dynamik**[3] bezeichnet Stärkegrade in der Musik. Intensität und Kraft in der Stimme beeinflussen die Intensität der Bewegung. Ein kraftvoller Sprung wird mit kraftvoller Stimme unterstützt, leichtfüßige, federnde Sprünge zurückhaltender.

hoch tief hoch hoch hoch tief

4. Mit Hilfe der **Stimmlage**, also hoher oder tiefer Sprechstimme, lassen sich Auf- und Abbewegungen unterstützen. Auch wenn hohe Töne nicht unbedingt räumlich hoch empfunden werden oder tiefe Töne räumlich tief, kann hier im praktischen Tun schnell ein Konsens entstehen. Hoher bzw. tiefer Klang der Stimme kann beispielsweise die Auf- und Abbewegungen eines Menuettschrittes begleiten.

• Verschiedene Klangeigenschaften der Stimme wirken sich also in bestimmter Art und Weise auf die Bewegung aus, wie z. B. die Kraft der Stimme auf die Intensität der Bewegung oder die Artikulation auf den Bewegungsfluss. Die Parameter (Rhythmus, Klang, Tonhöhe, Dynamik ...) der beiden Elemente Klang und Bewegung wirken jedoch sehr komplex zusammen. So kann sich z. B. die Tonhöhe auf die Körperspannung auswirken oder ein kräftig und lang ausge-

---

3: Der Begriff wird in Musik, Tanz, Sprache, Physik und Alltag unterschiedlich verwendet. Hier wird er im musikalischen Sinne als Schallstärke bzw. subjektiv wahrgenommene Lautstärke verwendet.

sprochenes Wort eine gelöste Bewegung zur Folge haben. Am deutlichsten findet sich das rhythmische Element in Sprache und Bewegung wieder.

Gelingt das Zusammenspiel von Stimme und Bewegung nicht, mag es daran liegen, dass Kinder nur ungenau in der Gruppe mitmurmeln. Sie können zu **deutlicher Artikulation** ermuntert werden. Kleine Abläufe werden reihum oder in frei gewählter Folge alleine vorgefüht, so dass sich jedes Kind selber hören kann.

Sprechrhythmen, die den Tanz begleiten, sollten leicht zu sprechen sein und nicht zu Zungenbrechern werden, wie z. B. „stampf stampf stampf | Sprung und stop".

Eine Pause in der Bewegung kann durch ein flüsterndes „ss" gefüllt werden mit vor dem Mund gehaltenen Zeigefinger. Das erleichtert das Abwarten.

Wird ein tänzerischer Ablauf im Zusammenhang mit der Sprache geübt, so muss beim Tanzen zur Musik (Tonträger oder Instrument) die Sprache wieder zurücktreten. Die Kinder sprechen nur noch innerlich mit oder der Lehrer übernimmt das Sprechen zur Musik. Sprechen alle weiter, so wird das Tempo der Musik nicht mehr wahrgenommen, und ein eigenes Sprech- und Bewegungstempo unabhängig von der Musik entsteht.

Es gibt eine Fülle von alten und neuen **Liedern**, die mit Bewegungen, Aktivitäten, Fortbewegungsarten und Tanzschritten verbunden sind. Hier wirken Tanz, Musik und Sprache in reinster Form zusammen. Solche Bewegungs- und Tanzlieder können Beginn oder Ende einer Stunde gestalten oder auch Thema einer Stunde sein. Die Texte der Lieder sollten einprägsam sein, der Gesang entspannt und ohne Druck. Der Tonumfang beim Singen bewegt sich vorwiegend zwischen d' und d". Zu tiefer Gesang schadet der Bildung der Kinderstimme. Als Hilfe dient dem Lehrer z. B. eine Flöte, mit der er den Anfangston findet.

# Klanggesten

Mit Klanggesten oder auch Körperklängen sind alle Klänge gemeint, die mit dem Körper erzeugt werden können. Beim Tanz sind dies in erster Linie Klatschen, Patschen auf die Oberschenkel, Stampfen und Schnipsen. In der Bewegung erzeugte Geräusche steigern das emotionale Erleben und helfen spontan, die Bewegung zeitlich und dynamisch zu strukturieren.

**Schrittgeräusche** entstehen unmittelbar in der Bewegung. Einige Tanzschritte wie Anstellschritte, Wechselschritte oder langsames Gehen können durch Verstärkung der Schrittgeräusche vorbereitet werden. Dadurch wird die Schrittbewegung deutlicher, und das Geräusch erleichtert die zeitliche

Koordination innerhalb der Gruppe.

Manche Schrittarten, wie Sprünge oder Schreiten auf dem Fußballen, dürfen selbstverständlich nicht geräuschbetont geübt werden, da durch eine falsche technische Ausführung körperliche Schäden entstehen können.

Das **Klatschen** kann ergänzend zu einer Schrittfolge hinzugenommen werden. Klatschen kann:

– Tempo und Rhythmus von Fortbewegungsarten und Tanzschritten begleiten, z. B. der Rhythmus ♫ ♩ einen Wechselschritt.

– die Dynamik der Bewegung beeinflussen (Lautes Klatschen kann Taktschwerpunkte angeben, leises Klatschen die unbetonten Zeiten).

– besondere Stellen einer Musik oder des Tanzes markieren, z. B. einen Richtungswechsel, eine Veränderung der Raumform, eine neue Bewegungsart oder einen neuen Musikteil (z. B.: der A-Teil einer Musik wird gesprungen, der B-Teil gegangen und geklatscht, oder ein regelmäßig wiederkehrender Richtungswechsel wird durch einmaliges Klatschen eingeleitet).

– eine Pause gestalten; eine Bewegungspause, die einzuhalten Kindern oft schwerfällt, kann durch Klatschen (kla) bewusst gemacht und überbrückt werden, z. B.:

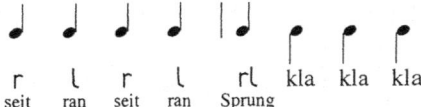

Je höher das Tempo und je anstrengender die Bewegung, desto schwerer wird die eigene Begleitung. Schon im Lauftempo ist die Koordination von Hand und Fuß nicht einfach, es sei denn, die Beinbewegungen sind relativ langsam und deutlich, wie bei einem langsam trabenden Pferd.

Der Lehrer wird durch eigenes Probieren leicht feststellen können, wo eine Begleitung mit Klanggesten unterstützt und wann sie eher stört.

# Elementare Instrumente

Bewegungen können vom kleinen Schlagwerk begleitet werden (Pauken, Hand- und Schellentrommeln, Klanghölzer, Holzblocktrommeln, Triangeln, Becken, Rasseln...) und von Stabspielen (Xylophon, Metallophon, Glockenspiel), unter Umständen auch von Tröten, Ratschen oder geriebenen Gläsern.
Begleitet werden können:

– **metrisch freie Bewegungsabläufe** wie der Tanz von Schneeflocken, das Umherschwirren von Fliegen oder das Auf- und Verblühen einer Pflanze. (Die Musik gibt eine Idee von Stimmung und Charakter und inspiriert die Bewegung.)

13

– **metrisch gebundene Bewegungsabläufe** wie Fortbewegungsarten, Tanzschritte oder Bewegungsfolgen.

Im Folgenden geht es um die Begleitung von metrisch gebundenen Abläufen.

Mit einem Instrument können Tanzbewegungen vorbereitet werden, indem der Rhythmus der Schritte gespielt wird. Dabei hat der Lehrer anders als bei einem Tonträger die Möglichkeit, sich dem Tempo der Kinder anzupassen und sie langsam zum Tempo der Musik zu führen. Er beobachtet ihre Bewegungen genau, um das Zusammenspiel von Bewegung und Begleitung verfolgen zu können. Das Instrument sagt, was die Füße tun sollen. Die Noten bezeichnen den (mit Handtrommel oder Pauke) gespielten und getanzten Rhythmus, die Worte den dazugesprochenen Text, z. B. Wechselschritt:

vor ran vor    vor ran vor

Der Klang der gewählten Instrumente muss dem Charakter der Bewegung entsprechen. Das ausklingende Becken kann z. B. beim Schreiten verwendet werden, Handtrommel oder Pauke bei Tanzschritten, Sprüngen oder Laufschritten. Es stellen sich Fragen wie: Unterstützt der Klang eher einen leichtfüßigen oder einen schweren Gang? Regt er an, in die Höhe zu springen oder eher auf die Erde zu fallen? Wie lässt sich die Spieltechnik variieren, um eine angemessene Dynamik, Artikulation, Klangfarbe oder Tonhöhe zu finden?
Verschiedene Klänge sprechen verschiedene Körperteile an. Ein Klangholz wird eher Finger, Zehen oder Kopf als den schwerfälligeren Rumpf ansprechen. Um zu erfahren, wie der Klang eines Instruments die Bewegung beeinflusst, erfindet der Lehrer Spiele und Aufgabenstellungen, in denen sich die Kinder zu verschiedenen Instrumenten und Spieltechniken bewegen. Auf diese Weise lässt sich feststellen, wie und wo die Kinder verschiedene Klänge empfinden. Es gibt sicher Unterschiede aber auch einen gewissen Konsens.

Das Spiel auf elementaren Instrumenten kann sehr lebendig und abwechslungsreich sein. Zur Begleitung einer Fortbewegungsart wird zunächst das Tempo angegeben. Wenn sich die Kinder eingefunden haben, beginnt der Lehrer, sein Spiel rhythmisch und dynamisch zu variieren, z. B. Bewegungsbegleitung zum Gehen:

Die Rhythmen können sehr komplex werden, solange Tempo und Artikulation zum Gehen anregen.

Bei **Mangel an Instrumenten** lassen sich auch mit einer einzigen Handtrommel durch verschiedene Anschlagstechniken allerlei Bewegungen begleiten: Veränderung von Tempo und Dynamik, Spiel mit Fingern (kratzen, reiben, fletschen), Daumenballen, Hand oder Schlägel, Anschlagen mit Schlägelkopf oder -stiel, Spiel auf verschiedene Stellen der Bespannung oder auf den Rahmen, Verwendung weicher und harter Schlägel...
Sind ausreichend Instrumente vorhanden, können sich die Kinder selber in der Bewegung begleiten.
Im Tanz *Puppen und Figuren* im 5. Kapitel werden Instrumente zur Bewegungsbegleitung eingesetzt.

Soll die Gruppe gemeinsam mit einer rhythmischen Bewegung einsetzen, muss ein **Einsatz** gegeben werden. Ein aufforderndes, durch eine hebende Körperbewegung unterstütztes „und..." kann das Tempo vorwegnehmen.
Mit einer etwas längeren Vorbereitung stellen sich die Kinder leichter auf das Tempo ein. Anzahl und Gewichtung der Worte beim Einsatz geben den Takt an, z. B.:

Zweiertakt: „los geht's"
Dreiertakt: „jetzt geht's los"
Viertakt: „Ach-tung los geht's"
Fünfertakt: „Ach-tung jetzt geht's los" oder
„Ach-tung und los geht's"

# Instrumentalspiel des Lehrers

Jedes Instrument, das der Lehrer spielt, kann zur Bewegungsbegleitung eingesetzt werden. Besonders geeignet ist das Klavier mit seinen rhythmischen, melodischen, harmonischen und dynamischen Möglichkeiten.
Eine Auseinandersetzung mit der Improvisation lohnt sich, denn es ist nicht einfach, Musik vom Band zu finden, die genau der gewünschten Situation entspricht. Mit dem eigenen Instrument kann man flexibel auf die momentane Situation reagieren.
Die Begleitung sollte nicht zu mächtig und überladen sein, sondern der Vielfalt der Bewegungen entsprechend differenziert und klar. Auch mit einfachen Mitteln kann eine interessante und der Bewegung angemessene Begleitung improvisiert werden. Auch nichtimprovisierte Musikliteratur, wie ein Boogie, ein Menuett oder Walzer, Kinder- und Volkslieder können gespielt werden. Kinderlieder können variiert werden durch Veränderung von Taktart, Tempo, Artikulation oder Melodie.

## Kassetten und andere Tonträger

Wird Musik von einem Tonträger gespielt, kann der Lehrer vormachen, mittanzen und korrigieren. Für Kinder geeignete Musik sollte:

- bei metrischen Abläufen ein deutlich wahrnehmbares, konstantes Tempo haben, welches dem Tempo der Bewegung entspricht
- bei metrisch freien Abläufen der Stimmung entsprechen und nicht zu dominant sein
- verständlich sein, auch ohne große Aufmerksamkeit für sich zu erfordern
- klar strukturiert sein
- nicht zu voluminös sein
- dem Alter des Kindes entsprechen

Der Musik sollte mit Achtung begegnet werden. Inwieweit die Musik den eigenen Vorstellungen von Qualität entspricht, muss jeder selber entscheiden. Besonders geeignet für Übungen und andere Aufgabenstellungen ist Tanzmusik für Kinder, die eigentlich für festgelegte Tanzformen vorgesehen ist, aber auch beispielsweise:

- Folkloretänze
- Tanzmusik aus der Renaissance
- Außereuropäische Musik
- Musik aus dem Pop- und Jazzbereich (Boogies, Ragtimes, Dixie, Techno, Hip-Hop...)
- Ballettmusik für Kinder

- programmatisch gestaltete klassische Musik, sofern ihre Stimmung und Struktur der jeweiligen Aufgabe angemessen ist

Die Kinder bringen sicher gerne ihre eigene Musik von zu Hause mit, besonders aus dem Popbereich. Auch wenn der Geschmack von Lehrer und Kindern auseinandergehen mag, lässt sich vielleicht zu der einen oder anderen Musik eine Übung gestalten oder auch ein Tanz entwickeln. Obgleich die Kinder – nach ihrer Lieblingsmusik gefragt – seltener eine ruhige mitbringen werden, sollte innerhalb einer Unterrichtsstunde die Musikauswahl vielfältig gestaltet sein mit einem ausgewogenen Wechsel zwischen beruhigender und anregend rhythmischer Musik. Wird beispielsweise an einem ruhigen Tanz gearbeitet, können Aufgabenstellungen zum Thema mit einer lebendigen Musik oder Bewegungsbegleitung eingeflochten werden und zu einem Spannungswechsel beitragen. Dasselbe gilt umgekehrt für einen lebendigen Tanz.

Musik beeinflusst in einem nicht zu unterschätzenden Ausmaß die Stimmung. Sie kann unruhig und hektisch stimmen, fröhlich, gelassen, ruhig oder traurig, feierlich oder stolz. Der ausschließliche Gebrauch meditativer Musik kann genauso Unruhe auslösen wie eine Folge von Technohits. Der Lehrer hat im Unterricht eine Chance, die Kinder mit unterschiedlicher Musik vertraut zu machen. Vor allem die jüngeren Kinder begegnen der Musik sehr offen.

# *Methodische Aspekte*

*„Wenn man erklären will, wie und warum sich ein Kind über eine Blume freut und diese pflückt, so scheint es unangemessen zu sein, die Blume aus zellbiologischer Sicht zu beschreiben. Eine Beschreibung, die von Farben, Gerüchen und Gestalten usw. spricht, mag angemessener sein und eine solche Beschreibung ist nicht „richtiger" oder „falscher" als eine zellbiologische, sie ist nur anders."*[4]

## Allgemeine Hinweise

Die Art und Weise der Unterrichtsgestaltung trägt maßgeblich dazu bei, ob sich die Kinder wohlfühlen, mit Freude dabei sind, aufmerksam bleiben und etwas verstehen. Einförmigkeit im Unterrichtsstil, gleichbleibende Musik oder eine monotone Stimme des Lehrers wirken auf die Dauer ermüdend.

Besonders bei Kindern im Vorschulbereich, aber auch bei älteren ist der Ausgangspunkt **kindliches Spiel**, ihre Phantasie, Neugier, Spontaneität. Tanz bedeutet immer wieder, auf eine Entdeckungsreise zu gehen, auf der der Lehrer die Kinder begleitet:

„Wie und wo lässt sich mein Arm bewegen? Wenn ich mich entspanne, kann ein Partner meinen Arm wie den einer Marionette bewegen. Ich kann ihn aber ganz plötzlich anspannen und dadurch Widerstand leisten." Der Lehrer geht von Spielen und Spielregeln, von Erfahrungen und Interessen der Kinder aus und ermöglicht ihnen neue.

Ausgangspunkt für die Wahl der Inhalte ist zunächst der kleinste gemeinsame Nenner, so dass alle Kinder am Unterrichtsgeschehen teilhaben können. Mit der Zeit kann der Lehrer gelegentlich durch differenzierte Aufgabenstellungen und Kor-

---

4: U. Laucken, „Von Setzungen und ihren Folgen", in: Psychologische Beiträge 26, 1984.

rekturen den **unterschiedlichen Begabungen** gerecht werden. Kein Kind soll sich als Versager fühlen: „Es ist falsch, was ich gemacht habe". Jedes Kind macht seinen Möglichkeiten entsprechend Fortschritte. Gerade einem Kind mit großen motorischen Schwierigkeiten kann der Lehrer das Gefühl geben, seinen Möglichkeiten entsprechend eine Aufgabe gut gelöst zu haben.

Der Lehrer kann unterschiedliche Lösungswege vorschlagen und gelten lassen. Für das eine Kind bedeutet es einen großen Fortschritt, einen Sprung mit der Musik koordinieren zu können, für ein anderes ist das eine Selbstverständlichkeit, es kann beispielsweise schon eine Armhaltung hinzunehmen. Begabte und ehrgeizige Kinder verlieren schnell die Lust, wenn sie nicht herausgefordert werden. Improvisationen lassen eine Vielzahl von Lösungen zu, die alle Anerkennung finden. Hier zeigen die Kinder, wie man auf unterschiedliche Art eine Aufgabe lösen kann.

In einer Improvisation oder Tanzgestaltung kann eine **Binnendifferenzierung** vorgenommen werden, z. B.: die Kinder im Innenkreis bewegen sich anders als die im äußeren Kreis; ein Tanz enthält Zwischenteile, die von Kleingruppen unterschiedlich gestaltet werden; der Grundschritt einer Pavane wird von den jüngeren zunächst als Anstellschritt getanzt, die älteren nehmen schon die Hebung hinzu; ein fortgeschrittenes Kind tanzt neben einem neu in die Gruppe gekommenen und hilft ihm.

Nicht alle Ergebnisse der Kinder verdienen uneingeschränktes Lob. Sie wollen mit ihrem Willen zum Lernen ernst genommen werden. Der Lehrer nimmt bald wahr, wie weit er bei verschiedenen Kindern mit Korrekturen und Verbesserungsvorschlägen gehen kann.

Die Kinder sollen im Unterricht einerseits **Gelerntes anwenden** und andererseits **Neues erfahren**. Der Lehrer sollte sich nicht dem Zeitgeist entsprechend dem Druck aussetzen, immer wieder etwas Neues anzubieten. Wiederholung schafft innere Ruhe, da sich die Kinder auf vertrautem Gebiet befinden. Durch Wiederholung werden Bewegungsabläufe automatisiert, so dass die Aufmerksamkeit frei wird für Neues. Gefestigte Bewegungen gehen in ein Bewegungsrepertoire über, welches den Tanz immer reichhaltiger gestalten hilft und eigene Ideen und Phantasie bereichert.

Neue Bewegungsabläufe werden mit Fachausdrücken beschrieben, die dem Alter der Kinder angemessen verwendet werden (z. B.: Seitgalopp, plié, in Tanzrichtung, gespannt – gelöst), so dass die Kinder im Tun und Erleben einen Begriff kennenlernen.

In einer Mischung aus **freier Aufgabenstellung** und **Imitation** kann der Lehrer zum einen den Ideen der Kinder freien Lauf lassen, zum anderen neue, vorgegebene Bewegungsabläufe vermitteln. Kinder machen gerne etwas mit, nehmen teil, finden sich in Vorgegebenes ein und ahmen das Vorbild des Lehrers nach. In spielerischen Aufgaben, durch gegenseitige Unterstützung in Partnerarbeit, mit Hilfe von Bildern und Vorstellungen können vorgegebene Bewegungsabläufe ansprechend und abwechslungsreich gestaltet werden.

Im freien Spiel werden kreative Prozesse und die Phantasie der Kinder angeregt. Die Aufgaben können sehr offen gestellt werden wie: „Tanzt zur Musik, wie es euch gefällt". Die einen entfalten dabei eine Fülle von Ideen, andere sind mit dieser Offenheit und Entscheidungsfreiheit völlig überfordert. Freie Aufgaben können durch Differenzierung konkretisiert werden, so dass bestimmte Themen, etwa für eine anschließende Tanzgestaltung, erarbeitet werden: „Wie könnt ihr mit dem Hut tanzen, ohne ihn auf dem Kopf zu tragen?" (siehe auch Kapitel *Von der Improvisation zur Gestaltung*)

Die Grenze zwischen beiden Arbeitsweisen ist fließend. Vorgegebene Schrittfolgen erfahren beispielsweise durch frei wählbare Raumwege eine Öffnung, z. B.: im Mazurkaschritt frei im Raum bewegen, ohne zusammenzustoßen. Freie Aufgabenstellungen können mit Imitation verbunden sein, z. B. bei Spiegelbildimprovisationen oder der Aufforderung: „Alle tanzen wie Lisa...".

In verschiedenen Unterrichtsphasen können verschiedene **Sinne**[5] besonders hervortreten. Durch Abwechslung der Wahrnehmungsebenen werden die Kinder immer wieder auf neue Art angesprochen.

Der **Tastsinn** umfasst unseren Körper mit seiner Hautoberfläche. Er wird angesprochen, wenn der Lehrer durch Berühren von Körperstellen Hilfestellungen gibt oder wenn Körperformen blind ertastet werden.

Im Innenohr befindet sich der **Gleichgewichtssinn**, welcher durch zwei Arten von Rezeptoren gesteuert wird: die einen reagieren auf die Schwerkraft, die anderen auf Bewegungen des Kopfes. Er wird angeregt durch Übungen auf beweglicher Unterlage (auf einer Decke stehend gezogen werden) oder auf geringer Unterstützungsfläche (auf einem Bein stehen). Besonders intensiv angeregt wird er durch Bewegungen mit geschlossenen Augen.

Dem **Bewegungssinn** (kinästhetischer oder proprio zeptiver Sinn) kommt im Tanz eine besondere Bedeutung zu. Dabei geben Sinneszellen in Muskeln, Sehnen und Gelenken Auskunft über die Lage und Stellung einzelner Körperteile, über die Stel-

---

5: Information über Sinnesleistungen in A. Jean Ayres: Bausteine der kindlichen Entwicklung, Berlin Heidelberg 1984.

lung der Gelenke und den Spannungszustand der Muskulatur. Er wird z. B. dann besonders angesprochen, wenn ein Kind neue Bewegungsabläufe plant und organisiert.

Der **Sehsinn** wird beispielsweise beim Nachahmen von Bewegungen und beim Wahrnehmen eigener Bewegungen angesprochen, der **Hörsinn** beim Zuhören einer Musik oder im gemeinsamen Gespräch. Obgleich alle Sinne eng zusammenwirken, können Schwerpunkte gesetzt werden.

Der Lehrer kann **Wünsche der Kinder** berücksichtigen und besonders ältere Kinder teilhaben lassen an der Unterrichtsgestaltung. Er greift Ideen der Kinder auf und entwickelt spontane Aufgabenstellungen. Hier wird jede Lehrerpersönlichkeit ihren Möglichkeiten und Vorstellungen entsprechend andere Schwerpunkte setzen.

Ideen der Kinder können unmittelbar oder auch zu einem späteren Zeitpunkt in den Unterricht einfließen. Der Versuch, viele Wünsche der Kinder zu berücksichtigen, kann eine Eigendynamik zur Folge haben und Unzufriedenheit auslösen, wenn die Unterrichtssituation unklar wird. So, wie der Lehrer von Interessen der Kinder ausgeht, so müssen auch Kinder lernen, eigene Wünsche zurückzustellen. Aussagen wie „ich will jetzt aber..." sind für die Gruppe meistens unproduktiv.

Gleichbleibende **Rituale** geben ohne große Worte und Erklärungen eine Orientierung. Besonders unruhigen Kindern sind sie eine Hilfe. Beispiele für solche Rituale sind:

– ein Sitzkreis zu Beginn jeder Stunde
– regelmäßiges selbständiges Holen und Aufräumen der Sitzkissen
– ein vereinbartes Zeichen, das Stille bedeutet
– eine wiederkehrende Übung am Schluss der Stunde
– regelmäßig wiederkehrende Übungen
– eine gleichbleibende Unterrichtsstruktur

Kinder übernehmen gerne ihrem Alter entsprechend **Verantwortung**. Dadurch erfahren sie, dass sie ernstgenommen und gebraucht werden, dass sie an der Unterrichtsgestaltung teilhaben und dazugehören. Sie übernehmen führende Rollen, tragen dazu bei, dass Materialien gut behandelt und aufgeräumt werden, helfen jüngeren Kindern, verteilen Materialien an die Gruppe...

Je älter die Kinder, desto selbständiger können sie zu zweit oder in **Kleingruppen** Aufgaben lösen. Die Kleineren werden allmählich an Partnerarbeit herangeführt, indem zunächst zwei Kinder eine Aufgabe durchführen, während alle anderen zuschauen, z. B.: Ein Kind liegt passiv am Boden, ein zweites probiert aus, wie sich die Arme des liegenden Kindes bewegen lassen. Der Lehrer kann sofort Hilfestellungen geben und aufpassen, dass dem passiven Kind nichts passiert. Die Zuschauenden erleben, welche Verantwortung sie in einer solchen Situation tragen. Auch _Spiegelbildübungen_ (S. 94), in denen die Art der Aufgabenstellung einen Rahmen für das Wechselspiel zwischen zwei Kindern festlegt, eignen sich für jüngere Kinder.

Die Kinder **lernen durch Handeln**. Spielregeln und Bewegungsabläufe lassen sich ohne ausgedehnte Erklärungen einführen: der Nacken eines Kindes wird leicht bewegt, um die Spannung zu lösen, der Arm eines Kindes gefasst, das gerade im Begriff ist, den Nachbarn zu schlagen. Abläufe von Spielen oder Improvisationen erklären sich insbesondere bei jüngeren Kindern leicht im Tun. Der Lehrer erklärt oder zeigt den ersten Schritt (allein oder zusammen mit einem Kind) und deutet damit den weiteren Verlauf an.

# Arbeit mit Bildern und Vorstellungen

Die Kinder werden aufgefordert, auf dem Fußballen zu stehen. Die meisten wackeln und versuchen händeringend, das Gleichgewicht zu halten. Die Kinder stellen sich nun vor, dass an den Füßen Wurzeln sind, die tief in die Erde wachsen. Die Beine sind der stabile Baumstamm, und die Arme reichen als Äste in den Himmel. Die Vorstellung gibt ihnen Ruhe und Halt, und der Ballenstand gelingt viel besser.

Der Lehrer spricht mit den Kindern über das Bild, das er verwendet, damit es in ihnen lebendig wird und sie Zeit haben, das Bild zu ihrem Bild werden zu lassen („Wie sieht ein Baum aus, warum fällt er nicht um? Seine Wurzeln wachsen tief in die Erde. Die Äste ragen in den Himmel und werden leicht vom Wind bewegt ...").

Bilder und kleine Geschichten setzen viele Vorstellungen frei. Sie vermitteln eine lebendige Idee von komplexen Zusammenhängen, die sich für Kinder oft schwer verständlich beschreiben lassen. Bilder erzählen von einem Spannungszustand, von einem Tempo, in dem etwas geschieht, von der Weite des Raumes... Sie ändern die Qualität einer Bewegung: Arme „wie von Wasser getragen" bewegen sich mit geringer Spannung. Werden aber „schwere Gegenstände zur Seite geschoben", erhalten die Bewegungen eine hohe Spannung.

Bilder erzählen gleichzeitig von dem Umfeld und den Gefühlen, die die Kinder mit dem Bild verbinden. Sie können neue Bilder hervorrufen. Das macht sie so reich, aber gleichzeitig auch unberechenbar. Die Vorstellung, z. B. die Arme durch matschige Erde zu ziehen, ist nicht allen angenehm.

Die Bilder müssen der Erfahrungswelt und dem Alter der Kinder entsprechen. Da Bilder sich unmittelbar auf die Qualität der Bewegung auswirken, muss der Lehrer auf die Wahl der Bilder achten und sich fragen, was bei den verwendeten Bildern geschieht, was er damit erreichen will und ob alle Aspekte, die ein Bild assoziiert, wünschenswert sind. Die Ausführungen der Kinder geben dem Lehrer einen Hinweis darauf, ob das Bild passend oder richtig vorbereitet war. Wird der Kopf langgestreckt wie der Hals eines Schwanes, kann eine hohe Spannung im Hals entstehen. Von einem Faden gehalten ist die Spannung im Hals eher gelöst. Durch Fragen wie: „Wie fühlt sich das an?" kann der Lehrer Bilder der Kinder kennenlernen und mit diesen weiterarbeiten.

Bilder werden konkret erfahren, wenn sie unmittelbar im Unterricht erlebt werden: Die Kinder schauen z. B. den Baum vor dem Fenster an, fühlen die harte Wand und die weichen Vorhänge oder beobachten die Bewegungen einer Marionette.

Selbstverständlich sollten Bilder nicht immer verwendet werden. Mit zunehmendem Alter können sie in den Hintergrund treten. Sie sind jedoch ein Mittel, den Kindern Zusammenhänge verständlich zu machen und lebendig zu vermitteln.

## Jungen im Tanz

Manche Jungen meinen, Tanz sei nicht das richtige für sie. Ihre Art und Weise, sich im Tanz auszudrücken, mag sich von der der meisten Mädchen unterscheiden. Einige Hinweise sollen helfen, den Jungen den Einstieg in den Tanz zu erleichtern:

– Anfangs kann das Wort „tanzen" vermieden werden, mit dem sie etwas verbinden, was zu einem richtigen Jungen nicht passt.
– Jungen (und Mädchen) bringen ihre Lieblingsmusik mit, die im Unterricht für tänzerische Spiele verwendet wird.
– In der Kulturgeschichte war der Tanz weitgehend der Männerwelt vorbehalten. Die Männer tanzten zur Ehre von Göttern, auf Hochzeiten, Totenfeiern, Erntefesten, zur Heilung von Kranken... Die Kinder haben sicher schon Bilder und Filme mit tanzenden indianischen oder afrikanischen Stämmen gesehen.
– Kraftbetonte Bewegungen und szenische Elemente helfen Jungen, sich im Tanz wiederzufinden.
– In Bewegungs- und Tanzspielen werden Vorstellungsbilder gewählt, mit denen sich viele Jungen leichter identifizieren können: Maschine, Roboter, Flugzeug, Baum, Tiger, Fahrstuhl...
– Im Unterricht wird weniger auf eine Ausführung geachtet, die an Ballett erinnert, wie gestreckte Füße oder runde Bewegungen.
– In Partneraufgaben werden ausgehend von freien Aufstellungen, von Kreis- und Paaraufstellungen unauffällig und scheinbar zufällig die Paare gemischt: Jungen und Mädchen tanzen mal getrennt, mal miteinander.
– Besonders ausschlaggebend für die Motivation der Jungen sind sicher die männlichen Vorbilder in Breakdance und HipHop.

## Wechsel als Unterrichtsprinzip

Eine abwechslungsreiche Unterrichtsgestaltung erhält die Freude der Kinder am Tanzen, ihre Neugier und Aufmerksamkeit:

– Wechsel der Aktionsformen wie Tanzen, Zuhören, Zuschauen, Singen, Erzählen, Malen
– Wechsel von freien und eingegrenzten Aufgabenstellungen
– Wechsel der räumlichen Organisation
– Wechsel der Musik und der musikalischen Begleitformen
– Wechsel von ruhigen und bewegten Phasen
– Wechsel der Sinneswahrnehmung
– Wechsel von Neuem und Bekanntem
– Wechsel von Aktivität und Passivität (Selber machen und Zuschauen oder jemanden bewegen und bewegt werden)
– Wechsel von Initiative und Anpassung (Bewegungen vormachen und mitmachen)
– Wechsel der Gruppenbezüge wie einzeln, zu zweit, in der Gruppe

## Räumliche Organisation von Aufgabenstellungen

Eine gleichbleibende Raumordnung gibt den Kindern Orientierung. Veränderung der räumlichen Ordnung schafft Abwechslung. Festgelegte Orte und Raumformen werden mit bestimmten Aktionsformen verbunden, z. B.:

– ein **Sitzkreis**, der mit Stühlen oder Kissen markiert ist für den Unterrichtsbeginn, für Gespräche, Spielanweisungen, Übungen am Platz und zum Musikhören. (Im Kreis ist die Aufmerksamkeit auf die gesamte Gruppe gerichtet. Jeder Platz hat zunächst den gleichen Stellenwert.)
– an einer **Raumseite sitzend** zum Vorführen von Bewegungsabläufen durch den Lehrer oder durch einzelne Kinder. (Die Aufmerksamkeit ist auf den Lehrer bzw. einzelne Kinder gerichtet.)

- an einer **Raumseite stehend** als Ausgangsposition beispielsweise für Tanzschritte mit geraden Raumwegen
- der **Kreis** als Grundform für Übungen am Boden, im Stand, zum Üben von Tanzschritten und anderen Bewegungsabläufen. (Alle sehen sich gegenseitig. Steht der Lehrer mit im Kreis, muss er achtgeben, die neben sich Stehenden nicht zu übersehen.)
- die **Diagonale** für Abläufe mit geraden Raumwegen. (Der Lehrer kann einzelne Kinder wahrnehmen, worauf die meisten Kinder Wert legen. Die Kinder, die an der Reihe sind, geben sich besondere Mühe, den wartenden fällt es jedoch schwer, ruhig zu bleiben.)
- **freie Aufstellung**, bei der die Kinder für sich oder zu zweit üben, Bewegungen erfinden, frei tanzen, sich gegenseitig „besuchen"...
- **andere Raumformen**, die in Improvisation und Tanzgestaltung vorkommen

# Die Lehrerpersönlichkeit

„Mama, guck mal, was ich kann!" Ähnliche Ausrufe deuten auf die Stellung hin, die ein Lehrer oft bei jüngeren Kindern hat. Sie kuscheln sich an und sitzen am liebsten eng bei ihm. Der Lehrer gibt Acht, dass nicht immer dieselben Kinder den Platz neben ihm einnehmen. So kann ein Streit vermieden werden: Der Lehrer fordert die Kinder auf, einen Kreis um ihn herum zu bilden. Haben alle einen Platz gefunden, sucht er seinen eigenen im Kreis der Kinder.

Die Ruhe oder Hektik des Lehrers, der Tonfall seiner Stimme, die Klarheit seiner Absichten und seine eigene Begeisterung wirken sich auf den Unterricht aus. Die Kinder ahmen seine Haltung und seine Bewegungen nach. Durch seine Art zu sprechen – mal ruhig, mal spannend oder lebhaft – kann er die Stimmung beeinflussen und einen Boden für die jeweiligen Aufgabenstellungen schaffen.

Mit zunehmendem Alter der Kinder tritt seine Stellung als Tanz vermittelnde Persönlichkeit in den Vordergrund. Beispiele, die er gibt, regen die Kinder an. Sie gehen in dem Maße differenziert mit Aufgabenstellungen um, wie der Lehrer es ihnen vorlebt.

In einer Gruppe mit unruhigen oder aggressiven Kindern ergreift er gezielte Maßnahmen, um diesen Kindern zu helfen (gezieltes Ansprechen, besondere Verantwortung übertragen, eindeutige Regeln, die konsequent eingehalten werden...). Hilflosigkeit, ständiges Schreien und Nörgeln wirken sich äußerst negativ auf die Gruppe aus. Renate Klöppel und

Sabine Vliex geben in ihrem Buch _Helfen durch Rhythmik_[6] einige Hinweise für die Arbeit mit verhaltensauffälligen Kindern.

Der Lehrer sollte nach Möglichkeit auf alle achten und wenn auch nicht im Blick, so wenigstens im Bewusstsein haben. In großen Gruppen kann er sich vornehmen, immer wieder anderen Kindern besondere Aufmerksamkeit zu widmen, besonders auch den zurückhaltenden. Die Kinder passen genau auf, ob bestimmte Kinder bevorzugt werden.

# Raum, Kleidung, Gruppeneinteilung

Ein ausreichend großer leerer **Raum**, der nicht durch Spielzeug ablenkt, ausgestattet mit sauberem Schwingboden, guter Stereoanlage, einigen Instrumenten und Geräten (Tücher, Reifen..., Papier und Stifte) und Matten zum Sitzen wird sicher wenigen zur Verfügung stehen.

Eine große Turnhalle, in der sich die Kinder leicht verloren vorkommen, kann mit Bänken abgegrenzt werden. In einem Kindergartenraum, einer Schulklasse oder einem Mehrzweckraum werden Tische und Stühle beiseite geräumt. Mit Hilfe der Kinder geht das mit der Zeit ganz schnell. Die Auswahl der Bewegungen wird der Raumgröße angepasst.

Die Kinder tragen bequeme Kleidung (Leggings, Jogginghosen, T-Shirts, Gymnastikkleidung). Ballettkleidung mit Röckchen kann die Jungen vom Tanz abschrecken und regt schnell zu klischeehaften Bewegungen an, die die Kinder mit Ballett verbinden. Sie tanzen mit Gymnastikschläppchen oder bei geeignetem Boden barfuß. Muss der Unterricht ausnahmsweise auf einem Steinboden stattfinden, sollten die Kinder Turnschuhe und warme Kleidung tragen, um Schäden von Beinen und Wirbelsäule sowie Erkältungen vorzubeugen.

Bei **Gruppenstärken** mit bis zu 35 Kindern wie in einer Schulklasse können sehr interessante Gruppengestaltungen entstehen. Mit älteren Kindern kann durch Bilden von Kleingruppen die Arbeit intensiviert werden. Die Unterrichtsschritte und Übergänge von einer Aufgabe zur anderen müssen besonders gut vorbereitet sein. In kleineren Gruppen mit 12 – 15 Kindern wird es leichter, einzelne Kinder wahrzunehmen. Der Lehrer kann sie bei ihren Fortschritten besser begleiten, korrigieren und Hilfestellungen geben. Sie haben des öfteren die Gelegenheit, auch einzeln etwas vorzuführen.

Das **Alter** der Kinder sollte nicht zu weit auseinanderliegen. Ein vierjähriges Kind sollte nicht mit einem Zweitklässler in einer Gruppe sein, da die Fä-

---

6: Renate Klöppel, Sabine Vliex: Helfen durch Rhythmik, Freiburg 1992.

higkeiten und Interessen zu weit auseinanderliegen. Schulkinder beginnen, sich für Fachbegriffe und eine technisch korrekte Ausführung von Bewegungsabläufen zu interessieren. „Ist es richtig so? Du hast bei mir noch nicht geguckt!" Sie vergleichen sich mit anderen. Sinnvoll ist eine Einteilung in folgende Altersgruppen: 4 – 6 Jahre, 6 – 8 Jahre, 8 – 10 Jahre, 10 – 12 Jahre, oder auch Vorschulkinder, 1. und 2. Schulklasse, 3. und 4. Schulklasse.

# Aufbau einer Unterrichtsstunde

Der Aufbau einer Unterrichtsstunde hängt vom Stellenwert des Tanzes im Gesamtzusammenhang und den Schwerpunkten des Lehrers ab. Er kann folgendermaßen gestaltet werden:

### 1. Einstieg
Der Unterrichtsbeginn gilt der Einstimmung in die Stunde. Bewegungsanregende Spiele erwärmen und lockern die Muskulatur. Sie helfen einerseits, hohe Energien abzubauen und andererseits, Spannung aufzubauen. Mit Übungen zum Themenkomplex „Raum – Tempo – Gruppe" (2. Kapitel) stellen sich Lehrer und Kinder aufeinander und auf die Unterrichtssituation ein.

### 2. Körperbildung und Tanztechnik
Eine Zusammenstellung verschiedener Übungen (Übungen am Boden, Übungen im Stand, Tanzschritte) und freier Aufgabenstellungen dient der Dehnung, Kräftigung, Lockerung und Erwärmung verschiedener Muskelgruppen sowie der Entwicklung von Körperbewusstsein.
Einzelne Elemente eines Tanzes, der Thema des Unterrichts ist, werden bereits aufgegriffen, ebenso Techniken, die in einer späteren Improvisation zur Anwendung kommen.

### 3. Improvisation und Gestaltung
Schrittweise wird über mehrere Unterrichtsstunden ein Tanz erarbeitet. Die Kinder improvisieren, beobachten sich gegenseitig, Bewegungsabläufe für einen Tanz werden entwickelt und festgelegt.
In verschiedenen Aktionsformen werden Elemente der Gestaltung geübt (Schritte, Bewegungsabläufe, Bewegungsqualität, räumlicher Ablauf...).

### 4. Abschluss
Die Stunde schließt mit einer kleinen Abschlussgestaltung als Unterrichtsergebnis, einer entspannenden Übung, einem bereits bekannten Tanz, einem Lied oder einer Reverenz (*Reverenzen* S. 115).

# Aufführungen

Aufführungen sind für nahezu jedes Kind eine große Motivation. Sie sind mit Spannung, Aufregung oder Vorfreude verbunden und vor allem mit Stolz nach der Aufführung. Eltern, Freunde und Bekannte schenken den Kindern als Zuschauer ungeteilte Aufmeksamkeit.
Eine Aufführung bringt Unterrichtsprozesse zu einem vorläufigen Ergebnis, neu Gelerntes und Erfundenes wird zum eigenen Bewegungsrepertoire. So manche Bewegung oder Raumform, wie das Einhalten eines großen Kreises, die vorher nie gelingen wollte, klappt zum ersten Mal, weil die Kinder zeigen wollen, was sie können. Viele Fähigkeiten kommen erst durch eine Aufführung richtig zur Geltung und erfahren dort ihren eigentlichen Sinn wie z. B. Bühnenpräsenz, die Hinwendung zum Publikum in Bewegungen, in Haltungen oder in gesprochenen Textpassagen, bei denen auch die Eltern in der letzten Reihe erreicht werden sollen. Schon Sechsjährige können dabei erstaunliche Fähigkeiten entwickeln und lernen, z. B. als Wolf nicht allzusehr die Kinder in der ersten Reihe zu erschrecken oder sich bei spontan improvisierten Körperhaltungen dem Publikum zuzuwenden.
Der Lehrer kann sich ganz langsam an immer größere Projekte herantasten. Anfangs sind es kleine Gestaltungen, die am Ende der Stunde den Eltern vorgeführt werden (bei außerschulischen Gruppen), ein Tanz auf dem Sommerfest bis hin zu komplexen Projekten wie eine Aufführung von *Karneval der Tiere* oder *Peter und der Wolf*.
Die Tänze können dem **Umfeld** angepasst werden, in dem Tanz unterrichtet wird. Wie kann ein Schulfest, eine Weihnachtsfeier oder ein Sommerfest gestaltet werden? Passt der Tanz zur nächsten Karnevalsfeier des Sportvereins? Wie kann eine Zusammenarbeit mit der (Kunst- oder Musik-)Lehrerin der Parallelklasse entstehen oder mit dem Streicherkreis der Musikschule?
So sehr eine angekündigte Aufführung motivieren kann, so anstrengend kann der Weg dorthin sein. Elemente der Tänze werden häufiger wiederholt, die Vielfalt der Spiele tritt etwas in den Hintergrund, eventuell gibt es Extraproben. Um den Weg zu erleichtern, kann der Lehrer den Unterricht mit besonders beliebten Spielen abschließen, Aufgaben erfinden, die die Ausführung von räumlicher Anordnung und Bewegungsabläufen verbessern oder die Kinder sich gegenseitig zuschauen lassen.
Die Eltern müssen rechtzeitig benachrichtigt werden über Aufführungstermin, Extraproben und Aufführungskleidung. Einige Eltern werden sicher gerne bei den Vorbereitungen mithelfen.

# 2. Raum – Tempo – Gruppe

## Bewegungsanregende Spiele zur Erwärmung

Zu Unterrichtsbeginn treten die Kinder miteinander in Kontakt, geben ihrem spontanen Bewegungsbedürfnis freien Lauf und sammeln sich. Bewegungsanregende Spiele, sanftes Dehnen und Lockern dienen der Einstimmung auf den Unterricht, der Erwärmung der Muskulatur und beugen Verletzungen vor. Das Aufwärmen regt den Kreislauf und Stoffwechsel an und steigert die Empfindlichkeit der Sinnesrezeptoren und damit die koordinativen Fähigkeiten.

Die Dauer des Aufwärmens hängt von mehreren Faktoren ab. Bei intensivem Training, am frühen Morgen oder bei kühlen Temperaturen sollte es etwas länger sein. Den Temperaturen angemessene Kleidung verhindert, dass die erwärmte Muskulatur wieder abkühlt. Im allgemeinen brauchen sich Kinder nicht so lange aufzuwärmen wie Erwachsene, da sich ihr Körper schneller umstellt.

Abgesehen von den folgenden Spielen sind viele in diesem Kapitel aufgeführte Aufgaben zum Einstieg geeignet, insbesondere die Themen *Stops aus der Bewegung* und *Fortbewegungsarten*, die immer wieder in unterschiedlichen Varianten geübt werden können.

---
### Aufgaben
---

### Laufen mit Variationen

Laufen zu Musik kann mit ständig wechselnden Regeln durchgeführt werden:

– vorwärts, rückwärts, seitwärts
– alleine, zu zweit, zu dritt... (Am schnellsten findet sich ein Partner, wenn alle stehenbleiben und den Partner wählen, der im Moment am nächsten steht. Wer keinen in der Nähe gefunden hat, hebt die Hand, um weiter entfernt ein Kind zu entdecken, das auch keinen Partner gefunden hat. Auf diese Art und Weise entstehen immer neue Gruppierungen, es sei denn, die Kinder laufen schon vorher möglichst in der Nähe ihres Lieblingspartners.)
– andere beim Laufen umkreisen (Daraus wird ein lustiges Spiel, wenn z. B. zwei Kinder gleichzeitig versuchen, sich zu umkreisen.)
– im Raum verteilt, wobei immer einzelne Kinder durch die Mitte des Raumes laufen
– andere verfolgen (Dadurch bilden sich Paare, Reihen und Gruppierungen, die sich nach einer Weile wieder auflösen und neu bilden.)

### Zwischen zweien durchlaufen

Die Kinder laufen durcheinander zu Musik und suchen dabei immer wieder zwei Kinder, zwischen denen sie durchlaufen. Das klappt nicht immer sofort, da auch die beiden Auserwählten ständig ihren Ort ändern.

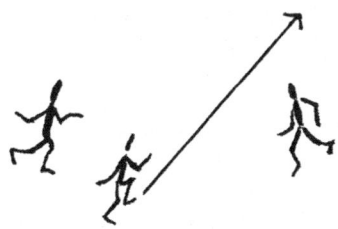

### Verfolgen

Die Kinder gehen oder laufen zu Musik, alle möglichst dicht einem Kind hinterher. Nach einer Weile wird ein anderes Kind gerufen, dem alle hinterherlaufen. In einer neuen Gruppe können sich auf diese Art die Namen der Kinder festigen.

### Ballen – Ferse – Außenkante – Innenkante

„Mit welchen Teilen können die Füße den Boden berühren?" Verschiedene Teile des Fußes werden benannt und angefasst.

Ohne Musik oder im Tempo einer Musik gehen alle auf dem Ballen – stolz und groß, auf den Fersen – der Gang wird watschelnd, auf den Außenkanten – die Beine sind zum O geöffnet, auf den Innenkanten – die Knie zeigen wie ein X zueinander oder normal auf der ganzen Sohle.

Das Gehen auf Innen- und Außenkanten steigert das Bewusstsein für verschiedene Kontaktstellen des Fußes mit dem Boden. Es kann jedoch unangenehm und auf Dauer schädlich für die Knie sein und sollte daher nicht zu lange probiert werden.

### Platz stehlen

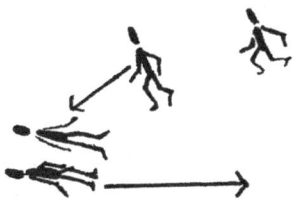

Ein Fänger und ein Läufer werden bestimmt, die anderen liegen paarweise auf dem Boden. Der Fänger versucht, den Läufer abzuschlagen. Der Läufer kann sich retten, indem er sich neben ein Paar auf den Boden legt. Das nun außen liegende Kind wird zum Läufer, kann sich aber ebenfalls neben ein Paar legen... Wird der Läufer abgeschlagen, so wechseln die Rollen und der Läufer wird zum Fänger. Die Anzahl der Fänger kann bei größeren Gruppen mit der Zeit erhöht werden.

### Zauberer und Erlöser

Die Kinder bilden Paare. Einige werden zu Zauberpaaren (Fängern) bestimmt. Durch Abschlagen können sie andere Paare „verzaubern". Diese halten sich dann an den Händen fest und bilden einen Torbogen. Sie werden „erlöst", wenn ein anderes Paar unter dem Torbogen hindurchläuft.

### Feuer Wasser Luft

Verschiedene Begriffe werden einem bestimmten Klang und einer Tätigkeit zugeordnet. Die Kinder können bei der Suche nach Begriffen und Klängen gut mithelfen, z. B.:

– *Feuer*
  Schellenreifen: an einen festgelegten Ort im Raum fliehen
– *Wasser*
  Trommeltremolo mit Fingern: an einen anderen festgelegten Ort fliehen
– *Luft*
  ruhiges Trommelreiben: Standwaage ohne zu wackeln
– *Eis*
  kräftiger Trommelschlag: in der momentanen Haltung „einfrieren"
– *Sonne*
  weicher Beckenklang: Ballenstand mit erhobenen Armen
– *Blitz*
  kräftiger abgestoppter Beckenschlag: flach auf den Boden legen

Zwischen den einzelnen Tätigkeiten können die Kinder umherspazieren, laufen oder mit Musik tanzen. Bei Erklingen eines Signals reagieren sie wie verabredet. Anfangs werden nur einige Begriffe eingeführt, ein anderes Mal kommen neue hinzu.
Tanzen die Kinder in den freien Phasen zur Musik (improvisiert oder vom Band), wird diese vor Erklingen des Signals an sinnvollen Stellen unterbrochen.

### Rechts und links

ab Grundschulalter

Die Kinder tanzen zur Musik (frei, durcheinander, zu zweit, im Seitgalopp, mit einem neu erarbeiteten Schritt...). Ab und zu ruft der Lehrer „rechts" oder „links", worauf die Kinder den rechten/linken Arm heben oder auf dem rechten/linken Bein stehenbleiben.

### Körperteile benennen

Die Übung setzt sich aus zwei Teilen zusammen: Im ersten Teil werden Körperteile gezeigt und benannt, im zweiten Teil wird gesprungen.
Sechs Körperteile werden gesammelt, und eine Reihenfolge von unten nach oben wird festgelegt, z. B.: Füße, Knie, Becken, Brustbein, Schultern und Ohren.

1. Zur Musik werden diese Körperteile von unten nach oben berührt, anschließend strecken sich alle zur Decke und berühren dann den Boden (jede Bewegung auf 2 Zählzeiten, insgesamt 16 Zählzeiten):

2. Zwölf Schlusssprünge und dann abwarten, bis es wieder von vorne losgeht (16 Zählzeiten):

In der kommenden Unterrichtsstunde können andere Körperteile genannt werden.

### Stops aus der Bewegung

Der Wechsel von freiem Tanzen und klar umgrenzten Aufgabenstellungen, die das freie Tanzen unterbrechen, ist bei Kindern sehr beliebt. Jedesmal ist die Konzentration dabei auf andere Art gefordert. Der Wechsel von losgelassen und gebunden sein steigert die Lebendigkeit und Intensität.
Die Kinder unterbrechen das Laufen, freie Tanzen oder Hüpfen, sobald die Musik stoppt, und halten so schnell es geht in der gerade durchgeführten Bewegung inne. Der Lehrer geht herum, um zu sehen, ob sich wirklich kein Körperteil mehr bewegt. Das Atmen ist selbstverständlich erlaubt und vielleicht noch leichtes Blinzeln!
Besonders interessant wird es, wenn die Dauer der Pausen sehr unterschiedlich gestaltet wird. Auf diese Weise lernen die Kinder unter anderem, eine Pause nicht als Abbruch oder Auflösung zu begreifen, sondern als Erhalten einer Spannung. Ausdruck und Charakter der vorherigen Aktion werden in einer Haltung sichtbar.

*Stops aus der Bewegung*

*Variation I: Figuren*

### Variation I: Figuren

Auf die Unterbrechung der Musik reagieren die Kinder, indem sie eine beliebige Haltung einnehmen. Da die Kinder gerne die Figuren anderer nachahmen, ist es wichtig darauf hinzuweisen, dass es gerade dann spannend wird, wenn jede Figur anders ist. Eine Gruppenhälfte kann zuschauen, um die unterschiedlichen Haltungen zu beobachten.

### Variation II: Stops mit verschiedenen Aufgaben

In den Musikpausen halten die Kinder inne und führen bestimmte Aufgaben aus:

- Sie setzen eine zugerufene Form in eine Haltung um: breit, schmal, krumm, verdreht, rund, gerade, klein, zackig...
- Sie bilden als Gruppe eine Form im Raum: Kreis, Stern, Linie, Gasse, Mühle, Dreiergruppen... Auf welche Art sie sie bilden – sitzend, stehend oder liegend – bleibt ihnen überlassen.
- Sie suchen bestimmte Orte im Raum auf: eine Ecke, auf den Boden legen, die Tür, ein Fenster, eine Wand.
- Sie stellen Gefühle dar, entweder in einer Haltung oder in Bewegung: vergnügt, zornig, arrogant, lustig, ängstlich, traurig, stolz, neidisch, frech, freundlich, verschlafen...
- Sie setzen gelernte Begriffe um, wie z. B. Sitzarten: Langsitz, Schneidersitz, Grätschsitz, Kniestand, Rückenlage.

Neu gelernte Begriffe können sich auf diese Art gut einprägen.

# Den Raum nutzen - die Gruppe wahrnehmen

## *Aufgaben*

### Der Boden im Gleichgewicht

Der Lehrer balanciert einen Pappkarton auf einem Korken oder Stab und verteilt Mensch-ärgere-Dich-nicht Figuren darauf. „Stellt Euch vor, der Karton wäre der Boden unseres Raumes. Er steht nicht stabil auf der Erde, sondern auf einem Stab! Was passiert, wenn alle in einer Ecke stehen?" Er verliert das Gleichgewicht und kippt. „Was müssen wir tun, damit der Boden nicht kippt, also im Gleichgewicht bleibt?" Verschiedene Möglichkeiten werden am Modell und im Raum ausprobiert: alle stehen in der Mitte, verteilen sich auf die vier Ecken, stellen sich in zwei Reihen gegenüber... oder verteilen sich gleichmäßig im Raum.

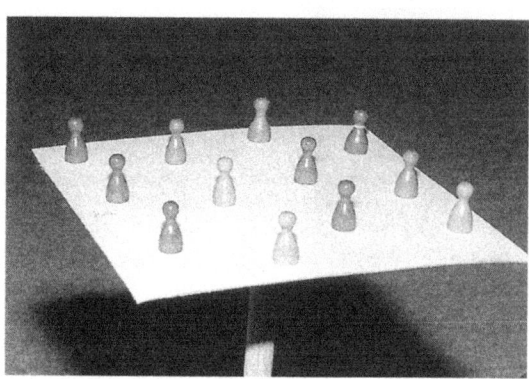

Stehen alle verteilt, so dass der Raum gleichmäßig ausgelastet ist, verlassen die Kinder ihre Standorte und bewegen sich im Raum, dorthin, wo niemand ist, ständig auf der Suche nach freien Plätzen, damit der Boden nicht kippt. Man kann sich natürlich auch austricksen und absichtlich auf andere zulaufen, die dann neue Orte aufsuchen müssen, um den Boden im Gleichgewicht zu halten.

Schließlich halten alle zu Musik gehend oder laufend den Raum im Gleichgewicht. Der Lehrer unterbricht die Musik und die Kinder ihre Bewegung. „Wohin kippt der Boden jetzt, oder stehen alle gut verteilt?"

### Mit geschlossenen Augen gehen

ab Grundschulalter

Auch mit geschlossenen Augen können Entgegenkommende wahrgenommen werden. Sie sind an Schritt- und Atemgeräuschen zu erkennen und über die Haut zu spüren.

Die Kinder stehen verteilt und schließen die Augen oder halten sie mit den Händen zu. Langsam gehen sie nun los, so langsam, dass ein Zusammenstoß nicht weh tun würde. Die „blinde" Phase dauert höchsten solange wie sich die Kinder konzentrieren können, je jünger die Kinder, desto kürzer.

Auf ein Zeichen bleiben alle stehen, halten aber noch für einen Moment die Augen geschlossen. „Was meint ihr, wo ihr jetzt steht?"

### Viel Raum – wenig Raum

Die Kinder laufen schnell und eng umeinander herum, als hätten sie kaum Platz, oder als seien die Wände ganz nah an sie herangerückt (zurückhaltende Kinder werden ermuntert, auch einmal durch die Mitte zu laufen). Auf ein akustisches Signal hin breiten sich die Kinder aus und nutzen den ganzen Raum, als seien die Wände mit einem Mal zurückgewichen. Erklingt das Signal von Neuem, laufen sie wieder auf engem Raum.

*Musik*: mit oder ohne Musik, auch zu Klavierbegleitung in enger und weiter Lage

### Variation: Busfahren

Die Kinder fahren mit einem Bus durch die Stadt. Da der Bus eigentlich zu klein für alle ist, stehen sie eng beisammen. Ein zum „Busfahrer" ernanntes Kind fährt die Gruppe durch die Stadt auf langen Straßen, durch enge und weite Kurven. Auf ein Hupsignal (z. B. mit einer „Tröte") des Busfahrers hält der Bus, alle steigen aus und verteilen sich in der Stadt. Der Busfahrer gibt sein Signalinstrument an ein anderes Kind. Ertönt das Signal von neuem, steigen alle wieder in den Bus ein.

Bei kleinen Kindern wird der Bus durch ein großes, von den Kindern gehaltenes Seil dargestellt, in das alle einsteigen. Beim Aussteigen reicht der Busfahrer das Seil an ein anderes Kind weiter. Das Hupsignal übernimmt eventuell der Lehrer.

### Weite und enge Körperformen

Auch alleine kann man viel und wenig Raum einnehmen. „Wie könnt ihr euch ganz klein machen? Wie könnt ihr euch groß machen und viel Platz einnehmen?" Gemeinsam werden möglichst vielfältige Körperformen gesammelt, die wenig oder viel Raum einnehmen. Ob die Kinder auch im Stand klein sein können, oder mit einem Knie am Boden ganz groß? Eine Form wird auch dann noch als groß erkannt, wenn nicht alle Körperteile nach außen gestreckt sind. Auch eine kleine Form muss nicht immer eine Kugel sein.

Nachdem Vorschläge gesammelt und von allen imitiert wurden, erfolgt eine Anwendung im Spiel, z. B.: alle laufen zu Musik. Wird sie unterbrochen, nehmen die Kinder auf Zuruf eine enge/weite Form ein.

• Mit älteren Kindern kann untersucht werden, wann eine Haltung weit wirkt: Verschiedene Körperteile weisen nach außen und deuten Richtungen an, die sich über den Körper hinaus unsichtbar in den Raum fortsetzen. Ist die Linie beispielsweise durch ein „abgeknicktes" Handgelenk oder durch einen überstreckten Hals unterbrochen, wirkt die Haltung weniger weit. Einzelne Kinder nehmen Haltungen ein. „In welche Richtungen zeigen Kopf, Fingerspitzen, Ellenbogen oder Zehen? Wie kann die Haltung noch eindeutiger gestaltet werden?" Auch die Augen geben durch die Blickrichtung eine Richtung an.
Das Beugen und Strecken der Gelenke kann auch unter dem Gesichtspunkt der Erwärmung der Muskulatur betrachtet werden.

### Variation für ältere Kinder:

Die Kinder wechseln in einer Partnerimprovisation zwischen weiten und engen Formen:
Je zwei Kinder liegen zusammengekauert am Boden. Eines von beiden führt die Bewegung an, das andere imitiert. Zu ruhiger Musik entfalten sich die Kinder langsam zu einer großen, weiten Form. Ist diese zu ihrer Endfassung entfaltet, zieht sie sich langsam wieder zu einer engen Form zusammen, möglichst einer anderen als zuvor... Mit jedem Öffnen und Schließen werden neue Haltungen gefunden. Nach einer Weile wechseln die Rollen und das andere Kind übernimmt die Führung.

In dem Partner haben die Kinder eine Kontaktperson, auf die sie sich beziehen können.

Die Aufgabe kann mit dem Bild von sich öffnenden und schließenden Blüten verbunden werden. Jede Knospe und jede Blüte sieht anders aus. Blüten brauchen eine Weile, um sich am Morgen zu öffnen und am Abend wieder zu schließen. Im Kapitel *Körperspannung* wird das Öffnen und Schließen unter dem Aspekt der zu- und abnehmenden Körperspannung betrachtet.

### Körperteile begrüßen sich

„Wie begrüßen sich Menschen normalerweise?" Mit einem „Hallo", einem Kopfnicken oder Händeschütteln. Wir können uns auch mit anderen Körperteilen als den Händen begrüßen: mit Knien, Ellenbogen, Schulter, Stirn oder Zehenspitzen. Mit

*Weite und enge Körperformen*

25

oder ohne Musik bewegen sich alle frei im Raum. Lehrer oder Kinder rufen einen Körperteil, mit dem entgegenkommende begrüßt werden. Nach einer Weile wird ein anderer Körperteil genannt.

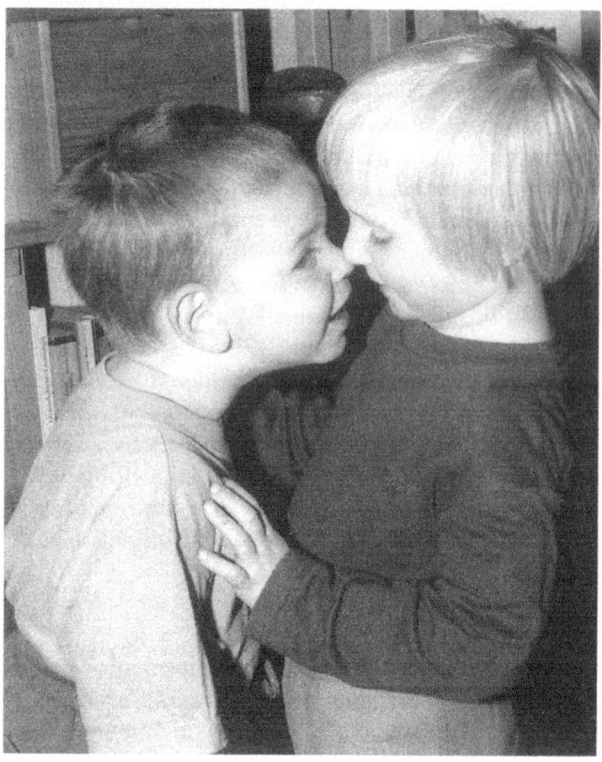

### Variation:

Jetzt finden nicht nur kurze Begegnungen statt, sondern die Kinder kleben eine Weile mit dem genannten Körperteil aneinander und gehen ein Stück gemeinsam durch den Raum.

### Vogelschwarm

für jüngere Kinder

Die Kinder fliegen als Vögel verteilt durch den Raum, immer dorthin, wo keiner ist. Ein Leitvogel erhält eine Trommel. Schlägt er auf die Trommel, so fliegen alle als Schwarm dem Leitvogel hinterher. Beim zweiten Schlag fliegen alle wieder einsam ihre Linien und der Leitvogel reicht die Trommel an ein anderes Kind weiter.

Je nach verwendeter Musik oder erwünschter Bewegungsart können statt der Vögel Wolken schweben, Schwäne fliegen oder einfach Kinder tanzen. Besonders kleineren Kindern fällt es oft schwer, bei der Gruppe zu bleiben.

*Musik*: z. B. Saint-Saëns: Volière, Le Cygne; Rimsky-Korsakow: Hummelflug

### Blickverhalten

Der Blick ist im Tanz ein wesentliches Ausdrucksmittel. Er zeigt den Tanzenden präsent und zum Kontakt bereit. In Abstimmung mit anderen Gestaltungsmitteln gibt er der Bewegung Richtung und

Linie. Ein wacher Blick drückt aus: „Ich bin ganz da! Es ist mein Tanz! Ich tanze mit und für euch!"

Beim Üben werden die Kinder aufgefordert, den Lehrer, eine Handpuppe oder den Partner anzuschauen.

Die Kinder gehen paarweise im Raum und blicken dabei einander ununterbrochen an. Auch nicht für einen kurzen Moment dürfen sie den Blick abwenden. Mit der Zeit werden die Ideen immer einfallsreicher. Die Kinder gehen vorwärts, rückwärts und seitwärts, nah beieinander und weit voneinander entfernt, bewegen sich liegend und sitzend mal schneller, mal langsamer. „Kann auch einer von euch um den anderen herum gehen, ohne den Blick abzuwenden?"

### Mit Blicken sprechen

„Meine Augen können euch sagen, wohin ihr gehen sollt." Die Kinder stehen eng beisammen. Der Lehrer blickt deutlich in eine Richtung, in die sich die Kinder bewegen sollen: zur Wand, zum Fenster, auf den Boden, zur Decke... Ist das Prinzip verstanden, blickt er ganz plötzlich oder auch ganz langsam in eine Richtung und deutet damit das Tempo an, in dem sich die Kinder zum gemeinten Ort bewegen. Schließlich „dirigiert" ein Kind die Gruppe oder auch einen Partner durch den Raum. Die Rollen sollten häufig wechseln.

# Wege im Raum

## Aufgaben

### Ein Kind läuft weg

Die Kinder stehen eng beisammen. Durch Zuruf bestimmt der Lehrer ein Kind, das zu einem anderen Ort im Raum läuft. Ist es angekommen, kommen alle anderen nach. Der Lehrer oder das führende Kind ruft einen neuen Namen.

*Variationen:*
- Ein vorher nicht festgelegtes Kind rennt an einen anderen Ort im Raum. Sobald es stehenbleibt, rennen alle anderen denselben Weg hinterher. Ein nächstes Kind darf erst dann loslaufen, wenn alle stehen. Was passiert, wenn zwei Kinder gleichzeitig losrennen?
- Die Gruppe wartet nicht, bis das vorgelaufene Kind an seinem Platz ist, sondern folgt sofort. Sicher wird immer wieder sehr schnell ein Kind der Gruppe davonlaufen und alle sind nach kurzer Zeit außer Atem. Aber spannend wird es gerade dann, wenn eine Weile abgewartet wird, bis jemand losrennt. „Wie lange schaffen wir es wohl, eine Pause einzuhalten!"
- Die Wege, die die Gruppe genau nachgeht, können direkt oder auch über Umwege zum neuen Platz führen.
- Die führenden Kinder können sich Bewegungsarten ausdenken, die von der Gruppe imitiert werden: stolzieren, kriechen, zwei Schritte vor - einen zurück...
- Die Gruppe folgt dem vorlaufenden Kind unmittelbar, ohne abzuwarten, bis es am Ziel ist. Wahrscheinlich sind nach kurzer Zeit alle außer Atem. „Was kann man tun, um nicht so schnell aus der Puste zu kommen?" Die Kinder können Pausen einbauen, also länger abwarten, bis jemand losläuft. Das ist nicht einfach!

### Raumwege imitieren

Im Raum gehend entstehen unsichtbare Linien oder Spuren auf dem Boden (floor patterns). Wenn wir auf feuchtem Boden oder durch Schnee gehen, sind die Spuren sichtbar.
Die Kinder finden sich paarweise zusammen. Bei ungerader Zahl wird eine Dreiergruppe gebildet. A geht einen Weg durch den Raum. Die Schritte hinterlassen eine unsichtbare Spur auf dem Boden, deren Entstehung vom Partner genau verfolgt wird. Hat A seinen Weg beendet, geht B den selben Weg nach. A beobachtet und korrigiert, wenn B seinen Weg beendet hat.
Anfangs sind die Wege einfach, später auch komplexer: gerade und gebogene Linien, Winkel, Vierecke, Spiralen, ein Auto...
Nach einer Weile werden die Rollen gewechselt.

### Eine Schlange zieht durch den Raum

Die Kinder bilden eine oder auch mehrere Schlangen oder Züge und folgen ohne Schulterfassung dem „Kopf", der zu Musik auf interessanten Wegen (weiten und engen Kurven, Spiralen, Zickzacklinien...) seine Schlange durch den Raum führt. Auch das Kreuzen zweier Schlangen durcheinander im Reißverschlussverfahren kann hier probiert werden.
Auf von Zeit zu Zeit ertönende Signale bleibt die Schlange stehen. Sind die Abstände der Kinder noch gleich, hat die Schlange Löcher bekommen oder sind einige Waggons abgehängt? Der Kopf oder Lokführer läuft oder tanzt nun ans Ende, während die anderen ihn klatschend begleiten. Auf ein neues Zeichen geht es weiter.
Gelegentlich kann der Lehrer darauf hinweisen, immer neue Wege zu finden, an Orte zu fahren, wo noch niemand gewesen ist, oder darauf, dass sich die „Schlange nicht in den Schwanz beißt", also der Kopf nicht dem letzten Kind hinterherläuft.
*Musik:* im Gehtempo, mitgebrachte Lieblingsmusik der Kinder

### Variation:

Der „Kopf" erfindet immer wieder neue, für eine Weile gleichbleibende Fortbewegungsarten und Armhaltungen, die von der Gruppe imitiert werden: gebeugt oder gestreckt gehen, Arme ausbreiten, trippeln...

### Besuche abstatten

Die Kinder stehen im Raum verteilt in ihren Häusern, die durch einen Reifen oder ein Seil markiert werden können. Ein Kind macht sich auf den Weg zu einem anderen und begrüßt es. Der Gruß wird von dem anderen imitiert. Als Gruß sind alle möglichen Varianten denkbar, z. B.: eine Haltung, die von dem anderen imitiert wird; ein gesungener Ton, dessen Höhe genau aufgenommen wird; ein mit Stimme oder Körperinstrumenten erzeugtes Geräusch...

Der Besucher bleibt im Haus, das besuchte Kind geht zu einem anderen.

### Phrasierung – rechtzeitig zu Hause sein

• Bei der oben beschriebenen Aufgabe fallen die Raumwege bei jedem Kind anders aus. Die einen gehen nur kurz, die anderen länger.

Beim Tanzen zu Musik muss die Dauer von Melodien oder musikalischen Abschnitten erfasst werden können, um Raumwege, eine Bewegung oder eine Folge von Tanzschritten genau einzuteilen und zu wissen, wann etwas Neues beginnt. Die Dauer einer Melodie soll erfasst und der Raumweg so eingeteilt werden, dass alle rechtzeitig mit Ende der Melodie zum eigenen Platz zurückgekehrt sind.

Wieder stehen die Kinder im Raum verteilt in ihren „Häusern", nun verlassen jedoch alle gleichzeitig ihren Platz. Anfangs hilft ein Vers, der im Gehtempo gesprochen oder gesungen wird:

Ich kann im Raum her- um- spa- zieren und blei- be nir-gends stehn, doch dann wird es all - mäh- lich Zeit, ich muß nach Hau- se gehn.

„Wer schafft es, rechtzeitig zu Hause zu sein, ohne sich abzuhetzen oder zu früh anzukommen?"

### Weiterführung:

An die Stelle des Textes tritt nun eine 8-taktige Melodie (Flöte, Klavier...) oder auch ein gleichbleibender Rhythmus. Zur Übung können die Kinder nur hören und an der Stelle, wo sie später umkehren müssen, die Hand heben oder einmal klatschen.

# *Kreise bilden*

Der Kreis ist eine Grundform, die immer wieder auftaucht: zum Erzählen, zur Einführung eines neuen Themas, zum Üben von Bewegungen und als häufige Grundform von Tänzen. Der Kreis gewährt den größtmöglichen Kontakt aller Teilnehmer untereinander. Schnell und ohne Streit Kreise bilden zu können, in denen keiner zurückgedrängt wird oder sich in den Mittelpunkt schiebt, ist eine gute Grundlage im Unterricht.

## *Aufgaben*

### Kreise „aufblasen"

Der Lehrer zeigt einen Luftballon und fordert die Kinder auf, ihn zu beschreiben. Er ist klein und rund, wenn man ihn aufbläst, wächst er, je nachdem, wie man die Luft herauslässt, wird er langsam, zischend oder plötzlich kleiner. Lässt man den aufgeblasenen Luftballon los, fliegt er fort und liegt wieder klein an einem anderen Ort. Bläst man aber immer weiter, so platzt er. All diese Dinge können probiert werden. Die Kinder blasen den „Luftballon" (den Kreis) auf und lassen ihn leise zischend langsam oder schneller wieder kleiner werden.

Entstehen irgendwo „Beulen", wird weiter probiert. Er fliegt fort – die Kinder laufen umher – und bildet sich verkleinert an anderer Stelle wieder. Nachdem er geplatzt ist und die Kinder auseinandergeflogen und zu Boden gefallen sind, entsteht er ganz lang-

sam und leise durch einen „Zauberklang" oder eine „Zaubermelodie" wieder neu – so kommen die Kinder wieder zur Ruhe.

### Ein Klang verändert den Kreis

Der Kreis wird vergrößert oder verkleinert, hebt oder senkt sich zu lauter und leiser werdenden Klängen oder zu auf- und absteigenden Melodien.

Ein crescendo oder decrescendo kann realisiert werden als Beckenwirbel mit zwei Schlägeln in einer Hand, mit Schellentambourin, mit einem lauter und leiser werdenden Ton auf einem Melodieinstrument, mit einer Schlagfolge auf Trommel und Pauke oder einer Akkordfolge am Klavier.

Steht der Lehrer außerhalb, so sind die Kinder stärker aufeinander konzentriert, steht er in der Kreismitte, so erleben die Kinder mehr das sich Annähern und Entfernen vom Lehrer.

### Variation: Ein Kind als „Dirigent"

Ein in der Kreismitte stehendes Kind verändert mit lauter und leiser werdenden Trommelschlägen die Größe des „Luftballons" (ältere Kinder können auch einen Wirbel mit Becken oder Schellentrommel realisieren). Es kann ihn mit einem Schlag platzen lassen und mit leisen Schlägen einen kleinen „Ballon" wiederherstellen.

### Alle um ein Kind

Der Lehrer fordert die Kinder auf, sich um ihn herumzusetzen. Ein Kind läuft an einen anderen Ort. Sobald es sitzt und ein akustisches Zeichen mit Klanggeste oder Stimme gibt, setzen sich alle anderen gleichmäßig um dieses herum, ohne sich bei der Platzsuche zu berühren. Nirgendwo dürfen größere Lücken oder zu dichte Stellen entstehen. Jedes Kind sucht sich schnell einen Platz, ohne den neben einem Freund oder einer Freundin zu wählen. Am spannendsten ist es, jedesmal andere Nachbarn zu haben. Wenn alle ihre Nachbarn wahrgenommen oder bei neuen Gruppen mit Namen genannt haben, läuft ein anderes Kind los.

Anfangs kann der Lehrer ein Kind nennen, später läuft ein Kind, ohne bestimmt zu werden, es muss jedoch immer ein anderes sein.

### Der Kreis wandert im Raum

Die Gruppe bildet einen gleichmäßigen Kreis, in dessen Mittelpunkt ein Kind steht. Dieses bewegt sich langsam durch den Raum, muss aber immer im Kreismittelpunkt bleiben, der Kreis wandert also ständig mit. Klappt es gut im langsamen Tempo, so kann der „Mittelpunkt" seine Tempi variieren oder die Gruppe mit plötzlichen Tempowechseln überraschen.

### Variation:

Der Kreis wandert ohne Mittelpunkt. Während vorher die Führung bei einem Kind lag, muss sich nun die ganze Gruppe ohne ein Wort zu sagen aufeinander abstimmen. Ab und zu hält der Kreis an. „Bilden unsere Füße noch einen Kreis? Sind die Abstände zu den Nachbarn noch gleich groß?"

### Ein Luftballon verwandelt sich

Können sich die Kinder gut aufeinander einstellen, können weitere Veränderungen hinzugenommen werden. Der Kreis ist ein Luftballon, der ständig und ganz allmählich seine Gestalt verändert, aber immer rund bleibt. „Wie können wir ihn verändern?" (vergrößern, verkleinern, heben, sinken, Ar-

*Verschiedene Kreise*

me vorhalten, hinsetzen...) Alle Veränderungen geschehen ganz langsam, wie in Zeitlupe. Sobald ein Kind mit einer Veränderung beginnt, passen sich alle an. Auf ein akustisches Zeichen des Lehrers steht der Ballon still, um eventuell die gerade bestehende Form zu verbessern.

**Verschiedene Kreise**

Die Kinder tanzen zu Musik. Wird sie unterbrochen, so bilden sie einen Kreis, der jedes Mal anders aussehen soll: im Kreis liegend, als Stern liegend, mit dem Rücken zur Mitte stehend, im Fersensitz, mit unterschiedlichen Armhaltungen...

# *Tempo*

Tempo und Rhythmus stellen das Hauptbindeglied zwischen Musik und Tanz dar. Dennoch ist eine Übereinstimmung von Bewegungstempo und musikalischem Tempo nicht selbstverständlich. Ob eine Musik zum Hüpfen, Laufen oder zum Federn am Platz anregt — ohne Übung nehmen viele Kinder das Tempo nur ungefähr auf. Dabei fällt es besonders schwer, langsame oder auch sehr schnelle Tempi wiederzugeben. Ein Tempo um 120 herum, also ein am Erwachsenenmaßstab gemessen zügiges Gehtempo ist für Kinder gut realisierbar.

Klatschend ein Tempo aufzunehmen fällt bedeutend leichter als in der Fortbewegung. Feine motorische Bewegungen, wie sie mit Armen und Händen möglich sind, sind leichter als große mit den Beinen und Füßen, welche auch bezüglich ihrer Funktion eher für grobmotorische Bewegungen gebaut sind. Methodisch stellt das Klatschen daher eine wichtige Verbindung zu den Beinen dar. Die Hände fungieren dabei wie ein Mittler zwischen Musik und Füßen.

Die Bewegung verschiedener Tempi führt zu verschiedenen Fortbewegungsarten, die im anschließenden Kapitel beschrieben sind.

Übungen zum Umsetzen von Tempo und Rhythmus in die Bewegung sollten im Unterricht in verschiedenen Variationen und Schwierigkeitsstufen immer wieder auftauchen, denn davon hängt maßgeblich die Harmonie zwischen Musik und Tanz ab (siehe auch *Tanz, Musik und Sprache als elementare Einheit*, S. 10)

---

## Aufgaben

### Hören – Klatschen – Bewegen

Die Kinder stehen mit geschlossenen Augen im Raum verteilt. Kleinere halten die Hände vor den Augen. Über Tonträger, Trommel, Klavier oder andere Instrumente wird ein Tempo eingespielt. Die Kinder hören zu, ohne zu handeln. Ruft der Lehrer „Hände", öffnen sie die Augen und klatschen das Tempo leise mit. Ruft er „Füße", übernehmen die Füße am Platz tretend das Tempo. Beim Ruf „los" geht es je nach Tempo der Musik gehend, tanzend oder springend durch den Raum. Entstehen Schwierigkeiten beim Übergang von den Händen zu den Füßen, behalten die Kinder das Klatschen auch in der Fortbewegung bei.

„Was hat euch die Musik gesagt? Welche Bewegung passt?" Einzelne Kinder führen vor. Wahrscheinlich sind mehrere Lösungen möglich.

### Extreme Wechsel

Der Lehrer/ein Kind gibt auf seinem Instrument nacheinander verschiedene Tempi an, die von allen aufgegriffen werden: ein ruhiges Schreiten, eine lange Pause, schnelles Rasen, nach kurzem Innehalten weiterrasen, gemächliches Gehen, Pause...

Gibt ein Kind die Tempi vor, so muss es darauf achten, die Tempi nicht allzuschnell zu wechseln. Vor allem die Pausen unterschiedlich lang zu gestalten fällt schwer.

### Räuber auf der Flucht

Eine Horde von Räubern schleicht durch die Nacht. Die Kinder haben sicher eine Idee, wohin es gehen soll. Auf einmal ertönt ein Alarmsignal. Blitzschnell rasen und flüchten die Räuber durch die Nacht, bis sie bei Musikende ein Versteck finden. Nach kurzer Pause trauen sie sich wieder hinaus...
*Musik*: langsames und sehr schnelles Instrumentalspiel, z. B. ruhige Beckenschläge und Trommelwirbel

### Ein Tempo aufnehmen

Die Kinder stehen im Raum verteilt, jedes in seinem „Haus", welches durch Reifen, Seil oder Tuch markiert werden kann. Musik im Gehtempo erklingt vom Lehrer gespielt oder vom Band. Ein Kind verlässt sein Haus, geht zur Musik klatschend über kleine Umwege zu einem anderen und nimmt seinen Platz ein. Nun verlässt das besuchte Kind sein Haus, um zum nächsten zu gehen...

Es kommt darauf an, möglichst schnell das Tempo aufzugreifen. Bei Schwierigkeiten ist es hilfreich, wenn die ganze Gruppe leise mitklatscht.

**Variation I: Bewegt, was ihr hört!**

Der Lehrer gibt jedem Kind mit Trommel, Pauke oder Klavier ein neues Tempo vor, welches die Kinder auf dem Weg zu einem anderen aufnehmen (verschiedene Gehtempi oder auch Schrittarten).

**Variation II:**

Jedes Kind wählt sein eigenes Tempo (oder Schrittart) auf dem Weg zu einem anderen, welches der Lehrer mit einem Instrument begleitet.

**Ein Tempo hörbar machen**

Die Kinder sitzen mit geschlossenen Augen am Rand des Raumes, während sich ein Kind mit hörbaren Schritten bewegt. Die Schritte können gemäßigt, schnell oder besonders langsam sein, das einmal gewählte Tempo bleibt jedoch konstant. Die Sitzenden klatschen oder patschen nun ganz leise das Gehtempo mit, so dass die Schritte noch hörbar sind. Auf ein Zeichen des Lehrers öffnen sie die Augen und klatschen/patschen jetzt lauter mit. Ob das gehende Kind seine führende Rolle beibehalten kann?

Schließlich bewegt sich ein anderes Kind mit einem anderen Tempo oder Schrittart (hüpfend, stampfend, schlendernd...).

**Variation I: Begleitet, was ihr seht!**

Ein Kind wählt selbst eine Fortbewegungsart: gehen, stampfen, schnelle Trippelschritte mit plötzlichen Pausen, wie eine Schlange am Boden oder mit beiden Beinen springend. „Begleitet, was ihr seht!", mit dieser Aufforderung nehmen die anderen am Rand des Raumes sitzend Tempo und Charakter der Bewegung mit Handtrommeln oder auf die Beine patschend genau auf. Die Hände imitieren die Bewegungen der Beine.

„Schaut genau auf die Füße! Sie verraten euch das Tempo. Warum ist es schwer, Julia zu begleiten? Wann könnt ihr das Tempo gut erkennen?" Das Tempo muss konstant, die Bewegung deutlich aus-geführt und nicht zu schnell sein. Der Körper kann deutlich „mitsprechen": Bewegungsstille bedeutet Innehalten des ganzen Körpers, eventuell können Bewegungen der Arme die Beinbewegungen verstärken.

Später können auch Tempowechsel oder accelerandi und ritardandi be-gleitet werden.

**Variation II:**

Verteilt im Raum stehend, besuchen sich die Kinder eines nach dem anderen gegenseitig, jedes wählt ein anderes Tempo. Mit Instrumenten oder klatschend werden sie von den in ihren Häusern Wartenden be-gleitet.

**Wer ist gemeint?**

für Fortgeschrittene

Jeder bewegt sich in einem eigenen Tempo, ohne es zu verändern! Die Tempi sollten möglichst unterschiedlich sein, von sehr langsam bis sehr schnell. Der Lehrer wählt nun ein Kind, welches er mit einer Handtrommel begleitet. Das Kind (oder die Kinder), welches glaubt, gemeint zu sein, hebt die Hand. Hat es sich richtig erkannt, nehmen alle das Tempo der Handtrommel auf. Ist das richtige Kind noch nicht gefunden, geht es weiter im eigenen Tempo.

Die Übung kann auch mit verschiedenen Schrittarten ausgeführt werden (Stampfen, schleifende Schritte, Schlusssprünge oder Hüpfen...).

**Begleitung in zwei Gruppen**

für ältere Kinder

Zwei Gruppen werden gebildet mit je einem Anführer, der später wechselt. Der Anführer der ersten Gruppe gibt ein deutlich erkennbares Bewegungstempo oder einen gleichbleibenden Bewegungsrhythmus vor. Nach kurzem Beobachten begleitet die zweiten Gruppe mit Klanggesten oder Instrumenten.

# Fortbewegungsarten

„Auf welche Art könnt ihr zur anderen Raumseite gelangen, z. B. springend, drehend oder kriechend?" Mit dieser Aufforderung entwickeln die Kinder vielfältige Ideen, sich von einem Ort zum anderen fortzubewegen: kriechend, rennend, drehend...

Fortbewegungsarten, eingekleidet in verschiedene Aufgabenstellungen, eignen sich sehr gut für die erste Unterrichtsphase zum Aufwärmen, in Kontakt treten und zum regelmäßigen Üben immer wiederkehrender Grundbewegungsformen im Tanz.

In der alltäglichen Fortbewegung ändern sich die Tempi unentwegt: Die Kinder trödeln, hüpfen, rasen, laufen und springen in ständigem Wechsel. In verschiedenen Spielsituationen kann der Lehrer der Vielfalt, dem Variationsreichtum und den individuellen Möglichkeiten freien Lauf lassen. Nicht jedes von Kindern realisierbare Tempo lässt sich aber gut begleiten oder für einen Kindertanz nutzen. Schnelles Rennen lässt sich ebenso schwer präzise begleiten wie sich ein hohes Musiktempo exakt bewegen lässt. Auch das gelangweilte Trödeln beim obligatorischen Sonntagsspaziergang bietet keine gute

Grundlage für die Fortbewegungsart Gehen, da die Beinbewegung zu wenig akzentuiert ist.

Im Folgenden werden die vorwiegend im Tanz vorkommenden Fortbewegungsarten aufgeführt wie Gehen, Schreiten, Laufen, Hüpfen und Galopp. Sich daraus ableitende Variationen und Verbindungen sind im Kapitel *Schrittarten*, S. 104 beschrieben.

Im Zusammenspiel mit der Musik fügen sich – im Gegensatz zum freien Spiel – alle in ein gemeinsames Tempo ein, was bedeutet, dass der Lehrer ein für alle realisierbares Tempo wählen muss. Bei kleineren Kindern ist das durchschnittliche Tempo höher. Die vorgeschlagenen Tempoangaben beziehen sich auf Metronomzahlen. Sie sollen lediglich ungefähre Anhaltspunkte sein. Durch genaues Beobachten der Kinder lässt sich ein angemessenes Durchschnittstempo herausfinden.

Beim Üben geht es darum, verschiedene Tempi und Rhythmen einer Musik in die Bewegung aufzunehmen. Ein hohes Tempo fordert zum Laufen auf, ein langsames zum Schreiten oder Schlendern. Die Kinder lernen hinzuhören und sich selbst und gegenseitig genau zu beobachten um festzustellen, ob Musik- und Bewegungstempo übereinstimmen. Durch das musikalische Tempo werden alle als Gruppe miteinander verbunden, für den gemeinsamen Tanz wird ein Boden geschaffen.

Immer wieder sollte es Gelegenheit zum Laufen, Gehen oder Hüpfen geben, ohne auf genaues Zusammenspiel mit einer Musik zu achten, um dem individuellen Tempo und der Lust allein an der Bewegung freien Lauf zu lassen.

Abgesehen vom Tempo hat auch die **Artikulation** der Musik erheblichen Einfluss auf die Fortbewegungsarten.

• Der Begriff Artikulation bezieht sich auf die Dauer der einzelnen Töne. Sie können unabhängig vom Tempo einer Musik kurz und scharf voneinander abgesetzt sein (staccato)

oder vom einem Ton zum nächsten hinübergleitend direkt miteinander verbunden sein (legato).

Dazwischen liegt das portato, bei dem die Töne deutlich voneinander abgesetzt sind, jedoch nicht so kurz wie im staccato.

Je kürzer beispielsweise ein Lauftempo artikuliert wird, desto federnder wird das Laufen. Im legato gespielt, geht es in eine gleitende Bewegung über. Ein mittleres Tempo, welches eigentlich zum Gehen geeignet ist, kann bei kurzer Artikulation zum Laufen oder Springen herausfordern. Durch Tempo und Artikulation erhält jede Fortbewegungsart ihren eigenen Charakter: Hüpfen und Trauer lassen sich

ebenso schwer verbinden wie Schreiten mit Hektik. Auch andere musikalische Eigenschaften wie Tonhöhe, Klangfarbe oder Dynamik können den Fortbewegungsarten eine besondere Färbung geben. Ob eine Musik hoch oder tief, laut oder leise, mit Pauke oder Sopranblockflöte gespielt wird – das Gehen, Laufen oder Hüpfen kann jedesmal anders aussehen.

Im Folgenden wird jeweils die grundlegende Struktur der Bewegungsart beschrieben ohne die unzähligen Varianten, die der Bewegung einen besonderen Ausdruck verleihen. Die Beschreibung soll dem Lehrer Anhaltspunkte geben. Je nach Zielsetzung und Altersstruktur der Gruppe wird die Qualität einer Bewegung mehr oder weniger im Vordergrund stehen. Vorschulkinder können bei intensiver Arbeit schnell ermüden, während sich ältere unter Umständen bei allzu ungenauer Ausführung langweilen.

Obgleich das Gehen im Kindertanz oder Sport sicher nicht die häufigste Fortbewegungsart ist, wird ihm besondere Aufmerksamkeit gewidmet, da im Gehen Grundsätzliches zum Ablauf von Fortbewegungsarten und Tanzschritten erfahren werden kann. Durch die genaue und exemplarische Untersuchung eines Bewegungsablaufes können auch andere bewusster mitvollzogen werden.

Bei allen Fortbewegungsarten geht der **Blick** in der Regel geradeaus oder nimmt die eingeschlagene Bewegungsrichtung vorweg.

Gewöhnlich werden die **Arme** neben dem Körper gehalten und pendeln je nach Fortbewegungsart mehr oder weniger gegengleich zur Bewegung der Beine mit. Seitliches Tragen oder Stützen der Hände auf die Hüften verleihen der Bewegung einen eher tänzerischen Ausdruck.

Das Stützen der Hände auf die Hüften hilft, nicht notwendige Mitbewegungen des Oberkörpers oder Hochziehen der Schultern im Sprung zu vermeiden. Beim freien Mitschwingen der Arme dagegen unterstützt der ganze Körper die Bewegung. Die Bewegung erhält freien Lauf und kann mit Hilfe der Arme vergrößert werden.

## Gehen

Bei dieser „gängigen" Fortbewegungsart handelt es sich um eine fortlaufende Gewichtsübertragung von einem Bein auf das andere. Im Gegensatz zum Laufen besteht dabei immer mit einem Bein Kontakt mit dem Boden. Ausgehend vom Stand lassen sich drei Phasen unterscheiden:

1. Gewichtsübertragung auf ein Bein und Vorverlagerung des Körperschwerpunktes, gleichzeitiges Heben des Oberschenkels des dadurch frei werdenden Spielbeins.

2. Senken des Oberschenkels bei gleichzeitigem Vorführen des Unterschenkels und Beugen[7] des Fußes.
3. Gewichtsübertragung auf das Spielbein, welches dadurch zum Standbein wird. (Sie beginnt an der Ferse und verläuft weiter über Mittelfuß und Außenkante zum Ballen. Durch den darauf folgenden Zehenabdruck wird wieder die 1. Phase, das Heben des Oberschenkels eingeleitet.)

Die leichte Verschiebung des Beckens um die Längsachse, die mit dem Heben des Oberschenkels entsteht, wird ausgeglichen durch eine Gegenbewegung des Schultergürtels. Dadurch entsteht das gegengleiche Pendeln der Arme zur Beinbewegung.
Der Blick verläuft in die Bewegungsrichtung. Verändert sie sich, so wenden sich Kopf und Blick in die neue Richtung, noch bevor sie mit dem Körper eingeschlagen wird.
Die Gewichtsübertragung auf das Spielbein hält den Körper im Gleichgewicht. Durch die Vorverlagerung beim Gehen würde er andernfalls Übergewicht bekommen und vorfallen. Begreift man das Gehen so als gesteuerten, permanent aufgehaltenen Fall, verleiht man ihm eine gewisse Leichtigkeit und Ökonomie. Je kräftiger der Zehenabdruck und je größer die Vorverlagerung, desto größer wird der zurückgelegte Raumweg. Dabei können sich die Schrittgeschwindigkeit, die Schrittlänge oder beides zusammen erhöhen.

Das Gehen wird notiert in ♩, ein besonders langsames Tempo (Schreiten) auch in 𝅗𝅥. Ein für Kinder geeignetes Tempo liegt um ♩ = 116.

Ein **Ballengang** entsteht, wenn das Spielbein mit Fuß aktiv und gespannt vorgestreckt wird, so dass die Zehenspitzen zuerst den Boden berühren (siehe Schreiten). Der Ballengang kann jedoch auch durch besondere Lockerheit und Passivität von Unterschenkel und Fuß des Spielbeins entstehen: Unterschenkel und Fuß bleiben beim Hochziehen des Oberschenkels ganz gelöst. Dabei rollt der Fuß über dem Ballen ab und hebt sich. Senkt sich der Oberschenkel wieder, so „pendelt" der Unterschenkel durch seine Lockerheit und Trägheit unwillkürlich vor. Der gelöste Fuß berührt den Boden zuerst mit dem Ballen (nicht den Zehenspitzen).

So wie das Vorwärtsgehen aus der Vorverlagerung entwickelt wird, kann das **Rückwärtsgehen** aus der Rückverlagerung entwickelt werden. Das Spielbein schwingt aus der Hüfte nach hinten, der Fuß setzt zuerst mit dem Ballen auf und rollt zur Ferse ab. Für den nächsten Schritt heben sich beim vorderen Fuß, dem neuen Spielbein, dann zuerst die Zehen – so wie es die meisten Kinder tun – oder er wird durch Zehenabdruck eingeleitet. Das Rückwärtsge-

hen kann beschleunigt werden, indem die Zehen von vorne kräftig abdrücken und indem das Spielbein deutlich nach hinten ausgreift. Dadurch werden das Becken und der ganze Körper mit nach hinten gezogen.
Das Rückwärtsgehen kann auch mit einer Vorverlagerung verbunden werden. Da das Hüftgelenk vorwiegend für das Vorwärtsgehen gebaut ist, lässt es nach hinten wenig Spielraum. Durch leichte Vorneigung des Oberkörpers kann man dem Spielbein nach hinten einen göberen Spielraum geben, so dass es weiter ausgreifen kann.

Ungeachtet dieses prinzipiellen Ablaufs kann der persönliche Gang jedes einzelnen jedoch sehr unterschiedlich aussehen. Er hängt ab von Temperament oder Körperspannung, von der momentanen Stimmung oder der Motivation, die ein Spielablauf oder die Musik bieten.
Individuelle Haltungsmerkmale, anatomische Voraussetzungen oder auch Fehlhaltungen beeinflussen das Gehen: Je nach Hüftstellung werden die Füße nach außen oder innen gedreht. Einem nach hinten geneigten Rücken wird ein vorgeschobenes Becken, ein vorgestreckter Bauch oder ein Hohlkreuz entgegengesetzt. Der eine neigt dazu, über seine Füße zu stolpern, der andere pendelt nur mit dem rechten Arm, der dritte muss immer nur den linken Schuh neu besohlen lassen. Ein erfahrener Lehrer kann hier Hilfestellungen geben und gegebenenfalls therapeutische Maßnahmen anregen.
Andererseits kann der ganze Variationsreichtum des Gehens auf vielerlei Art in Improvisation und Gestaltung einfließen.
Da das Gehen eine fließende Fortbewegungsart ist, fällt es vielen Kindern nicht leicht, genau das **Tempo der Musik** aufzunehmen. Akzentuierte, rhythmische Musik und deutliche Beinbewegungen mit übertriebenem Heben der Knie erleichtern anfangs das Zusammenspiel mit der Musik. So entsteht ein marschähnlicher oder stampfender Charakter.

## *Aufgaben*

– gehend andere verfolgen, nebeneinander oder in kleinen Gruppen gehen und sich wieder trennen
– zwei Kinder blicken sich ununterbrochen an
– enge und weite Kurven gehen
– gerade Wege gehen, stehenbleiben und eine neue Richtung einschlagen
– eng umeinander und weit voneinander entfernt gehen
– als Gruppe mit und ohne Begleitung das Tempo beschleunigen und verlangsamen
– als Schlange, zu dritt, zu zweit mit verschiedenen Fassungen oder vorgegebenen Raumwegen

---

7: „Beugen" wird hier im alltäglichen Gebrauch verstanden als Anheben der Fußspitzen.

– wie ein Vogelschwarm oder eine Wolke eng beieinander stehend einem anführenden Kind im
Raum folgen (Sobald ein Kind die Gruppe verlässt und eine andere Richtung einschlägt, folgt
die Gruppe.)
– tiefes Gehen mit gebeugten Knien und ausgreifenden Schritten, so als wäre man ein Stück kleiner geworden; der Oberkörper bleibt aufrecht
– hoch auf Zehenspitzen gehen, als sei man ge-
wachsen oder wie eine Marionette, bei der der
Faden am Kopf ein wenig höher gehalten wird

## Zeitlupe – Zeitraffer

„Habt Ihr zu Hause einen Videorekorder oder eine
Videokamera, mit der euch die Eltern manchmal
aufnehmen? Beim Abspielen kann man auf Zeitlupe
schalten, so dass der Film viel langsamer läuft. Man
kann auch das Tempo schneller einstellen, die Bewegungen sehen dann ganz hektisch und komisch
aus." Verschiedene Signale können als „Schalt-
knöpfe" dienen und angeben, wann alle normal, in
Zeitlupe oder Zeitraffer gehen. Der Wechsel mit
hohem Tempo hilft, das langsame Tempo wirklich
langsam und spannend auszufüllen.
In Zeitlupe bewegen sich auch der Kopf und die
Arme ganz langsam, die Schritte müssen nicht unbedingt kleiner werden, – Zeitraffer bedeutet nicht
zu rennen! Besonders interessant ist es, die Extreme
herauszuarbeiten: „Wer kann am langsamsten gehen, wer am schnellsten, aber ohne mit jemandem
zusammenzustoßen?"

## Langsam gehen

Rennen entspricht eher dem kindlichen Naturell als
langsames Gehen. Besonders jüngeren Kindern fällt
ein langsames Tempo schwer, weniger aber, wenn
sie in eine Rolle schlüpfen: sie schleichen wie Katzen (auf zwei Beinen) oder wie ein Dieb, der sich
heranpirscht. Weich artikulierte Bewegungsbegleitung oder Spiel mit weichem Schlägel können wei-
ches Auftreten, das Abrollen der Füße oder vielleicht auch einen Ballengang anregen. Mitsprechen
oder -singen zur Bewegungsbegleitung erleichtert
ein Zusammenspiel mit der Musik.

## Zeitlupe

In Zeitlupe lässt sich bei älteren Kindern der Vorgang des Gehens bewusst machen. Durch Mitsprechen beim Gehen werden einzelne Phasen deutlich:
„Gewicht auf das linke Bein – rechtes Knie heben –
Knie senken – Fuß abrollen – Gewicht auf das Bein
– das linke Knie heben..."
Dieses langsame Tempo schult das Gleichgewicht,
da die labile Haltung auf einem Bein nicht sofort
ausgeglichen wird.
„Wer traut sich, mit geschlossenen Augen zu gehen?" Beim Ausschalten des Sehsinns kann man

sich nur noch auf das Körpergefühl verlassen und
merkt, welch große Bedeutung das Sehen für das
Finden des Gleichgewichts hat.

## Gehen mit geschlossenen Augen

Alle gehen mit geschlossenen Augen vorwärts oder
auch rückwärts, aber nur so schnell, dass es nicht
weh tut, wenn man zusammenstößt. Wenn man
nichts sieht, hört man sehr gut, ob sich jemand nähert. Man fühlt es sogar an der Luftbewegung oder
der Körperwärme, ohne sich zu berühren.

## Jeder geht anders

Susanne darf – wenn sie mag – ganz alleine vor der
ganzen Gruppe gehen, so wie sie immer geht. Alle
schauen zu. Susanne weiß aber nicht, worauf die
anderen achten sollen; die sind heimlich eingeweiht
worden: Sie sollen beobachten, wie Susanne genau
geht: „Wie setzt sie ihre Füße? Schaut sie auf den
Boden? Sind die Schritte groß oder eher klein? Wackelt sie beim Gehen mit dem Oberkörper oder
zieht sie eine Schulter hoch?" Durch ähnliche Fragen wird die Aufmerksamkeit der Kinder schon
vorweg darauf gelenkt, worauf sie achten sollen.
Den Kindern und besonders Susanne sollte aber
klar sein, dass ihr Gang nicht falsch ist. Beim Gehen handelt es sich zwar immer um einen grundle-
gend ähnlichen Ablauf, aber jeder macht etwas besonderes dabei. Es ist eben ihr Gang, so wie sie gerade in diesem Moment gehen mag.
Susanne wird jetzt eingeweiht, und alle sammeln
die besonderen Merkmale ihres Gangs. Ein Kind
imitiert ihre Bewegung, übertreibt dabei aber ein
wenig. Schließlich machen alle mit.
Das vorführende Kind könnte sich lächerlich gemacht fühlen. Ein Clown im Zirkus übertreibt alles,
dadurch wirkt er lustig. So machen wir es auch:
z. B. den Oberkörper noch stärker vorneigen, den
Kopf Richtung Decke heben oder den rechten Arm
noch stärker pendeln lassen.

## Variationen des Gehens

Was lässt sich beim Gehen verändern? Die Möglichkeiten sind endlos. Die Kinder können zum einen frei probieren, was man alles verändern kann.
Eine große Vielfalt entsteht andererseits auch durch
Vorgaben: „Wie kann man die Arme halten, wie
den Kopf...?" Verschiedene Körperteile (Füße, Finger, Oberkörper, Ellenbogen...) werden genannt, die
die Kinder nach Belieben verändern: die Knie können sich berühren, man kann sie aus- und eindrehen. Der Kopf kann schief sitzen oder traurig he-
runterhängen. Die Schritte können unregelmäßig
sein, eng und klein oder weit ausgreifend, schlendernd und schlaff oder energisch und selbstbewusst.
Die Kinder sollten die Möglichkeit haben, sich gegenseitig zu beobachten und eventuell zu imitieren.

_Variationen des Gehens_

### Bewegungen addieren

In der Schule lernen die Kinder, Zahlen zusammen-zuzählen: 1+1=2, 2+1=3... Je mehr Zahlen dazu-kommen, desto größer wird das Ergebnis.
Dasselbe passiert nun mit Bewegungen:
Alle gehen hintereinander her (je nach Gruppen-stärke auch in mehreren Schlangen), das ist die erste Bewegung. Das erste Kind fügt nun eine Be-wegung mit dem Oberkörper hinzu, die von allen imitiert wird: jetzt sind es zwei. Das erste Kind geht an das Ende der Schlange, und der neue „Kopf" fügt eine weitere Bewegung mit den Armen hinzu. Schließlich ergänzt der nächste noch eine Bewe-gung oder Haltung mit dem Kopf – und das Spiel beginnt von vorne.

# Schreiten

Wie beim Gehen handelt es sich um eine gleich-mäßige Gewichtsübertragung von einem Bein auf das andere, bei der immer ein Bein in Kontakt mit dem Boden bleibt. Durch das langsamere Tempo und die erhöhte Körperspannung wirkt das Schrei-ten erhaben, gewichtig und ein wenig stolz.
Das Spielbein wird bis zur Streckung des ganzen Beines vorgeführt. Der Fuß rollt von den Zehen-spitzen über den Ballen zur Ferse ab. Das Knie des Standbeins bleibt die ganze Zeit gestreckt, solange, bis das Spielbein das Gewicht übernimmt. Die Ar-me werden mit leichter Spannung seitlich neben dem Körper hängend gehalten.
Auch wenn das Schreiten mit seinen typischen Merkmalen eher für ältere Kinder geeignet ist – mit einigen Hilfestellungen können auch die jüngeren langsam gehen, ohne auf Ballengang oder gestreck-te Beine zu achten.

Das Schreiten wird notiert in ♩ .
Das Tempo kann je nach Zusammenhang und Vo-raussetzungen der Gruppe extrem schwanken. Als ungefähre Orientierung für jüngere Kinder sei hier ein Tempo um ♩ = 76 angegeben.
Die Bewegungsbegleitung erfolgt im legato. Zur Begleitung mit Schlagwerk eignen sich z. B. Pauke, Handtrommel mit weichem Schlägel oder Becken.

### Hinweise zum Üben:

– Übertriebene Beinbewegung hilft, das langsame Tempo auszufüllen, z. B.: wie ein Storch die Knie heben, durch Wasser waten... Bei der Vor-stellung, das Bein durch Wasser zu ziehen, ver-langsamt sich das Tempo, und die Spannung er-höht sich. So erhält das Durchziehen des Spiel-beins als Aktion Bedeutung und Aufmerksam-keit. Es handelt sich nicht mehr um einen Zeitab-schnitt, in dem gewartet werden muss, bis end-lich der nächste Schlag oder Schritt folgt.

_Bewegungen addieren_

– Da das Grundtempo langsam ist, kann es durch leise Zwischenschläge ausgefüllt werden, bei mehreren Zwischenschlägen mit crescendo zum nächsten Ton, z. B.:
Gehen zum Dreiertakt mit Schritten auf der ersten Zählzeit:

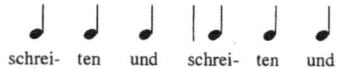

schrei- ten und schrei- ten und

Gehen zum Vierertakt mit Schritten auf der ersten Zählzeit:

jetzt ein Schritt und jetzt ein Schritt und

Während der Zwischenschläge wird das Spielbein gleichmäßig nach vorne durchgezogen.

– Eine Zeitdauer mit einer gleichmäßig langsamen Bewegung auszufüllen, fällt manchem schwer, da kein deutlicher Akzent die Bewegung gliedert. Der Lehrer kann von kurzen Tönen mit Pausen ausgehend allmählich ein legato entwickeln. Die Pause wird genutzt, um das Knie für den nächsten Schritt zu heben:

Schritt und Schritt und

## Aufgaben

### Prinzen und Prinzessinnen

„Ihr seid vornehme Prinzen und Prinzessinnen, die durch den Schlossgarten wandeln. Auf dem Kopf tragt ihr eine Krone, an den Füßen wertvolle Schuhe, mit denen ihr über die weichen Wege geht."
Nachdem die Kinder mit oder ohne Begleitung probiert haben, dürfen einzelne vorführen. Begriffe werden gesammelt, die den Gang charakterisieren wie: stolz, fein, edel, schön, vornehm..., um anschließend in anderer Form (z. B. zu zweit mit Handfassung) vielleicht noch treffender das Schreiten darzustellen.
Die Krone verlängert den Körper nach oben, die Schuhe stellen eine Verbindung zum Boden her, dazwischen bewegt sich gelassen, aber ohne Überspannung der Körper.

### Der Blick

Der Blick geht geradeaus, obwohl das Beobachten der Füße viel beliebter ist. Mit einem Gegenstand (Kuscheltier oder Kasperleprinzessin) steht der Lehrer an einer Raumseite einem „Prinzenpaar" gegenüber. Dieses schreitet ohne oder mit Musik auf ihn zu, ohne den Blick von dem Gegenstand zu lassen.

### Gehen auf Eis

Über Nacht ist der See zugefroren, aber noch niemand hat ausprobiert, ob das Eis gut hält. Die Zehenspitzen werden vorgesetzt auf das Eis und tasten, ob es hält. Der Fuß rollt weiter zum Ballen ab, dann bis zur Ferse, bis das ganze Körpergewicht auf dem Bein ist. So wird Schritt für Schritt die Eisdecke auf ihre Haltbarkeit untersucht. Ist alles überprüft, kann endlich auch über das Eis gerannt werden. Wahrscheinlich wird das ein oder andere Kind dabei hinfallen.
Auf diese Art können die Kinder den Ballengang üben. Beim Vortasten darf der Fuß nicht nach innen gedreht werden, er muss gerade vortasten.

# Laufen

Ein wesentlicher Unterschied zum Gehen besteht darin, dass nach dem Absprung vom Boden für einen Moment kein Bein mehr Kontakt mit dem Boden hat. Für einen Augenblick scheint die Schwerkraft überwunden zu sein. Diese kurze Flugphase, die beim Springen noch ausgeprägter ist, und das schnelle Überwinden von Raum mag dem Laufen bei Kindern den großen Reiz verleihen.
Laufen ist das, was die Kinder rennen nennen. Einen Erwachsenen fordert die Absicht, gesund zu bleiben oder den nächsten Zug zu erreichen zum Laufen heraus, bei Kindern ist es die Aktion selbst, die Freude macht und begeistert. Ist das Gehen eher eine fließende Fortbewegung, so kommt beim Laufen die Auf- und Abbewegung hinzu. Die stärkere Vorneigung des Körpers leitet einen Fall auf das Spielbein ein, der sogleich durch einen Fußabdruck zum Rückfedern und Absprung vom Boden genutzt wird. Die Arme werden locker und angewinkelt am Körper gehalten. Sie können auch seitlich gehalten oder auf die Hüften gestützt werden.
Beim Laufen mit festem Schuhwerk draußen oder in der Turnhalle wird der Fuß von der Ferse zum Ballen abgerollt. Im Tanz hingegen werden die Kinder – zugunsten eines physiologisch sinnvollen und harmonischen Bewegungsablaufes, besonders im Hinblick auf das Springen – mit der Zeit mit dem Abrollen vom Ballen zur Ferse vertraut. Es ergibt sich fast von selbst, wenn das Laufen aus dem Federn entwickelt wird (siehe S. 37).
Je stärker die Vorverlagerung und je aktiver der Fußabdruck vom Boden, desto mehr gewinnt das Laufen an Geschwindigkeit und treibt vorwärts in den Raum.

Das Laufen wird notiert in ♪ .
Es ist jedoch nicht doppelt so schnell wie das Gehen, es sei denn, der Gang ist langsam. Bei zügigem Gehen und langsamem Laufen können die Tempi beider Fortbewegungsarten auch identisch sein.

Das Tempo liegt um ♪ = 152 für einen Laufschritt.

Das normale Rennen der Kinder hat ein höheres Tempo, ist aber auf Grund einer geringeren Betonung der einzelnen Schritte schwerer präzise zu begleiten. Andersherum ist es ebenso schwer für die Kinder, ein hohes musikalisches Tempo genau in die Bewegung aufzunehmen – es wird einfach nur schnell. Ein Laufen, das sich gut begleiten lässt, hat einen eher federnden Charakter.

Die Begleitung erfolgt im staccato, z. B. mit Handtrommel, Pauke, tiefer klingenden Holzblocktrommeln oder Cowbells. Wie beim Gehen kann auch hier anfangs eine deutliche Beinführung mit übertriebenem Hochziehen der Knie die Koordination mit der Musik erleichtern. Die Aufgabenstellungen vom Gehen können auch hier angewandt werden.

Laufen kann in verschiedenen Unterrichtsstunden immer wieder auftauchen. Es kann entspannen, gelassen stimmen, ausgleichen nach anstrengender Konzentration, neue Energien freisetzen oder wie von selbst Konflikte lösen. Soll das Laufen nach unruhiger Atmosphäre zur Beruhigung beitragen, sollte es nicht offen, sondern mit einem klaren Ziel enden (z. B. bei Ende der Musik im Sitzkreis zusammenkommen, wo das neue Thema/ Spiel eingeführt wird). Andernfalls kann das Laufen zur weiteren Beunruhigung beitragen.

Beim **Rückwärtslaufen** kann der Körper vor- oder rückgeneigt werden. Bei einer Rückneigung ergibt sich das Laufen durch eine Verlagerung in die Bewegungsrichtung. Die Beine greifen nach hinten aus, damit der Oberkörper nicht zu stark nach hinten fällt. Wird das Rückwärtslaufen mit einer Vorverlagerung verbunden, können die Beine weiter nach hinten ausgreifen.

---

## *Aufgaben*

### Laufen auf dem Mond

Im langsamen Tempo können die Kinder das Abrollen und Nachfedern beim Laufen mitvollziehen. Vielleicht haben sie im Film schon einmal beobachtet, wie Astronauten auf dem Mond laufen. Es sieht sehr leicht aus, weil die einwirkende Schwerkraft viel geringer ist als auf der Erde. Nach dem Abdruck der Füße vom Boden kommen sie ganz leicht wieder auf dem Boden auf. Nach einigen Versuchen, das Laufen und auch andere Bewegungen auf dem Mond zu imitieren, wie Gehen, Laufen, Drehen, Bücken, Springen, sich die Hand reichen... wird das Laufen genauer untersucht. (Dabei handelt es sich nicht um richtiges Laufen, da im langsamen Tempo immer ein Bein Kontakt mit dem Boden hat.)

Besonders leicht wirkt es, wenn beim Auftreten zu-

erst die Zehenspitzen den Boden berühren, dann zur Ferse abrollen und die Knie dabei nachgeben, dann langsam wieder auf die Zehenspitzen strecken, so dass man für einen Moment nur auf einem Fußballen steht. Für uns ist es anstrengend, weil wir nur tun, als wären wir leicht. (Auf der Erde müssen wir unsere Muskelkraft der Schwerkraft entgegensetzen.) Langsam nimmt die Schwerkraft wieder zu, und das Laufen wird allmählich schneller. Bei einigen wird die Abrollbewegung sicher erhalten bleiben.

Auch aus dem Gehen heraus kann das Abrollen geübt werden: bei gebeugtem Knie des Spielbeins berühren nacheinander Zehenspitzen, Ballen und Ferse den Boden. Bei Beschleunigung geht das Gehen allmählich ins federnde Laufen über.

### Federndes Laufen

Stärker als das Fortkommen im Raum steht beim Federn ein passives Wirkenlassen der Schwerkraft im Vordergrund, welches durch den Gegenimpuls des Rückfederns vom Boden aufgefangen wird. Mit dem Aufkommen auf dem Boden geben die Gelenke des Beines nach und strecken sich als Gegenimpuls wieder zum Rückfedern.

Überwiegt beim Laufen die Bewegung vorwärts in den Raum, so erfährt beim federnden Laufen das Rückfedern vom Boden und damit die Auf- und Abbewegung eine größere Betonung. Die Beine können in der Luft gebeugt oder gestreckt sein.

Das Federn in verschiedenen Varianten ist eine wichtige Voraussetzung für Sprünge. Dabei werden der Absprung, die Landung und das Rückfedern in Gelenken des Beines, Sprung-, Knie- und Hüftgelenk vorbereitet (siehe *Sprünge* S. 81 und *Übungen im Stand*, S. 70).

### Vom Federn zum Laufen

Wichtig beim Laufen wie auch beim Springen ist das weiche Aufkommen und Abrollen der Füße und das Rückfedern der Beine.

Über dem Hinweis, zuerst nur den Ballen aufzusetzen, kann möglicherweise das weitere Abrollen zur Ferse vergessen werden. Im Laufe der Zeit lässt sich ein sorgfältiger Bewegungsablauf üben über das Beugen und Strecken der Beine im Stand (plié – relevé) und kleine Federungen, aus denen sich Sprünge und Laufschritte entwickeln (siehe *Vom Federn zum Sprung*, S. 81).

*Bewegungsbegleitung*: Der beim Federn stärker betonte Absprung kann durch ein staccato unterstützt werden, welches noch kürzer als das staccato des Laufens artikuliert wird.

# Galopp

Beim Galoppschritt erfolgt ein Sprung von einem Bein auf das andere, daran schließt unmittelbar ein Schritt an. Das Gewicht wird also einmal in der

Luft im Sprung übertragen, einmal am Boden mit einem Schritt. Da der Sprung mehr Zeit beansprucht, erfolgt die Gewichtsübertragung ungleichmäßig: Die Phase vom Absprung zur Landung auf dem anderen Bein dauert länger als die von der Landung zum erneuten Absprung. Zum Abspringen wird immer dasselbe Bein benutzt.

Beim Aufkommen rollt der Fuß vom Ballen zur Ferse hin ab.

Notation:

Beim punktierten Rhythmus ist der Sprung eher hochbetont, im Dreierrhythmus ist er flacher.

Der Galopp kann volltaktig oder auftaktig beginnen. Ist die erste Aktion der Schritt, so beginnt er volltaktig:

-lopp Ga- lopp Ga-

Ist die erste Aktion der Sprung, so beginnt er auftaktig:

Ga lopp Ga lopp Ga

*Seitgalopp (großer Bewegungsumfang)*

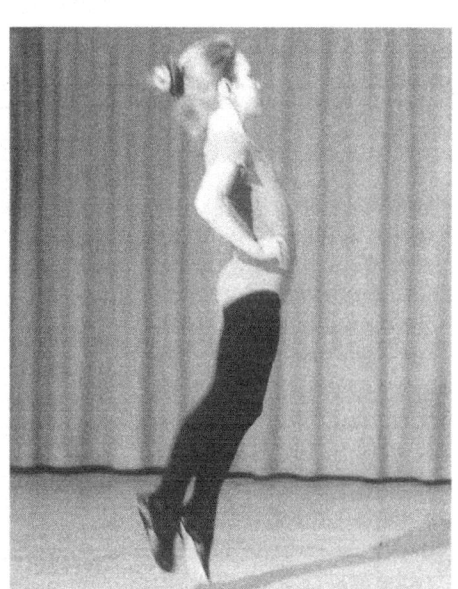

*Nachstellsprung (großer Bewegungsumfang)*

Beim Seitgalopp und Nachstellsprung ist der Beginn mit dem Schritt einfacher durchzuführen, beim „Pferdegalopp" der Beginn mit dem Sprung.
Das Tempo liegt um ♩ = 108.

Je nach Ausführung kann das Tempo erheblich schwanken. Manche Kinder- und Volkstänze beinhalten Galoppschritte in schnellerem Tempo (um 126). Sie werden dann kleiner und flacher gesprungen. Kinder galoppieren sehr gerne auch im langsamen Tempo, weil ihnen das Hoch- und Weitspringen viel Spaß macht. Dabei werden die Knie bei der Landung tiefer gebeugt, die im Sprung gestreckten Beine berühren sich (siehe Seitgalopp).

Varianten sind der Galopp vorwärts mit gebeugten Beinen (Pferdegalopp oder Pferdchensprung), mit gestreckten Beinen (auch Nachstellsprung) und der Seitgalopp.

Beim „**Pferdegalopp**" sind die Beine im Sprung gebeugt, die Knie hochgezogen. Bewegungsrichtungen sind vorwärts und rückwärts. Ein seitlicher Sprung ist eher selten, mit gleichzeitig nach außen gedrehten Knien ähnelt er dem „pas des chats" im Ballett.

**Lieder**, die von Pferden erzählen, bieten sich zum Üben verschiedener Fortbewegungsarten an. Pferde gehen im Schritt, sie traben und galoppieren. Durch das gleichzeitige Mitsingen passt sich der Rhythmus der Füße dem des Liedes an.

Bei einem **Seitgalopp (Nachstellsprung seitwärts)** sind die Beine im Sprung gestreckt. Ein Spielbein greift seitlich zum Schritt aus, das Gewicht wird über die Tiefe (mit gebeugten Knien) übertragen. Mit dem Absprung vom neuen Standbein wird gleichzeitig das andere Bein herangezogen, so dass im Sprung beide Beine gestreckt und geschlossen sind. Die Landung erfolgt auf dem anderen Bein, bei gleichzeitigem erneuten Ausgreifen des Spielbeins.

• Der Ablauf des Seitgalopps erfordert in der Regel keine besondere Übung. Einige Kinder setzen das herangezogene Bein jedoch vor das andere, so dass sich eher ein Kreuzschritt ergibt, oder sie schließen die Beine nicht in der Luft. Aus seitlichen Nachstellschritten wird der Ablauf leicht deutlich: einen Fuß seitlich setzen, den anderen heranziehen und die Beine schließen, diese Bewegung beschleunigen und zum Springen entwickeln. Dieser Schritt kann auch vorwärts und rückwärts ausgeführt werden.
Da die Kinder das Galoppieren schon früh lernen, können auch schon Vorschulkinder zu zweit oder im Kreis mit Handfassung galoppieren und ihren Rhythmus aneinander anpassen. Besonders viel Spaß macht der Seitgalopp mit Zweihandfassung.

# Hüpfen

Das Hüpfen unterscheidet sich vom Galopp vor allem dadurch, dass Absprung und Landung mit demselben Bein erfolgen, erst dann wird das Gewicht auf das andere Bein übertragen. Die Gewichtsübertragung erfolgt also nicht abwechselnd wie beim Laufen und Galoppieren von einem Bein auf das andere, sondern es handelt sich um einen Sprung von einem Bein auf dasselbe.

Das **Spielbein** ist im Sprung gebeugt, das Absprungbein gestreckt, auch die Füße sind gestreckt.
Die Hände werden auf die Hüften gestützt oder die Arme schwingen seitlich gegengleich mit. Wird dieses Schwingen verstärkt, so kann es für einen höheren oder weiteren Sprung genutzt werden.

**Notation** wie beim Galopp:

Das Hüpfen kann auch gleichmäßig erfolgen:

Hier bestehen einige Parallelen zum Doppelfedern, welches ebenso notiert wird.
Bezüglich des **Tempos** gelten dieselben Möglichkeiten wie beim Galoppieren.
Wie der Galopp kann das Hüpfen volltaktig beginnen (zuerst ein Schritt, dann ein Hüpfer) und auch auftaktig (zuerst ein Hüpfer, dann ein Schritt). Gängiger ist der volltaktige Beginn mit dem Schritt.
Während das Galoppieren vierjährigen Kindern in der Regel keine Mühe bereitet, entwickelt sich die Fähigkeit zum Hüpfen erst später. Solange die Kinder in der Ausführung unsicher sind, können Handfassungen störend sein, da sie noch zusätzlich ihr eigenes Tempo an das anderer anpassen müssen. Andererseits kann ein unsicheres Kind im gemeinsamen Tanz mit einem geschickteren unterstützt werden.
Hüpfen, Springen und Galoppieren macht Kindern sehr viel Freude und kann in verschiedenen Zusammenhängen und Spielformen immer wieder auftauchen.

Ältere oder erfahrene Kinder können verschiedene Variationen ausprobieren:
- die Knie im Sprung rechtwinklig halten
- die Knie im Sprung seitlich heben
- die Fußspitzen neben dem Knie des Sprungbeins halten
- das Knie im Sprung besonders hochziehen, so dass der Sprung an Höhe gewinnt
- das gebeugte Spielbein zum nächsten Schritt gestreckt vorführen
- das Spielbein strecken, ohne es vorher zu beugen
- Veränderung der Bewegungsrichtung: vorwärts, rückwärts, seitwärts mit Anstell- oder Kreuzschritten, gedrehtes Hüpfen

# Zur Ruhe kommen

Nach ausgelassenem, anregendem Spiel können die Kinder auf unterschiedliche Weise wieder zur Ruhe kommen: durch Konzentration (auf die eigene oder eine andere Person, auf einen Gegenstand, eine Musik...), durch Passivität und Geschehenlassen (bewegt werden, den eigenen Atem spüren...), mit Hilfe einer Geschichte, durch Übungen mit geschlossenen/verbundenen Augen, die die Aufmerksamkeit in besonderer Weise nach innen oder nach außen lenken oder durch eine in klar umgrenzte Regeln eingefasste Aufgabenstellung, die vor allem nach offenen Situationen und Improvisationen eine sichere Orientierung gibt.

### Allgemeine Hinweise:

– Die Dauer der Übung entspricht der Konzentrationsfähigkeit der Kinder. Eventuell benötigen einzelne besondere Zuwendung, um sich der Aufgabe widmen zu können (durch Berühren, verbale Hinweise oder einfach in der Nähe sein).
– Wird ein Tanz zu einer lebendigen, anregenden Musik erarbeitet, so werden Übungen mit ruhiger oder ohne Musik eingestreut, in denen sich die Kinder sammeln können.
– Aus der Unruhe heraus ist es schwer, eine Situation zu schaffen, in der sich die Kinder sammeln können. Ein entsprechender Boden kann bereitet werden durch eine räumliche Veränderung (versammeln an einem gewohnten Ort), durch eine kleine Begebenheit oder Geschichte als Einführung, durch ein eindeutiges Ende der vorangehenden Aufgaben (z. B.: ein lebendiges, anregendes Spiel endet damit, dass alle im Kreis sitzen. Der Lehrer schaut weg und spricht einen Vers oder zählt bis zehn, bis dann muss der Kreis gebildet sein. Es hat nicht geklappt? Also noch einmal!).
– Die Kinder sollten nach Möglichkeit nicht aufgedreht aus dem Unterricht entlassen werden, sondern zum Ausklang der Stunde zu sich kommen, nicht zuletzt, um nicht unbedarft noch in der Rolle eines Löwen ein anderes Kind auf die Straße zu jagen.

## Aufgaben

### Körperteile lösen – Marionette

Aus dem freien Tanz heraus halten die Kinder in einer beliebigen Figur inne und lösen zu ruhigen Beckenklängen einzelne Körperteile (siehe *Körperteile „fallenlassen"*, S. 52).

Vom Stehen ausgehend werden der Reihe nach Kopf, Brustkorb mit Armen, Knie und Becken gelöst (siehe *Variation III* S. 53).

### Wie Puppen bewegt werden

Ein passiv als Puppe liegendes Kind wird von einem Partner behutsam bewegt (siehe Kapitel *Körperspannung* S. 51).

### Beckenklänge

Die Kinder hören einem tiefen Beckenklang nach, bis er verklungen ist. Wer das Becken nicht mehr hört, hebt die Hand. Anfangs werden alle fast gleichzeitig die Hand heben. Die Kinder werden darauf hingewiesen, dass der Ton für alle unterschiedlich lang hörbar ist. Jeder hört anders und sitzt unterschiedlich weit vom Becken entfernt. Mit den Fingerspitzen spüren sie die Vibration des Beckens am Beckenrand.
Ein vom Lehrer angeschlagenes Becken wird weitergereicht und ans Ohr gehalten, ohne dass jemand versehentlich durch Berühren den Ton stoppt. Wenn der Ton nicht mehr hörbar ist, wird es vom Lehrer neu angeschlagen.
Ein Becken ist am Ohr sehr lange hörbar. Wenn es von der Gruppe schon lange nicht mehr zu hören ist, vernimmt man, wenn man es ganz nah ans Ohr hält, einen tiefen brummenden Ton.

### Einem Klang folgen

Einem Kind werden die Augen verbunden. Es folgt blind einem anderen, welches deutlich, aber nicht laut ein Instrument spielt und mit seinem Klang das „blinde" Kind im Raum umherführt. Das führende Kind hält Blickkontakt mit dem blinden und gibt Acht, dass es nirgends anstößt.
Ist die Aufgabe verstanden, so fällt eine Ausweitung auf mehrere Klänge gar nicht schwer, sofern

die sehenden gut auf ihre blinden Partner aufpassen: drei Kinder folgen jeweils einem anderen Klang (z.B.: Klanghölzer, Becken, Handtrommel).

### Klingende Bäume

Stehen mehrere Instrumente zur Verfügung, so erhält jedes der im Raum verteilt stehenden Kinder ein Instrument. Sie stellen Bäume dar, die nur dann erklingen, wenn sich jemand nähert. Ein „blindes" Kind (später auch mehrere) geht langsam umher. Immer, wenn es droht, gegen einen Baum oder eine Wand zu stoßen, wird es rechtzeitig von dem nächststehenden Baum durch einen leisen Klang gewarnt.

### Der Wind streicht über die Kinder

Die Kinder sitzen oder liegen mit geschlossenen Augen im Kreis oder im Raum verteilt. Sie ruhen sich auf einer Wiese aus. Der Wind streift über die Wiese. Der Lehrer geht (zusammen mit einigen Windkindern) mit einem Tuch umher und lässt es über die Haare, Rücken, Arme... der Kinder streichen.

### Regentropfen fallen

Auch hier sitzen die Kinder mit geschlossenen Augen. Der Wind hat eine Regenwolke gebracht. Die ersten Tropfen fallen auf Hand, Gesicht, Rücken, Fuß... Der Lehrer berührt einzelne Kinder an verschiedenen Körperstellen, unmittelbar darauf fassen die Kinder dorthin, wo der Lehrer sie berührt hat.

### Malen zu Musik oder zum szenischen Inhalt eines Tanzes

Die Kinder lauschen einer Musik. „Wovon mag uns die Musik erzählen?" Nachdem in einem Gespräch Vorstellungen und Assoziationen zur Musik ge-

weckt wurden, malen die Kinder auf großen ausgedienten Tapetenrollen oder Papierbögen ihre Eindrücke auf.

### Den Atem spüren

Nach anstrengendem Tanzen legen sich die Kinder auf den Rücken und legen ihre Hände auf den unteren Bauch. Sie spüren, wie der Atem ihre Bauchdecke hebt und senkt. Bevor sie wieder aufstehen, recken und strecken sie sich, damit ihnen beim Aufstehen nicht schwindelig wird.

### Luftballon

Auch hier wird dem Atem, und zwar der Ausatmung (auf unbewusste Art) Aufmerksamkeit gewidmet. Die Kinder bilden einen Kreis, der einen Luftballon darstellt. Mit einem leisen Geräusch entweicht Luft aus dem Luftballon: begleitet von einem „fff", „schschsch", stimmhaften oder stimmlosen „sss" wird der Kreis langsam und gleichmäßig immer enger. Durch gemeinsames Blasen oder mit Hilfe einer kleinen Melodie des Lehrers wird er wieder aufgeblasen und der Ablauf beginnt von vorne.

### Wer ist am langsamsten?

Eine Übung beginnt oder endet mit der Frage des Lehrers: „Wer von euch kann sich am langsamsten hinsetzen/aufstehen?" So schwer Kindern im allgemeinen ein langsames Tempo fällt – so sehr sind sie nun herausgefordert, als letzter fertig zu sein.

### Ein Tanz als Ausklang der Stunde

Ein gemeinsamer Tanz gestaltet das Ende einer Unterrichtsstunde. Es kann ein klar strukturierter, allen bekannter Tanz sein, dessen die Gruppe noch nicht überdrüssig ist oder aber eine einfache Form mit bekannten Elementen, die spontan mit dem Lehrer mitgetanzt wird (z. B.: Kreisform mit bekannten Schrittarten in und gegen Tanzrichtung, in den Kreis und zurück oder am Platz).

# 3. Körperbildung und Tanztechnik

## Einführung

Ziel von Körperbildung und Tanztechnik ist es, den Kindern vielfältige Erfahrungen zu ermöglichen. Im Mittelpunkt steht ein Lern*prozess*. Es geht darum, den eigenen Körper mit seinen Möglichkeiten und Grenzen zu erleben, eine Vielfalt von Bewegungserfahrungen zu machen, Bewegungen mit Leben zu füllen, die Neugier an Bewegungsabläufen zu wecken und zu erhalten, Körper- und Selbstbewusstsein zu stärken. Die Kinder erfahren die Aufmerksamkeit des Lehrers:"Der Lehrer ist interessiert an dem, was ich tue. Er nimmt mich ernst und schaut genau hin." Gemeinsam machen die Kinder neue Erfahrungen. Darüber hinaus lernen sie Grundformen tänzerischer Bewegung als sichtbare Ergebnisse eines Prozesses kennen.

Im Unterricht lassen sich ausgedehnte Erklärungen besonders bei jüngeren Kindern leicht vermeiden:

- Der Lehrer kann durch sein Vorbild oder mit Hilfe eines Kindes Aufgabenstellungen erklären.
- Der Lehrer steigt unmittelbar ohne Erklärungen in ein Spiel ein.
- Komplexe Situationen werden schrittweise in einer zusammengehörigen Sequenz von Spielen aufgebaut.
- Von Woche zu Woche erfährt eine Übung eine zunehmende Differenzierung, bei der sich allmählich die Vielschichtigkeit eines Bewegungsablaufes herauskristallisiert.
- Eine kleine Geschichte bereitet einen Handlungsablauf vor.
- Korrekturen können besonders bei Jüngeren über Bilder oder auch Berühren gegeben werden, soweit die Kinder Körperkontakt zulassen.

In abgewandelter Form sind viele Übungen für verschiedene Altersgruppen geeignet. Sie werden dem Alter angemessen eingeführt, durchgeführt und differenziert.

Kinder im **Vorschulalter** haben einen ausgeprägten Bewegungsdrang und tanzen gerne. Das Lernen ist an persönliche Erfahrung gebunden. Die Kinder reagieren emotional und phantasiebetont. Übungen werden mit Bildern und Geschichten verbunden, die der Erfahrungswelt der Kinder entsprechen. Je abwechslungsreicher die Unterrichtsgestaltung, desto länger können sie sich konzentrieren.

Die Kinder sammeln Erfahrungen in freien Bewegungsspielen und lernen in einfachen Tänzen Grundformen tänzerischer Bewegungen kennen (Gehen, Drehen, Laufen, Springen, Hüpfen... einfache Raumformen und zeitliche Strukturen).

Viele Kinder können ihre Bewegungen noch nicht mit dem Tempo der Musik koordinieren. Die Abstimmung des Tempos innerhalb der Gruppe und mit der Musik gelingt mit Hilfe von Sprechrhythmen und durch Mitklatschen (siehe Kapitel *Bewegungsbegleitung*) und wird in Tanzliedern besonders gefördert.

Vorschulkinder lieben vor allem lebendige Tänze mit Lauf- und Springcharakter.

Auch im jüngeren **Grundschulalter** sind die Kinder noch sehr an Bilder gebunden. Vorstellungshilfen können jedoch allmählich reduziert werden, um die Aufmerksamkeit intensiver und bewusster auf die Bewegungsabläufe zu lenken. Im Laufe der Grundschulzeit können sich die Kinder zunehmend länger konzentrieren. Koordination und Differenzierungsfähigkeit nehmen erheblich zu. Sie beginnen, sich für die technische Ausführung und für neue Lerninhalte zu interessieren, und sie beobachten immer genauer. Nach und nach lernen sie, paarweise zu üben und übernehmen Verantwortung füreinander. Diese Fähigkeiten und Interessen werden bis zur Pubertät immer weiter verfeinert.

Anfangs gelingt die Unterscheidung von rechts und links noch nicht sicher. Die Arbeit an Tänzen wird daher erleichtert, wenn zunächst eine Unterscheidungsfähigkeit von rechts und links nicht vorausgesetzt wird.

## Körperteile

„Warum können sich die Arme bewegen?" „Jungen sind doch stärker als Mädchen!" „Was wäre, wenn wir keine Knochen hätten?"
Kinder sind im allgemeinen sehr neugierig, was das Funktionieren ihres Körpers betrifft. Beim Erkunden, Berühren, Ertasten und Benennen von Körperteilen werden sie ganz unmittelbar und persönlich angesprochen.
Kenntnisse über Bau und Funktionieren des Körpers steigern das Körperbewusstsein. Sie unterstützen bei der Suche nach Bewegungsideen und helfen, Bewegungsabläufe differenziert auszuführen.
„Ich kann meine Füße strecken, ohne dabei die Knie zu beugen und auf Zehenspitzen stolzieren, ohne die Schultern zu heben."
In dem Tanzbeispiel *Figuren* wird zu den Themen *Körperteile, Gelenke* ein Tanz entwickelt.

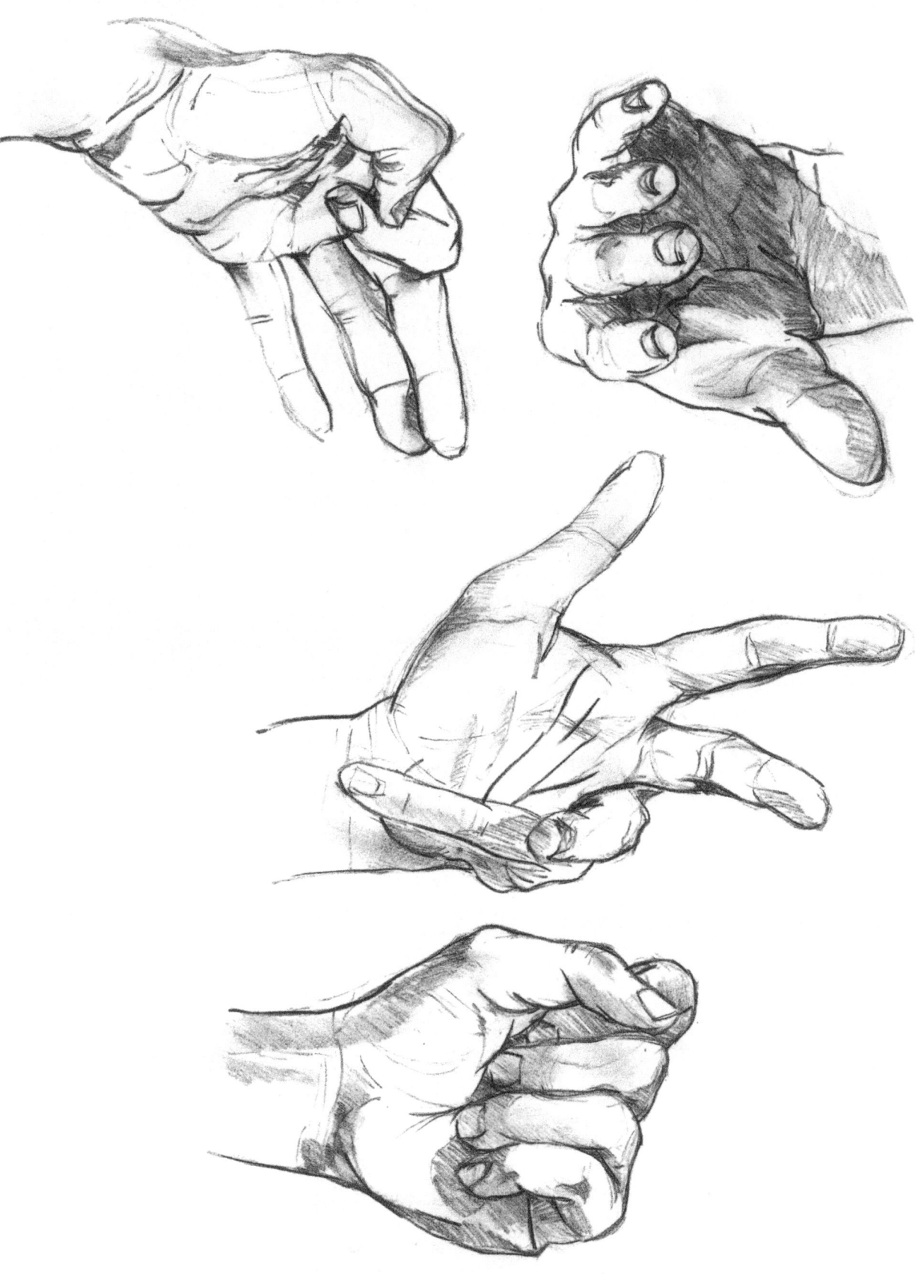

*Hände (Jens Jensen)*

| Aufgaben |
| --- |

### „Welche Teile hat euer Körper?"

Alles, was den Kindern einfällt, wird genannt und angefasst: Arme, Beine, Kopf, Nase... Immer genauer fragt der Lehrer nach: „Und welche Teile kann man bei den Beinen unterscheiden?" Knie, Oberschenkel, Waden, Kniekehle...

### Knochen und Muskeln

In diesem Zusammenhang werden vielleicht auch Knochen oder Muskeln genannt. „Wo könnt ihr harte Knochen fühlen?" An vielen Stellen sind ihre Konturen deutlich sichtbar. Finger, Rippen, Becken, Wirbelsäule... werden ertastet und benannt. Insgesamt 206 Knochen hat der Mensch.

„Wofür sind Knochen und Muskeln da?" Die Knochen stützen den Körper, sonst würden wir zusammenfallen. Ohne Muskeln könnten wir uns nicht bewegen. Sie beugen und strecken z. B. unsere Beine, damit wir gehen können, drehen den Kopf, damit wir einen laufenden Hund verfolgen können, strecken den Arm zur Seite, wenn wir sagen wollen „laß mich in Ruhe" oder ziehen die Arme eng heran, wenn wir unseren kleinen Bruder umarmen.

Anhand des Bizeps am Oberarm lässt sich gut die Funktion eines Muskels verdeutlichen: Alle halten den Oberarm seitlich gestreckt und beugen dann langsam und kraftvoll den Unterarm. Dabei wird sichtbar, wie der Unterarm durch kürzer und dicker werden des Bizeps herangezogen wird. Verschiedene Muskeln können im entspannten und kontrahierten Zustand ertastet werden.

### Einzelne Körperteile bewegen

Lehrer oder Kinder nennen einen Körperteil, welcher isoliert bewegt wird. Benachbarte Körperteile sollen sich möglichst nicht mitbewegen. Dabei können sich die Kinder vorstellen, Maschinen zu sein, die aus vielen Teilen zusammengesetzt sind. Auf Knopfdruck (ein Schnipser oder Trommelschlag) werden einzelne Teile an- und abgestellt.

Im Wechsel mit freiem Tanzen oder Laufen zu Musik können sich die Kinder wieder von der Einschränkung und Konzentration, die die Aufgabe erfordert, erholen.

*Bewegungsbegleitung:* z. B.: feine Klänge für die Finger, ruhige für Kopf oder Rumpf..., wobei der Charakter der Klänge unwillkürlich eine bestimmte Bewegungsqualität vorgibt.

### Marionette und Marionettenspieler

Diese Aufgabe setzt voraus, dass die Kinder einzelne Körperteile bewusst voneinander unterscheiden können.

Paarweise stellen die Kinder eine Marionette und

einen Marionettenspieler dar. An verschiedenen Stellen der Marionette sind Fäden befestigt: an Stirn, Schultern, Ellenbogen, Knien... Der Spieler berührt zunächst eine Körperstelle, um der Puppe ein Gefühl für den Ansatz der Bewegung zu vermitteln. Zieht er dann an dem dort angebrachten imaginären Faden, hebt die Puppe den entsprechenden Körperteil, beim Senken des Fadens senkt es diesen wieder.

Zusammen mit einem Kind wird der Ablauf vorgeführt. Der Lehrer zieht den Faden am Ellenbogen. „Hebt Ina wirklich nur den Ellenbogen oder noch etwas anderes?" Möglicherweise haben sich Schulter oder Hand aktiv mitgehoben. Entsprechende Hinweise und Berühren von Schulter oder Hand helfen, aktive Mitbewegungen zu vermeiden.

Beim Üben in Paaren achten ältere Marionettenspieler mit darauf, dass benachbarte Körperteile gelöst bleiben (Abb.).

### Von Klängen verzaubert

Dieselbe Übung wird mit Geräuschen verbunden. Der Zauberer auf einem Schloss im Odenwald hat in seiner Kammer viele Puppen gesammelt. Um Mitternacht erklingen eigenartige Geräusche, die die Puppen verzaubern. Einzelne Körperteile werden festgelegten Klängen zugeordnet: ein Beckenschlag bewegt den Kopf, ein Reiben an der Wand die Arme...

## Körperhaltungen beobachten

Ein Kind stellt sich in die Kreismitte oder vor die anderen und nimmt dabei eine bestimmte Haltung ein. Die anderen schauen genau hin: Wie ist die Stellung der Beine/der Hände/des Rumpfes? Wohin geht der Blick? Nach einigen Sekunden schließen sie die Augen oder beugen den Kopf in Richtung Knie, während das Kind ein Detail seiner Haltung verändert. Auf ein Zeichen werden die Augen wieder geöffnet. „Was hat sich verändert?"

## Körperhaltungen imitieren

Die Kinder stehen verteilt im Raum, jedes mit einer anderen Körperhaltung/Figur. Ein Kind macht sich auf den Weg zu einem anderen und nimmt neben diesem die gleiche Stellung ein. Das so abgelöste Kind sucht sich nun eine neue Figur... In einer großen Gruppe können auch mehrere Kinder unterwegs sein.

_Marionette und Marionettenspieler_

# Gelenke

Mit der Suche nach Bewegungsmöglichkeiten der Gelenke begeben sich die Kinder in spannendes Neuland. Durchblutung und Stoffwechsel werden in den Körperteilen angeregt, denen Aufmerksamkeit geschenkt wird. Grundkenntnisse über Gelenkbewegungen helfen, Bewegungen an der „richtigen" Stelle anzusetzen und Mitbewegungen anderer Körperteile zu vermeiden. Beim Heben eines Beines beispielsweise hilft ein Bewusstsein für Lage und Bewegungsmöglichkeit des Hüftgelenkes, die Bewegung nur hier anzusetzen, ohne das Becken mit hochzuziehen.

Im Folgenden werden unterschiedliche Gelenkformen soweit beschrieben, als sie Kindern mit angemessenen Worten im Grundschulalter bewusst ge-

macht werden können.

Knochen sind durch Gelenke miteinander verbunden. Diese befinden sich dort, wo die Knochen „abknicken" können. An diesen Stellen können sie sich gegeneinander bewegen, so dass die Körperteile ihre Stellung zueinander verändern. Die Muskeln ermöglichen dabei aktiv die Bewegungen des Körpers. Durch Kontraktion der Muskulatur kann sich die Stellung der Körperteile zueinander verändern (siehe Kapitel _Körperteile_).

Unterschiedliche Gelenkformen ermöglichen verschiedenartige Bewegungen mit, je nach Zweck, geringerem oder weiterem Bewegungsumfang. Drei Grade von Bewegungsfreiheit lassen sich dabei unterscheiden:

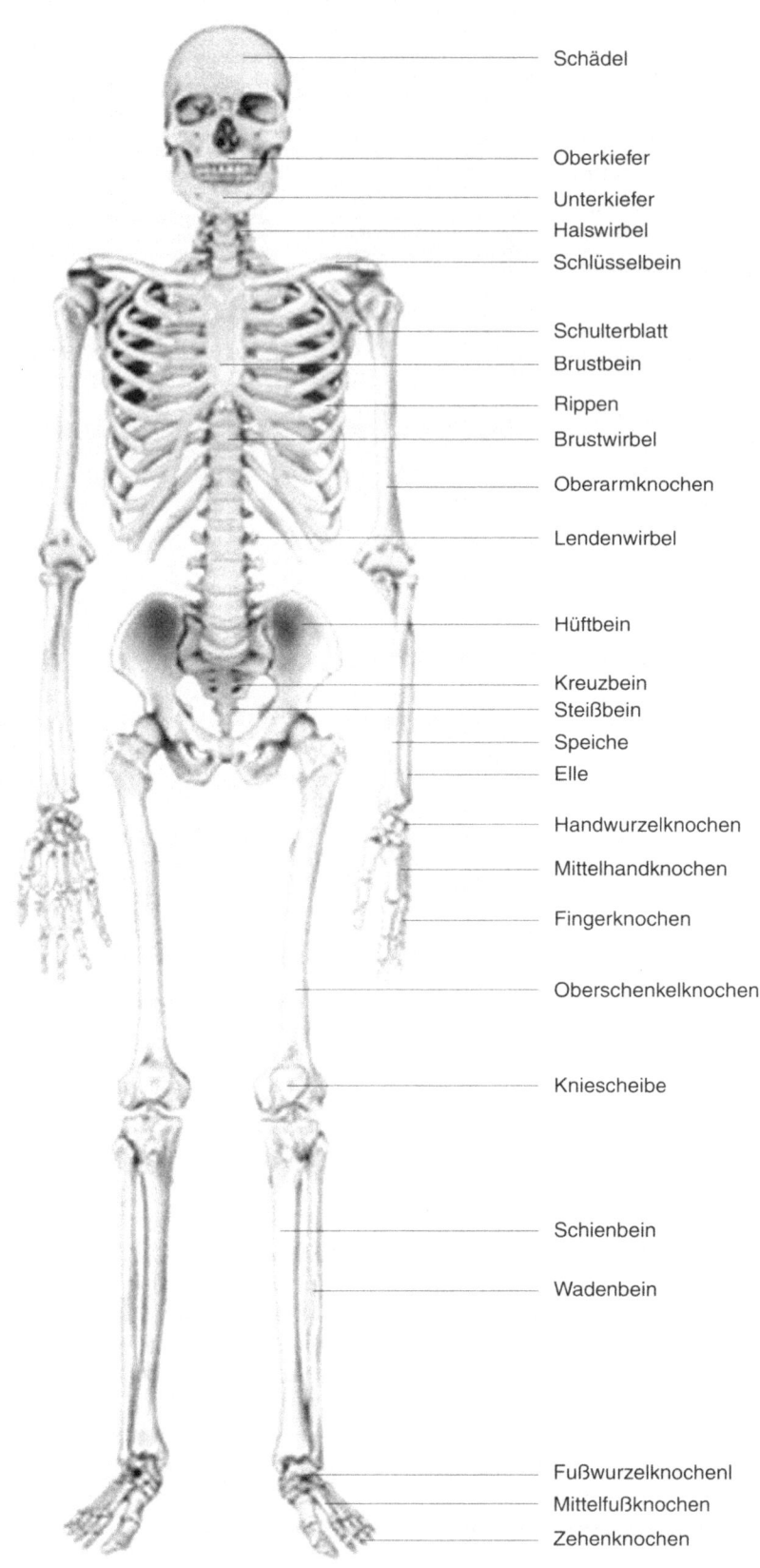

Schädel

Oberkiefer

Unterkiefer

Halswirbel

Schlüsselbein

Schulterblatt

Brustbein

Rippen

Brustwirbel

Oberarmknochen

Lendenwirbel

Hüftbein

Kreuzbein

Steißbein

Speiche

Elle

Handwurzelknochen

Mittelhandknochen

Fingerknochen

Oberschenkelknochen

Kniescheibe

Schienbein

Wadenbein

Fußwurzelknochenl

Mittelfußknochen

Zehenknochen

*mit freundlicher Genehmigung der Firma Rüdiger - Anatomie GmbH,*
*Leipziger Str. 60, 14612 Falkensee / www.ruediger-anatomie.de*

### Gelenke mit der Bewegungsfreiheit 1. Grades

Dazu gehören die Scharnier- und Drehgelenke mit Bewegungsmöglichkeiten um eine Achse.

Beim **Scharniergelenk** erfolgt die Bewegung um eine Querachse mit den Grundbewegungen Strecken und Beugen. Zu den Scharniergelenken zählen Oberarm-Ellengelenk, oberes Sprunggelenk, Mittel- und Endgelenke von Fingern und Zehen.

Bei einem **Radgelenk** bewegt sich ein walzenförmiger Gelenkkopf um eine Längsachse, so dass Rotationsbewegungen ermöglicht werden (z. B. Speichen-Ellengelenk, bei dem sich die Speiche um die Elle dreht). Die Innenrotation oder das Eindrehen wird *Pronation* genannt, die Außenrotation oder das Ausdrehen *Supination*.

Auch bei dem **Zapfengelenk** zwischen 1. und 2. Halswirbel (Atlas und Axis) verläuft die Bewegung um eine Längsachse. Es erlaubt eine Kopfdrehung von etwa 30 Grad.

### Gelenke mit der Bewegungsfreiheit 2. Grades

Dazu gehören Ei- oder Ellipsoidgelenk, Sattelgelenk und Dreh-Scharniergelenk mit Bewegungsmöglichkeiten um zwei Achsen.

Beim **Eigelenk** und beim **Sattelgelenk** verlaufen die Bewegungen um eine Querachse mit den Grundbewegungen Strecken und Beugen und um eine Tiefenachse mit den Grundbewegungen seitliches Anziehen (Adduktion) und Abziehen (Abduktion).

Zu den Eigelenken zählt das Handgelenk. Die Kombination aus den beiden Grundbewegungen ist ellipsenförmig (daher auch Ellipsoidgelenk).

Zu den Sattelgelenken zählt das Grundgelenk des Daumens. Dabei stehen die beteiligten Knochen zueinander wie ein Reiter in einem Sattel.

Ein Beispiel für ein **Dreh-Scharniergelenk** ist das Knie mit zwei Grundbewegungen: Flexion und Rotation (Beugen – Strecken, Eindrehen – Ausdrehen). Bei gestrecktem Knie ist eine Drehbewegung nicht möglich. Mit steigender Beugung nimmt die Rotationsmöglichkeit zu. Das Knie verfügt durch Gelenkstruktur und starke Bänder über geringere Bewegungsfreiheit als das Ellenbogengelenk.

### Gelenke mit der Bewegungsfreiheit 3. Grades

Die entsprechende Konstruktion ist das **Kugelgelenk** mit Bewegungsmöglichkeiten um drei Achsen: einer Quer-, Längs- und Tiefenachse. Die drei Grundbewegungen sind Flexion, Rotation und Abduktion (Strecken – Beugen, Ein- und Ausdrehen, An- und Abziehen). Zu den Kugelgelenken gehören Hüft- und Schultergelenk, Finger- und Zehengrundgelenke. Sie erlauben Bewegungen in alle Richtungen.

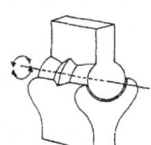

*Scharniergelenk*

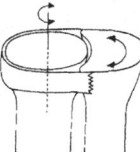

*Radgelenk*

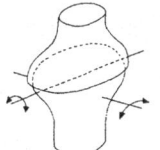

*Eigelenk (Ellipsoidgelenk)*

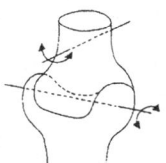

*Sattelgelenk*

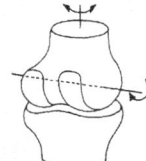

*Dreh-Scharniergelenk (Kondylengelenk)*

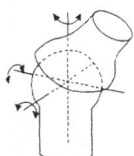

*Kugelgelenk*

*aus: Benninghoff, Denckhahn, Anatomie, Band 2, 16. Auflage 2004 © Elsevier GmbH, Urban & Fischer, München*

• Die **Wirbelsäule** erlaubt Bewegungen in die drei Hauptrichtungen, die in den einzelnen Wirbelsäulenabschnitten jedoch unterschiedlich ausgeprägt sind: Vor- und Rückbeugung, Seitneigung und Drehung um die Längsachse. Zwei benachbarte Wirbel sind zwar weniger beweglich, insgesamt ergibt sich aber eine relativ große Beweglichkeit. Der Bewegungsumfang nimmt von Hals Richtung Kreuzbein ab. Aufgrund der relativ ebenen Gelenkflächen spricht man von Flächengleitgelenken.

Die Bewegungen des **Kopfes** sind sehr fein abgestuft, da er für Sinneswahrnehmung, Kommunikation, mimischen Ausdruck, räumliche Orientierung... eine große Rolle spielt. Mehrere Gelenke zwischen dem Kopf und dem ersten und zweiten Halswirbel bewirken zusammen die Beweglichkeit eines Kugelgelenkes.

Die Verbindung von Schädel und Atlas, dem oberen Kopfgelenk, ermöglicht eine leichte Vor- und Rückneigung und geringe Seitneigung des Kopfes (Eigelenk). Zwischen Atlas und Axis, dem unteren Kopfgelenk, erfolgen Drehbewegungen um die Längsachse (Zapfengelenk).

An den Bewegungen des Kopfes ist meistens die Halswirbelsäule beteiligt. Dennoch unterscheiden viele Kinder durchaus zwischen Hals- und Kopfbewegungen.

Das **Ellenbogengelenk** umfasst drei Teilgelenke:

1. Das Oberarm-Ellengelenk ermöglicht als Scharniergelenk eine Streckung und Beugung.
2. Das Speichen-Ellengelenk besteht aus einer Verbindung der Speiche zur Elle und ermöglicht als Radgelenk eine Rotation. Dabei dreht sich die Speiche um die feststehende Elle und überkreuzt sie.
3. Das Oberarm-Speichengelenk ist ein Kugelgelenk, welches durch straffe Bänder stark eingeschränkt ist. Von den drei Hauptbewegungsrichtungen bleiben nur die Scharnier- und die Drehbewegung.

Beim **Fuß** werden zwei Gelenke unterschieden: ein oberes und ein unteres Sprunggelenk. Das obere Sprunggelenk erlaubt eine Auf- und Abbewegung des Fußes um eine Querachse (Strecken und Beugen), das untere Sprunggelenk eine Drehbewegung (Pronation und Supination) um eine schräg durch die Fußwurzel verlaufende Achse.

Im **Schultergürtel** sind drei Kugelgelenke zu einer Funktionseinheit zusammengefügt: inneres (Brustbein-Schlüsselbeingelenk) und äußeres Schlüsselbeingelenk (Schlüsselbein-Schultergelenk) sind durch straffe Bänder stark in ihrer Beweglichkeit eingeschränkt.

Das dritte Gelenk des Schultergürtels, das Schultergelenk, ist ein dreiachsiges Kugelgelenk. Es ist weniger durch Bänder verstärkt und verfügt aufgrund der schlechten Übereinstimmung (Kongruenz) der beiden Gelenkflächen über eine hohe Beweglichkeit. Um die Querachse erfolgen Vorheben (Beugen) um etwa 90 Grad und Rückheben (Strecken) um etwa 45 Grad. Um die Tiefenachse (von vorn nach hinten) erfolgen Abduktion (um 90 Grad) und Adduktion und um die Rotationsachse (längs des Oberarmknochens) die Innen- und Außenrotation.

Die anderen Gelenke des Schultergürtels erlauben Bewegungen darüber hinaus. Es ist nicht leicht, das Schultergelenk isoliert zu bewegen, da bei Armbewegungen aus dem Schultergelenk sehr schnell Mitbewegungen des Schultergürtels einsetzen.

Im Gegensatz zum Schultergelenk verfügt das **Hüftgelenk** über einen geringeren Bewegungsumfang, da es zugunsten der Haltung von Becken und Rumpf stark durch Bänder gestützt ist. Der Gelenkkopf steckt tief in der Gelenkpfanne. Die drei Hauptbewegungsrichtungen sind Strecken und Beugen um die Querachse, Abduktion und Adduktion um die Tiefenachse und Innen- und Außenrotation um die Längsachse.

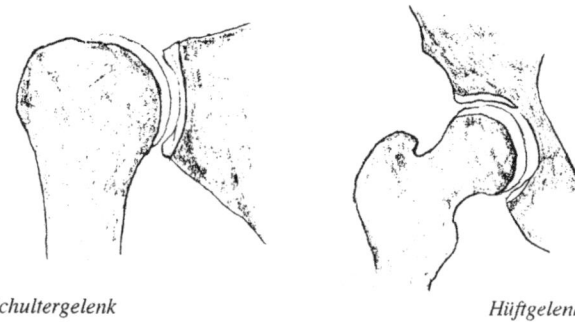

*Schultergelenk*            *Hüftgelenk*

## Aufgaben

### Suche nach Gelenken

„An welchen Stellen könnt ihr die verschiedenen Teile eures Körpers bewegen?" Gemeinsam werden verschiedene Gelenke genannt und probiert, welche Bewegungen sie ermöglichen.

„Wie kann man das Handgelenk bewegen? Hat das Kniegelenk auch zwei Bewegungsmöglichkeiten wie das Ellenbogengelenk?"

Bei der Suche nach Bewegungsmöglichkeiten einzelner Gelenke ist es notwendig, nur *ein* am Gelenk beteiligtes Körperteil zu verändern. Bewegt sich der Unterschenkel aus dem Kniegelenk, so bleibt der Oberschenkel ruhig, bei Bewegungen der Hand aus dem Handgelenk der Unterarm. Je genauer, desto spannender wird die Suche.

Es ist beeindruckend, wie sorgfältig sich manche Kinder bei solch ungewohnten Bewegungen darauf konzentrieren, nur eine Gelenkstellung zu verändern und Mitbewegungen zu vermeiden.

• Beide an einem Gelenk beteiligten Knochen können ihre Stellung verändern: bei einer Bewegung aus dem Hüftgelenk beispielsweise das Bein oder aber das Becken mit dem Rumpf. Die Bewegung des der Körpermitte entfernt liegenden (distalen) Körperteils bei Fixierung des körpernahen (proximalen) ist jedoch bedeutend einfacher und leichter nachvollziehbar. Dabei muss sich weniger Masse mitbewegen und nicht beabsichtigte Bewegungen anderer Gelenke sind leichter zu vermeiden.

### Wie Puppen bewegt werden

(siehe auch Thema *Körperspannung*)

Entspannt, schlapp und schwer liegt ein Kind mit geschlossenen Augen auf dem Rücken, die anderen hocken rings herum. Mit einigen ruhig gesprochenen Worten unterstützt der Lehrer die Entspannung des Kindes. Es kann dadurch in seiner Vorstellung zu einer Puppe werden, die sich von anderen bewegen lässt, ohne Widerstand zu leisten. Der Lehrer hebt behutsam einen Arm oder ein Bein, so dass deutlich eine Bewegung aus dem Schulter- bzw. Hüftgelenk sichtbar ist, er bewegt die Finger, beugt ein Knie... Er versucht, die „Puppe" so zu bewegen, dass möglichst nur ein Gelenk seine Stellung verändert und die Zuschauer die bewegten Gelenke benennen können.

Solange die Atmosphäre ruhig und konzentriert ist, kann die Puppe unter Aufsicht des Lehrers auch von einzelnen Kindern bewegt werden. So sehr es auch reizt, einen Arm der Puppe einfach fallen zu lassen – die Puppe ist eben doch ein Kind und das Vertrauen ist schnell verloren. Sicher reicht die Ausdauer der Kinder nicht, dass alle an die Reihe kommen. In der nächsten Stunde wird fortgefahren.

Ältere und verantwortungsbewusste Kinder können auch paarweise probieren, so dass alle Kinder aktiv bzw. passiv mitmachen können.

*Schaufensterpuppen*

*Sie stehen wie Gespenster*
*so steif und starr und stumm*
*im großen Kaufhausfenster*
*und anderswo herum*

*Die Frauen heißen Else*
*die Männer Kasimir*
*Sie haben lange Hälse*
*und können nichts dafür*

*Denn keine kann sich regen*
*Sie stehen einfach da*
*Und keine weiss, weswegen*
*das eigentlich geschah*

Herbert Erdmann.
© Cäcelia Erdmann, Krefeld.

### Im Stand bewegt werden

Nun können auch die jüngeren zu zweit probieren, da die „Puppen" eine gewisse Grundspannung behalten und nicht in dem Maße dem „Puppenspieler" ausgeliefert sind.

Zunächst wird die Aufgabe mit einem Kind demonstriert: Ein Kind steht in der Mitte. Der Lehrer verändert die Haltung des Kindes, kippt den Kopf, hebt eine Hand, beugt den Rumpf, verlagert das Gewicht auf ein Bein, um das andere ein wenig vorzuschieben... Die Puppe bleibt in der veränderten Haltung reglos stehen wie eine Schaufensterpuppe.

Die Kinder dürfen nun reihum jedes eine Stellungsänderung vornehmen und lernen dabei unter Aufsicht des Lehrers, langsam und umsichtig vorzuge-

hen. Erlaubt es die Konzentrationsfähigkeit und Aufmerksamkeit der Gruppe, können zwei Kinder zusammen üben. Die Kinder haben sich dabei viel zu erzählen und es gibt viel zu lachen. Später sollte bei der Übung möglichst wenig gesprochen werden, damit die Aufmerksamkeit erhalten bleibt – Puppen können schließlich nicht sprechen!

**Variation:**
Eine Hälfte der Gruppe tanzt, die anderen schauen zu. Bei Unterbrechung der Musik gehen die Zuschauer um die Puppen herum und verändern hier den Kopf, dort einen Arm... Durch behutsamen Druck in die Kniekehle kann ein Knie gebeugt werden. Ältere Kinder dürfen auch ein Bein verstellen, wenn sie das Gewicht der Puppe vorher auf das andere Bein verlagern.

### Figuren

Zu Musik tanzen die Kinder hüpfend, laufend, sich drehend, vorwärts, rückwärts oder seitwärts, alleine oder zusammen und stoppen ihre Bewegung, sobald die Musik unterbrochen wird. Sie „erstarren" zu reglosen Figuren, die bei jedem Kind und nach jeder Unterbrechung anders aussehen. Ein Körperteil oder Gelenk wird genannt und bewegt, ohne Mitbewegungen des übrigen Körpers. Mitbewegungen lassen sich natürlich nicht immer vermeiden. Sollen sich die Schultern bewegen, so bewegen sich selbstverständlich auch die Arme mit. Wird der Unterschenkel genannt, muss das Gewicht vorher auf ein Bein verlagert werden, um das andere vom Boden lösen zu können.

Für das Bewusstsein der Bewegung ist es ein großer Unterschied, ob Körperteile oder Gelenke genannt werden. Je nach Themenschwerpunkt kann die Aufmerksamkeit auf das eine oder das andere gelenkt werden.

**Variation:**
Nach Unterbrechen der Musik halten die Kinder nicht aus der Bewegung inne, sondern begeben sich, ohne lange zu überlegen, ganz schnell in eine beliebige Haltung, so dass sehr unterschiedliche Ausgangspositionen für die Bewegung einzelner Körperteile entstehen.

# *Körperspannung*

Unser Kopf würde auf die Brust fallen, der Unterkiefer auf die Brust sinken, so dass der Mund offen stünde, befände sich unsere Muskulatur nicht in einer permanenten Grundspannung. Sie ermöglicht das abgestimmte Zusammenspiel der Muskeln und die Aufrichtung gegen die Schwerkraft. Diese Grundspannung wird **Tonus** genannt. Er ist individuell verschieden und unterscheidet sich im wachen und schlafenden Zustand.

Jede Bewegung erfordert eine neue Regulierung der Körperspannung. Sie steht in enger Beziehung zu inneren Einstellungen, Vorstellungen oder Empfindungen wie Trauer, Freude oder Zorn. Sie prägt Charakter, Ausdruckskraft und Präsenz nicht nur einer tänzerischen Bewegung.

Im Unterricht entwickeln die Kinder ein Empfinden für die Schwerkraft und das Gewicht ihres Körpers, für einen gelösten oder gespannten Körper, für Zu- und Abnahme von Spannung. Sie entwickeln ein Gespür dafür, Spannung dort aufzubauen, wo sie notwendig ist und dort gelöst zu bleiben, wo keine erhöhte Spannung nötig ist, also ihre Kraft ökonomisch und differenziert im Zusammenspiel mit anderen Kräften einzusetzen.

Das Stehen auf der Spitze beispielsweise erfordert eine erhöhte Spannung in Beinen und Becken, weniger jedoch in Schultern, Armen, Nacken und Kopf. Die Spannung im Brustkorb ist so groß, dass er nicht zusammenfällt und so gering, dass der Atem ruhig weiterfließen kann. Umgekehrt senkt der ruhig fließende Atem die Spannung im Oberkörper. Die aufeinander aufgebauten Körperteile, Füße, Knie, Becken, Brustkorb und Kopf bilden eine Linie, tragen sich dadurch teilweise selbst und ermöglichen eine angemessene Spannungsverteilung. Die Regulierung des Tonus hängt also mit vielen anderen Faktoren zusammen wie beispielsweise mit der Atmung, mit der bewegungstechnischen Ausführung und mit dem Zusammenspiel der Sinne, insbesondere des kinästhetischen Sinnes, der über Stellungen und Bewegungen von Körperteilen informiert.

Sind die Kinder mit verschiedenen Spannungszuständen vertraut, so fällt es ihnen leichter, in anderen Zusammenhängen durch verbale Hilfestellung oder Berührung des Lehrers die Spannung zu verändern. Begriffe wie *gespannt, kräftig, lösen, gelöst, Spannung aufbauen* werden im konkreten Erleben und Benennen des Erlebten lebendig. Die Fähigkeit zu entspannen bildet in vielerlei Hinsicht eine wichtige Grundlage. Sie ist eine Voraussetzung für Dehnung und Beweglichkeit ebenso wie für geistige Wachheit und Konzentration.

• Der Einsatz von Muskelkraft kann sich in zweierlei Weise äußern:
Wird bei erhöhter Muskelspannung die momentane Gelenkstellung beibehalten, erfolgt also keine sichtbare Bewegung, so erfolgt der Krafteinsatz **statisch** als Haltearbeit. Er beruht auf isometrischer Kontraktion, bei der der Muskel nicht seine Länge, sondern nur seine Spannung ändert (z. B. Anspannen des Körpers in Rückenlage, ohne Veränderung der Körperhaltung).
Eine sichtbare Bewegung beginnt dann, wenn ein anfänglicher Widerstand gegen den Tonus der Antagonisten[8] und gegen die Schwerkraft überwunden ist. Bei der Absicht, eine Kiste zu heben, erfolgt also zunächst eine isometrische Kontraktion. Anschließend folgt der Bewegungsablauf – das Anheben der Kiste – bei (im Idealfall) gleichbleibender Spannung mit einer Verkürzung der Muskulatur (isotonische Kontraktion). Bewirkt der Einsatz von Muskelkraft eine Stellungsänderung im Gelenk, erfolgt also eine äußerlich sichtbare Bewegung, wird er **dynamisch** genannt.
Die meisten Alltagsbewegungen lassen sich als Mischformen von isometrischer und isotonischer Kontraktion beschreiben. Abnahme von Muskellänge und Zunahme von Muskelspannung gehen Hand in Hand (auxotonische Kontraktion).
Überwiegen dynamische Elemente in der Bewegung, so spricht man von einem freien Bewegungsfluss. Je statischer die Muskelarbeit und je intensiver andere Kräfte der Bewegung Widerstand leisten, wie bei Reibung über den Boden, bei Widerstand durch Antagonisten oder andere Personen, desto gebundener wird der Bewegungsfluss.

In Form von statischen Übungen können die Kinder durch gegenseitige Kontrolle und Berührung Spannungszustände bewusst wahrnehmen und erfühlen lernen. Isometrischer Krafteinsatz ermüdet jedoch schnell.[9] Er kann zu Pressatmung führen und damit eine gute Sauerstoffversorgung des Körpers verhindern. Für Kinder können solche Übungen frustrierend sein, wenn sie nicht durch Bilder und Vorstellungen einen Sinn vermitteln, da kein offensichtliches Ergebnis erfolgt. An Übungen mit erhöhtem Krafteinsatz schließt eine Lockerung an durch Ausschütteln, Recken oder Dehnen, um die Muskulatur wieder zu entspannen.

Im Ruhezustand können die Kinder besonders gut gegenseitig verschiedene Spannungszustände überprüfen und nachvollziehen. Ein entspannt auf dem Boden liegendes Kind lässt sich von einem anderen wie eine Puppe bewegen. Das der Schwerkraft nachgebende Körpergewicht bietet keinen Widerstand. Spannt sich das liegende Kind an (hart wie ein Stein, fest wie ein Baumstamm), so muss, will man die Haltung des Kindes verändern, der eigene Krafteinsatz größer sein als der des liegenden Kindes. Um so einfacher lässt es sich jedoch mit anderen Kindern zusammen wegtragen, da es leichter wirkt.

Der entspannte Zustand, ganz der Schwerkraft überlassen und ohne mit eigener Muskelkraft dagegen anzukämpfen, erzeugt meistens ein Gefühl der **Schwere**. Auch Bewegungen, bei denen man der Schwerkraft nur das soeben Notwendige entgegensetzt, wirken eher schwer. Eine winzige Änderung von Körperspannung und innerer Einstellung bewirkt ein Gefühl der **Leichtigkeit** „wie von Wasser oder Luft getragen". Bezüglich des Kraftaufwandes liegt das Empfinden von schwer und leicht ganz nah beieinander, beides im feinen Erspüren der Schwerkraft. Dagegen wird bei hoher Körperspannung der Schwerkraft ein hoher Widerstand entgegengesetzt. Das Empfinden für die Beziehung zur Schwerkraft und für das eigene Gewicht steht nicht mehr im Mittelpunkt.

---

8: Entgegengesetzt arbeitende Muskeln/Muskelgruppen
9: Die für isometrischen Krafteinsatz notwendige Energie wird anaerob bereitgestellt, die Reserven sind jedoch begrenzt und bei Kindern noch geringer als bei Erwachsenen.

**Schwungbewegungen** nutzen die Schwerkraft zum Fall, Rückfedern und Wiederaufrichten mit geringem Kraftaufwand. Sie entstehen durch rechtzeitiges Loslassen der Spannung aus einer kurzen Schwebehaltung. Jedoch müssen die nichtschwingenden, haltenden Körperteile über ausreichend Spannung verfügen, um nicht aus dem Gleichgewicht zu geraten. Ein so komplexes Spiel zwischen Schwere und Leichte, wie es bei Schwüngen der Fall ist, ist besonders für die meisten jüngeren Kinder noch nicht nachvollziehbar. Bewegungen wie Rumpf-, Arm- und Beinschwünge oder schwingendes Gehen im Dreiertakt wirken eher geführt.

### Hinweise zu den folgenden Aufgabenstellungen:

Innerhalb des Unterrichts wechseln der Umgang mit Spannung und Lösung einander ab. Lange Beschäftigung mit hohem Krafteinsatz wirkt ebenso ermüdend wie mit geringem.

Durch eine enge Beziehung zwischen Muskeltonus und Stimme kann der Lehrer durch Ruhe und Kraft, Tonfall und Bewegung der Stimme eine Vorstellung von Körperspannung vermitteln, die sich unwillkürlich auf die Kinder überträgt. Eine ruhige, warme, nicht zu hohe Stimmlage kann eine Tonussenkung bewirken – kraftvolles und höheres Sprechen eine Steigerung. Nach anregenden Situationen ist es notwendig, wieder zur Ruhe zu kommen, um eine Basis für eine neue Unterrichtssituation zu schaffen.

Ein vielfältiger Umgang mit der Körperspannung wirkt sowohl für das tanzende Kind als auch auf einen Zuschauer belebend und steigert die Aufmerksamkeit. Die folgenden Übungen sollen zu einem grundsätzlichen Erleben und einem altersangemessen differenzierten Umgang mit Körperspannung beitragen.

Partnerübungen zu diesem Thema erfordern und schaffen Vertrauen und Verantwortungsbewusstsein. Dabei kann man jüngere Kinder nicht sich selbst überlassen, während die älteren nach sorgfältiger Einführung Übungen auch ohne ständige Beobachtung des Lehrers durchführen können, so dass der Lehrer sich einzelnen Paaren widmen kann.

Hohe und geringe Spannung werden als Kontrast erlebt. Dadurch werden Unterschiede deutlich und einseitige Spannungen verfestigen sich nicht. Die folgenden Aufgabenstellungen sind eher nach Sinnzusammenhängen geordnet als nach gespannten und gelösten Bewegungen.

### Aufgaben

### Wie Puppen bewegt werden (Entspannung)

Der Lehrer bringt eine Marionette oder eine Puppe mit beweglichen Gliedmaßen mit zum Unterricht.

Er hebt einzelne Körperteile und senkt sie wieder. Die Puppe lässt sich bewegen und leistet keinen aktiven Widerstand. „Wer von euch möchte jetzt die Puppe sein?"

Ein Kind legt sich wie eine Puppe entspannt auf den Boden, die anderen schauen zu. Wie zuvor bewegt der Lehrer vorsichtig einzelne Arme und Beine und probiert schüttelnde Bewegungen. Er hebt das Becken an einer Seite hoch – die Schulter des Kindes verändert dabei seine Stellung. Er zieht einen Arm in die Höhe – der Kopf rutscht zur Seite. Behutsam nimmt er den Kopf in die zur Schale geformten Hände und wiegt ihn langsam hin und her.

Möglicherweise hilft ein Kind bei einer Bewegung – beispielsweise dem Heben eines Arms – mit und übernimmt selbst die Führung. In dem Fall kann der Lehrer langsam den Arm loslassen, so dass dieser in der Luft stehenbleibt. „Ist dein Arm so schlapp wie bei einer Puppe?" Das Kind wird nun vielleicht wahrnehmen, dass der Arm noch gespannt ist und ihn möglicherweise loslassen können.

Auch nonverbal kann das Kind unterstützt werden, indem Körperteile sacht geschüttelt oder hin und her bewegt werden. Gelingt es dem Kind z. B. einmal, einen Arm, den es zunächst festgehalten hat, zu entspannen, so hat es sehr viel an Erfahrung dazugewonnen, besonders dann, wenn durch Hinweise oder im Gespräch mit den Zuschauenden bewusst geworden ist, dass der Arm jetzt so schlapp wie bei einer Puppe ist.

Diese Übung erfordert und fordert Vertrauen untereinander.

Damit mehrere Kinder an die Reihe kommen, zeigt der Lehrer bei jedem Kind andere Bewegungen.

### Kinder bewegen sich gegenseitig (Entspannung)

Nach guter Vorbereitung können sich ältere Kinder alleine gegenseitig bewegen. Zunächst werden zwei Kinder, die die Aufgabe durchführen, von allen beobachtet, so dass schwierige Situationen besprochen werden können. Dann üben alle Paare gleichzeitig, wobei der Lehrer dennoch versucht, möglichst alle im Blick zu haben. Sind bei einem Paar Hilfestellungen notwendig, unterbrechen die anderen gegebenenfalls die Übung.

Am Beispiel einer Puppe oder Marionette können gefährliche Situationen durchgespielt werden. Der Lehrer hebt einen Arm und lässt ihn fallen. „Darf man bei euch einen Arm einfach fallen lassen?" Er schüttelt den Kopf der Puppe. „Ob es angenehm ist, wenn euer Kopf so geschüttelt wird?"

### Harte und weiche Muskeln (Spannungsunterschiede wahrnehmen)

Die Körperspannung kann über die Muskulatur ertastet werden. Gut sichtbar ist sie bei den Beinen. Die Kinder sitzen im Langsitz mit gebeugten Füßen

(Zehen Richtung Körper anziehen) und drücken die Knie auf den Boden. Die Muskelspannung ist in den Oberschenkeln gut sicht- und tastbar.

Sie stellen nun mit gebeugten Knien die Füße so auf, dass sie nicht nach vorne wegrutschen, halten die Beine locker und schütteln die Waden mit einer Hand. Sie sind locker und lassen sich leicht bewegen.

## Körperteile schütteln (Lockerung)

Der Lehrer spielt eine fröhliche, lebendige Musik vom Band (z. B. Ragtime, Dixie). Verschiedene Körperteile werden der Reihe nach ausgeschüttelt: die rechte Hand – der rechte Arm – die linke Hand – der linke Arm
der rechte Fuß – das rechte Bein – der linke Fuß – das linke Bein

beide Hände – beide Arme Und nun die Schultern: dabei haben die Füße festen Kontakt mit dem Boden, die Knie sind etwas gebeugt. Die Kinder beginnen mit kleinen, schnellen Tieffederungen aus dem Kniegelenk, als würde der Boden vibrieren (die Füße „kleben" am Boden). Die Federungen setzen sich in den Körper fort und lockern passiv besonders im Bereich des Schultergürtels.

### Variation: vokale Begleitung

Das Schütteln wird begleitet durch ein stimmhaftes langes Ausatmen (z. B. auf „mmm" oder verschiedene Vokale), um das Lockern und Entspannen des Rumpfes zu unterstützen. Die meisten werden die Laute des Lehrers automatisch mitmachen. Einzelne Kinder dürfen vorführen, wie lange ihr Ton hörbar ist. Dadurch wird dem hörbaren Ausatmen Aufmerksamkeit geschenkt und alle werden motiviert mitzumachen. Die hörbare Ausatmung stellt darüber hinaus für den Lehrer eine akustische Kontrolle dar.

### Körperteile „fallenlassen" (Lösen)

Aus dem Stand werden gleichzeitig oder nacheinander verschiedene Körperteile gelöst.

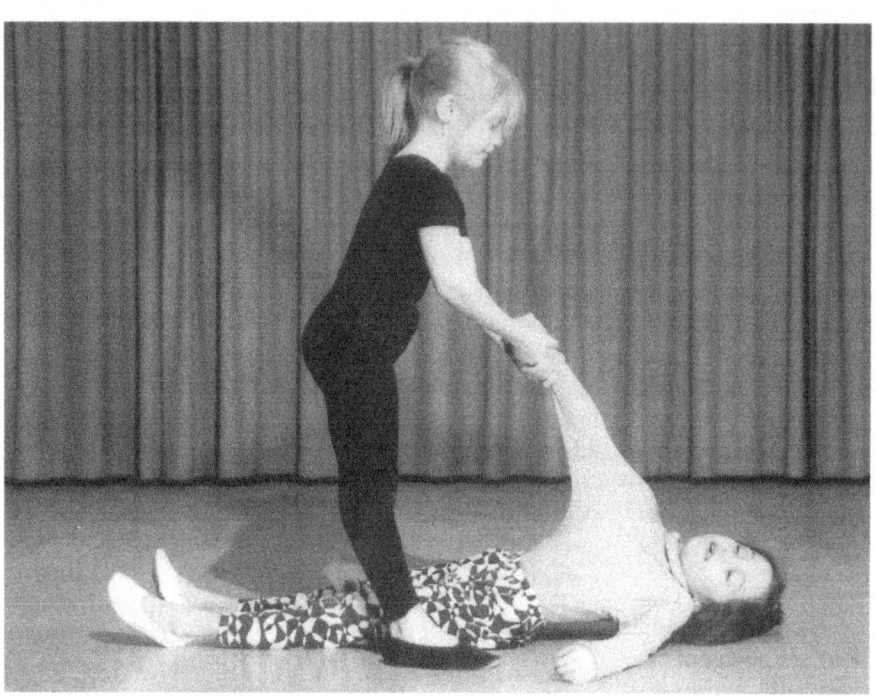

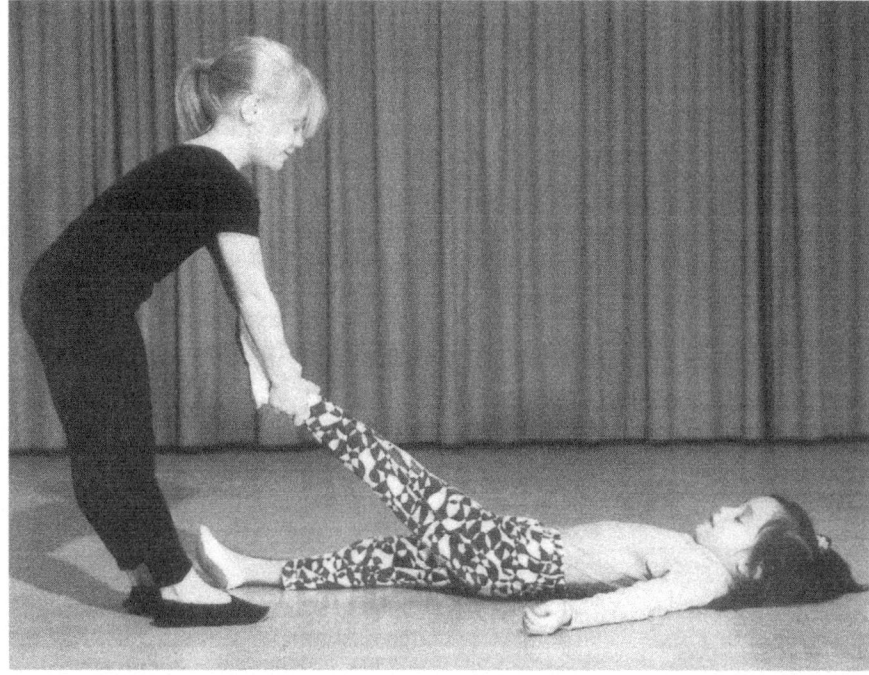

*Kinder bewegen sich gegenseitig*

**Variation I: Der Schneeman schmilzt**

für jüngere Kinder

Die Kinder stehen als Schneemänner im Garten. Ihre Ausgangshaltung haben sie selbstgewählt, oder sie wurden von anderen „aufgebaut". Die warme Sonne kommt, und sie beginnen nach und nach zu schmelzen. Zuerst fällt der Kopf, dann der Bauch, die Knie werden schwach und beugen sich, bis der Schneemann schließlich langsam ganz zu Boden sinkt. Der Ablauf wird während des Erzählens an einem Kind vorgeführt. Der Lehrer differenziert die genannten Körperteile, die gelöst werden, soweit sie den Kindern bewusst sind bzw. sie durch Vorübungen unterscheiden gelernt haben (z. B.: Kopf – Brustkorb – Becken – Knie, oder auch: Kopf – Schultern – Bauch).

*Musik*: ein ruhiger Beckenklang zum Lösen eines Körperteils

**Variation II: Figuren:**

Die Kinder tanzen zu Musik. Bei Unterbrechung der Musik halten sie inne, jedes in einer anderen Haltung. Der Lehrer gibt nun einzelne Körperteile an, die die Kinder „fallenlassen", z. B.: die rechte Hand, der Kopf, der linke Arm..., bis irgendwann die Musik wieder einsetzt.

Dieselbe Aufgabe kann mit dem Bild *Marionetten* erarbeitet werden, bei dem der Marionettenspieler immer einzelne Fäden der Marionette loslässt.

**Variation III: Fallenlassen – Schritt für Schritt**

für ältere Kinder

Die Kinder stehen, die Füße „schlagen tiefe Wurzeln in die Erde". Allmählich und Schritt für Schritt sinkt der Körper immer weiter zu Boden, immer mehr Teile des Körpers verlieren an Spannung: Zuerst sinkt der Kopf auf die Brust und löst sich – der Hals – der Brustkorb – die Lendenwirbelsäule – das Becken – die Knie lösen sich – und nun langsam weiter zu Boden sinken (siehe auch *Körperteile „fallenlassen"*, S. 75).

**Figuren aus Stein** (Anspannung)

Zwei Gruppen werden gebildet: die eine tanzt, die andere schaut zu. Jedesmal, wenn die Musik unterbrochen wird, werden die Tanzenden zu einer Figur aus Stein: Sie stehen angespannt und reglos, keine Hand bewegt sich, kein Blick schweift umher. Jede Figur sieht anders aus. Lehrer und Zuschauer gehen nun um die Figuren und kontrollieren, ob sie wirklich aus Stein sind. Nur mit Widerstand lassen sich die Figuren bewegen. Durch Druck gegen Arme, Beine, Kopf... kann der Lehrer die Anspannung der Kinder unterstützen. „Du darfst dich von mir nicht wegdrücken lassen." Beim Wiedereinsatz der Musik wechseln die Gruppen.

Auch der Lehrer stellt (z. B. beim Erklären des Spielablaufs) eine Figur aus Stein dar, die die Kin-

*Variation II: Figuren:*

der zu bewegen versuchen. Dabei kann er an sich selber feststellen, in welchem Ausmaß Körperteile sich einem Druck widersetzen können.

### Schnappschüsse (Anspannung)

Nach einer freien Tanzphase halten alle bei Unterbrechung der Musik in ihrer Bewegung inne, ohne etwas zu verändern, wie auf einem Photo. In unregelmäßigen, überraschenden Abständen spielt der Lehrer akzentuierte Klänge, jeder (Trommel-) Schlag bedeutet ein Photo. Die akzentuierten Klänge unterstützen eine hohe Körperspannung. Zur wiedereinsetzenden Musik tanzen die Kinder weiter. Dabei wird die vorher aufgebaute Körperspannung wieder gelöst.

### Variation I:

Die Kinder beginnen mit einer Haltung am Boden und bewegen sich von Bild zu Bild allmählich aufwärts.

### Variation II: Gruppenphoto

Ein Teil der Gruppe agiert, die anderen schauen zu. Ein Kind nach dem anderen stellt sich zunächst an einem vorgesehenen Ort auf. Jedes dazukommende Kind stellt mit seiner Haltung eine Beziehung zu den anderen her. Sind alle im Spiel, beziehen sie sich mit jedem Klang wiederum auf die umstehenden. Auch Fortbewegungen sind möglich – Schritt für Schritt.

### Passivität und Widerstand – die störrische Puppe (gespannt - gelöst)

für ältere Kinder

Sind die Kinder vertraut im Umgang mit verschiedenen Spannungszuständen, können Anspannung und Entspannung in einer Aufgabe verbunden werden. Je zwei Kinder finden sich zusammen. A liegt am Boden, B bewegt A. A hat zwei Möglichkeiten zu reagieren:

1. Mit Passivität: A lässt sich von B bewegen. B muss behutsam vorgehen, denn wenn er einen Arm oder ein Bein loslässt, fällt er/es zu Boden.
2. Mit Widerstand: Nachdem A sich eine Weile hat bewegen lassen, spannt A unvermittelt denjenigen Körperteil an, welchen B bewegen möchte und versucht, die Veränderung der Stellung zu verhindern.

Können die Kinder zwischen beiden Bewegungsqualitäten sicher differenzieren, kann seine 3. Möglichkeit hinzukommen: A lässt nicht nur die Bewegungen von B passiv geschehen oder leistet Widerstand, sondern hilft mit und erspürt, wohin Arme und Beine geführt werden. Wenn B jetzt einen Arm loslassen würde, behielte dieser seine momentane Stellung bei. Die Spannung bewegt sich dabei zwischen gelöst und gespannt, kann aber individuell sehr verschieden sein.

Der Wechsel zwischen den drei Reaktionsmöglichkeiten darf nicht zu schnell erfolgen, damit sich die Paare auf die verschiedenen Spannungszustände einstellen können.

### Wasserpflanzen (gelöste Bewegungen)

„Wenn man in einen hellen klaren See schaut, auf den die Sonne scheint, kann man vielleicht auf seinem Grund Wasserpflanzen entdecken, die sich leicht mit der Strömung wiegen. Sie brauchen keine Kraft, um sich zu bewegen, sie bewegen sich vom Wasser getragen". Die Kinder legen sich als Wasserpflanzen in Rückenlage auf den Boden, Musik erklingt und der Lehrer erzählt, was mit den Pflanzen geschieht: Das Wasser des Sees gerät in Bewegung und hebt einen Arm der Kinder. Leicht und langsam wiegt er sich im Wasser hin und her, mal vor, mal hoch und nach hinten, zieht Linien, legt sich ab, um sich dann wieder zu heben... Der zweite Arm kommt hinzu..., schließlich auch ein Bein... und das andere Bein. Erst, wenn die Musik leiser wird, sinken die Pflanzen zurück auf den Boden.

An diese Aufgabe sollte eine lebendige anschließen. Auch ein Ratespiel kann als Einstieg dienen. „Ich mache euch etwas vor. Ratet einmal, was ich darstelle!" Dadurch erfährt der Lehrer, was die Kinder mit diesen Bewegungen verbinden und ob er deutlich genug ist.

*Musik*: Spiel auf einem Metallophon; ruhiges Klavierspiel; ruhige Musik von einem Tonträger, die einen Eindruck von Leichtigkeit erzeugt, z. B.: _Aquarium_ aus Karneval der Tiere von Saint-Saëns.

## Schwebende und flatternde Vögel (geringe Körperspannung)

Die Kinder gleiten als Vögel mit großen Schwingen am Himmel. Sie fliegen hinter einem Leitvogel her, fliegen mit ruhigen, weiten Bewegungen umeinander herum, drehen sich und kreisen im Wind. Auf ein Zeichen (Wechsel der Musik oder ein akustisches Signal) ändern sie ihre Flugart: mit schnellen leichten Flugbewegungen, unterstützt von schnellen Beinbewegungen flattern sie umher.

Mit Hilfe von Seiden- oder Chiffontüchern (umbinden oder in Händen halten) können die Bewegungen unterstützt werden.

_Musik:_ ruhiges bzw. schnelles – in jedem Fall leises Instrumentalspiel; Musik vom Band, die Leichtigkeit assoziiert und sowohl schnelle als auch langsame Bewegungen zulässt.

• Bei Rudolf von Laban[10] zählen Schweben und Flattern zu den acht elementaren Antriebsaktionen. Schweben und Gleiten unterscheiden sich durch direkte (Gleiten) bzw. indirekte (Schweben) Raumwege. Die Kinder werden als Vögel Schweben und Gleiten miteinander verbinden. Flattern bedeutet ein geringer Energieeinsatz bei schnellem Tempo, Schweben ein geringer Energieeinsatz bei geringem Tempo. Flattern und Schweben unterscheiden sich also durch den Faktor Zeit.

## Kräfte messen (Anspannung)

Zwei ungefähr gleichstarke und gleichgroße Kinder stehen Rücken an Rücken und versuchen, sich gegenseitig wegzudrücken. Die Schultern werden auf gleicher Höhe gehalten, die Rücken gerade, also nicht vorgebeugt oder zurückgelehnt. Als Ansporn kann ein Bereich auf dem Boden definiert werden, aus dem die Kinder sich gegenseitig herausdrängen. Dieselbe Aufgabe kann einander zugewandt mit aufeinanderliegenden Handinnenflächen durchgeführt werden.

• In den Zwischenpausen wird gemeinsam besprochen, warum bestimmte Kinder besonders erfolgreich sind. Ist es ihre Kraft oder gehen sie geschickter mit ihrer Kraft um? Wie werden die Arme und der Rücken am besten gehalten? Mit gerundetem Rücken, gebeugten Knien und vor der Körpermitte nicht zu weit nach außen gehaltenen Armen lässt sich die größte Kraft entwickeln.

## Baumstämme rollen (Anspannung)

Ein Baumstamm ist hart. Er lässt sich nicht so leicht in seiner Form verändern. Ein Kind legt sich in Rückenlage auf den Boden, die anderen schauen zu. Es streckt die Arme über den Kopf, streckt die Beine und spannt den ganzen Körper an. Mit Hilfe einiger Kinder wird der Baumstamm nun langsam auf die Seite gerollt, auf den Bauch und je nach Ausdauer immer weiter, eventuell zu einer Sammelstelle. Der „Baumstamm" muss seinen Kopf beim Rollen anheben. Hin und wieder spricht der Lehrer das Kind an, stellt Fragen und regt es zum Sprechen an, damit es trotz der Anspannung möglichst ruhig weiteratmet. Kleine Zwischenpausen zum Kräftesammeln sind selbstverständlich gestattet.

Anschließend wird die Übung zu zweit durchgeführt oder je nach Kraft der Kinder in kleinen Gruppen, in denen mehrere Kinder einen Stamm rollen, bis sich schließlich alle Baumstämme an der Sammelstelle eingefunden haben.

Diese Übung können auch die jüngeren paarweise ausführen.

## Langstrecken (Anspannung)

Alle liegen in Bauchlage mit den Köpfen zur Kreismitte, wo sich ein Spielzeug befindet. Vielleicht gibt es an einem besonderen Tag (Kindergeburtstag, Ferienbeginn) sogar eine Schale mit Süßigkeiten.

Die Kinder versuchen, an den Gegenstand heranzukommen, indem sie sich immer länger strecken. Sie stellen sich vor, dabei gleichzeitig mit den Füßen die Wand hinter sich zu berühren.

Der Lehrer unterstützt die Spannungszunahme verbal oder mit allmählich lauter werdenden Klängen (z. B. Becken, Klavier).

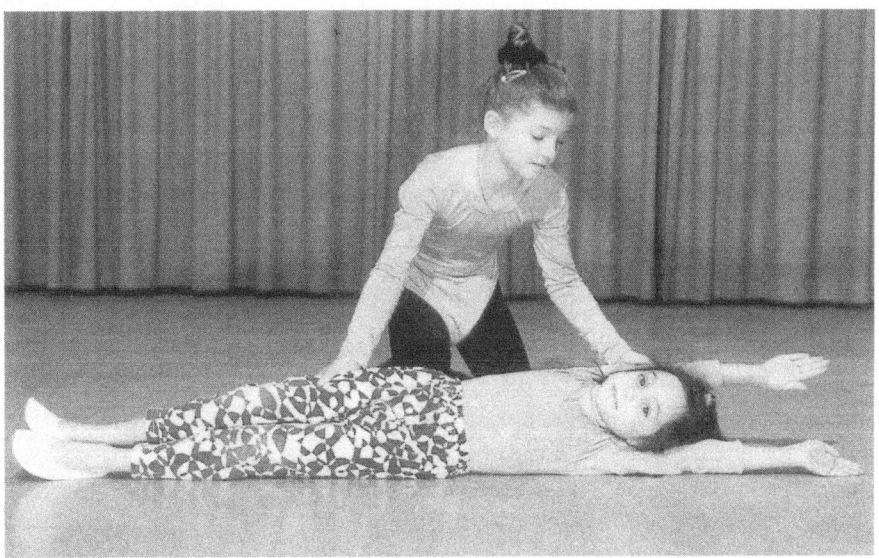

_Baumstämme rollen_

___
10: Rudolf von Laban: Der moderne Ausdruckstanz, Noetzel 1982.

*Kräfte messen*

*Kräfte messen*

Die Spannung von Kopf- und Nackenbereich sollte dabei möglichst gering sein. Am höchsten Punkt der Spannung blicken alle umher, schauen sich gegenseitig an und sprechen kurz miteinander – das wird die Spannung der Atemmuskulatur etwas senken.

### Gummibänder (Spannungszunahme – Strecken)

Ein Kind legt sich in Rücken- oder Bauchlage auf den Boden. (In Bauchlage liegt der Kopf seitlich. Auch in Seitlage ist die Übung durchführbar, beinhaltet aber ein zusätzliches Gleichgewichtsproblem.) Es stellt ein Gummiband dar, schlaff und entspannt. Nun wird es in seiner Vorstellung von beiden Seiten aus auseinandergezogen, immer länger und länger: die Zehenspitzen ziehen in die eine Richtung, die Fingerspitzen in die andere. Auf ein Zeichen entspannt es sich wieder.

Der Lehrer kann die Spannungszunahme folgendermaßen unterstützen:

– Durch leichtes Berühren von Fingerspitzen/Zehen oder Streichen von Armen/Beinen in die Bewegungsrichtung werden die Endpunkte des Körpers bewusst, die gedanklich verlängert werden sollen.
– Durch Berühren von Finger- oder Zehenspitzen mit der Aufforderung, dagegen zu drücken, wird das Kind angeregt, sich selbst aktiv zu strecken.
– (in Bauchlage) Der Lehrer hält einen Gegenstand in geringer Entfernung von den Fingerspitzen, zu dem sich das Kind strecken soll.
– (in Rückenlage) Der Lehrer/ein Partner hält eine Hand unter die Lendenwirbelsäule, die andere unter die Kniekehle. „Versuche, beim Strecken mit Rücken und Knien gegen meine Hände zu drücken (später gegen den Boden)“. So wird der Krafteinsatz von Körpermitte und Beinmuskulatur unterstützt.

### Wechselnde Spannungszustände

Die Kinder haben bereits verschiedene Spannungszustände erfahren.

Extreme Spannungszustände werden nun in einem Spiel miteinander verbunden. Die Kinder laufen und tanzen zu Musik. Bei Unterbrechen der Musik werden Aufgaben gestellt wie:

– als „Baumstamm“ auf den Boden legen
  (Der Lehrer geht umher und kontrolliert die Spannung.)
– wie Puppen entspannt am Boden liegen
  (Der Lehrer geht umher und hebt bei einzelnen Kindern einen Arm oder ein Bein, schüttelt eine Hand, verschiebt den Rücken...)
– eine Steinfigur darstellen
– sich zu zweit Rücken an Rücken vom Platz drängen
– aus dem Stand heraus vom Lehrer benannte Körperteile fallenlassen
– wild um sich schlagen, um die Mücken zu vertreiben
– schweben wie ein Vogel im Wind

Im Wechsel mit freiem Tanzen zur Musik findet immer wieder ein Spannungsausgleich statt.

# Übungen am Boden

### Hinweise zu den Übungen:

Grundlage der Übungen sind Bewegungen, die alle Kinder ihren physiologischen Möglichkeiten entsprechend ausführen können wie Beugen, Strecken, Aufrichten, Gleichgewicht halten, Anspannen und Entspannen... Im Laufe der Zeit und mit zunehmendem Alter werden die Aufgabenstellungen mit wachsender Wahrnehmungs- und Differenzierungsfähigkeit immer genauer. Den unterschiedlichen physiologischen und koordinativen Voraussetzungen auch innerhalb einer Altersgruppe kann der Lehrer durch Hilfestellungen und individuelle Lösungswege begegnen, ohne den Kindern das Gefühl des Versagens zu geben, z. B.:

– Kann ein Kind seinen Rücken im Langsitz nicht annähernd aufrichten, stützt der Lehrer seinen Rücken oder bietet ihm eine andere Sitzposition an.

– Kann ein Kind den regelmäßigen Wechsel zwischen Galopp- und Hüpfsprung nicht realisieren, tanzt es eine Folge von Hüpfern. Als besondere Herausforderung achtet es stattdessen auf gestreckte Füße oder die Koordination mit der Musik.

Bei Bewegung einzelner Funktionseinheiten werden benachbarte Körperteile, die sich nicht mitbewegen sollen, fixiert. Das geschieht mit Hilfe des Bodens, eines Partners, des Lehrers oder entsprechender Hinweise und Vorstellungshilfen.
Statische Übungen, die auf isometrischer Kontraktion beruhen, sollten nur sparsam eingesetzt werden; je jünger die Kinder, desto seltener (siehe auch Kapitel _Körperspannung_, S. 50).
Je nach Übungsphase und Zielsetzungen können die Übungen mit oder ohne **Musik** durchgeführt werden. Die Kinder haben große Freude, mit Musik zu üben. Sie fordert zum Mitmachen auf, steigert Kon-

zentration und Ausdauer, sie hilft, der Bewegung einen Ausdruck zu verleihen und sie rhythmisch zu ordnen. Das Übetempo wird den Fähigkeiten der Kinder angemessen gewählt. Es kann innerhalb der Übung variiert werden, indem ein Ablauf beispielsweise im Tempo der ♩, der ♩ und dann der ♪ durchgeführt wird. Das macht die Übung lebendig und weckt die Aufmerksamkeit. Um die Koordination von Musik und Bewegungsablauf nicht zu erschweren, sollte die Musik keine Temposchwankungen (accelerandi und ritardandi) enthalten.

Mehrere Übungen, die die Kinder kennengelernt haben, können in einer Übungsfolge mit Musik zusammengestellt werden. Dabei sollten beim Wechsel von einer Bewegung zur anderen Phrasierung und formaler Aufbau der Musik bedacht werden: Die neue Bewegung setzt mit einem neuen musikalischen Abschnitt ein. Auf diese Weise werden die Kinder damit vertraut, dass im tänzerischen Gestalten die musikalische Form berücksichtigt wird.

Das Üben ohne Musik kann besonders dann sinnvoll sein, wenn etwas Neues eingeführt wird, wenn die Aufmerksamkeit in besonderer Weise auf den Körper gerichtet ist oder wenn eine rhythmische Struktur nicht im Sinne der Aufgabenstellung liegt.

Musik kann eine Übung auch untermalend begleiten, ohne dass ihr Tempo sich im Bewegungstempo wiederfindet. In diesem Fall sollte der Rhythmus zurückhaltend sein. Stimmung und Ausdruck der Musik fördern dabei eine innere Ruhe und Gelassenheit oder beeinflussen unbewusst Körperspannung und Bewegungsfluss.

• Ruhige Übungen wechseln mit lebendigen. An kraftbetonte Übungen schließt sich eine Lockerung oder Entspannung an. Im Laufe der Zeit kann die Aufmerksamkeit mit neuen Anregungen, Bildern und Impulsen auf neue Aspekte einer Übung gelenkt werden, um nicht schon beim ersten Üben durch allzu viele Hinweise Verwirrung zu stiften. Die Übungsfolgen sollten so aufeinander abgestimmt werden, dass verschiedene Körperteile ausgewogen beansprucht werden. Extreme Dehnungen und Sprünge stehen nicht am Anfang des Unterrichts. Sie werden

erst dann geübt, wenn der Körper aufgewärmt ist. Die Konzentration der Kinder ist erhöht, wenn die Folge der Übungen so gewählt ist, dass die einzelnen Übungen unterschiedliche Strukturen aufweisen: zu zweit, im Kreis, als Schlange hintereinander... Übungen, die sich über einen längeren Zeitraum wiederholen, werden in andere Formen gefasst, so dass sich Bekanntes vermischt mit Neuem.

Der Boden ist für viele Übungen eine gute Ausgangsposition, da der für die Aufrichtung notwendige Muskeltonus wegfällt. Die Konzentration kann sich gezielter auf den Bewegungsablauf richten. Darüber hinaus gibt der Boden eine Orientierung und hilft, benachbarte Körperteile zu fixieren, die bei einer Übung nicht mitbewegt werden sollen. So bleibt beispielsweise bei seitlichen Rumpfbeugen aus dem Grätschsitz der Kontakt beider Sitzhöcker zum Boden erhalten, damit die Beugung nur von der Wirbelsäule ausgeht. Am Boden können unter anderem Aufrichtung, Stellung des Beckens bei Rumpf- und Beinbewegungen und Streck- und Beugebewegungen für Sprünge vorbereitet werden.

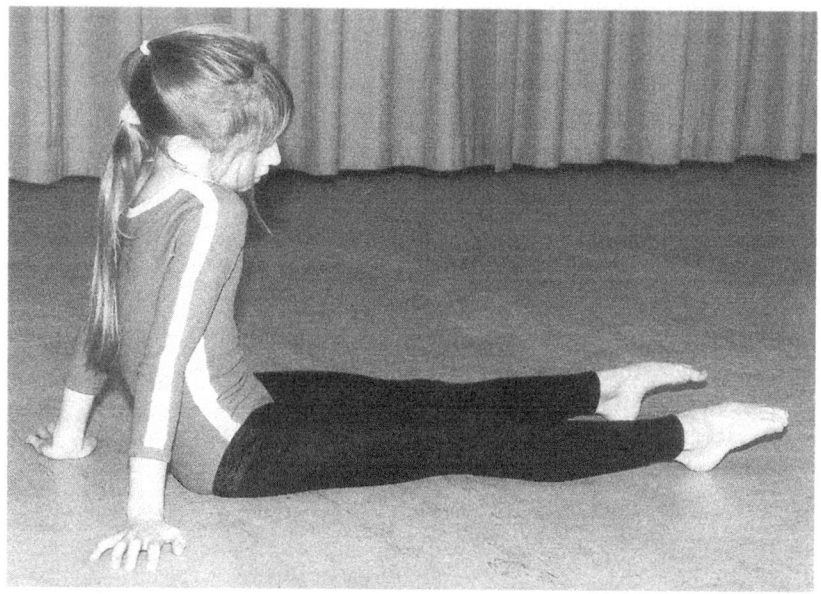

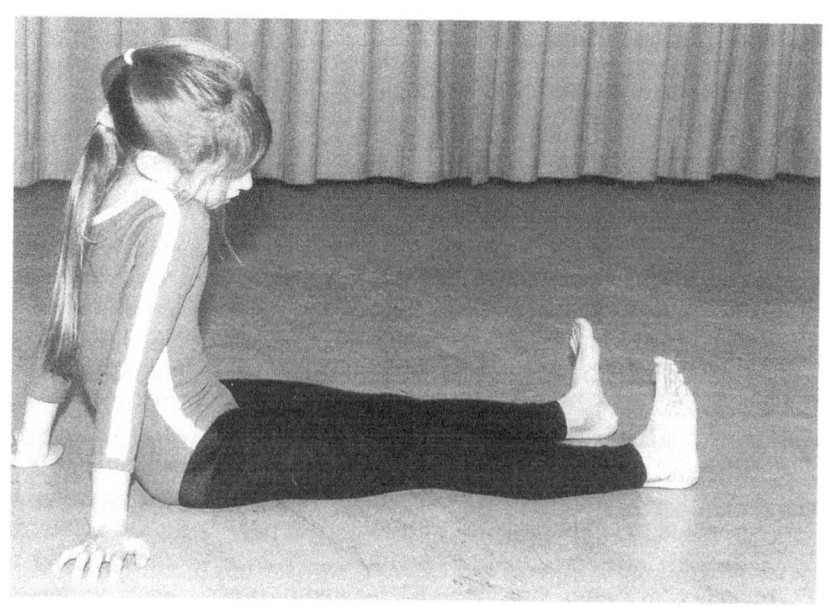

*Die Füße strecken und beugen*

# Beine und Füße

## *Aufgaben*

### Die Beine strecken

Die Kinder sitzen im Langsitz. „Berührt das ganze Bein den Boden?" Unter den Kniekehlen und zwischen Waden und Fersen gibt es keinen Kontakt zum Boden. „Wir versuchen jetzt, die Lücke unter den Kniekehlen zu schließen!" Alle legen die Hände unter die Knie mit den Handflächen nach unten und drücken die Kniekehle auf die Hände. Die Beine sind nun angespannt und gestreckt. Die Füße können dabei gebeugt werden, so dass sich die Fersen heben. Nach kurzem Verweilen in dieser Position werden die Beine ausgeschüttelt, indem die Kniekehlen auf die Hände „geschlagen" werden.

Anschließend wird derselbe Ablauf ohne Hände probiert, wobei die Kinder die Kniekehlen Richtung Boden drücken. Je nach Körperbau wird dabei die Lücke mehr oder weniger geschlossen.

### Die Füße strecken und beugen

Die Beine sind gestreckt, die Lücke unter den Knien so klein es geht.

An den Zehen ist ein Faden befestigt, mit dem die Füße angezogen bzw. gebeugt[11] und gestreckt werden können. Wir lassen den Faden locker und strecken die Füße: Die Zehenspitzen schauen sich den Boden an. Bein- und Fußinnenseite bilden beim Strecken eine Linie.

Wir ziehen nun den Faden zu uns heran: Die Zehen bewegen sich zum Körper, die Füße sind gebeugt. Ist die Lücke unter den Knien noch geschlossen? Beim Beugen hebt sich die Ferse, wenn die Knie gestreckt bleiben (Abb. S. 58).

Eine andere Vorstellungshilfe sind Füße, die zur gegenüberliegenden Wand schauen (strecken) und dann zur Decke (beugen).

### Die Füße schauen sich an

Beim Strecken der Füße zeigen die Fußspitzen der Kinder häufig nach innen. Folgende Übung hilft, dies zu vermeiden: Die Kinder sitzen im Grätschsitz mit gestreckten Beinen. Die Füße schauen sich an und voneinander weg (Aduktion und Abduktion). Der Lehrer erklärt, dass beim Tanzen die Füße nach außen zeigen, optisch also eine Linie mit dem Bein bilden. Dadurch haben die Füße mehr Halt, man kann besser springen und das Gleichgewicht halten. Nach einigen Wiederholungen werden Beine und Füße ausgeschüttelt (Abb. S. 60).

### Zehen – Ballen – Ferse

Vorbereitung: Teile des Fußes werden benannt und angefasst: Zehen, Ballen, Ferse, Sohle, Spann, Fußgelenk. „Wie können sich die Füße bewegen?" Man kann mit den Zehen wackeln, man kann den Fuß beugen und strecken, seitlich abknicken und als Verbindung aus beidem kreisen. Die Kinder beobachten, wann die Beine an einer Bewegung beteiligt sind und versuchen, Mitbewegungen der Beine zu vermeiden.

In einer kleinen Folge werden einige Bewegungsmöglichkeiten miteinander verbunden:

Ap: Langsitz mit aufgestützten Händen und gebeugten Füßen
1. *Ballen:* den Fuß strecken, Zehen bleiben gebeugt
2. *Spitze:* auch die Zehen strecken
3. *Ballen:* Zehen wieder beugen
4. *Ferse:* den ganzen Fuß beugen

Anschließend werden Beine und Füße ausgeschüttelt. Dabei wird der Unterschenkel oberhalb des Fußgelenkes gefasst und geschüttelt.

Beim Strecken dürfen die Füße nicht nach innen zeigen. Die Füße versuchen nach außen zu „blicken".

Kinder, denen diese Bewegung schnell gelingt, können als weitere Herausforderung die Ausgangsposition ändern: Langsitz mit geradem Rücken ohne abstützende Hände.

### Die Beine ein- und ausdrehen

Ap: Grätschsitz
Die Kinder versuchen, die Lücke unter den Knien zu schließen und strecken die Füße. Sie fassen die Oberschenkel mit den Händen. Die Beine werden unter Mithilfe der Hände nach innen gedreht, so dass die Knie nach innen schauen – und wieder nach außen, so dass die Knie nach oben oder außen schauen.

Das Ausmaß der Bewegung ist je nach Rotationsfähigkeit des Hüftgelenks individuell sehr verschieden (Abb. S. 60).

### Verbindung von drei Bewegungsformen

Die Kinder sitzen im Langsitz mit etwa 10 cm Abstand zwischen den Beinen. Drei oben beschriebene Bewegungen werden in einem Ablauf miteinander verbunden. Jede Bewegung wird mehrmals wiederholt:

1. die Füße strecken und beugen
2. die Füße schauen sich an
   (Aduktion – Abduktion)
3. die Beine ein- und ausdrehen

---

11: Beugen ist hier wie im alltäglichen Sprachgebrauch verstanden als das Anziehen der Zehen in Richtung Schienbein. Strecken bedeutet entsprechend das Gegenteil.

*Die Füße schauen sich an*

*und voneinander weg*

*Die Beine eindrehen*

*und ausdrehen*

**Die Füße strecken**

Ap: Füße und Knie aufgestellt, Hände am Boden aufgestützt

Die Beininnenseiten berühren sich. „Welche Teile des Fußes berühren den Boden?" Es sind Ballen, Zehen, Außenseite und Ferse. Die Kinder schieben die Füße langsam am Boden vor, solange Zehen und Ballen den Boden noch berühren. Innehalten! Der Spann ist bei allen ganz gestreckt.

Nun rutschen die Füße weiter, bis die Beine gestreckt sind. Die Zehen versuchen dabei, möglichst nah am Boden zu sein. Ausschütteln!

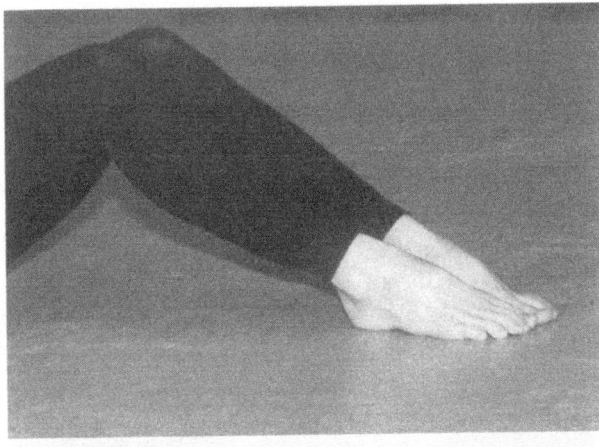

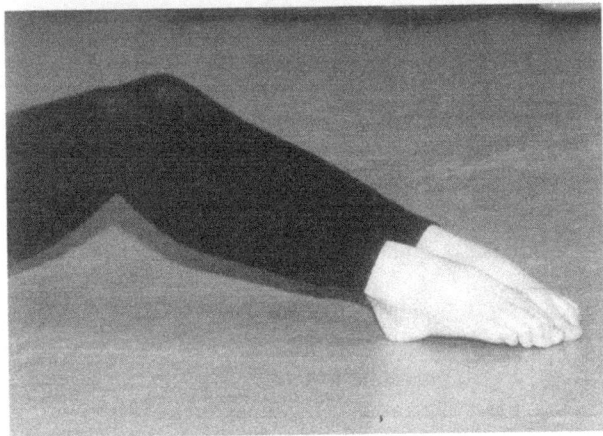

– ebenso l
– r Bein 4-mal (2-mal, 1-mal) in einem Bogen durch die Luft nach rechts führen; die Zehenspitzen malen kleine Bögen in die Luft.
– ebenso l

### Eine Linie an der Decke malen – „développé" im Liegen

für ältere Kinder

Ap: Rückenlage, gestreckte Beine, Arme seitlich ausgestreckt

Die Kinder rutschen ein wenig mit dem Becken über den Boden. „Spürt ihr den harten Knochen am Becken? Das ist das Kreuzbein. Es muss während der ganzen Übung am Boden bleiben." Gegebenenfalls setzen sich die Kinder einen Augenblick wieder hin, damit der Lehrer bei allen das Kreuzbein ertasten kann.

_Musik:_ ruhige Musik im Dreier- oder Vierertakt vom Band

Dadurch, dass sich beim Vorrutschen die Fußinnenseiten berühren, können die Kinder die Füße nicht nach innen abknicken.

Wird beim Vorrutschen ein Abstand zwischen den Beinen gelassen, dürfen die Füße nicht „zueinanderschauen". Sie versuchen, nach außen zu „blikken".

### Beugen und Strecken der Beine

(zur Vorbereitung eines plié)
Ap: Langsitz, Beine und Füße gestreckt, Hände abgestützt; die Fersen kleben am Boden fest!

1. die Füße beugen – die Knie beugen sich mit
2. die Füße strecken – die Knie strecken sich

Anschließend ebenso im Langsitz mit leicht geöffneten Beinen und im Grätschsitz. Die Beine bewegen sich immer in einer Linie. Die Knie dürfen nicht nach innen oder außen fallen. Nur bei ausgedrehten Beinen zeigen die Knie nach außen.

### „Tendu" am Boden

Ap: Langsitz mit gestreckten Beinen und aufgestützten Händen
– r Bein 4-mal (2-mal, 1-mal) heben und senken; die Zehenspitzen malen dabei eine kleine vertikale Linie in die Luft.

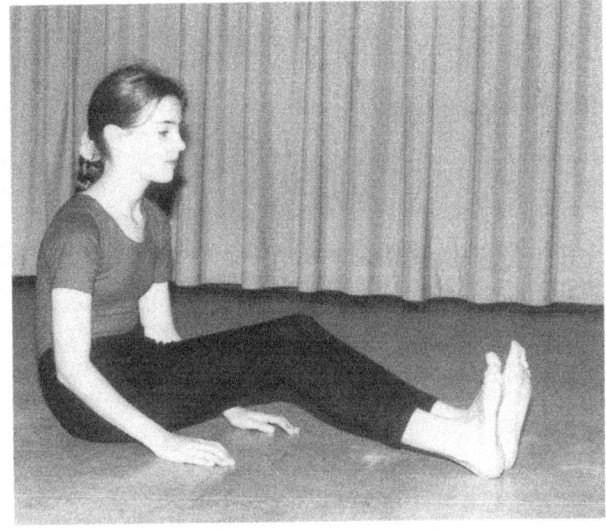

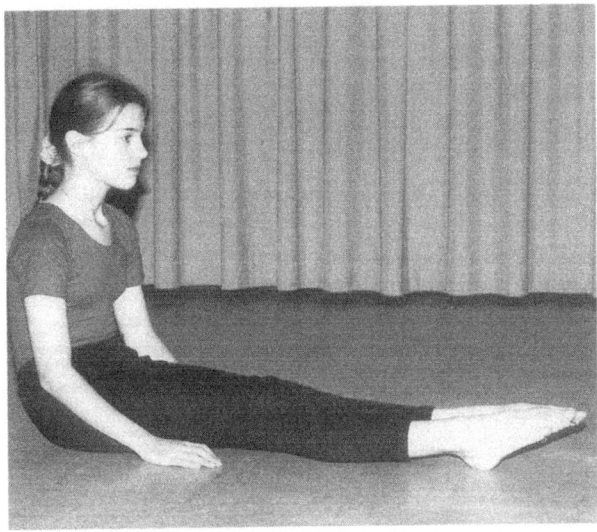

_Beugen und Strecken der Beine_

Takt

1      aus der Rückenlage ein Knie zum Bauch ziehen, dann den Fuß beugen

2      das Bein zur Decke strecken (mit der Fußsohle die Luft wegdrücken), dann den Fuß strecken

3 – 4    das Bein langsam und gestreckt zurück zum Boden führen (Dabei wird mit den Zehenspitzen eine Linie an der Decke gezogen, während das Becken fest am Boden bleibt.)

Der Lehrer fragt gelegentlich, ob die Kinder noch das Kreuzbein spüren. Es behält während der ganzen Übung Kontakt mit dem Boden. Auch das Knie des liegenden Beines wird immer Richtung Boden gedrückt.

**Variation:**

Anstatt nur eine Linie an der Decke zu ziehen, malen die Kinder ein ganzes Gebilde von Linien an der Decke, bevor das Bein wieder zum Boden geführt wird. In diesem Fall ist die Übung nicht an das Tempo der Musik gebunden.

# Der Rumpf

## Aufgaben

### Ein Käfer auf dem Rücken

Die Kinder finden sich paarweise zusammen. A liegt auf dem Rücken, die Knie über dem Bauch angezogen und von den Armen umfasst. „Wo berührt der Rücken den Boden?" Ein großer Teil der Wirbelsäule liegt am Boden auf (ungefähr vom Kreuzbein bis zum oberen Teil des Brustkorbs – je nachdem, wie weit die Knie angezogen sind).

Der „Käfer" beginnt nun, seine Arme zu bewegen, dann auch die Beine, streckt sie hoch, nach außen, weit von sich... Immer muss der Rücken fest am Boden kleben. B versucht währenddessen, eine Hand unter die Lendenwirbelsäule von A zu schieben. Es darf ihm nicht gelingen!

### Die Sitzhöcker spüren

Ap: Schneidersitz oder aufgestellte Füße mit angezogenen Knien

„Setzt euch gerade hin. Spürt ihr die harten Knochen, auf denen ihr sitzt?" Ruht das Körpergewicht zu weit hinten, sind sie nicht spürbar, das Gewicht muss etwas vorverlagert werden. "Setzt euch auf den Handrücken. Jetzt könnt ihr die zwei Knochen sicher spüren. Sie heißen Sitzhöcker."

Die Hände werden wieder zurückgezogen. „Spürt ihr sie immer noch?" Durch leichtes Hin- und Herrutschen ist der Kontakt der Knochen zum Boden wahrnehmbar.

Die Kinder setzen sich nun abwechselnd auf und hinter die Sitzhöcker. Auf den Sitzhöckern sitzend ist der Rücken gestreckt, dahinter sitzend ist er gebeugt.

Die Arme hängen locker neben dem Körper. Der Oberkörper ist entspannt, die Schultern werden beim Strecken nicht mit hochgezogen. Beim Aufrichten des Rückens drücken sich die Kinder mit dem Po vom Boden ab. Ein „Faden am Kopf", wie bei einer Marionette, hilft, den Körper hochzuziehen. Der Faden ist am hinteren Ende des „Scheitels" in Verlängerung der Wirbelsäule befestigt.

Das Bild des Fadens kann jedoch bewirken, dass sich die Kinder mit Hilfe des Oberkörper hochziehen und den Hals mit Kraft hochstrecken. Die Aufrichtung soll jedoch vom unteren Rücken aus erfolgen, was durch die Vorstellung, sich vom Boden abzudrücken, unterstützt wird. Der Kopf „ruht" auf dem Hals.

Eine eventuell begleitende Musik sollte ruhig und entspannend wirken.

### Den Rumpf hängenlassen

1. aus dem Langsitz (oder dem bequemeren Schneidersitz) den Rücken soweit möglich aufrichten, die Schultern bleiben locker

2. die Arme zur Decke heben (Schultern bleiben unten) und einatmen

3. den Rücken mit einer Ausatmung vor und auf die Beine senken und „ausruhen"
   (Eine hörbare Ausatmung des Lehrers oder ein gemeinsam abwärtsgesungenes glissando unterstützt die Entspannung beim Senken.)

Anschließend wird dieselbe Übung Fußsohle an Fußsohle sowie im Grätschsitz durchgeführt.
Der Lehrer geht von Kind zu Kind, berührt sie am Nacken oder bewegt leicht den Hals, um die Ent-

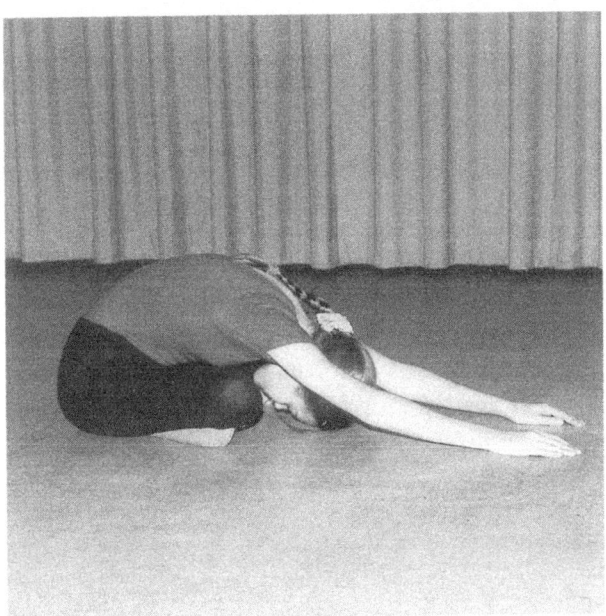

**Variation:**

für ältere Kinder

Im Langsitz und im Grätschsitz werden die Beine zunächst angespannt, bevor der Rücken vorgebeugt wird:

1. die Knie auf den Boden drücken und die Füße beugen (die Zehen an unsichtbaren Fäden heranziehen)
2. den Rumpf aufrichten und dann senken vor der Wiederholung die Beine lockern

Die Dehnung der Beinrückseite ist deutlich spürbar. Die Übung vereint Anspannung der Beine mit Entspannung des Rumpfes.

spannung von Hals/Nackenbreich zu unterstützen. „Der Kopf ist ganz müde. Er möchte sich auf den Beinen ausruhen."

Ruht das Gewicht des Rückens zu weit hinten, gibt ein leichter Druck gegen den Rücken die Richtung nach vorne an. Nicht alle können das Körpergewicht oberhalb der Beine ruhen lassen, da es ihre Beweglichkeit nicht zulässt. Der Lehrer kann mit seinen Beinen direkt hinter dem Kind stehend seinem Rücken einen Halt bieten und mit leichtem Druck die Bewegungsrichtung andeuten.

_Musik:_ im freien Tempo zu entspannender Musik oder ohne Musik

**Katzenbuckel und Pferderücken**

Ap: Vierfüßlerstand mit leicht geöffneten Beinen

Die Kinder runden den Rücken wie eine Katze, die einen Buckel macht. Dabei werden Kopf und „Schwanz" eingezogen, so dass sich die ganze Wirbelsäule rundet. Anschließend bewegt sich der Rücken in die Gegenrichtung ins Hohlkreuz, das Becken (der Po) zeigt nach oben, der Kopf ist leicht in Verlängerung der Wirbelsäule angehoben aber nicht nach hinten überstreckt.

- Arme und Rumpf werden aufgerichtet. Die Fingerspitzen zeigen zur Decke, die Schultern bleiben unten, die Blume ist aufgeblüht.
- Die Arme werden seitlich herabgeführt.
- Die Kinder legen sich langsam wieder auf den Boden, indem sie den Rücken runden und den Kopf hängenlassen. Die Arme hängen seitlich neben dem Körper oder sie werden vorgestreckt, um ein Gegengewicht zum sich nach hinten abrollenden Rücken zu bilden.

### Eine kleine Blüte – aus der Bauchlage umherblicken

Ap: Bauchlage mit den Köpfen zur Kreismitte; die Hände liegen unter dem Kinn.
- Kopf und oberen Rücken heben; die angewinkelten Arme unterhalb des Kinns halten, so dass die Kinder einander anblicken können
- die Arme zur Seite strecken, die Beine nach hinten (Die Blüte ist geöffnet und alle Arme bilden zusammen einen Kreis.)
- die Arme wieder zusammenführen
- Arme und Rücken senken

Die Bewegung in den „Katzenbuckel" wird mit einer hörbaren Ausatmung unterstützt: „ssss" oder „miauuuu". Bei der Gegenbewegung in den „Pferderücken" erfolgt eine Einatmung.

### Eine Blume blüht auf — aus der Rückenlage zum Sitz

Ap: in Rückenlage im Kreis liegend, Füße zur Kreismitte
Die Kinder bilden zusammen die Form einer Blüte, die ganz langsam und gleichmäßig aufblüht.

- Alle heben den Kopf, die Schultern bleiben am Boden,
- dann den Brustkorb und
- den Rücken. Dabei heben sich auch die Arme, die Fingerspitzen helfen, den Rücken hoch und vor zu ziehen.
- Die Fingerspitzen ziehen den Rücken soweit es geht vor.

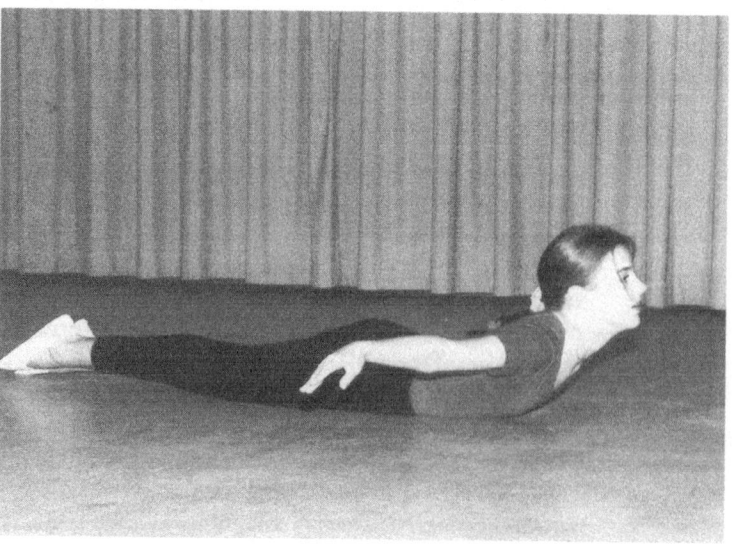

*Eine kleine Blüte*

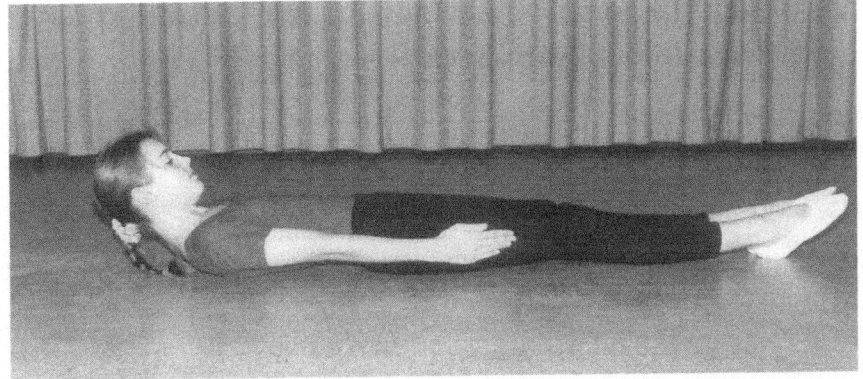

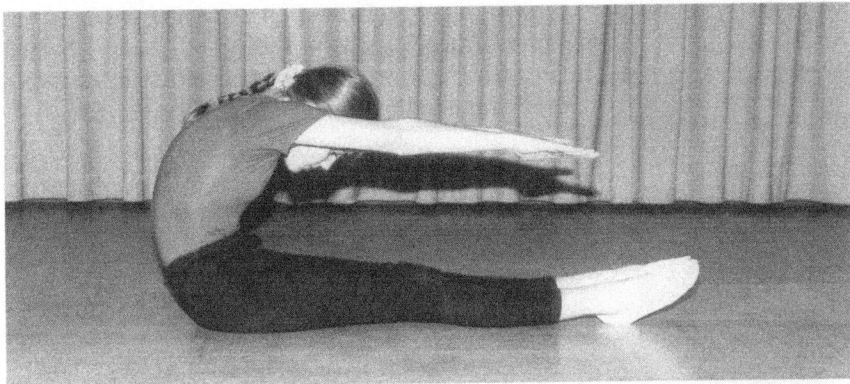

## „Flugübungen" in Bauchlage

Die Kinder liegen in Bauchlage im Kreis, die Arme sind vorgestreckt, die Beininnenseiten berühren sich. Die Kinder stellen Vögel dar, die ihre ersten Flugversuche unternehmen, indem Arme und Beine vom Boden abgehoben werden:

- r Arm langsam anheben und wieder senken (Kopf, Hals und Brustkorb werden bei den Armbewegungen mit angehoben.)
- l Arm heben und senken
- r Bein heben und senken
- l Bein heben und senken
- r Arm und l Bein heben und senken
- l Arm und r Bein heben und senken
- beide Arme und Beine anheben (Die Beine dürfen sich ein wenig voneinander entfernen.) – und langsam wieder landen und ablegen

Nach solch anstrengenden Flugübungen ist eine Ruhepause nötig: Die Kinder rollen sich auf einer Seite eng zusammen. Dabei wird die vorher angespannte Rückenmuskulatur wieder gedehnt und entspannt.

## Reißverschluss – den Rücken aufrichten

für ältere Kinder

Je zwei möglichst gleichgroße Kinder sitzen Rücken an Rücken im Schneidersitz. Die Kontaktfläche ist möglichst groß: Kreuzbein, Lenden- und Brustwirbelsäule, Schulterblätter und Hinterkopf berühren sich. Der „Reißverschluss" ist geschlossen.

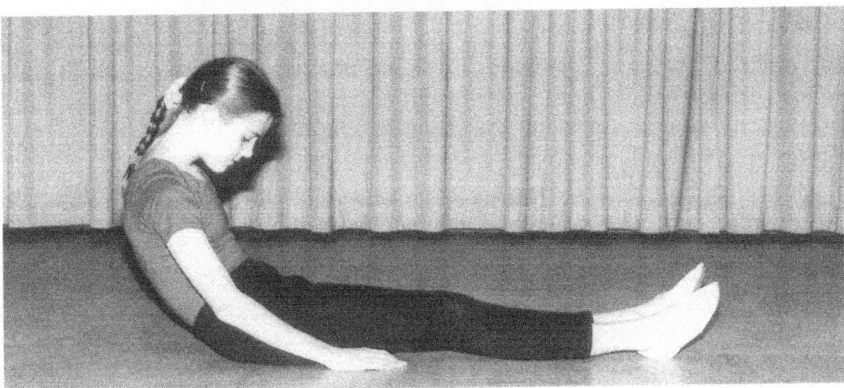

*Eine Blume blüht auf*

1. Die Kinder neigen sich zu einer Seite und stützen sich mit der Hand ab. „Sind beide Sitzhöcker noch am Boden? Berühren sich die Schultern noch?"

2. Sie führen den Rumpf von der Seite aus weiter nach vorne. Die Rücken trennen sich voneinander. Der Reißverschluß ist geöffnet.
3. Wie die einzelnen Zähne bei einem Reißverschluss, so werden nun Wirbel für Wirbel wieder zusammengeführt und der Kontakt geschlossen: Kreuzbein – Lendenwirbelsäule – Brustwirbelsäule – Schultern und zum Schluss der Kopf. Während der Aufrichtung bleibt der Kopf müde und schwer hängen.

• Der Rückenkontakt stärkt das Bewusstsein für den Rücken. Die Kinder haben in dem Partner eine Kontrolle, ob bei der Seitbeuge der Rücken gerade bleibt und ob die Aufrichtung schrittweise erfolgt.

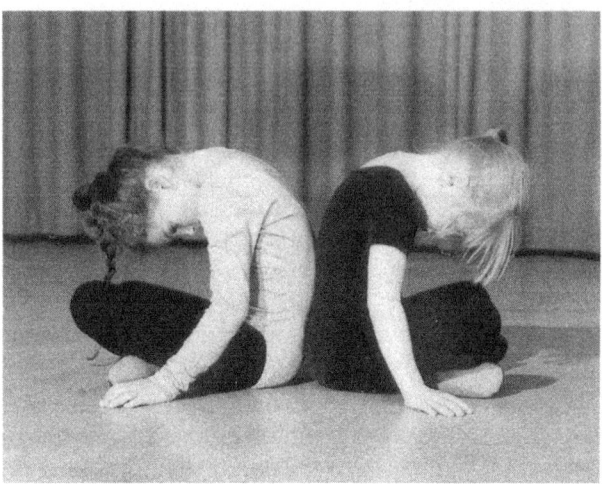

### Den Rumpf drehen und beugen

für ältere Kinder
Ap: Grätschsitz mit gestreckten Beinen und Füßen
Die Kinder sitzen mit möglichst geradem Rücken auf den Sitzhöckern, die Arme sind nach oben gestreckt.

1. nach rechts blicken
(Dabei wird der Rumpf nach rechts gedreht. Mit einem auftaktig gesprochenen „und" wird die Streckung verstärkt und mit einer Einatmung die folgende Beugung eingeleitet.)
2. zum rechten Bein verneigen und ausatmen
(Rumpf und Arme ruhen sich auf dem Bein aus.)
3. schräg (diagonal) vorstrecken
(Die Arme helfen, den Rücken schräg vorzustrecken. Die Finger „berühren" die Decke, die Schultern bleiben unten.)
4. ganz aufrichten und die Arme senken

Dieser Ablauf wird ebenso nach links und zur Mitte gewandt durchgeführt.

### Den Rumpf seitlich beugen

für ältere Kinder
Ap: Grätschsitz mit gelösten Beinen und hängenden Armen

Die Kinder rutschen mit dem Po ein wenig hin und her, um die Sitzhöcker spüren zu können.

1. den Rücken strecken und die Arme Richtung Decke heben
2. den Rumpf zum rechten Bein drehen, so dass die linke Flanke dem linken Bein zugewandt ist
3. den Rücken seitlich mit einer Ausatmung über dem linken Bein beugen, so dass eine Dehnung in der rechten Flanke spürbar ist
(Der linke Arm liegt an der Innenseite des linken Beines, der rechte Arm hängt über dem Kopf, der rechte Ellenbogen ist zur Decke gerichtet. So „ruhen" sich die Kinder ein bisschen aus.)
4. mit einem kleinen Schwung aus dem rechten Unterarm den Körper wieder aufrichten, so dass die Arme wieder neben dem Körper hängen

Ebenso zur anderen Seite.

Bei der Beugung muss der Kontakt beider Sitzhöcker zum Boden erhalten bleiben. „Ist der Po noch ganz am Boden? Spürt ihr auch den rechten Sitzknochen?" Der Lehrer schiebt gegebenenfalls seine Hand unter den rechten Sitzhöcker und fordert die Kinder auf, dagegen zu drücken.
Die Beine können während der Übung auch gestreckt sein, wobei die Füße entweder gestreckt oder gebeugt sind.

### Beugen und Strecken des Rückens

für Fortgeschrittene
Ap: Schneidersitz
Der Rücken ist gerade, die Arme hängen locker neben dem Körper.

1. den Rücken lösen
(Der Rücken rundet sich, der Kopf ruht locker auf dem Hals – das Gewicht hinter den Sitzhöckern.)
2. das Gewicht vorverlagern
(Der Rücken bleibt rund, die Sitzhöcker sind wieder spürbar.)
3. den Rücken diagonal vorstrecken
(Die Streckung beginnt möglichst von unten nach oben, die Arme werden mitgehoben und in Verlängerung des Rückens schräg vor zur Decke gestreckt, die Schultern bleiben unten. Der Po (das Steißbein) zieht Richtung Boden, der Kopf Richtung Decke.)
4. aufrichten und dann die Arme senken
(Der Rücken wird in die Vertikale geführt, die Sitzhöcker sind spürbar.)

Je nach Beweglichkeit des Rückens ist die Diagonale mehr oder weniger geneigt. Die Übung steigert Kraft und Beweglichkeit des Rückens. Von Geübten kann sie auch Fußsohle an Fußsohle sitzend ausgeführt werden.

# *Übungen im Stand*

*Man muss weggehen können*
*und doch sein wie ein Baum:*
*als bliebe die Wurzel im Boden,*
*als zöge die Landschaft und wir ständen fest.*[12]

## Haltung und Aufrichtung

Über Informationen des Gleichgewichtssystems und des kinästhetischen Sinnes (siehe S. 16), die eng zusammenwirken, können wir uns gegen die Schwerkraft aufrichten. Die Aufrichtung setzt eine körpereigene Grundspannung der Muskulatur, den Muskeltonus voraus (siehe auch S. 49).

Der oben zitierte Ausschnitt aus dem Gedicht *Ziehende Landschaft* der Lyrikerin Hilde Domin lässt sich gut auf eine Idee von Aufrichtung übertragen.

Aufgabenstellungen aus unterschiedlichen Bereichen (wie Körperwahrnehmung, Spannung, Gleichgewicht) stehen im engen Zusammenhang mit Haltung und Aufrichtung. Dazu zählen vor allem folgende Aufgabenstellungen aus anderen Kapiteln:

– Übungen aus dem Kapitel *Körperspannung*, S.49
   *Wie Puppen bewegt werden*
   *Körperteile „fallenlassen"*
   *Kräfte messen*
   *Baumstämme rollen*
   *Gummibänder*
– Übungen aus dem Kapitel *Der Rumpf* (S. 62, 73)
– Übungen aus dem Kapitel *Übungen im Stand*:
   *Fahrstuhl – Knie beugen und strecken* (S. 70)
   *Mit den Füßen ein Bild in die Luft malen* (S. 71)

Die Kinder lernen mit der Zeit – bewusst oder unbewusst – auf individuelle Art und Weise, Körperhaltung und -spannung der aktuellen Situation und Notwendigkeit anzupassen. Im Folgenden sind einige Übungen aufgeführt, die die Wahrnehmung auf die Körperhaltung im Stand und im Ballenstand lenken.

---
## *Aufgaben*
---

### Eine Krone auf dem Kopf

Auf dem Kopf der Kinder liegt ein flacher Gegenstand: ein Sandsäckchen oder auch ein flacher Stein. Er liegt in gedachter Verlängerung der Wirbelsäule auf dem Kopf, der Blick geht geradeaus. Mit dieser „Krone" schreiten die Kinder durch den Raum, mit leicht getragenem Kopf, ohne ihn absichtlich hochzustrecken. Verschiedene Aufgabenstellungen gestalten das Gehen abwechslungsreich:

– auf der ganzen Sohle gehen
– auf dem Fußballen gehen
– den Fuß von der Spitze zur Ferse abrollen
– um die eigene Achse drehen
– rückwärts gehen
– zu zweit gehen
– bei Begegnungen einen Knicks machen, ohne dass die „Krone" fällt
– mit geschlossenen Augen so langsam gehen, dass ein Zusammenstoß keine Gefahr bedeutet
  (Nach einer Weile bemerken die Kinder das Nahen anderer meistens rechtzeitig.)

Zu einem späteren Zeitpunkt wird zusätzlich dem Schreiten Aufmerksamkeit geschenkt: Wir gehen auf einem weichen roten Teppich, der uns ausgerollt wurde/auf der Straße/über einen kurzgeschnittenen Rasen... und tragen dabei stolz unsere Krone. Durch eine Vorstellung von der Beschaffenheit des Bodens werden die Füße bewusst aufgesetzt, eventuell von der Spitze zur Ferse abgerollt. Dies kann bei Ungeübten jedoch eine Vorverlagerung des Beckens bewirken und damit der Aufrichtung entgegenwirken.

• Die „Krone" verlängert den Körper gedanklich nach oben und fördert die Streckung der Wirbelsäule. Wird die Wahrnehmung darüber hinaus auf die Füße gerichtet, verstärkt sich der Kontakt der Füße zum Boden. Der Körper „erstreckt" sich zwischen zwei Punkten, die über seine Endpunkte hinausweisen: Boden und Decke.

### Bäume im Wind I

Die Kinder stehen aufrecht als Bäume, die Füße schlagen tiefe Wurzeln in die Erde. Die Arme hängen neben dem Körper.

Durch den Wald streift ein Wind, der die Bäume bewegt: Je nach Windrichtung pendeln sie mal vor und zurück, mal rechts, links und diagonal oder sie kreisen, ohne zu entwurzeln. Die ganze Fußsohle behält Kontakt mit dem Boden, sie klebt am Boden fest. Die Bäume verlagern ihr Gewicht nur soweit, dass der Oberkörper nicht abknickt, er bleibt gerade. Die Füße dürfen nicht entwurzeln.

„In welche Richtung könnt ihr euch mehr bewegen?" Nach vorne ist der Spielraum größer, da die Füße Halt geben.

Nun verändert sich die Windstärke. Die Bäume werden entwurzelt und rasen durch den Raum. Erst

---

12: aus: Hilde Domin, Nur eine Rose als Stütze, Gedichte, Frankfurt am Main 1959.

wenn der Wind nachlässt, fassen sie wieder Fuß und pendeln wie zuvor still im Wind.

*Musik*: ruhige Klänge, die innerhalb einer geringen Lautstärke lauter und leiser werden im Wechsel mit schnellem Trommelspiel oder Schellenrasseln

• Die Übung stabilisiert die Körpermitte. Je nach Art und Grad der Verlagerung muß die Körperspannung immer wieder neu verteilt werden.

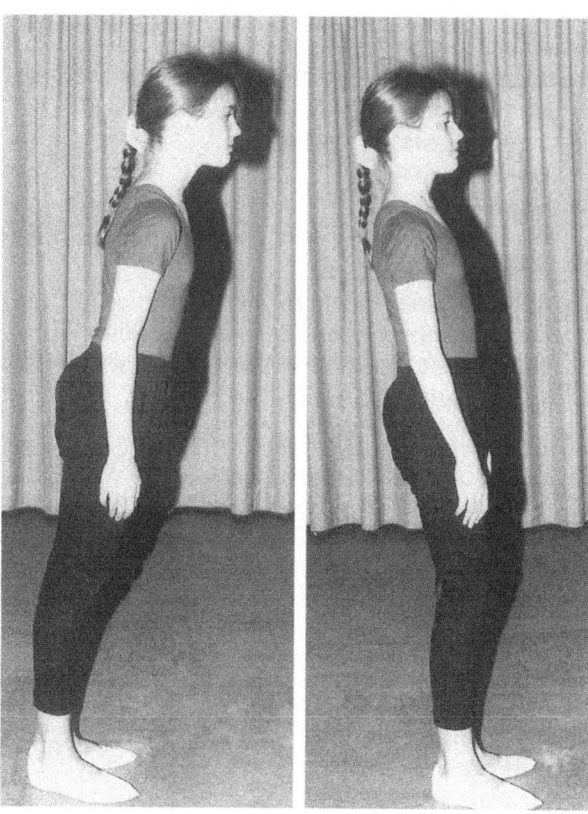

**Bäume im Wind II – von der Gruppe bewegt**

für ältere Kinder

Ein Kind steht als Baum in der Mitte. Die Arme sind am Körper angelegt, die Füße fest mit der Erde verwurzelt. Die anderen bilden Schulter an Schulter einen engen Kreis um den „Baum". Sie stellen den Wind dar, der den Baum bewegt. Dabei stehen sie in Schrittstellung mit gebeugten Knien und leicht vorgeneigtem Oberkörper, um dem auf sie zufallenden Kind Halt zu bieten. Die Hände werden während der gesamten Übung mit etwas Abstand voneinander in Bauchhöhe gehalten. Der „Baum" lässt sich nun in eine beliebige Richtung fallen und wird von den Umstehenden aufgefangen: Dabei kommen die Hände dem Baum entgegen und geben beim Fall etwas nach. Das Kind, das den Baum aufgefangen hat, stößt ihn nun sanft wieder von sich und auf ein anderes zu.

Beim Hin- und Hergewiegtwerden darf der Baum nicht abknicken. Die Körpermitte bleibt stabil und die ganze Fußsohle behält Kontakt mit dem Boden.

Der Lehrer achtet darauf, dass die Umstehenden immer die Hände bereit halten und richtig stehen,

um jederzeit einen Baum auffangen zu können. Er wählt selber seinen Platz neben schwächeren oder erfahrungsgemäß unaufmerksamen Kindern.

**Ballenstand**

(Vorübung: *Gummibänder*, S. 57)

Ap: Schlußstand

Die Füße schlagen tiefe Wurzeln in die Erde: an den Zehen, dem Ballen, der Außenkante und den Fersen. Der Kopf ist die Baumkrone. Sie ragt in den Himmel hinein. Im Frühjahr beginnt der Baum ein Stückchen weiterzuwachsen: Er wächst und wächst und wächst... bis die Kinder sich hoch auf den Fußballen gehoben haben mit lang gestreckten Beinen – anschließend lockern, ausschütteln, springen oder laufen.

Einige Hinweise helfen, ruhig und gelassen im hohen Ballenstand zu stehen, ohne das Gleichgewicht zu verlieren:

– Die Wurzeln halten den Baum, so dass er nicht umfallen kann.

– Der Baumstamm (Beine und Po) ist ganz stabil.

– Zwischen den Beinen und ganz besonders zwischen den Fußgelenken darf kaum eine Lücke entstehen. Füße und Beine werden zusammengedrückt. Der Lehrer hält seine Hand zwischen den Fußgelenken, gegen die die Kinder drücken sollen.

– Die Baumkrone erhebt sich ganz leicht in den Himmel. Sie benötigt keine Kraft. Die Arme hängen locker herab (hängende Äste wie bei einer Trauerweide). Der Lehrer streicht über Nacken und Arme der Kinder, um die Spannung zu lösen.

– Der Lehrer drückt leicht an verschiedenen Stellen gegen die Beine (Kniekehle, Fußgelenke...) und prüft, ob der Stamm stabil ist. Auch die Spannung der „hängenden Äste" (Arme) wird untersucht; sie müssen sich leicht bewegen lassen.

• Die Spannung des Körpers setzt sich zwar von unten nach oben fort, wird aber nach oben hin immer gelöster. Das Brustbein ist ein wenig erhoben. Ein entsprechender Hinweis kann jedoch zu übertriebener Spannung in Brustkorb, Nacken und Atemmuskulatur führen. Die Vorstellung von Leichtigkeit und Wachsen in den Himmel sowie ein Hinaufstreichen entlang der Wirbelsäule reichen im Allgemeinen zur Aufrichtung des oberen Rückens.
Das Bild eines im Boden verwurzelten Baumes oder eines schreitenden Königs hilft den Kindern in verschiedenen Zusammenhängen immer wieder, einen Kontakt zum Boden herzustellen, sich aufzurichten und das Gleichgewicht zu finden.

**Von der Linde, die laufen konnte**

Einige Kinder kennen vielleicht die Geschichte von der Linde, die eines Tages bemerkte, dass ihr Wurzeln wachsen. Sie verlässt ihren ursprünglichen

Standort, wandert durch die Stadt, wo sie viele aufregende Abenteuer erlebt und schlägt schließlich wieder Wurzeln in einem Hof, in dem viele Kinder leben.

Die Kinder wählen einen Standort, an dem sie Wurzeln schlagen. Langsam heben sie sich in den Ballenstand und strecken ihre „Äste" in die Höhe – die Schultern bleiben unten. Auf ein Zeichen (leiser Beckenschlag) senken sie Fersen und Arme, lösen die Wurzeln aus der Erde und beginnen in der „Stadt" umherzuwandern, zu tanzen oder zu laufen. Ertönt das Beckensignal von Neuem, suchen sie einen Ort, an dem sie wieder Wurzeln schlagen...

_Musik_: Musik vom Band, die beim Laufen durch die Stadt erklingt oder ruhige aufsteigende und schließlich wieder absteigende Melodien auf dem Metallophon für den Ballenstand und Spiel auf einem Fellinstrument zum Gehen/Laufen/Hüpfen durch die Stadt

_richtig_                    _falsch (hochgezogene Schultern)_

## Die Beine

> ### _Aufgaben_

### Beine werfen

Aus einem fortwährenden Springen am Platz heraus werden in einer festgelegten Folge rechtes und linkes Bein hochgeworfen und zurück an den Platz gestellt, z. B.:

– 4-mal r vor – 4-mal l vor
– 4-mal r zur Seite – 4-mal l zur Seite
  (mehrmals wiederholen)

Anschließend wird die Anzahl auf zwei- bzw. einmal reduziert. Die Arme können mit den Beinen zusammen vor und zur Seite geworfen werden.
_Musik_: lebendige, zum Springen anregende Musik (Ragtime, Folklore, Boogie)

**Ballen – Spitze – Ballen – Ferse**

Ap: Schlussstand
(Siehe auch *Übungen am Boden*, S. 59)

1. *Ballen:*
   Die Ferse eines Fußes wird soweit angehoben,
   dass der Spann ganz gestreckt ist und eine Linie
   mit dem Unterschenkel bildet. Der Ballen berührt
   den Boden.
   Der Fuß darf nicht nach außen knicken. Das
   Fußgelenk wird nach innen zum anderen Bein
   gedrückt. Gegebenenfalls drücken die Kinder ihr
   Fußgelenk gegen die an der Fußinnenseite gehal-
   tene Hand des Lehrers.
2. *Spitze:*
   Auch der Ballen wird gehoben, so dass der Fuß
   von der Zehenspitze bis zum Knie eine Linie
   bildet. Nur die große Zehe berührt den Boden.
3. *Ballen:*
   Der Ballen wird wieder gesenkt, der Spann bleibt
   gestreckt.
4. *Ferse:*
   Die Ferse wird wieder gesenkt.

Diese Übung bereitet u.a. das Abrollen der Füße
beim Sprung vor. Sie kann viermal (zweimal, einmal) rechts und links im langsamen und schnellen
Tempo durchgeführt werden sowie auch in V-Stellung, wobei die Knie nach außen oberhalb des Fußes zeigen. Anschließend oder auch zwischendurch
werden die Füße ausgeschüttelt.

**Fahrstuhl – die Knie beugen und strecken**
(demi-plié, relevé)

Ap: Schlussstand mit hängenden Armen
Die Kinder stellen einen Fahrstuhl dar, der sich gerade im Erdgeschoss aufhält. Falls vorhanden, wird
ein Sandsäckchen auf den Kopf gelegt, welches in
die verschiedenen Stockwerke „transportiert" wird.
Ein Gegenstand auf dem Kopf vermittelt zum einen
ein Gefühl für den Weg mit der Schwerkraft nach
unten und bietet zum anderen einen Widerstand,
gegen den die Streckung erfolgt.

1. *Halbe Kniebeugen* (demi-plié):
   Der Fahrstuhl fährt in den Keller – die Knie werden gebeugt. „Sind die Füße noch ganz am Boden?" Die Knie werden nur soweit gebeugt, dass
   die Fersen noch den Boden berühren.
   „Der Fahstuhl darf keine Beulen bekommen, er
   bleibt gerade. Der Po darf nicht herausgestreckt
   werden!" Der Lehrer führt die Bewegung zunächst mit übertrieben nach vorn gekipptem
   Becken und anschließend mit aufgerichtetem
   Becken vor. Dabei längt sich der untere Rücken,
   die Wölbung (Lendenlordose) verschwindet nahezu. Die Stellung des Beckens ist aufrecht, der
   gesamte Rücken gerade und gestreckt.

2. *Stand:*
   „Der Fahrstuhl fährt zurück in den ersten Stock.
   Der Weg dorthin ist zwar nicht weit, aber wir
   fahren langsam, als wäre er sehr weit."
3. *Ballenstand* (relevé):
   „Weiter geht es in den zweiten Stock, also in den
   Ballenstand. Dazu brauchen wir kräftige Beine,
   die uns hinauffahren. Also erst die Knie strecken,
   dann in den Ballenstand."
   Beine und Füße werden zusammengedrückt. Damit streckt sich auch das Becken. Der Oberkörper bleibt gelöst und lässt sich von den Beinen
   hochtragen. Eine Erinnerung an die „Wurzeln"
   hilft, das Gleichgewicht zu finden. Der Ballenstand ist möglichst hoch, so dass Unterschenkel
   und Fußspann eine Linie bilden. Sind die Knie
   der Kinder noch gebeugt, kann der Lehrer mit
   der Hand gegen die Kniekehlen drücken, während die Kinder ihre Kniekehlen in die Hand des
   Lehrers drücken.
4. *Stand:*
   Der Fahrstuhl fährt zurück in den ersten Stock,
   die Fersen senken sich.

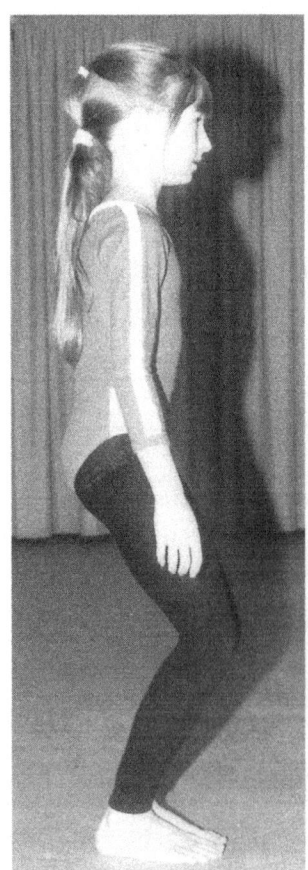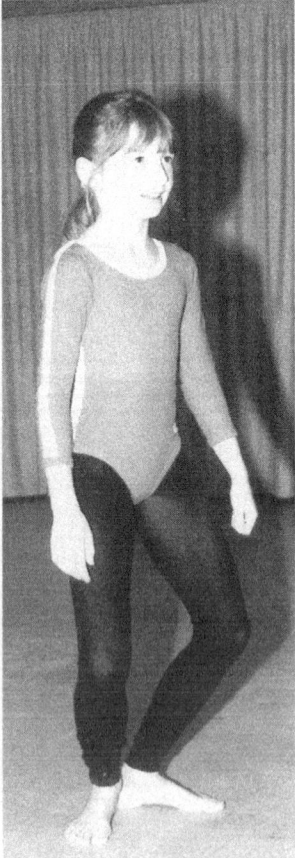

*Fahrstuhl*                                    *Weiterführung II*

• Der Wechsel zwischen Beugen und Strecken der Knie in Verbindung mit dem Ballenstand ist eine grundlegende Vorbereitung für Schritte und Sprünge. Die richtige Stellung der Knie und das sorgfältige Abrollen der Füße helfen, Schäden vorzubeugen.

Die Übung kann auch mit dem Bild „Marionette" erarbeitet werden. Die Marionetten sind sehr leicht, und es kostet wenig Mühe, sie hochzuziehen. Das Bild der Marionette sollte nicht bewirken, dass der Hals angespannt und hochgestreckt wird. Durch entsprechende Hinweise sollte der Kontakt zum Boden hergestellt werden, der bei der Vorstellung, an einem Faden zu hängen, verloren gehen kann.

### Weiterführung I: Armhaltungen
Die Arme vergrößern die Bewegung und unterstützen die Streckung
(siehe auch Kapitel *Die Arme*, S. 76)

Ap: Schlussstand mit hängenden Armen

1. Mit dem Beugen der Knie werden die Arme vorgeführt (1. Position), so als würden die gerundeten Arme zusammen mit dem Bauch eine Kugel umschließen.
2. Mit dem Strecken der Knie werden die gerundeten Arme hochgeführt (3. Position).
3. Ein auftaktiges leichtes Lösen der Arme im Ellenbogengelenk leitet eine Streckung der Arme ein, die den Körper in den Ballenstand zieht. Wie ein Gummiband ist der Körper auseinandergezogen: Die Fußballen ziehen in den Boden, die Fingerspitzen zur Decke. Die Schultern bleiben unten.
4. Die Arme lösen sich. Sie werden direkt – so wie sie fallen würden – nach unten geführt, während sich die Fersen wieder senken.

### Weiterführung II : Veränderte Fußstellung
Beugen und Strecken werden nicht nur aus dem Schlussstand, sondern auch aus der V-Stellung (1. Position) und dem leichten Grätschstand (2. Position) durchgeführt. Dabei stellen die Knie ein Fenster dar: Im Beugen öffnet es sich – die Knie gehen nach außen, im Stand schließt es sich wieder.
Besonders in der 2. Position ist der Ballenstand schwieriger. Die Beine werden wieder in der Vorstellung zusammengedrückt, obgleich sie es nicht wirklich können, denn die Zehen bleiben an ihrem Platz.

• Die Beine werden nur soweit geöffnet, wie das Hüftgelenk eine Ausdrehung ermöglicht. Das Ziel sind hier nicht möglichst ausgedrehte Beine, sondern eine korrekte Stellung der Füße in Bezug auf die Knie. Die Stellung der Füße – ob mehr oder weniger ausgedreht – wird bei den Kindern individuell sehr unterschiedlich sein. In jedem Fall sollen die Kinder ein Gefühl dafür entwickeln, dass die Knie zugunsten einer ökonomischen Gewichtsverteilung in einer Linie oberhalb der Füße gehalten werden. Je stärker die Füße ausgedreht sind, desto weiter öffnen sich die Knie zur Seite.

### Weiterführung III: Direkt in den Ballenstand
Die Kinder strecken sich aus den Kniebeugen direkt auf die halbe Spitze. Die Arme bleiben hängen.

### Weiterführung IV: Vom Keller in den zweiten Stock
Aus den Kniebeugen erfolgen Sprünge in die Höhe (in den 2. Stock). Wie zuvor im Ballenstand ist der ganze Körper gestreckt.

### Weiterführung V: Verbindung von Varianten
1. *Beugen – Stand – Ballenstand – Stand* (Fahrstuhl) im langsamen Tempo
   (1-mal, jeden der 4 Bewegungsschritte über 4 Zählzeiten)
2. ebenso im doppelten Tempo
   (2-mal, jede Bewegung über 2 Zählzeiten)
3. von der Beugung direkt auf die Spitze
   (8-mal, jede Bewegung über 2 Zählzeiten)
4. Sprünge
   (12 Schlusssprünge über je 1 Zählzeit, dann stehen)
   Bei jeder Landung werden die Sprünge gezählt. Sie beginnen mit einem plié auf der 1. Zählzeit:
   1 - 2 - 3 - 4 - 5 - 6 - 7 - 8 - 1 - 2 - 3 - 4 - stehn ausschütteln und wiederholen

*Musik*: zum Springen geeignete Musik, je nach Sprunghöhe im Tempo um 100

### Mit den Füßen ein Bild malen – Gleichgewicht

Ap: Schlussstand
Ein Bein wird langsam vom Boden gelöst. Umso kräftiger wachsen die Wurzeln des anderen Beines in die Erde.
Mit dem freien Fuß wird ein Bild in die Luft gemalt: Linien, Punkte, Häuser, Blumen, Autos, Buchstaben, Namen und Zahlen. Es entstehen breite Linien mit der ganzen Sohle und feine Linien mit der Fußspitze. Mit verschiedenen Farben bemalen die Kinder das Standbein, sie malen nah um das Standbein herum, soweit es geht in den Raum hinein, nach vorne, hinten und zu beiden Seiten. Gelegentlich wird das Standbein gewechselt. Die Arme hängen oder sind seitlich ausgebreitet.
„Versucht beim Malen möglichst wenig zu wakkeln, damit keine Kleckse entstehen."

### Der Storch (Gleichgewicht)

Ein Storch kann auf einem Bein stehen, ohne das Gleichgewicht zu verlieren.
Zu Musik im ruhigen Gehtempo gehen die Kinder 4 Schritte und heben mit dem 5. Schritt ein Knie:

Dabei hängt der Unterschenkel locker herab, oder der Fuß wird gestreckt neben das Knie des Standbeins gehalten (wie bei einem „passé" im Ballett).
Die Übung kann im Kreis, paarweise auf der Diagonalen oder in zwei Reihen aufeinander zu und voneinander weg, vorwärts und rückwärts durchgeführt werden.

*Der Storch*

## Linien und Punkte auf dem Boden (tendu, ronds de jambe)

(Vorübung: *Die Füße strecken*, S. 60)
Ap: Schlussstand
Unter den Fußsohlen befindet sich grüne Farbe. Die Kinder nennen immer wieder neue Lieblingsfarben.

1. *Den Fuß vorstrecken:*
   Die Kinder malen eine breite Linie vor sich auf den Boden: ein Fuß wird langsam vorgeschoben. Zuerst löst sich die Ferse vom Boden, dann auch der Ballen. Der Bauch (das Becken) wird nicht mit vorgeschoben, er bleibt an seinem Platz (Abb.).
2. *Im Halbkreis nach hinten führen:*
   Die Zehenspitzen tupfen in einem Halbkreis nach hinten kleine Punkte auf dem Boden, soweit es geht vom Standbein entfernt. Das tupfende Bein wird ganz lang gestreckt, ohne aber die Körperhaltung zu verändern!
3. *Zurück nach vorne führen:*
   Mit kleinen Punkten oder einer durchgezogenen Linie geht es im Halbkreis zurück nach vorne.
4. *Zurück zum Stand:*
   Der Fuß wird wieder zum Standbein zurückgezogen: Zuerst berührt der Ballen den Boden, der Spann bleibt vorgestreckt, dann auch die Ferse.

• Beim Vorschieben gibt der Fuß kräftig Farbe an den Boden ab. Der Boden bietet einen Widerstand. Am besten rutscht der Fuß mit Strümpfen oder Ledersohlen.
Viele Kinder neigen dazu, das Bein eingedreht zu halten. Folgende Übung hilft, dies zu vermeiden:
– einen Fuß vorstrecken (tendu)
– das vorgestreckte Bein eindrehen („so ist es falsch")
– das Bein nach außen drehen („so ist es richtig")
Die Bewegung nach außen gibt Beinen und Becken Spannung und Halt.

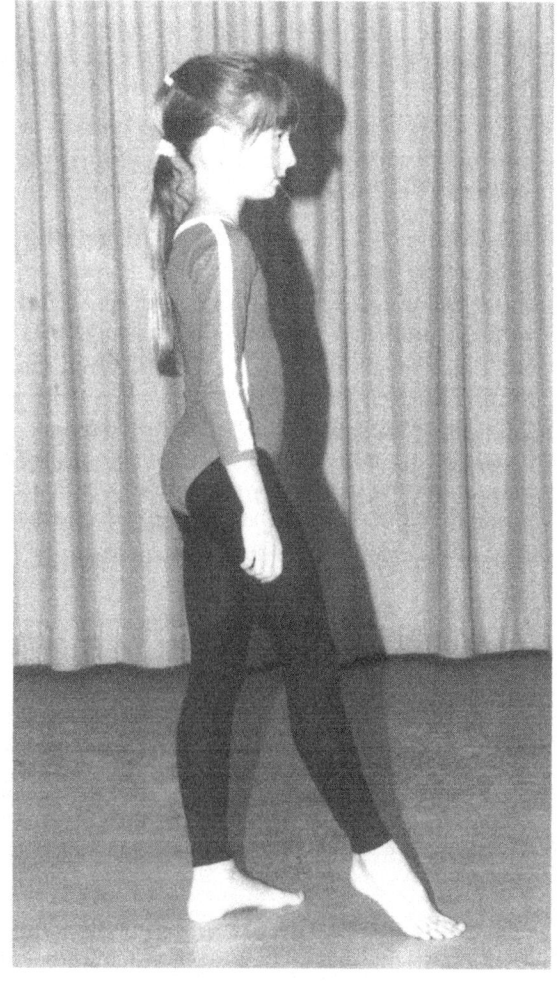

*Den Fuß vorstrecken*

# Der Rumpf

**Aufgaben**

### Mit Fingern die Wirbelsäule entlangspazieren

ab Grundschulalter
Die Wirbelsäule stützt unseren Körper. Sie besteht aus 33 – 34 Wirbeln, die sich als Gesamtes in alle Richtungen bewegen können: vor, zurück und zur Seite beugen und um die Längsachse drehen.

„Wisst ihr, wo die Wirbelsäule liegt?"
Ein Kind hockt sich wie eine Katze in Bankstellung und macht einen Katzenbuckel. Dabei wird die Wirbelsäule gut sichtbar. Der Lehrer ertastet mit der einen Hand das Kreuzbein und mit der anderen die oberen Halswirbel in der Kuhle zwischen Hals und Hinterkopf. „So lang ist die Wirbelsäule. Unten geht sie noch ein Stück weiter, da liegt das Steißbein." Die „Katze" hält ihren Rücken nun gerade. Mit Zeige- und Mittelfinger spaziert der Lehrer mit kleinen, aber intensiven Schritten entlang der Wirbelsäule vom Kreuzbein bis zum Kopf, und zwar über die Muskulatur direkt rechts und links neben der Wirbelsäule. Dabei benennt er die einzelnen Teile: Kreuzbein – Lendenwirbel – Brustwirbel – Halswirbel.
Die Kinder ertasten nun paarweise gegenseitig ihre Wirbelsäule. Die „Katzen" äußern sich, ob ihre Partner fester oder vorsichtiger entlangspazieren sollen.

• Die Übung kann im Stand, in Bankstellung oder im Stand mit vorhängendem Rücken und leicht gebeugten Knien durchgeführt werden. Im Stand unterstützt das Entlangkrabbeln die Aufrichtung. In diesem Fall kann die Übung _Körperteile „fallenlassen"_ (S. 57), bei der einzelne Abschnitte der Wirbelsäule sukzessiv gelöst werden, direkt angeschlossen werden. Im Stand ist die Wirbelsäule jedoch weniger sichtbar. Besonders entspannend ist die hängende Haltung.

### Teile des Rumpfes unterscheiden

Die Kinder lernen, Teile des Rumpfes voneinander zu unterscheiden. Sie streichen vorne und hinten am Becken entlang, am Brustkorb, reiben hinten den Hals. Sie fahren auch mit den Fingern über den Kopf und beklopfen ihn mit den Fingerkuppen. Mit den Händen kann man seitlich zwischen Becken und Brustkorb fassen, dort, wo hinten die Lendenwirbelsäule ist.

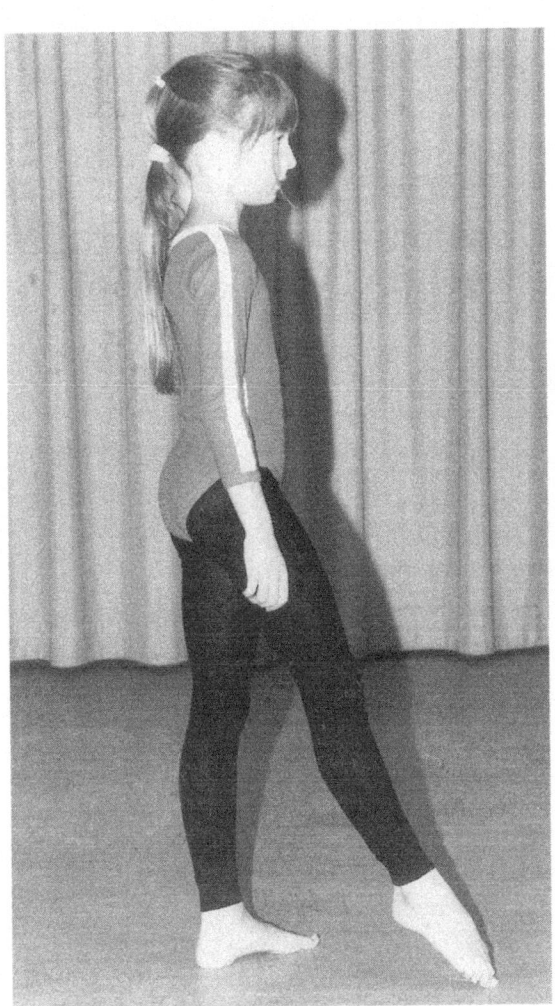

_falsch (vorgeschobenes Becken)_

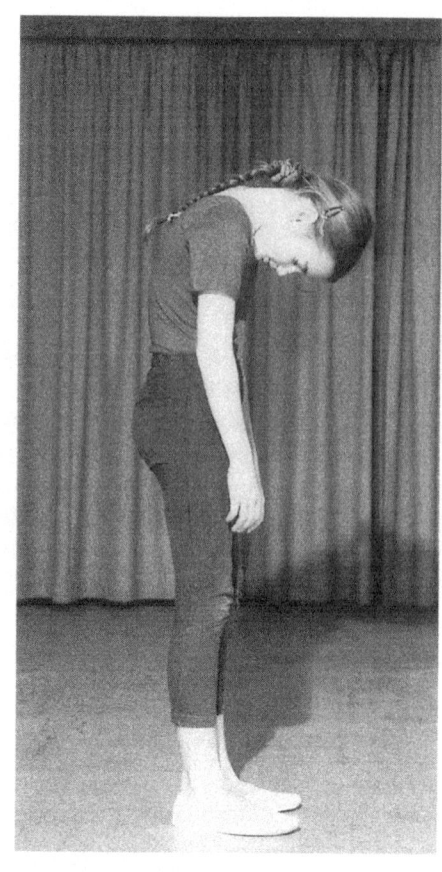

*Körperteile „fallen lassen": Kopf, Hals, Brustkorb, Lendenwirbelsäule, Becken, Knie*

## Körperteile „fallenlassen"

Von oben nach unten lösen die Kinder die zuvor ertasteten und benannten Teile des Rumpfes. Der Lehrer demonstriert zunächst den Ablauf mit einem Kind, während alle die gelösten Körperteile benennen. Anschließend wird gemeinsam geübt: Der Kopf fällt (wird schwach, schlapp, schwer oder müde) – der Hals – der Brustkorb – die Lendenwirbelsäule – das Becken – die Knie lösen sich und werden gebeugt – und schließlich sinkt alles langsam und schwer zu Boden. Auf ein Zeichen werden alle wieder wach und lebendig. Der Ablauf wird wiederholt und ein bewegungsanregendes Spiel schließt sich an.

Bilder: eine Marionette/Puppe fällt in sich zusammen, ein Schneemann schmilzt, ein Kind wird immer müder

_Musik_: Beckenklänge zum Lösen einzelner Abschnitte

• Das Beugen der Knie leitet eine Gegenbewegung zum Beugen des Rückens ein und dehnt und entspannt die untere Rückenmuskulatur.
Je genauer die Kinder die Teile des Rumpfes unterscheiden können, desto genauer wird die Ausführung.

## Variation I:

Nachdem Knie und Becken gelöst sind, wachsen die Kinder langsam Schritt für Schritt wieder in die Höhe und strecken dabei allmählich die Knie. Der Kopf bleibt die ganze Zeit über schwer und entspannt hängen. Erst zum Schluss wird er oben auf die Wirbelsäule „gesetzt".

## Variation II:

### für Fortgeschrittene

Nach dem Lösen von Knie und Becken erfolgt eine Aufrichtung mit gestrecktem Rücken. Der obere Rücken mit Brustkorb und Schultern hebt sich, mit ihm Arme und Kopf, begleitet von einer Streckung der Knie. Auch die Lendenwirbelsäule längt sich, bis ein „Tisch" entstanden ist. Rücken und Knie sind gestreckt, das Hüftgelenk gebeugt, die Halswirbelsäule lang, der Blick geht zum Boden (Abb.). Die „Tischplatte" hebt sich weiter bis zum Stand, die Fingerspitzen ziehen den Körper weiter zum Ballenstand. Die Arme werden gesenkt und schließlich auch die Fersen. Ausschütteln!

• Viele Kinder werden sich der „Tischhaltung" nur annähern können, was schon einen großen Erfolg darstellt.
Das Durchdrücken der Knie nach hinten wird vermieden durch eine Verlagerung des Gewichts auf den vorderen Fuß. Dadurch spannen sich die Beine an, insbesondere die Oberschenkel. Die Beine bilden soweit möglich eine Senkrechte, so dass das Gefühl entsteht, nach vorne zu fallen. Das Gewicht wird so weit vorverlagert, dass ein Fall soeben vermieden wird. Zur Annäherung an eine senkrechten Beinhaltung schiebt der Lehrer die Kinder am Becken ein wenig vor.

## Den Rumpf drehen...

Zwei etwa gleichgroße Kinder stehen Rücken an Rücken. Die Fersen halten ca. 10 cm Abstand voneinander. Beide Füße „kleben" während der Übung fest am Boden.

1. zueinander drehen, die Füße bleiben am Platz
2. einmal in die Hände des Partners klatschen
3. zurück drehen
4. in die eigenen Hände klatschen

Ebenso zur anderen Seite.

### ...seitlich beugen...

Ap: paarweise Rücken an Rücken mit seitlicher Armhaltung
Die Kinder kleben an Kopf, Po und oberem Rücken aneinander fest. Die Arme berühren sich, die Fersen

halten etwas Abstand. Die Kinder beugen den Rumpf zu beiden Seiten, wie ein zarter Baum, der vom Wind hin und her bewegt wird:

1. *Die Knie beugen:*
   Der Kontakt im unteren Rücken vergrößert sich.
2. *Den Rumpf seitlich beugen:*
   Rücken und Arme kleben immer noch aneinander. Der Baum darf keinen Riss bekommen. Die unteren Arme hängen, die oberen sind über dem Kopf gerundet.
3. *Den Rumpf aufrichten:*
   Die Arme sind seitlich gehalten.
4. *Die Knie strecken*

Ebenso zur anderen Seite.

### ...und beides im Wechsel

Beim Verbinden beider Übungen ermöglicht eine musikalisch sinnvoll eingebaute Pause, die leicht veränderte Armhaltung einzunehmen. Der Wechsel erfolgt immer mit Beginn eines neuen Musikteils.
Je nach Tempo der Musik wird die zweite Übung eventuell im halben Tempo durchgeführt.

# Die Arme

Die Bewegungsmöglichkeiten von Armen und Händen sind durch ihre feingliedrige Anatomie äußerst vielfältig. Der große Bewegungsumfang von Schulter-, Ellenbogen-, Hand- und Fingergelenken ermöglicht hohe Beweglichkeit und differenziertes Handeln im Alltag. Im Tanz kann diese Bewegungsvielfalt maßgeblich dazu beitragen, einer Bewegung Klarheit, Ausdruck und Richtung zu geben. Unruhige, diffuse Armbewegungen dagegen verwischen Bewegungen, lassen sie unklar werden und verhindern einen Bewegungsfluss.
Im Unterricht sollen die Kinder Arme und Hände als integrierten Bestandteil von Bewegungsabläufen und als Verlängerung des Körpers in den Raum erleben. Die Arme helfen, Schwung zu geben, sie beschreiben Linien und eröffnen Räume.
Eine besondere Herausforderung stellt die gegenläufige Spannung von Schultern und Armen dar. Während die Schultern am Rumpf angeschlossen sind, stellen die Arme eine Beziehung zum Raum her. Die Fingerspitzen sind keine Endpunkte, sondern führen die Bewegung gedanklich in den Raum weiter. Beim Heben der Arme nach oben beispielsweise behalten die Schulterblätter eine Beziehung zur Körpermitte, während Arme und Finger nach oben streben, ohne dass die Schultern mitkommen. Um eine dadurch entstehende Überspannung im Nacken zu vermeiden, senken die Kinder aus der momentanen Haltung heraus müde den Kopf auf die Brust und richten ihn langsam ohne Kraft wieder auf, als sei er von einem leichten Windzug bewegt worden.

---

| *Aufgaben* |
| --- |

### „Fingerspitzengefühl" – den Raum ertasten

„Mit unseren Fingern erfahren wir vieles über unsere Umgebung. Sie erzählen uns, ob ein Gegenstand weich oder hart, glatt oder rauh, warm oder kalt ist, ob er elastisch ist wie ein Gummi oder in seiner Form veränderbar, also plastisch ist wie Knete."
Lehrer und Kinder ertasten den Raum, seine Wände, Boden, Fenster und Türen, sie ertasten gegenseitig die Haut, Kleidung und Haare und sprechen über Temperatur und Materialbeschaffenheit des Ertasteten.

### Den Raum aus der Ferne „ertasten"

„Wir wissen nun, wie sich der Raum anfühlt. Wir stellen uns nun vor, unsere Arme wären so lang, als könnten wir überall hintasten." Die Arme sind wie eine Antenne, mit deren Hilfe entfernte Orte erreicht werden.
Lehrer und Kinder stehen in der Raummitte und strecken ihre Arme und Finger nach Gegenständen und Personen aus, ohne ihren Standort zu verändern. Die Arme ragen weit in den Raum. Die Kinder nennen immer wieder Neues und besprechen, wie sich die Decke, der Spiegel, die Fußbodenleiste, der Baum draußen vor dem Fenster... anfühlen.
Ein anderes Phantasiebild sind Augen an den Fingerspitzen, die neugierig überall hinschauen.

### Einen Partner mit Fingerspitzen durch den Raum führen

Zwei Kinder halten Kontakt nur über ihre Fingerspitzen: Daumen an Daumen, Zeigefinger an Zeigefinger... „Eure Finger sind nun viel länger geworden. Sie verlaufen in den Fingern der anderen Hand weiter."

Einer der Partner führt den anderen durch den Raum, ohne den Kontakt zu lösen. Nach und nach werden neue Anregungen gegeben und von den Kindern gefunden: vorwärts, rückwärts, seitwärts; die Arme heben, senken und seitlich führen. Ob auch Drehungen möglich sind?

Nach einer Weile erfolgt ein Führungswechsel. Wenn auch anfangs Stille während der Übung schwer einzuhalten ist, sollten die Paare zumindest nach einer Weile stumm bleiben. Sie „sprechen" nur mit den Fingern. Ist der Ablauf verstanden, kann auch mit geschlossenen Augen geübt werden.

### Fingerkontakt im Kreis

Lehrer und Kinder bilden einen Kreis mit Handfassung und setzen sich dann. Die Nachbarn werden nicht mehr an den Händen gefasst, sondern nur mit den Spitzen aller Finger berührt. Mit Hilfe der anderen sind die Arme nun sehr lang geworden. Die eigenen Arme verlaufen durch die der Nachbarn hindurch „Wie weit reichen eure Arme?" „Meine reichen bis zu Jan." „Meine gehen durch alle hindurch und kommen an der anderen Seite wieder an."

### Fliegende Schwäne

Die würdevolle Haltung eines Schwans, seine weiten Flügel und sein weißes Federkleid vermitteln eine Idee von Weite und Leichtigkeit. Die Kinder fliegen wie Schwäne mit weiten Schwingen, als könnten sie die Wände rechts und links neben sich berühren. Die Schultern bleiben unten, damit der lange Hals sichtbar wird. Sie fliegen frei im Raum, mal höher, mal tiefer, folgen einem Leitschwan, landen und watscheln auf der Wiese...

### Bewegungsmöglichkeiten der Schultern

• Die Aufmerksamkeit wird auf die Schultern gelenkt, um die gegenläufige Spannung von Armen und Schultern vorzubereiten.

Die Schultern sitzen wie ein Gürtel oben auf dem Brustkorb, was ihm den Namen Schultergürtel verleiht. Er wird vorne durch die Schlüsselbeine und hinten durch die Schulterblätter gebildet (siehe auch Kapitel _Gelenke_, S. 45) Erklärungen zur Anatomie können dem Alter der Kinder angemessen gegeben werden.

„Wisst ihr, wo die Schulterblätter sind?" Die Schulterblätter sind zwei dreieckige, flache Knochen am oberen Rücken. Der Lehrer wählt ein Kind, dessen Schulterblätter deutlich sichtbar sind, und zeigt ihre Form. Gemeinsam werden Bewegungen probiert, die die Schulterblätter (zusammen mit den Schlüsselbeinen) ausführen können. Wir können sie:

- nach oben bewegen, als wollten wir sagen „ich weiß nicht"
- nach vorne, als hätten wir Angst
- nach hinten zusammenziehen, als wollten wir mit den Schulterblättern einen Stock hinter uns festhalten
- nach hinten zusammenziehen und dabei den Brustkorb vorschieben, als wollten wir mit unserer Kraft protzen
- nach unten ziehen, so dass sich der Hals stolz strecken kann

### Hampelmann – die Schultern an den Rücken anschließen

Lehrer oder Kinder haben einen Hampelmann mit in die Stunde gebracht. Arme und Beine sind hinter seinem Rücken durch Fäden miteinander verbunden, die seine Bewegungen ermöglichen. „Was passiert, wenn man an dem Faden zieht?" Arme und Beine heben sich. Es erfolgt also eine Gegenbewegung: Wird der Faden herabgezogen, bewegen sich die Arme hinauf. Diese Bewegung wird von den Kindern paarweise imitiert. Ein Kind steht aufrecht und stellt den Hampelmann dar. Das dahinterstehende Kind ertastet die Schulterblätter des Hampelmanns. Es legt dann seine flachen Hände auf die Schulterblätter und streicht mehrmals nach unten, um die Bewegungsrichtung der Schultern anzudeuten. Dann zieht es an einem imaginären Faden, indem die Hand vom oberen Rücken bis etwa zum Kreuzbein herabstreicht. Dadurch „ausgelöst", heben sich die Arme des Hampelmanns seitlich. Beim Hinaufstreichen senken sie sich wieder.

### Weiterführung: freie Armbewegungen

Der „Hampelmann" darf seine Arme selbständig bewegen und ist nicht mehr abhängig von seinem Faden. Das hinten stehende Kind legt die Hände auf die Schultern des vorderen, während dieses seine Arme bewegt, wie es ihm gefällt: vor, hoch, seitlich, eng am Körper oder weit in den Raum. Die Schultern bleiben immer am Rücken angeschlossen. Auch das Bild des Baumes kann eine Vorstellung von am Körper angeschlossenen Schultern vermitteln: Die Schultern gehören zum Stamm, die leichteren „Äste" werden vom Wind bewegt.

### Roboter

Der Lehrer steht vor einer Gruppe von „Robotern". Sie sind neu und müssen noch lernen, ihre Arme richtig einzusetzen. Der Lehrer führt einzelne Bewegungen vor, die von allen wie ein Echo wiederholt werden. Er bewegt nur die Finger, Hände, Unterarme, Arme, deutet verschiedene Richtungen an, bildet Formen... Anschließend improvisieren die Kinder paarweise. Sicher wird sich hier und da mit den Armbewegungen auch die Körperhaltung verändern, im Vordergrund stehen jedoch die Arme.

**Armbewegungen als Echo mit Musik**

Der Lehrer bereitet zunächst das Prinzip eines Echos vor, bevor das eigentliche Spiel beginnt. „Wer kann mir sagen, was ein Echo ist?" „Ruft jemand in einer Höhle oder in den Bergen gegen eine Wand, so wirft die Wand den Ruf wieder zurück." Zwischen Lehrer und Kindern gehen einige Rufe und Geräusche hin und her.

Nachdem das Prinzip des Echos geklärt ist, wechseln zu deutlich rhythmisierter Musik in regelmäßigen Abständen Geräusche zwischen Lehrer und Kindern: z. B. ein Klatschen, Stampfen, Ausruf immer auf der 1. Zählzeit eines Taktes.

Im weiteren Verlauf werden die Geräusche ersetzt durch Armbewegungen. Anfangs hilft ein Text, sich in den regelmäßigen Wechsel einzupendeln:

Ist der Ablauf verstanden, probieren ältere Kinder paarweise. Bei jüngeren steht immer ein Kind vor der gesamten Gruppe und führt Bewegungen vor.

**Armpositionen: Mit den Armen einen Luftballon umschließen**

• Jüngeren Kindern bietet das Bild des Luftballons eine Hilfe und erweckt die eigentlich nüchternen Armbewegungen zum Leben. Bei Älteren kann das Bild gelegentlich angedeutet oder ganz darauf verzichtet werden.

Ap: Schlussstand, die Arme hängen neben dem Körper
Die Bewegungen werden langsam (über die Dauer eines Taktes) ausgeführt. Am Ende des Taktes ist die jeweils beschriebene Position erreicht:

1. *Eine Scheibe umschließen* (Grundstellung – préparation):
   Die Arme runden sich in Beckenhöhe vor dem Körper, die Ellenbogen zeigen nach außen, die Hände nach innen, die Handflächen zeigen diagonal zueinander, die Fingerspitzen sind einige Zentimeter voneinander entfernt. Die Scheibe ist oval, darum werden die gerundeten Arme sehr tief gehalten.
2. *Die Scheibe wandelt sich zum Luftballon* (1. Position):
   Die Arme heben sich horizontal vor, als würden sie vor dem Körper einen Luftballon umschließen. Er ist länglich wie die Scheibe. Darum sind die Arme soweit es geht vom Bauch entfernt gerundet. Der Bauch darf nicht vorgestreckt werden – der Luftballon könnte sonst platzen. Die Ellenbogen sind etwas angehoben. Schulter, Ellenbogen, Unterarm und Zeigefingerkante bilden eine leicht abwärts weisende Linie. Die Schultern bleiben unten.
3. *Der Ballon wächst* (2. Position):
   Die Arme werden langsam zur Seite geöffnet.

Der Ballon ist so groß geworden, dass die Arme nur noch ganz leicht gerundet sind. Die Arme werden etwas vor dem Körper unterhalb der Schultern gehalten. Der Bauch kann nicht vorgestreckt werden, da der Luftballon im Weg ist. Die Arme bilden einen Spannungsbogen von einer Hand über Arm und Rücken bis zur anderen.

4. *Den Ballon loslassen* (Grundstellung):
   Die Arme werden nach unten geführt (sie lassen den Ballon fortfliegen) und hängen wieder neben dem Körper. Beim Herabführen werden die Handflächen nach unten gedreht und die Ellenbogen ein wenig gelöst. Die Übung beginnt von vorne und die Arme umschließen eine neue Scheibe.

*Grundstellung*

*1. Position*

_2. Position_

_3. Position_

**Variation:**
1. _Die Arme gerundet unten halten_ (Grundstellung)
2. _Die Arme in Brusthöhe heben_ (1. Position)
3. _Die Arme gerundet nach oben führen_ (3. Position):
   Dabei wird der Luftballon nach oben gehoben. Die Arme werden etwas vor dem Kopf gehalten, die Handflächen schauen etwas abwärts gerichtet zueinander, die Schultern bleiben unten.
4. _Die Arme seitlich führen_ (2. Position):
   Der Ballon über dem Kopf wächst. Handrücken und Arme öffnen sich nach außen. Die Handflächen werden nach vorne geführt, so dass der Arm mit Zeigefingerkante wieder eine Linie bildet.

Nach der 2. Position gleich wieder zur Grundstellung unten runden.

• In der 3. Position ist die Spannung zwischen Schultern und Armen am größten. Während die Arme einen Raum über dem Kopf beschreiben, bleiben die Schultern am Rücken angeschlossen. Um eine Überspannung im Nacken zu vermeiden, halten die Kinder in der 3. Position inne, bewegen den Kopf ganz leicht, lassen ihn müde auf die Brust sinken, ohne die Armhaltung zu verändern, und richten ihn ohne Kraft wieder auf, als würde ein leichter Windstoß ihn bewegen.

# Übungen im Raum

## Sprünge

„Sie sprang und hüpfte vor Freude" – wenn das auch nicht bei allen Kinder der Fall ist, so stehen Springen und Freude doch in enger Verbindung.
Ein Kind springt vor Freude und andersherum: Springen bewirkt ein Gefühl von Freude, Lust und Leichtigkeit. Für einige Sekunden scheint die Schwerkraft überwunden. Fast wie von selbst federt der Körper nach der Landung wieder zurück, um erneut in die Höhe zu schnellen.

Nach ruhigen oder konzentrierten Phasen kann das Springen befreien, lösen und anregen. Sicher entsteht nicht bei allen diese Wirkung. Kinder, die gemessen an ihrer Größe besonders schwer sind, zeigen in ihrem Gesicht vielleicht eher einen Ausdruck von Anstrengung und Verkrampfung. Mit einiger Hilfe kann auch ihnen ein Gefühl von Leichtigkeit und Lebendigkeit vermittelt werden.

Im Alltag springen Kinder immer wieder, ohne dass sich jemand um einen „richtigen" technischen Ablauf, Stellung der Knie und Abrollen der Füße kümmert. Auch im Unterricht gibt es Phasen, in denen Kinder in freien Bewegungsspielen hüpfen und springen können, wie es ihnen in den Sinn kommt.

In anderen Unterrichtsphasen wiederum werden Sprünge geübt und vorbereitet, um verschiedene Sprungvarianten kennenzulernen und um durch falsche Technik verursachte Schäden zu vermeiden.

Aufgabenstellungen aus den Themen Körperspannung und Haltung, Beugen und Strecken von Beinen und Füßen sowie Federungen bereiten eine gute **Sprungtechnik** vor und verbessern sie. Sprünge setzen einen erwärmten Körper voraus und werden deshalb nicht am Anfang der Stunde geübt. [13]

*Ein Sprung beginnt und endet immer mit gebeugten Beinen (Knie- und Fuß- und Hüftgelenke).*

Das Gewicht des Körpers wird durch schnelles Nachgeben in Knie-, Fuß- und Hüftgelenken aufgefangen. Dadurch werden die Gelenke entlastet und die Sprungkraft für die folgenden Sprünge erhöht. Ein geräuscharmer Sprung kann ein Zeichen dafür sein, dass der Sprung gut aufgefangen wird. Bei der Landung befinden sich die Knie senkrecht in einer Linie über den Fußgelenken. Je höher oder weiter der Sprung, desto intensiver ist der Absprung vom Sprungbein.

Die Arme können seitlich neben dem Körper gehalten werden, locker mitschwingen, seitlich getragen oder auch eingestützt werden. Sie können im Sprung „mitfliegen" wie sie wollen. Die Schultern bleiben unten.

Das Tempo der Musik ist abhängig von gewünschter Sprunghöhe, Sprungart und Alter der Kinder.

**Methodische Hinweise:**

Das Absprungbein sollte möglichst gewechselt werden. In einer Folge von Sprüngen kann der Wechsel des Absprungbeins durch die Anzahl der Zwischenschritte geregelt werden. Oft fällt es den Kindern jedoch schwer, die Anzahl der geplanten Zwischenschritte einzuhalten. Vor dem Absprung wird schnell noch ein Schritt eingefügt, um mit dem Lieblingsbein abspringen zu können. Deutliches, marschähnliches Gehen und Mitsprechen können helfen, die Anzahl der Schritte einzuhalten. Auch bei Sprüngen aus dem Laufen heraus helfen deutlich geführte Beinbewegungen.

In gesprungenen Bewegungsfolgen neigen die Beinbewegungen dazu, unklar zu werden. Das Losgelassensein des Sprungs steht im Widerspruch zur Klarheit einer rhythmischen Bewegung. Anfangs lernen und erleben die Kinder verschiedene Sprünge, ohne eingebunden zu werden in eine festgelegte

Schrittfolge oder den Rhythmus einer Musik. Springen die Kinder zu Musik, so wird der Charakter der Musik sie zum Sprung animieren, sie befreien sich zeitweise vom musikalischen Rhythmus und finden zu ihm zurück. Später können Sprünge eine klare rhythmische und technische Ausformung erhalten. Dabei werden mit Hilfe der Hände die anschließend ausgeführten Bewegungen der Beine vorbereitet:

– Im Fersen- oder Schneidersitz werden Gehschritte mit beiden Händen im Wechsel auf Boden oder Beine gepatscht.
– Schluss- oder Standsprünge werden geklatscht oder mit beiden Händen gepatscht.
– Verschiedene Sprungformen (Laufschritte, Hüpfer...) werden an verschiedenen Orten gepatscht (Beine, Boden), um sie räumlich voneinander zu trennen.
– Der Lehrer führt die „Schritt"-bewegungen mit Hilfe von Klanggesten (klatschen und patschen) deutlich vor, so dass alle seine Bewegungen imitieren können. Gegebenenfalls nimmt er zu einzelnen gezielt Blickkontakt auf, um sie damit aufzufordern, noch einmal genau hinzusehen.
– Der Rhythmus wird von allen mitgesprochen, besonders von denen, die Schwierigkeiten in der Ausführung haben.

# Variationen des Springens

Je nach Absprung- und Landebein lassen sich fünf Sprungmöglichkeiten voneinander unterscheiden. Im klassischen Ballett hat jede Sprungart ihren eigenen Namen, mit dem aber gleichzeitig eine bestimmte Form der Ausführung verbunden ist. In diesem Zusammenhang soll nur das Prinzip verschiedener Sprünge im Vordergrund stehen:

### 1. Von beiden Füßen auf beide
(sauté – gesprungen)

In diese Kategorie gehören Standsprünge (sautés), Grätschsprünge (echappés) und Schrittsprünge.
Beim **Standsprung** sind Beine und Füße im Sprung gestreckt, die Beine sind geschlossen.
Beim **Grätschsprung** wechseln die Beine zwischen Schlußstand und Grätschstand (1. und 2. Position).
Beim **Schrittsprung** wechseln die Beine von einer Schrittstellung in die andere. Einmal ist das rechte, dann das linke Bein vorne (4. Position).
Auch das klassische **changement** gehört hierher, bei dem die Füße in der Luft wechseln: aus der 3. oder 5. Position heraus befindet sich abwechselnd das rechte und das linke Bein vorne.
Anhand von Standsprüngen kann schon im Vorschulalter spielerisch an Sprungtechnik geübt werden.

---

13: Eine Vielzahl von Sprungvarianten besonders für ältere Kinder finden sich in Barbara Haselbach, Tanzerziehung, Stuttgart 1971.

**2. Von einem Fuß auf den anderen**

(jeté – geworfen)

Dazu zählen Galoppsprünge, Laufsprünge und Scherensprünge.

Beim **Galoppsprung** wechseln die gebeugten Beine in der Luft, daher auch Wechselsprung.

Beim **Laufsprung** wird ein Bein vor, das andere zurückgestreckt.

Beim **Scherensprung**, bei dem die gestreckten Beine vor dem Körper in der Luft wechseln, bewegen sich die Beine wie bei einer Schere aufeinander zu: Das Spielbein wird nach dem Sprung gestreckt vorgeworfen, das Absprungbein folgt ebenso, während das Spielbein schon wieder zur Landung ansetzt. Auch hier handelt es sich um einen Wechselsprung, jedoch mit gestreckten Beinen.

Galoppsprünge sind schon im Vorschulalter geeignet, während Scheren- und Laufsprünge hohe Sprungkraft und Spannung in den Beinen erfordern.

**3. Von einem Fuß auf denselben**

(temps levé – gehobene Zeit)

Dazu zählen Hüpfsprünge mit gebeugtem, aber auch mit gestrecktem Spielbein. Hüpfen ist im Gegensatz zum Galoppieren für vierjährige keine Selbstverständlichkeit. Es kann durch mehrmaliges Hüpfen auf einem Bein, mal rechts, mal links vorbereitet werden.

Bei einem **Hüpfsprung mit gebeugtem Spielbein** hilft das hochgeschwungene Knie mit, in die Höhe zu springen. Die Haltung des Spielbeins kann variiert werden (z. B. der Fuß neben dem Knie des Standbeins oder rechtwinklig vorgebeugt).

Beim **Hüpfsprung mit gestrecktem Spielbein** kann die Sprungkraft durch Schleifen des Spielbeins über den Boden erhöht werden: Bevor das Spielbein den Boden verlässt und vor in die Luft schwingt, schleift es aus dem plié heraus über den Boden vor. Durch diesen Widerstand wird das Bein „vorgeschleudert", sobald es den Boden verlässt. Die Spannung der Beine ist erhöht und gibt dem Sprung Kraft.

**4. Von einem Fuß auf beide**

(assemblé – zusammengebracht)

Dazu zählen **Schlusssprünge**. Eine Folge von Schritten wird mit einem Sprung auf beide Beine beendet. Gelegentlich werden die Kinder aufgefordert, die Beine im Sprung gegeneinanderzudrücken, um ein Gefühl für Anspannung und Streckung im Sprung zu entwickeln. Ein Schlusssprung kann in der Luft gedreht werden. Er eignet sich als „Zäsur" vor einer Richtungsänderung oder zum Abschluss einer Schrittfolge.

**5. Von beiden Füßen auf einen**

(sissonne – Namensherkunft unklar)

Dieser Sprung ist das Gegenstück zum Schlusssprung (assemblé). Der Wechsel von „sissonne"

und „assemblé" ist auch von Vorschulkindern realisierbar, sobald sie sich dessen bewusst sind, ob ein oder beide Beine auf dem Boden landen.

Das klassische **sissonne** beginnt mit einem Sprung aus der 5. Position. Bei der Landung auf einem Bein wird der gestreckte Fuß mit ausgedrehtem Knie vorne oder hinten unterhalb des Knies gehalten.

## Gedrehte Sprünge

**Standsprünge** können schon im Vorschulalter gedreht werden. Anfangs drehen sich die Kinder mit mehreren Standsprüngen immer etwas weiter im Kreis, so dass sie jedesmal in eine andere Richtung blicken. Später wird die Anzahl von Sprüngen für einen Kreis reduziert, so dass Viertel-, Halbe- und schließlich auch ganze Drehungen entstehen.

Aus einer Folge von Geh- oder Laufschritten heraus kann ein **Galoppsprung** gedreht werden (Drehsprung).

Ältere, erfahrene Kinder können versuchen, einen **Hüpfsprung** mit gestrecktem Spielbein zu drehen. Bei vorgestrecktem rechten Bein erfolgt im Sprung eine halbe Drehung links. Das Spielbein befindet sich nun hinten. Absprung- und Landebein sind gleich.

---

## *Aufgaben*

**Vom Federn zum Sprung**

Ap: Schlussstand, die Füße „kleben" am Boden

1. Leichte Federungen in den Knien, ohne die Füße vom Boden zu lösen.
2. Das Federn wird ein wenig intensiver, so dass sich die Fersen beim Abfedern jedesmal vom Boden abheben.
3. Durch eine weitere Steigerung heben sich die Fersen höher vom Boden, vielleicht sogar ein wenig der Fußballen, so dass im höchsten Punkt der Federung nur noch die Zehenspitzen den Boden berühren.
4. Jetzt berühren auch die Zehenspitzen den Boden nicht mehr. Sie entfernen sich aber nur ein bißchen vom Boden, damit sie den Sprung sogleich wieder auffangen können.

• Die Arme hängen mit leichter Spannung neben dem Körper oder sind seitlich eingestützt. Die Sprungkraft wird aus den Beinen entwickelt, es ist nicht der Brustkorb, der den Körper in die Höhe zieht. Das kann z. B. geschehen, wenn der obere Rücken nach hinten geneigt ist. Hier mag der Hinweis helfen, dass der Rücken lang und eher ein wenig vorgeneigt bleiben muss. Der Oberkörper ist aufgerichtet, aber nicht überspannt. Die Spannung der Beine setzt sich durch die Wirbelsäule nach oben hin fort und wird immer leichter, wie bei einem Baum, dessen Stamm sich nach oben verschmälert.

**Im Sprung gestreckt**

Beim Sprung entsteht aus der Beugung der Beine im Stand eine Streckung im Sprung. Die meisten Kinder beugen anfangs die Beine im Sprung. Auf unterschiedliche Art und Weise kann die Streckung bewusst gemacht werden.

*Im Sitz:*

Im Langsitz werden Beine und Füße gestreckt. Die Kniekehlen versuchen, den Boden zu berühren, die Beine werden gegeneinandergedrückt. „So lang und stark sollen eure Beine im Sprung sein."

*In Rückenlage:*

Die Arme sind am Körper angelegt. Die Kinder strecken sich wie ein Gummiband: Die Füße ziehen in die eine Richtung und versuchen, die Wand zu berühren, der Kopf in die andere. Unterer Rücken und Kniekehle werden soweit es geht Richtung Boden gedrückt – anschließend auf die Seite rollen und ganz klein machen.

Die Aufgabe wird zuvor genau demonstriert, da die Spannung nur kurz gehalten werden soll (z. B.: "strecken – strecken – strecken – strecken und zusammenziehen").

• Die am Boden erlebte Spannung ist stärker als die im Sprung notwendige. Innerhalb einer Folge von Sprüngen wird sich die Spannung unwillkürlich der Notwendigkeit anpassen, andernfalls gibt der Lehrer entsprechende Hinweise (z. B.: so leicht wie ein Hampelmann).

*Kinder im Sprung halten:*

Kleine Kinder, oft auch noch Schulkinder können vom Lehrer im Sprung gehalten werden. Aus dem Stand springt reihum ein Kind in die Höhe, der Lehrer hält es im Sprung fest. „Sind die Beine gestreckt? Berühren sie sich?" Je nach Gewicht der Kinder besteht nun genügend Zeit, sich langzustrecken.

*Die Flugphase verlängern:*

Geeignet ist eine Übung, in der Sprünge am Platz mit ruhigen Phasen (pliés, Lösen von Körperteilen...) wechseln, während derer der Lehrer von Kind zu Kind gehen kann. Während der Sprungphasen fasst der Lehrer einzelne Kinder am Brustkorb unter den Armen und hebt sie im Sprung, so dass sich die Sprungphase verlängert. Das macht den Kindern großen Spaß, weil das Flugerlebnis intensiviert wird.

**Vom Beugen und Strecken zum Sprung**

Vom Beugen und Strecken der Beine ausgehend (*Fahrstuhl*, S. 70) werden wesentliche Phasen des Springens bewusst. Im langsamen Tempo wird auf diese Art das Beugen der Beine vor und nach dem Sprung sowie die Streckung in der Luft vorbereitet. Dadurch, dass mehrere Sprünge (Standsprünge) immer wieder von einem langsamen Bewegungsablauf

unterbrochen werden, ergeben sich Phasen der Ruhe, in denen der technische Ablauf langsam geübt wird und neue Kraft zum Springen gesammelt werden kann.

*Bewegungsbegleitung:* Trommelspiel oder Musik vom Band im Vierertakt, Tempo $\downarrow$ = ca. 108 – 116

Ap: Stand, Füße parallel unterhalb der Hüftgelenke

Takt

1 – 4   Knie beugen – stehen – strecken (Ballenstand) – stehen (je 1 Takt)

5 – 8   ebenso zweimal im doppelten Tempo

9 – 12  14 Schlusssprünge und dann stehenbleiben

13 – 16 die Beine ausschütteln und rechtzeitig zur Wiederholung in Ausgangsposition bereitstehen

Mit einer abwärtsgeführten Handbewegung beim ersten Schlusssprung unterstützt der Lehrer das den Sprung einleitende Beugen der Knie. Gelegentliches gemeinsames Mitzählen der Sprünge hilft, im Tempo der Musik zu springen:

1 - 2 - 3 - 4 - 5 - 6 - 7 - 8 - 1 - 2 - 3 - 4 - 5 - 6 - stehn.

Einführend werden zunächst nur einzelne Abschnitte dieser Folge geübt.

**Variation I:**

Als weitere Zwischenstufe innerhalb der Übung kann der Stand zwischen dem Beugen und dem Ballenstand wegbleiben: Die Kinder wechseln direkt zwischen plié und relevé.

Die Übung kann auch von der V-Stellung ausgehend durchgeführt werden. Dabei werden die Knie beim Beugen und Landen nach dem Sprung immer nach außen in einer Linie oberhalb der Füße geführt ("Ein Fenster öffnet sich.").

**Variation II: verschiedene Sprünge**

Im Wechsel mit vorbereitendem Strecken und Beugen der Beine (s. o.) werden anstelle der Schlusssprünge verschiedene Varianten gesprungen:

1. _Grätschsprünge:_

Die Kinder springen abwechselnd in den Schlussstand und in den Grätschstand (1. und 2. Position). Im Ballett wird dieser Sprung "echappé" genannt. Dabei "fliehen" am höchsten Punkt des Sprunges die Beine auseinander und landen mit gebeugten Knien in der 2. Position.

2. _Schrittsprünge:_

Dabei springt man von einer Schrittstellung in die andere, wobei abwechselnd das rechte und das linke Bein vorne ist.

3. _Sprünge auf ein Bein und auf beide:_

Die Kinder springen aus dem Schlussstand von beiden Beinen ab und landen auf einem Bein. Der nächste Sprung erfolgt von einem Bein und landet wieder auf beiden. Anschließend auf das andere Bein springen:

Zur Vorbereitung werden im Wechsel 4 Schlusssprünge und 4 Hüpfer auf einem Bein ausgeführt. Die mehrmalige Wiederholung macht den Kindern bewusst, dass einmal beide Beine den Boden berühren, das andere Mal nur eines. Die Anzahl wird reduziert auf 2-mal und schließlich nur 1-mal im regelmäßigen Wechsel. Der Haltung des Spielbeins wird zunächst keine Aufmerksamkeit gewidmet.

Bei diesen Sprüngen handelt es sich um das Prinzip des klassischen sissonne und des assemblé.

4. _Sissonne aus der 5. Position:_

für Fortgeschrittene

Der rechte Fuß steht eng vor dem linken (5. Position r). Die Kinder springen auf das linke Bein, der vordere gestreckte Fuß wird mit ausgedrehten Knien unter dem Knie des Standbeins gehalten. Anschließend erfolgt ein Sprung zurück in die 5. Position r (rechtes Bein vorne).

Ebenso zur anderen Seite.

5. _Gekreuzte Beine_ (changement):

Aus der 5. Position r erfolgt ein Sprung in die 5. Position l und wieder zurück in die 5. Position r... Die Beine sind etwas ausgedreht.

Die Sprünge können auch aus der 4. Position erfolgen.

**Ein einzelner Sprung**

Im Kreis stehend beugen die Kinder die Knie, die ganze Fußsohle hat Kontakt mit dem Boden, der Oberkörper ist aufgerichtet und gerade.

Die Kinder springen nun ein einziges Mal in die Höhe und landen wieder in der Ausgangsposition. Hier wird einen Moment abgewartet, um die Haltung zu korrigieren, bevor erneut gesprungen wird.

Die Kraft kommt aus den Beinen. Brustkorb und Schultern werden nicht hochgezogen. Auf diese Art werden Streckung im Sprung und Landung im plié bewusst. Der Sprung ist nicht hoch, da die aus dem Rückfedern resultierende Kraft fehlt.

**Standsprünge im Wechsel mit Gehen**

Ap: großer Kreis

8 Schritte in Tanzrichtung erfolgen im Wechsel mit 8 Standsprüngen. Die Übung kann mit Klanggesten vorbereitet werden: im Schneider- oder Fersensitz 8 "Schritte" im Wechsel rechts und links auf die Beine patschen und anschließend 8-mal klatschen. Die Bewegungen der Hände werden auf die Beine übertragen. Bei Koordinationsschwierigkeiten der Schritte mit der Musik werden die Knie beim Gehen übertrieben hochgezogen.

_Musik_: zum Springen motivierende Musik je nach Sprunghöhe im Tempo um $\downarrow = 100 - 120$

**Variationen:**

1. Die Kinder tanzen den Ablauf in einer Schlange hintereinander. Der Anführer führt die anderen auf interessanten Wegen durch den Raum. Nach einer Weile wird gewechselt.

2. Während der Standsprünge drehen sich die Kinder einmal um die eigene Achse.

3. Die Gangart wird verändert, z. B.:
   4 Walzerschritte im Wechsel mit 9 Standsprüngen und anschließendem Stehenbleiben (Musik im Dreiertakt) oder langsame Laufschritte im Wechsel mit Sprüngen.

4. 4 Schritte wechseln mit 4 Schlusssprüngen. Während der Sprünge können Drehungen ausgeführt werden: Mit jedem Sprung erfolgt eine Vierteldrehung, oder mit dem 2. und 4. Sprung erfolgt eine halbe Drehung.

5. 4 Schritte wechseln mit 4 Schlusssprüngen. Mit dem 3. Schlusssprung erfolgt eine Vierteldrehung nach rechts (links), so dass die Gehschritte jedesmal in eine andere Richtung führen.

## Aufeinander zuspringen

Die Kinder stehen an zwei Raumseiten einander gegenüber. Je zwei Kinder tanzen mit drei Schritten und einem Schlusssprung aufeinander zu. Beim Landen auf beiden Beinen auf der 4. Zählzeit klatschen die Kinder einmal in die Hände. Diese Schrittfolge wird 4-mal wiederholt (je nach Raumgröße auch 2-mal oder 8-mal). Beim 4. Mal klatschen die Kinder in die Hände des gegenüberstehenden Partners anstatt in die eigenen.

Auch mit anderen Sprungkombinationen können die Partner sich annähern, z. B.:
– 3 Schritte und 1 Hüpfsprung

– 4 Schritte und 4 Standsprünge mit jeweils einer Vierteldrehung

## Lauf- und Galoppsprünge

Ap: Bauchlage im großen Kreis mit Blick zur Kreismitte
Ein Kind steht auf und überspringt die liegenden. Sind alle übersprungen, fährt das zuletzt übersprungene Kind fort. In großen Gruppen springen mehrere entfernt auseinanderliegende Kinder gleichzeitig. Auch mehrere hintereinanderliegende Gegenstände auf geraden oder kurvigen Raumwegen können übersprungen werden (besonders bei jüngeren Kindern). In der Kreisform gesprungen ist ein großer Raum erforderlich, in dem die Kinder weit auseinanderliegen.
Anfangs wird auf die Ausführung der Sprünge nicht geachtet. Später können Sprunghöhe und -weite verändert werden.
**Galoppsprünge:** Die Kinder stellen sich vor, eine flache oder hohe Mauer zu überspringen. Die Beine sind im Sprung gebeugt.
**Laufsprünge:** Sie stellen sich vor, einen breiten Bach zu überspringen und versuchen, die Beine – soweit möglich – im Sprung zu strecken, das eine nach vorne, das andere nach hinten. Die Arme werden im Sprung seitlich gehalten. Sie können ein Gefühl des Fliegens vermitteln, als würde man für einen Moment in der Luft schweben.

• Die Anzahl der Geh- oder Laufschritte zwischen den Sprüngen bleibt offen, da aufgrund der unterschiedlichen Größe der Kinder eine unterschiedliche Anzahl von Zwischenschritten erforderlich ist und die Aufmerksamkeit auf die liegenden Kinder gerichtet sein sollte.

## Sprünge mit festgelegter Anzahl von Zwischenschritten

Im fortgeschrittenen Grundschulalter kann allmählich die Aufmerksamkeit auf eine regelmäßige Sprungfolge gerichtet werden, die im Zusammenspiel mit Musik eine festgelegte Anzahl von Zwischenschritten und den Wechsel des Absprungbeins beinhaltet. Die Schrittfolgen können so eingerichtet werden, dass im Dreier- oder Vierertakt das Absprungbein dasselbe bleibt, was anfangs leichter fällt. Auch gegangene Zwischenschritte sind zunächst einfacher einzuhalten als gelaufene. Die Wiederholung der Sprungfolge beginnt mit dem anderen Bein.
Die Sprungfolge kann auch so eingerichtet sein, dass das Absprungbein regelmäßig wechselt. Das erforderliche Tempo kann durch eigenes Probieren gefunden werden, für die Kinder ist es dann ein wenig schneller. Im Folgenden finden sich Beispiele mit gleichbleibendem und wechselndem Absprungbein:

1. *Schlusssprünge:*

Das Sprungbein wechselt, wenn der Schritt jedesmal mit einem anderen Bein beginnt.

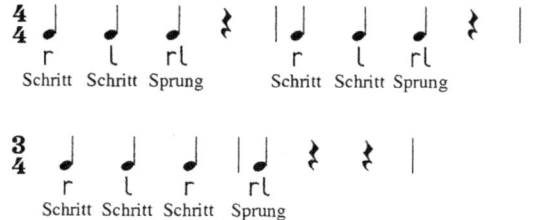

2. *Galoppsprünge:*

Mit im Sprung gebeugten Beinen:

Mit im Sprung gestreckten Beinen (gesprungener Wechselschritt/ chassé):

### 3. Hüpfsprünge:

Mit gleichbleibendem Sprungbein:

lauf lauf lauf hüpf und lauf lauf lauf hüpf und

Schritt Schritt Schritt hüpf und

Mit wechselndem Sprungbein (gestrecktes oder gebeugtes Spielbein oder auch als Wendesprung):

Schritt Schritt hüpf und Schritt Schritt hüpf und

Schritt Schritt Sprung und Schritt Schritt Sprung und

### 4. Laufsprünge:

Soll der Sprung volltaktig beginnen, wird das Spielbein unbelastet hinter oder neben dem Standbein gehalten.
Mit gleichbleibendem Sprungbein:

Sprung und Sprung und

Sprung Schritt Schritt Schritt

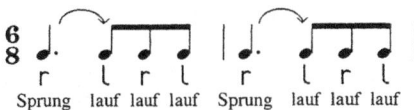

Sprung lauf lauf lauf Sprung lauf lauf lauf

Mit wechselndem Sprungbein:

lauf lauf Sprung lauf lauf Sprung

Sprung Schritt Schritt Sprung Schritt Schritt

### Gedrehter Galoppsprung – Drehsprung

für ältere Kinder

#### 1. Vorwärts – aus einem Galoppsprung entwickelt:

In einer Folge von Schritten wird ein Galoppsprung zuerst vorwärts, dann gedreht gesprungen, z. B.:

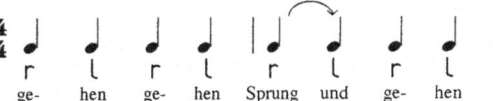

ge- hen ge- hen Sprung und ge- hen

#### 2. Vorwärts – aus dem Gehen entwickelt:

In einer Folge von je acht Schritten wird mit den ersten (letzten) beiden eine ganze Drehung durchgeführt, anschließend erfolgen sechs Gehschritte ohne Drehung. Beginnen die Schritte mit rechts, erfolgt auf dem 1. Schritt eine halbe Drehung rechts, auf dem 2. Schritt, der der Bewegungsrichtung folgend rückwärts angesetzt wird, eine weitere halbe Drehung rechts zurück nach vorne.
Älteren kann auch eine verbale Beschreibung des Ablaufes helfen. Ist der Ablauf verstanden, kann die Drehung gesprungen werden.

**1.**

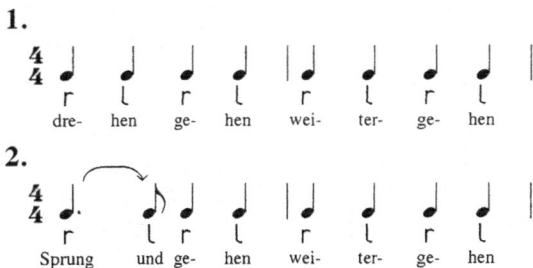

dre- hen ge- hen wei- ter- ge- hen

Sprung und ge- hen wei- ter- ge- hen

#### 3. Seitwärts – aus dem Sprung entwickelt:

In einer Folge von Seitnachstellschritten wird ein Seitgaloppsprung zunächt ohne, dann mit ganzer Drehung ausgeführt, z. B.:

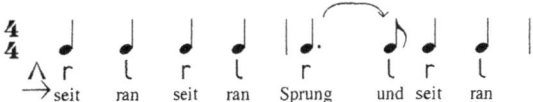

seit ran seit ran Sprung und seit ran

#### 4. Seitwärts aus dem Gehen entwickelt:

Wie beim Sprung aus der Vorwärtsbewegung wird der Ablauf gehend gedreht, bevor er wie unter 3. gesprungen wird.

seit ran seit ran dre- hen seit ran

#### 5. Rechts- und Linksdrehung im Wechsel:

Durch Veränderung des Schrittrhythmus kann bei Fortgeschrittenen das Sprungbein regelmäßig gewechselt werden:

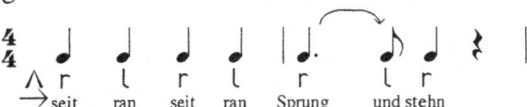

seit ran seit ran Sprung und stehn

Anschließend nach 1 mit gegengleicher Fußsetzung.

# Drehungen

So manchem Erwachsenen wird allein bei dem Gedanken, sich zu drehen, übel. Die meisten Kinder jedoch geben sich gerne dem Schwindelgefühl hin und lieben es, die Orientierung zu verlieren. Das Drehen stimmuliert das Gleichgewichtssystem und trägt damit zur motorischen Entwicklung des Kindes bei.

---
### *Aufgaben*
---

### Schneeflocken im Wind

„Habt ihr schon einmal genau beobachtet, wie die Schneeflocken im Winter tanzen?" Sie fallen sacht zur Erde oder werden vom Wind durch die Luft gejagt, manchmal kreisen sie in der Luft.

Die Kinder verteilen sich im Raum, so dass jedes möglichst viel Platz um sich herum hat, und drehen sich um sich selbst. Nach kurzem Drehen nennt der Lehrer einen Ort oder Gegenstand im Raum oder den Namen eines Kindes. Alle unterbrechen das Kreisen und blicken in die angegebene Richtung. Durch das zielgerichtete Hinschauen gewinnen die Kinder die Orientierung wieder und verlieren das Schwindelgefühl. „Was seht ihr durch das Fenster?" „Welche Frisur hat Lisa heute?" Ähnliche Fragen fordern die Kinder heraus, genau hinzuschauen.

### Körperimpulse zum Drehen

Eine Drehbewegung wird unterstützt durch Impulse des Körpers oder einzelner Körperteile in die Drehrichtung.

„Ihr seid ein Kreisel und euer Arm ist der Antrieb". Die Kinder schleudern den vor dem Körper gehaltenen Arm nach hinten und lassen den Körper in die Richtung folgen. Bei Schwierigkeiten kann der Lehrer dem Arm des Kindes einen Impuls geben.

„Mit welchen Teilen des Körpers könnt Ihr Euch auch Schwung zum Drehen geben?" Mit Ellenbogen, Beinen, Knien, Schultern, Becken, Kopf und Hals und Händen werden Drehungen nach rechts und links eingeleitet.

### Variationen:

- Im Kreis stehend werden Impulse gemeinsam probiert. Ein Kind nennt ein Körperteil, mit dem dann alle eine Drehung einleiten: „rechter Arm, linkes Bein"...
- Ein Kind wählt einen Körperteil als Impuls zum Drehen, die anderen raten, welcher es gewesen ist.

### Drehen in der Fortbewegung

Die Kinder stehen an einer Raumseite, der Lehrer gegenüber an der anderen. Ein Kind geht unaufhörlich wie ein Kreisel sich drehend und die Arme ausgebreitet auf den Lehrer zu, der es immer wieder anspricht und auffordert, ihn oder auch eine Handpuppe anzusehen. Bei einer Drehung rechts herum gibt der rechte Arm einen Anfangsimpuls nach rechts-hinten, bei einer Drehung nach links der linke Arm.

Angekommen sehen sich beide an, um die Orientierung wiederzugewinnen, ein Lob oder Ratschlag wird erteilt und schließlich das nächste Kind zum Drehen aufgefordert.

Die einen kommen zielstrebig vorwärts, andere drehen sich auf der Stelle oder wieder zur Gruppe zurück. Der Versuch, immer wieder den Lehrer zu fixieren und sein regelmäßiges Sprechen helfen, die Orientierung zu behalten und die richtige Richtung einzuschlagen.

Beim Drehen können die

*Drehen in der Fortbewegung*

Kinder ein Tuch in einer Hand halten (rechte Hand bei einer Drehung rechts). Das mitwirbelnde Tuch unterstützt die Motivation zum Drehen und den ersten Impuls in die Drehrichtung (Abb.).

**Den Blick fixieren**

1. _Einen Partner anschauen:_
Um beim Drehen die Orientierung zu behalten und das Schwindelgefühl zu verringern, muss ein Punkt möglichst lange fixiert werden.
Die Kinder gehen paarweise im Raum und sehen sich dabei ununterbrochen in die Augen. Mal gehen sie nah beieinander, nebeneinander, entfernen sich voneinander, drehen sich umeinander oder um die eigene Achse. Nur bei einer ganzen Drehung dürfen sie den Blick für einen kurzen Moment abwenden.

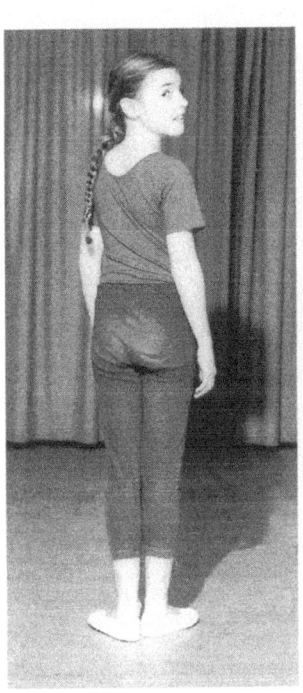 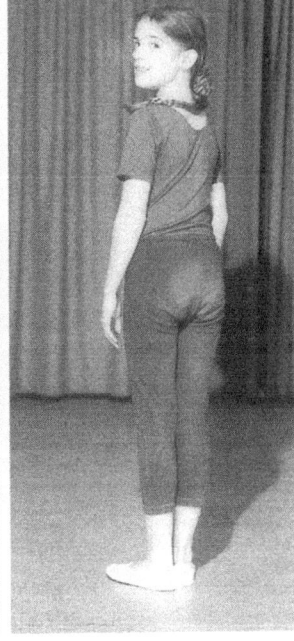

2. _Drehen um die eigene Achse:_
„Sucht euch einen Punkt geradeaus vor euch, auf den ihr immer schaut, ein Loch in der Wand oder einen Griff vom Fenster...". Mit kleinen Schritten

drehen sich die Kinder am Platz um die eigene Achse und schauen solange es geht auf den Punkt, aber ohne den Kopf schief zu halten. Wenn es nicht mehr möglich ist, bleiben sie stehen und drehen den Kopf ganz schnell herum nach vorne zu ihrem Punkt. So geht es immer weiter im Kreis rechts oder links herum.
Zu zweit voreinanderstehend macht es noch mehr Spaß. Die Partner drehen sich voneinander weg, sehen sich dabei möglichst lange in die Augen und finden den Blickkontakt so schnell es geht wieder.

**Halbe Drehungen vorwärts und rückwärts**

für Fortgeschrittene
Diese stellen eine gute Vorbereitung für ganze Drehungen dar.
Zur Vorübung: das rechte Bein zur Seite setzen, das linke unbelastet anstellen, das linke Bein zur Seite, das rechte unbelastet anstellen.

Nun dasselbe mit einer halben Drehung:

– das rechte Bein zur Seite setzen mit einer halben Drehung auf dem rechten Fuß nach rechts, das linke Bein unbelastet anstellen

– das linke Bein zur Seite setzen mit einer halben Drehung nach links, das rechte Bein unbelastet anstellen

Anfangs können zwischen den halben Drehungen zusätzlich sechs Zwischenschritte eingefügt werden. Die Kinder üben im Kreis und auf der Diagonalen. Der Blick bleibt in der Bewegungsrichtung z. B. auf den Lehrer an der anderen Raumseite gerichtet, während der Körper sich dreht.

## Ganze Drehungen in Verbindung mit Seitanstellschritten.

für Fortgeschrittene

Fortlaufende ganze Drehungen sind nicht leicht. Einzelne ganze Drehungen lassen sich jedoch gut in Verbindung mit Seitanstellschritten üben.
Die rechte Körperseite und der Blick weisen in die Bewegungsrichtung: 3 Seitanstellschritte und eine ganze Drehung wechseln einander ab.

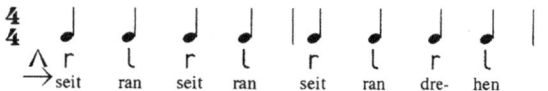

Die beiden Schritte für die Drehung werden wie die Anstellschritte nacheinander auf der Geraden aufgesetzt.

Der Lehrer steht an der gegenüberliegenden Raumseite und hält Blickkontakt mit den Kindern. Bei der Drehung wird der Blickkontakt nur kurz gelöst und möglichst schnell wiedergefunden.
Die Hände werden auf den Hüften oder seitlich gehalten, wobei bei seitlicher Haltung mit der Drehung der linke Arm zum Schwungholen vor den Körper geführt werden kann.
Je nach Können der Kinder kann die Drehung auch nach zwei Anstellschritten (zu Musik im Dreiertakt) oder nach einem folgen.

## Fortlaufende Drehungen

für Fortgeschrittene

Fallen alle Anstellschritte weg, so erfolgt mit jeweils zwei Schritten eine Drehung nach der anderen, entweder auf dem ganzen Fuß oder auf dem Ballen. Im Ballett heißen sie *tour chaîné*.
Als Ausgangsposition ruht das Gewicht auf dem gebeugten linken Bein, das rechte Bein ist zur Seite in die Bewegungsrichtung gestreckt, die Arme sind seitlich in der 2. Position gehalten.
Ein Wechsel der Armpositionen gibt den Drehungen Schwung: mit Setzen des rechten Beines befinden sich die Arme in der 2. Position, mit Setzen des linken Beines werden die Arme zur 1. Position nach vorne geschossen. Der Blick bleibt auf einen entfernten Punkt in der Bewegungsrichtung gerichtet und wird während der Drehung nur kurz abgewendet.
Diese Drehungen sind nicht leicht. Im Mittelpunkt steht die Freude am Drehen.

# 4. Entwickeln und Gestalten von Tänzen

## Einführung

Im Unterricht können einerseits festgelegte Tanzformen erarbeitet werden, die vom Lehrer entwickelt wurden oder einer Tanzbeschreibung entnommen sind. Tänze oder Bestandteile von Tänzen können andererseits aus dem Unterricht hervorgehen.

Bei festgelegten Tanzformen kommt der Lehrer den Bedürfnissen der Kinder entgegen, Neues kennenzulernen, mitzumachen und nachzuahmen. Der Lehrer begegnet den Kindern mit Ideen, die er aus pädagogischen oder ästhetischen Gesichtspunkten für sinnvoll hält.

Im Erfinden eigener Tanzschritte, Bewegungen und Formen dagegen kommt der Lehrer dem Gestaltungsbedürfnis der Kinder entgegen. Die kindliche Phantasie wird angeregt. Sie merken, dass sie ernstgenommen und ihre Ideen von anderen wahrgenommen werden. Mit Hilfe differenzierter Aufgabenstellungen kann eine Fülle von Bewegungsmaterial entstehen.

Beide Wege, Vorgabe und Improvisation, ergänzen sich. Vorgaben liefern der Gruppe Bewegungsmaterial, das sich – gemischt mit eigenen Vorstellungen der Kinder – in den Improvisationen wiederfindet. Improvisation kann gerade in der Arbeit mit Kindern eine sinnvolle, lebendige und auch fruchtbare Unterrichtsform sein, da Kinder in der Regel bedeutend weniger Hemmungen beim Improvisieren haben als Erwachsene.

Improvisationen können in Form **freier Improvisation** sehr offen formuliert sein und den unmittelbaren Bedürfnissen freien Lauf lassen, z. B.: „Tanzt zur Musik, wie es euch gefällt". Zurückhaltende Kinder oder Kinder, die sich gerne in vorgegebene Situationen einfügen, können mit allzu offenen Aufgabenstellungen überfordert sein. Andere wiederum lieben diese Offenheit, in der sie ständig Neues entdecken oder auch ein und dasselbe Bedürfnis immer wieder stillen.

Im Gegensatz dazu können Aufgabenstellungen in Form **gebundener Improvisation** mehr oder weniger stark eingeschränkt sein. Eine Eingrenzung kann eine Vielfalt von Bewegungen hervorlocken und eine Auseinandersetzung mit Details eröffnen. Im Spannungsverhältnis zwischen Eingrenzung und Freiheit entfaltet sich eine Fülle von Ideen und Bewegungsmotiven, die Ausdruck menschlicher Individualität und Komplexität sind. Den unendlichen Möglichkeiten wird eine Struktur gegeben, sie erfahren eine Ordnung und Klarheit, mit der sie erst zur Geltung kommen und nach außen treten. Mit zunehmender Wahrnehmungs- und Differenzierungsfähigkeit werden auch die Bewegungsmotive immer vielschichtiger.

Während Erwachsene in der Lage sind, ungestört für sich alleine zu improvisieren und zu experimentieren und dabei gerne von anderen unbeobachtet bleiben, sind Kinder sehr viel mehr auf den Kontakt und das **Zusammenspiel mit der Gruppe** oder einem Partner angewiesen. [14] Sie erfinden und probieren Bewegungen im lebendigen Wechselspiel mit anderen. Daher sind Improvisationsaufgaben in erster Linie so organisiert, dass der Kontakt mit Partner und Gruppe unmittelbar gewährleistet ist.

Bei Einzelimprovisationen sind Kinder gerne umgeben von der Gruppe, innerhalb derer sie ihre Ideen entwickeln. Sie beobachten sich gegenseitig, greifen Motive auf, verändern sie, tanzen eine Weile mit anderen zusammen und trennen sich wieder. Sie haben das Bedürfnis, ihre Entdeckungen sogleich mitzuteilen. Auch basteln und malen lässt es sich besser in Gesellschaft als alleine im Kinderzimmer.

In einer Improvisation – ob einzeln oder in der Gruppe – stimmen sich die Kinder in ständigem Wechsel von Beobachtung, Aktion und Reaktion untereinander ab.

---

14: Eine Fülle von praktischen und methodischen Anregungen zum Thema Improvisation in der Arbeit mit Kindern und Erwachsenen findet sich in Barbara Haselbach: Improvisation Tanz Bewegung, Stuttgart 1971.

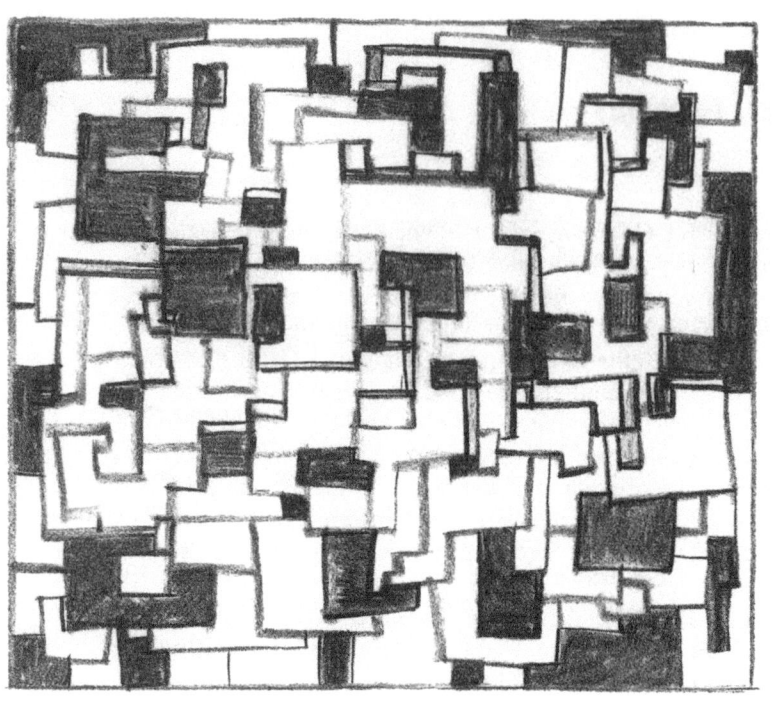

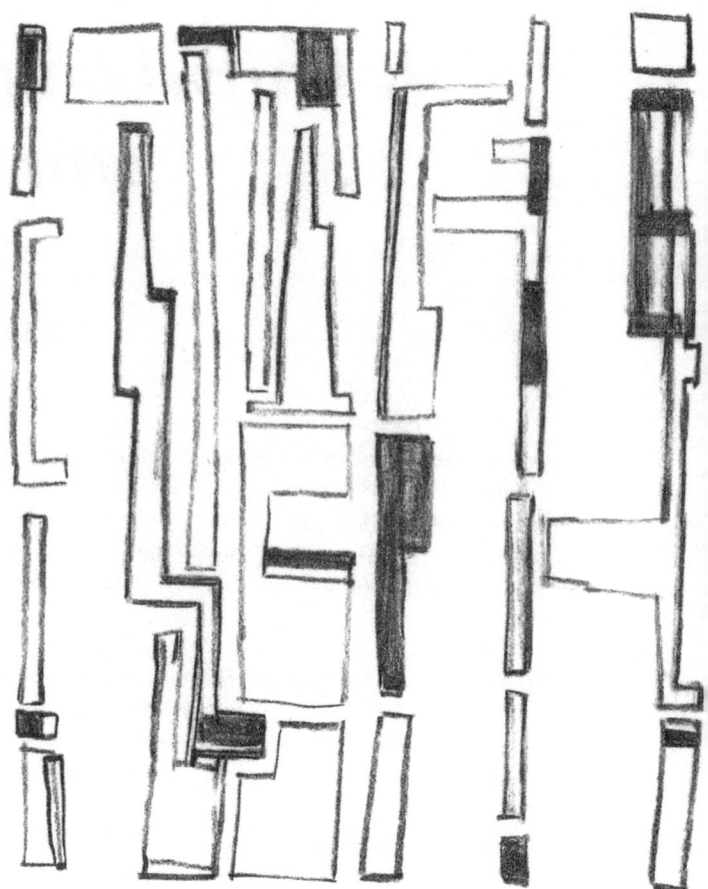

*Gestaltung einzelner Teile innerhalb eines
weitgehend festgelegten Tanzes (J. Jensen)*

*Gestaltung von Bewegungsabläufen innerhalb
einer vorgegebenen Rahmenstruktur (J. Jensen)*

*Von einzelnen Elementen zu einem Ganzen – synthetisch (J. Jensen)*

*Von einer groben Idee ins Detail – analytisch (J. Jensen)*

# *Von der Improvisation zur Gestaltung*

Die Improvisation als Weg zu einer Tanzgestaltung bringt viele Fragen mit sich. Wie entsteht aus den Ideen der Kinder ein Tanz? Wie lassen sich die Ideen mit denen des Lehrers in Einklang bringen? Wie entsteht eine Struktur, eine in sich schlüssige Gestaltung?

Die Improvisation kann einen unterschiedlichen Stellenwert in der Entstehung eines Tanzes einnehmen. Inwieweit der Lehrer einen Tanz festlegt bzw. offenlässt, hängt von verschiedenen Faktoren ab wie z. B. seinen eigenen Neigungen, vom Alter der Kinder, von kooperativen, kreativen und motorischen Fähigkeiten der Gruppe und ihren Interessen, vom gewählten Thema und von zeitlichen Faktoren. Oft kann man Kinder beobachten, die, von ihren Idolen oder einer Tanzaufführung angeregt, eigene kleine Tänze zusammenstellen. Sie gehen sehr zielgerichtet und ergebnisorientiert vor, oder aber sie improvisieren, ohne festzulegen. Eine (wenn auch nonverbale) Auswertung der Improvisation findet kaum statt und bedarf der Hilfe eines Erwachsenen. Je älter und reifer die Kinder, desto umfangreicher können sie in den Gestaltungsprozess einbezogen werden. Dabei steuert der Lehrer den Prozess, indem er Anregungen gibt, Übungen einschaltet, die neue Erfahrungen und Grundlagen bieten, Improvisationsaufgaben stellt, Ergebnisse zu Bewegungssequenzen weiterentwickelt, bei der Auswahl und Auswertung von Bewegungsmotiven hilft und mit den Kindern Gestaltungskriterien entwickelt. Die Gruppe kann in Kleingruppen eingeteilt werden, die mit unterschiedlichen Rahmenbedingungen Teile des Tanzes gestalten.

Da ein Gestaltungsprozess sehr anstregend sein kann, sollte der Ablauf des Unterrichts lebendig, vielfältig und klar strukturiert bleiben. Improvisationen wechseln mit spielerischen Aufgabenstellungen, technischen Übungen sowie Übungen, in denen sich die Kinder sammeln können, Wiederholung bereits fertiggestellter Sequenzen, Üben der sich immer deutlicher herauskristallisierenden Tanzgestaltung...

Einige Wege, über Improvisation einen Tanz zu gestalten, sollen hier angedeutet werden.[15] Dabei kann die Improvisation einen mehr oder weniger großen Anteil an der Gesamtgestaltung haben.

## Gestaltung einzelner Teile innerhalb eines weitgehend festgelegten Tanzes

Der Lehrer hat den Tanz in weiten Teilen festgelegt (z. B.: Inhalt, Raumform, Requisiten, Tanzschritte und -motive). Innerhalb dieser vorgegebenen Struktur werden noch offenstehende Teile mit Bewegungsmotiven der Kinder gestaltet.

## Gestaltung von Bewegungsabläufen innerhalb einer vorgegebenen Rahmenstruktur

Der Lehrer hat in seiner eigenen Auseinandersetzung mit der Musik unter Berücksichtigung der Fähigkeiten der Gruppe den Inhalt und die grobe Form des Tanzes festgelegt. Er soll beispielsweise unter dem Thema „Regen" stehen; mit Regenschirmen gestaltet werden; er soll räumlich freie Teile mit abgespanntem Schirm, sowie dem Zuschauer zugewandte Schrittfolgen mit aufgespanntem Schirm enthalten; darüber hinaus ist ein Partnerteil vorgesehen. Auf dieser Basis werden Improvisationsaufgaben gestellt, in denen das Bewegungsmaterial entsteht.

## Von einzelnen Elementen zu einem Ganzen (synthetisch)

Ein Tanz soll mit Pappkisten gestaltet werden. Einzelne Ideen tauchen auf und werden ausprobiert: Die Kinder bewegen sich versteckt unter den Kisten, stellen sie zu großen Skulpturen zusammen, lassen Arme, Beine und Köpfe hinter den Kisten hervorschauen, tanzen mit festgelegten Schritten um die Kisten herum, stapeln, räumen und ordnen die Kisten – und sich selber...

Die gesammelten Elemente werden schließlich zu einem möglichst sinnvoll aufgebauten Ganzen zusammengesetzt. Ausgangspunkt der Aufgabenstellungen kann die Musik, eine Geschichte, eine bildliche Gestaltung, ein Material oder eine Bewegungsidee zum Thema sein.

## Von einer groben Idee ins Detail (analytisch)

Die Musik „Volière" von Saint-Saëns soll als flatternde Vögel gestaltet werden, die ihren Flug gelegentlich unterbrechen, um sich auszuruhen. Im Laufe der Zeit wird die offene Gestaltungsidee in klaren Aufgabenstellungen differenziert: Die Vögel fliegen auf ganz bestimmte Art und Weise, nehmen Kontakt auf, haben festgelegte Orte, an denen sie sich zur Ruhe setzen, fliegen bestimmte Raumwege, beginnen der Reihe nach und enden gemeinsam.

---

15: In ihrem Buch „Die Kunst, Tänze zu machen" schildert Doris Humphrey auf lebendige Art und Weise den choreographischen Schaffensprozess auf den Modernen Tanz bezogen (Wilhelmshaven1995).

# Verschiedene Ausgangspunkte einer Improvisation

## Musik

Der Improvisation geht eine Auseinandersetzung mit der ausgewählten Musik voraus, an der je nach Gruppenstruktur die Kinder in angemessenem Ausmaß beteiligt werden. Im gemeinsamen Hören der Musik, Wahrnehmen von Struktur und Ausdrucksgehalt, entstehen Assoziationen, Bilder, Bewegungsvorstellungen, Ideen über Requisiten und Kleidung...

Aus den Ideen entwickelt der Lehrer (je nach Voraussetzungen der Gruppe auch die Kinder) Aufgabenstellungen zur Improvisation, die mit oder ohne die vorgesehene Musik stattfinden können. Dabei kristallisieren sich Bewegungsmotive, Bewegungssequenzen, Raumformen... heraus, aus denen der Lehrer schließlich eine endgültige Tanzform entwickelt. Es gibt viele Wege, wie Musik und Tanz eine Beziehung zueinander aufnehmen können.

• Je nach Stilrichtung – ob Musik aus dem Jazz-Popbereich, klassische oder zeitgenössische Musik, Volksmusik oder Musik fremder Kulturkreise – wird sich die Umgangsweise mit der Musik unterscheiden. Musik kann nach unterhaltenden oder ernsthaften Elementen verlangen, nach abstrakten oder szenischen. Unterhaltung schließt Vielschichtigkeit und Ernsthaftigkeit nicht aus – und umgekehrt.
Musik zwingt jedoch nicht zu einer bestimmten, einzig „wahren“ Art der Auseinandersetzung. Das Phänomen Musik ist so vielschichtig wie die Menschen, die sie wahrnehmen. Musik und Tanz begegnen sich an vielen Punkten, sie suchen einander, haben aber auch ihre eigenen Gesetzmäßigkeiten. Beim Gestaltungsprozess werden Entstehungszeit der Musik, gesellschaftliche Funktion, formaler Aufbau, Ausdrucksgehalt, Dynamik, Idee des Komponisten... berücksichtigt. Inhaltliche und formale Strukturen von Musik und Tanz gehen eine Beziehungen miteinander ein.
Trotz dieses zunächst angestrebten Zusammenhangs zwischen Inhalt und Form deuten verschiedene Fragestellungen auf Lösungswege hin, die jeder anders beantworten mag: Bedarf eine eher gleichförmige Popmusik auch einer gleichförmigen Gestaltung? Können einfache musikalische Strukturen eine vielschichtige tänzerische Gestaltung ermöglichen? Ist eine komplex strukturierte Musik, wie mancher Satz aus den *Vier Jahreszeiten* von Vivaldi, mit Kindern tanzbar? Können für Kinder komplizierte Teile innerhalb einer Musik unter einer Idee (z. B. einer szenischen) zusammengefasst werden? Dürfen einzelne Sätze oder Ausschnitte einer Musik herausgegriffen werden?
Es kann sehr spannend sein, in einer Art und Weise Stellung zur Musik zu beziehen, die sich anderen nicht unmittelbar aus der Musik erschließt (z. B. in Form von Kontrasten). Im Unterricht ist es jedoch sinnvoll, von einer unmittelbaren Beziehung zwischen Musik und Bewegung auszugehen.

Musik kann auch die Funktion eines Hintergrunds übernehmen und Spannungselemente und Stimmungen untermalen und verstärken, ohne als strukturgebendes Element Beachtung zu finden.

## Szenische Idee

Ausgangspunkt ist ein Thema wie z. B. Frühling oder Trolle. Angeregt durch Gespräche, bildliche Darstellungen oder Geschichten werden Ideen gesammelt, aus denen der Lehrer Aufgabenstellungen entwickelt. Eine zum Thema passende Musik wird ausgewählt. Sie kann schon zu den ersten Improvisationen hinzugenommen werden und gibt Anlass für weitere Improvisationen. Bereits ohne Musik entstandene Bewegungsabläufe werden auf die Musik übertragen, z. B.:

– Die Kinder haben das Öffnen und Schließen von Blüten dargestellt. Im Zusammenspiel mit Musik (z. B. Vivaldi: *Die Vier Jahreszeiten – Der Frühling* 2. Satz) findet sich die Bewegungsidee mit der Stimmung der Musik zusammen.
– Die Kinder haben sich als Trolle in engen Gängen unter der Erde bewegt. Im Zusammenspiel mit Musik (z. B. Grieg: *Peer Gynt Suite – In der Halle des Bergkönigs*) wird die vorher rhythmisch freie Bewegung dem Tempo der Musik angepasst.

Manchmal ist es sinnvoll, beim Tanzen von szenischen Inhalten zu Musik einen dem Kind eigenen Bewegungsrhythmus unabhängig vom musikalischen Rhythmus zu erhalten. Beispielsweise mag ein Kind die Rolle des Großvaters in *Peter und der Wolf* von Prokofieff besonders überzeugend in einem freien Bewegungsrhythmus darstellen. Der Bewegungsrhythmus des „Großvaters“ sollte sich in diesem Fall deutlich von dem der Musik absetzen.
In szenischen Improvisationen lebt so manches Kind auf, welches sich im Tanz eher zurückhaltend zeigt. Andere Kinder verlieren die Sicherheit, die ihnen der Rhythmus einer Musik gegeben hat.

## Material

Hut, Pappkarton, Stab, Tuch, Tisch, Leiter... können die Grundlage eines Tanzes bilden. Eine geeignete Musik wird gewählt, die die Kinder vorschlagen oder der Lehrer für passend hält. Nicht jede Musik eignet sich für jedes Material. Die gleitenden, gedrehten oder schwungvollen Bewegungen, die im Tanz mit Tüchern entstehen, kommen in einer akzentuierten rhythmischen Musik nicht zum Tragen.
Jedes Material fordert durch seine Beschaffenheit einen anderen Umgang und andere Bewegungen heraus. Ein Tuch dient als Verkleidung, Stühle lassen sich stapeln, Stäbe werden zu Waffen... Die Kinder passen ihre Bewegungen den Eigenschaften des Materials an. Gegenstände können Anlass zu szenischem Spiel bieten oder auch zweckentfremdet werden. Während Erwachsene mit Hilfe von Materialien leichter und ungehemmter Bewegungen erfinden und mit anderen in Kontakt treten können, haben die meisten Kinder auch ohne Material in dieser Hinsicht keine Schwierigkeiten.

# Improvisationsaufgaben

**Allgemeine Hinweise:**

– Eine anschauliche und konkrete Vorbereitung bildet die Grundlage für eine Improvisation. Sie kann mit kleinen Geschichten, bildlichen Darstellungen oder Vorstellungsbildern eingeführt werden, mit denen der Lehrer – ergänzt von Phantasien der Kinder – eine Situation oder einen Vorgang lebendig vor Augen führt. Auch das genaue Anhören und Besprechen einer Musik kann als Einführung dienen. Bei einer Improvisation mit Objekt bietet dieses meist Anregung genug zum sofortigen Einstieg.

– Einer Improvisation können Erfahrungen voranstehen, beispielsweise mit verschiedenen Tanzschritten oder mit Bewegungsmöglichkeiten der Arme, so dass den Kindern ausreichend Bewegungsmaterial zur Verfügung steht.

– Lange Improvisationen sind für Kinder ermüdend. Beim Beobachten lässt sich leicht feststellen, ob sich die Kinder noch konzentrieren können. Wechselnde Anregungen erhöhen die Aufmerksamkeit.

– Die gewählten Improvisationsstrukturen und -inhalte sollten dem Alter der Kinder angemessen sein. Eine Improvisation zum Thema „Schatten" (siehe *Aufgaben*, S. 94 und 95) beispielsweise ist für kleinere Kinder weniger geeignet, da sie sich nicht gegenseitig sehen können. Mit zunehmendem Alter können die Aufgabenstellungen auf immer differenziertere Bewegungen ausgerichtet sein. Unsichere und gehemmte Kinder erfahren durch klar umgrenzte Aufgabenstellungen eine Hilfe. Je nach Alter, sozialer Reife und Konzentrationsfähigkeit kann der Lehrer anregend und koordinierend helfen.

– Das Thema der Improvisation steht im Zusammenhang zur ausgewählten Musik. Sie kann geeignet sein für metrisch gebundene oder freie Bewegungsabläufe, für Tanzschritte aus dem Volkstanz, für von Armen oder Beinen geführte Bewegungen, für szenische Elemente oder Elemente aus dem Showtanz...

– Die Verwendung von Requisiten und Kleidung im Tanz sollte möglichst früh bedacht werden, da sie einen Tanz auf interessante Art beeinflussen können, z. B.: Spielzeugpistolen für Cowboys; umgebundene Tücher, die innerhalb eines Tanzes als Kleidungsstück oder als Material dienen können; von Mädchen getragene Röcke, die zu Drehteilen herausfordern und Beinbewegungen verdecken; kurze Hosen und ärmellose Oberteile, die Arm- und Beinbewegungen betonen.

Bei den folgenden Improvisationsaufgaben handelt es sich um Aufgabenstellungen, die in unterschiedlichen thematischen Zusammenhängen angewendet werden können. Sie können wahlweise ohne und mit Musik ausgeführt werden. Ohne Musik entwickeln die Kinder Ideen, ohne von vorgegebenem Ausdruck und Tempo beeinflusst zu werden. Die Aufmerksamkeit ist intensiver auf das Geschehen gerichtet. Musik dagegen kann unsicheren und gehemmten Kindern eine Orientierung geben. Mit Musik wird die Bewegung zeitlich gegliedert, so dass sich Ergebnisse aus der Improvisation ohne Veränderung von Tempo und Rhythmus in einer Tanzgestaltung wiederfinden können. Musik kann jedoch auch Bewegungsklischees hervorlocken, die gewollt oder ungewollt sein mögen. Die Musik wirkt sich nicht immer sichtbar auf die Bewegung aus. Wie bei zwei spielenden Kindern gehen Musik und Improvisation ein Stück gemeinsam oder laufen nebeneinander her. Bei Gelegenheit lenkt der Lehrer die Aufmerksamkeit auf musikalische Prozesse.

In allen Aufgabenstellungen beobachtet der Lehrer die Kinder genau, merkt sich interessante Motive und gibt einzelnen Kindern oder der ganzen Gruppe Anregungen, die Ideen weiterzuentwickeln. Er hilft, wenn Streit aufkommt, Ideen fehlen, keine Beziehung untereinander entsteht...

## Aufgaben

### Frei zur Musik tanzen

Die Kinder tanzen zur Musik, wie es ihnen gefällt. Die Musik sollte lebendig und bewegungsanregend sein, so dass die Offenheit der Aufgabenstellung möglichst wenig Unsicherheit auslöst.

Die Aufgabe, frei zu tanzen, regt meistens zu verschiedenen Fortbewegungsarten an: Gehen, Laufen, Springen, Hüpfen, Galoppieren oder Drehen. Je nach Vorerfahrung werden bekannte Tanzschritte, Bewegungsmotive oder szenische Elemente aufgenommen.

### Bewegungen anderer Kinder imitieren

Während des freien Tanzens nennt der Lehrer ein Kind, dessen Bewegungen interessant sind, besonders gut zur Musik passen oder ein Kind, das gerade eine besondere Aufmerksamkeit verdient hat. „Alle tanzen so wie Janine!" Haben die Kinder eine Weile Janines Bewegungen imitiert, tanzen sie wieder frei umher, bis ein anderes Kind genannt wird.

Hier können auch Jungen zur Geltung kommen, die das Tanzen veralbern und dabei versehentlich besonders interessante Bewegungen erfinden.

## Variation I: Schattentanzen

Die Kinder tanzen frei zur Musik. Einzelne tanzen imitierend als Schatten anderen hinterher, um schließlich mit eigenen Schritten wieder alleine zu tanzen. So bilden sich immer wieder neue Paare, Gruppen und Schlangen.

## Variation II: Dem „Kopf" hinterher

Je nach Gruppenstärke bilden ein oder mehrere Kinder den Kopf einer Schlange, die anderen stehen dahinter. Der „Kopf" führt die Schlange mit einer Bewegung durch den Raum, die von der Schlange imitiert wird. Auf ein Zeichen des Lehrers schließt sich der „Kopf" hinten an die Schlange an, so dass die Führung wechselt.

Darf der „Kopf" auch mehrere Bewegungen nacheinander zeigen, dürfen diese nicht zu schnell gewechselt werden, damit die Schlange sie aufgreifen kann.

## Variation III: Der Solist in der Mitte

Ein Kind, das gerne eine Idee vorführen möchte, stellt sich in die durch Reifen oder Seil markierte Mitte des Raumes und wird von allen imitiert, bis es seinen Platz verlässt und ein anderes Kind in die Mitte tritt (nur möglich bei Bewegungen am Platz).

## Improvisation in Rondoform

Der A-Teil einer Musik wird mit einer festgelegten Bewegungsfolge im Kreis getanzt. Zum B-Teil tanzen wenige Kinder alleine in der Kreismitte. Zugunsten eines reibungslosen Ablaufs wird die Reihenfolge vorher festgelegt.

Sollen die Bewegungen des Solisten von der Gruppe imitiert werden, stehen die Kinder im Halbkreis. Zum B-Teil stellt sich der „Solist" vor die Gruppe und tanzt eine sich wiederholende Folge von Bewegungen, die von allen aufgegriffen werden.

## Erste Differenzierungen

Der freie Tanz wird durch Vorgaben eingegrenzt:

- Dreht euch beim Tanzen.
- Bewegt euch rückwärts.
- Tanzt zu zweit, zu dritt, alleine...
- Tanzt im schnellen/langsamen Rhythmus zur Musik, aber immer so, dass der Tanz zur Musik passt.
- Probiert große, weite Bewegungen, für die ihr viel Platz benötigt und ganz feine, kleine.
- Findet ganz langsame Bewegungen oder ganz schnelle.
- Macht kleine Pausen zwischen den Bewegungen.
- Tanzt am Platz, ohne die Arme zu verwenden.
- Bewegt nur die Beine/die Arme.
- Wie können die Arme mittanzen?
- Wohin geht der Blick?

## Erst hören – dann tanzen

Im freien Tanz ist die Aufmerksamkeit der Kinder auf die eigene Bewegung gerichtet. Einige beobachten die anderen, um Bewegungsideen aufzunehmen oder sich zum gemeinsamen Tanz zusammenzufinden. Die Musik inspiriert die Kinder, ohne dass ihr besondere Aufmerksamkeit gewidmet wird. An eine erste Improvisationsphase schließt sich das Hören der Musik an. Dabei eignet sich vor allem Musik, der eine Geschichte, ein Ereignis oder ein Bild zugrunde liegt (z. B.: *Peer Gynt Suite* von Grieg, *Karneval der Tiere* von Saint-Saëns, *Bilder einer Ausstellung* von Mussorksky/Ravel, *Die Vier Jahreszeiten* von Vivaldi, *Der Nußknacker* von Tschaikowsky).

Die Kinder äußern ihre eigenen Gedanken zur Musik. Schließlich berichtet der Lehrer über Inhalt und Ereignisse, von denen die Musik erzählt.

Beim Hören der Musik darf niemand sprechen, damit alle genau zuhören können. Die Kinder merken sich ihre Ideen, ohne sie vorzeitig zu verraten. Eventuell unterbricht der Lehrer die Musik an geeigneten Stellen (z. B. wenn sich der Inhalt ändert), um den Kindern die Möglichkeit zum Austausch der Ideen zu geben. Die Dauer der Hörabschnitte richtet sich nach dem Alter der Kinder.

An die Hörphase schließt sich eine zweite Improvisationsphase mit veränderter Aufgabenstellung an.

Zu einem späteren Zeitpunkt kann das Hören wiederholt werden, um noch mehr Details der Musik wahrnehmen zu können.

## Spiegel

Wenn wir uns vor einem Spiegel waschen, kämmen oder den Sitz eines neuen Pullovers probieren, können wir im Spiegel ohne zeitliche Verzögerung genau unsere Bewegungen verfolgen.

Zwei Kinder stehen voreinander, eines ist der Akteur, das andere der Spiegel. Je nach thematischem Zusammenhang kann die Improvisation verschiedene Aspekte beinhalten: Hand-, Arm- oder Beinbewegungen, Bewegungen am Platz, im Raum, am Boden, zum Thema Körperformen, Raumwege, Tempounterschiede...
Nach einer Weile wechseln die Rollen.
„Wann könnt ihr Bewegungen leicht mitmachen, wann ist es schwer oder unmöglich?" Kriterien werden gesammelt, die

den Kindern helfen, ihre Improvisation zu planen, z. B.: Langsame Bewegungen können direkt imitiert werden. Schnelle beispielsweise dann, wenn sie in regelmäßigem Tempo wiederholt oder durch ein accelerando vorbereitet werden. Wird der Blick abgewendet, können sich die Partner nicht mehr sehen. Je älter die Kinder, desto genauer wird auf zeitgleiche Spiegelung, gute Beobachtung und präzise Ausführung geachtet.

Bei dieser Improvisationsform können zurückhaltende Kinder Ideen entwickeln und ein Selbstwertgefühl erleben, ohne von der gesamten Gruppe beobachtet zu werden. Zwei grundlegende Bedürfnisse der Kinder werden in einer Aufgabenstellung vereint: Nachahmen und Mitmachen auf der einen Seite – Erfinden und im Vordergrund stehen auf der anderen.

Spiegelimprovisationen können auch mit einem Kind vor der gesamten Gruppe durchgeführt werden. Dabei ist es für einzelne Kinder schwerer, sich zu konzentrieren, da sie in der Gruppe untergehen. Andererseits kann eine interessante räumliche Wirkung erzielt werden.

## Schatten

Im Licht einer Kerze (oder unter einer Lampe) beobachten die Kinder den Schatten ihrer Hände. Der Schatten verfolgt die Bewegungen in gewissem Abstand, der sich je nach Winkel zur Lichtquelle verändert.
Die Kinder stellen paarweise diese Schattensituation dar: A führt mit Bewegungen am Platz und im Raum, B verfolgt A. Die Improvisation kann mit Inhalten verbunden werden, z. B.: ein Räuber in der Nacht auf Diebeszug.

Sobald das anführende Kind seinen Blick nach hinten wendet, hat der „Schatten" den Kontakt zum anführenden Kind verloren, da er ebenfalls den Blick nach hinten wenden muß. Diese Situation gibt Anlass zum Rollenwechsel.
Schattenimprovisationen sind eher für ältere Kinder geeignet, da die Kinder voneinander abgewendet sind und keinen Blickkontakt haben.

## Echo

Zwei Kinder stehen einander gegenüber, eines von beiden (A) ist der Akteur, der andere (B) wiederholt die Bewegungen wie ein Echo. A führt eine Bewegung vor (frei gewählt oder zu Themen wie Arm- oder Beinbewegungen, Bewegungsmöglichkeiten der Gelenke, Bewegung am Platz/im Raum...). Sobald A innehält, wiederholt B die Bewegung. Anfangs sind die Bewegungen kurz, später etwas komplexer. Wichtig ist die Pause zwischen Bewegung und Echo.

## Frage – Antwort

für ältere Kinder

Wird in einem Gespräch zwischen zwei Personen eine Frage gestellt, so steht die Antwort in einer Beziehung zur Frage. Lehrer und Kinder spielen einführend eine solche Gesprächssituation mit vielen Fragen und Antworten.
Zwei Kinder sprechen nun nicht mit Worten, sondern mit Gesten und abstrakten Bewegungsmotiven miteinander. Die „Antwort" stellt eine Beziehung zur Vorgabe her, indem sie gewisse Elemente aufgreift, andere verändert oder mit einer bestimmten Stimmung reagiert. Jüngere Kinder beziehen sich intuitiv auf die „Frage", ältere können die „Antwort" nach vorher erarbeiteten Kriterien bewusst gestalten.

*Frage – Antwort*

## Kontraste

für ältere Kinder

Im „Zwiegespräch" reagiert B mit einer entgegengesetzten Bewegung. Kontraste können sich auf einzelnen oder mehreren Ebenen zeigen, indem nur einzelne Parameter (z. B. das Tempo) oder mehrere gleichzeitig (z. B.: Tempo, Raumrichtung und Weite) verändert werden.

Voraussetzung ist, dass die Kinder Bewegungen beobachten und möglichst genau imitieren können. Motive können z. B.:

- sehr viel größer und weiter ausgeführt werden
- oder ganz klein und eng
- in eine andere Richtung gehen
- beschleunigt oder verlangsamt werden
- mit einem Raumweg verbunden werden
- mit anderer Dynamik wiederholt werden
- eine beliebige Veränderung erfahren, was sicher die größte Herausforderung darstellt

Die Art der Reaktion ist vorgegeben oder bleibt den Kindern überlassen. Je nach Voraussetzung und Vorerfahrung können die vielschichtigen Möglichkeiten besprochen werden, die einen Kontrast ermöglichen.

### Aufstellung im Raum

Die Kinder stehen am Rand des Raumes. Ein Kind beginnt, indem es sich in einer bestimmten Haltung in den Raum stellt. Ein zweites kommt mit einer passenden, spannenden oder lustigen Haltung hinzu..., bis alle im Spiel sind. Der Ablauf erfolgt schnell, damit die ersten nicht so lange warten müssen. Die Kinder kommen der Reihe nach, oder sie wählen die Reihenfolge spontan, indem immer dasjenige Kind auftritt, dem gerade etwas Passendes einfällt.

Haben sich alle Kinder aufgestellt, kann das Spiel von vorne beginnen: Ein Kind löst sich aus der Gruppe und nimmt an einem anderen Ort eine neue Position ein. Nach und nach folgen die anderen.

Die Aufgabe kann in verschiedenen thematischen Zusammenhängen stehen (mit Hüten oder Stühlen, als Schaufensterpuppen...).

• Ob es allen gelingt zu warten, bis alle Kinder im Spiel sind? Ein Modell muss für einen Maler oft viele Stunden – natürlich mit kleinen Pausen – stillsitzen. In einer großen Gruppe nimmt nur ein Teil der Kinder an der Aufstellung teil, die anderen beobachten oder führen dieselbe Aufgabe an einem anderen Ort im Raum durch.

Mit älteren Kindern können Gesichtspunkte gesammelt werden, nach denen eine Beziehung zueinander hergestellt werden kann (Haltungen wiederholen, gegenüberstellen, verschiedene Raumebenen, Blickkontakt, zu- und abwenden, eng beieinander und weiter entfernt...).

### Körperhaltungen

Die Kinder finden (aus dem freien Tanzen heraus oder in einer Partnerimprovisation) Körperhaltun-

*Kontraste*

96

_Aufstellung im Raum_

gen zu einem Thema: mit Hut, am Stuhl, ein Ausdruck wie listig oder zornig, ein abstrakter Inhalt wie Richtungen oder Körperformen. Interessante Haltungen werden zu einer Sequenz zusammengestellt. Sie können auf unterschiedliche Weise miteinander verbunden werden:

– in jeder Haltung verharren, bevor die nächste ganz plötzlich eingenommen wird
– langsam und fließend von einer Haltung zur nächsten
– sich mit einer Haltung im Raum oder am Platz bewegen (z. B. in einer gebückten Haltung vorwärtstrotten)

## Kofferpacken

In dem bekannten Kinderspiel „Kofferpacken" denkt sich jeder Spieler einen Gegenstand, den er gerne in seinem Koffer mitnehmen möchte. Reihum werden die Gegenstände benannt, wobei aber alle vorher aufgeführten Gegenstände wiederholt werden müssen, bevor der eigene genannt werden kann, so dass immer mehr Gegenstände ins Spiel kommen.

Hier werden nun nicht Gegenstände, sondern Bewegungen gesammelt. Nachdem jedes Kind eine interessante Bewegung gefunden hat, werden sie wie beim Spiel „Kofferpacken" gesammelt, also Schritt für Schritt aneinandergereiht.

Auf dieser Grundlage kann eine Bewegungsfolge innerhalb eines Tanzes entstehen, wobei der Lehrer die Ideen der Kinder gegebenenfalls ausarbeitet und in einer sinnvollen Reihenfolge ordnet.

## Erfinden und Festlegen von Bewegungsabläufen mit Partner

Ältere Kinder können kleine Bewegungsabläufe selbständig planen. Dabei werden anfangs kleine Motive erfunden, die wiederholt werden, später auch komplexere Folgen.

Der Lehrer spielt gelegentlich Musik ein, der die Motive später zugeordnet werden. Es kann sich um einen bestimmten Abschnitt handeln, der sich von anderen Musikteilen unterscheidet – oder aber er spielt die ganze Musik ab, wenn sie sich in ihrem Verlauf nicht wesentlich ändert und es daher gleich ist, auf welchen Musikabschnitt die Ideen der Kinder später übertragen werden.

# *Auswertung und Ausarbeitung*

Soll eine Improvisation weiterverfolgt werden, um Ergebnisse für einen Tanz festzuhalten, findet eine Auswertung statt.

Bei jüngeren Kindern wertet der Lehrer aus. Die Kinder dürfen (einzeln oder paarweise) gefundene Bewegungen vorführen, die dann von der ganzen Gruppe imitiert werden. Der Lehrer greift Bewegungsmotive für den Tanz auf und verfeinert sie.

Ältere Kinder können an der Auswertung beteiligt werden. Sie sind bis zu einem gewissen Grad daran interessiert, Bewegungen auszuarbeiten und Beurteilungskriterien zu entwickeln. Dabei legen sie größeren Wert auf die Ergebnisse der Improvisation als auf den Prozess[16]. Probleme, dass Peter immer nur Quatsch gemacht hat, Ruth gar nicht richtig geguckt hat oder Joachim ständig im Mittelpunkt stehen wollte, können sinnvoller während einer Improvisation gelöst werden als in einer verbalen Reflexion. Aufkommende Unruhe, Streit oder Gehemmtheit geben Hinweise darauf, ob die Kinder in ihrer Entscheidungsfähigkeit überfordert sind und können durch neue Aufgabenstellungen in lebendiges Schaffen gewandelt werden. Je nach Unterrichtssituation kann der Lehrer:

– bei einzelnen helfend eingreifen
– einen Weg zeigen, alleine weiterzuarbeiten
– die Improvisation sinnvoll zu einem frühzeitigen Ende führen
– die offene Aufgabenstellung umlenken in einen geregelten Ablauf (Die Improvisation wird abgebrochen, der Lehrer sammelt die Kinder um sich, um mit klar ungrenzten Regeln, mit Vorstellungsbildern oder durch Hinzunahme einer Musik eine Orientierung zu geben.)

Bei der Auswahl von Ergebnissen sind Besprechen und praktisches Üben eng miteinander verknüpft. Einzelne Kinder führen ihre Ideen vor, die von allen unter verschiedenen Aspekten betrachtet werden:

– Was ist interessant, was gefällt euch an der Bewegung?
– Warum gefällt sie euch?
– Wie könnte sie noch spannender, genauer, deutlicher... werden?
– Wie ist das Zusammenspiel innerhalb der Gruppe (bei Gruppenimprovisationen)?

An die Auswertung kann eine Ausarbeitung anschließen, in der die Kinder unter den herausgearbeiteten Aspekten Bewegungsabläufe festlegen und sich gegenseitig präsentieren. Interessante Ideen werden herausgegriffen, mit der Gruppe geübt und im Hinblick auf den Tanz vom Lehrer ausgearbeitet. In der Arbeit mit älteren Kindern können also mehrere aufeinander aufbauende methodische Schritte erfolgen:

*Einführung – Improvisation – Auswertung –
Ausarbeitung – Präsentation*

Dauer und Ausprägung der einzelnen Schritte hängen von verschiedenen Faktoren ab, z. B.: eindeutiger Steuerung des Lehrers, Spannung und Klarheit der Aufgabenstellungen, Aufbau einzelner Lernschritte, Konzentrationsfähigkeit und sozialen Fähigkeiten der Kinder...

Der Weg der Improvisation sollte nur so lange verfolgt werden, wie eine produktive Arbeit möglich ist. Bei andauernder Unruhe können die Kinder schnell die Lust am eigenen Entdecken und Gestalten verlieren.

# *Gestaltungskriterien*

Der Tanz eines Tänzers, der über eine Stunde konsequent eine Bewegungsidee verfolgt, kann außerordentlich faszinierend sein – schnelle gehetzte Klänge erfahren eine besondere Kraft, wenn der Tanz nicht die Aussage der Musik mit einer ebenfalls schnellen Bewegung wiederholt.

Für Kinder gelten in der Regel jedoch andere Kriterien als für Erwachsene. Ein Tanz wird lebendig in einer abwechslungsreichen Gestaltung. Er steht in enger Verbindung zur Musik. Verschiedene Faktoren prägen den Charakter eines Tanzes. Jede Bewegung hat eine räumliche Wirkung, erfolgt in einer bestimmten Zeit und mit einer bestimmten Kraft, die ihre Dynamik prägt. Diese drei wesentlichen Faktoren tänzerischer (und auch alltäglicher) Bewe-

gung können zu unendlich vielen Abfolgen variiert werden.

Der Faktor Zeit (Tempo und Rhythmus) wird sehr stark von der gewählten Musik geprägt. Die dynamische[17] und vor allem die räumliche Gestaltung unterliegen weit mehr subjektiven Empfindungen und ästhetischen Vorstellungen als der Faktor Zeit.

Beim Entwerfen eines Tanzes kann die Analyse bzw. der Aufbau der geplanten Gesamtstruktur und einzelner Bewegungselemente nach diesen Gestaltungskriterien hilfreich sein. Dabei wird das Zusammenwirken einzelner Elemente innerhalb der Gesamtstruktur untersucht. Die im folgenden aufgeführten Gestaltungsmittel gelten für Bewegungen am Platz und im Raum.

---

16: Die Reflexion des Improvisationsprozesses kann je nach Zielsetzung in der Arbeit mit Jugendlichen und Erwachsenen einen höheren Stellenwert einnehmen.

17: Ob eine große Lautstärke kraftvolle Bewegungen mit sich bringt, ist maßgeblich mitbestimmt von Tempo, Rhythmus, Klangfarbe und Tonhöhe der Musik.

| Raum | Zeit | Dynamik |
|---|---|---|
| – Raumrichtungen: sechs Hauptrichtungen (vor-rück, hoch-tief, rechts-links) und die Diagonalen<br>– Körperebenen: frontal, horizontal, sagittal<br>– Raumebenen: hoch, mittel, tief<br>– geradlinig, kurvig<br>– eng, weit<br>– Raumformen und Gruppierungen: Kreis, Linie, Spirale, Schlange, Gasse, Anordnung in Paaren, Gruppen, vereinzelt... | – Tempo: schnell, langsam<br>– accelerando, ritardando (Beschleunigung, Verlangsamung)<br>– metrisch (gleichmäßig), ametrisch (ungleichmäßig), d. h. abhängig bzw. unabhängig von Takt und gleichbleibendem Grundschlag<br>– Rhythmus, d. h. Gestaltung eines zeitlichen Ablaufs mit Längen, Kürzen, betonten und unbetonten Zeiten<br>– Bewegungsfluss: fließende und unterbrochene Bewegung (im musikalischen Sinne Artikulation: legato, staccato) | – unterschiedlicher Krafteinsatz<br>– gespannt, gelöst<br>– zunehmende und abnehmende Spannung<br>– Akzente |

Durch die Ausformung dieser Faktoren entstehen verschiedene Grundformen der Bewegung, wie Fortbewegungsarten, Tanzschritte, Bewegungen am Platz, Körperformen, Drehungen, Sprünge, Schwungbewegungen... Das Zusammenwirken dieser drei Faktoren prägt Ausdruck und Gestalt einer Bewegung – die Form.

Dem Begriff *Form* im Sinne einer gestalteten Bewegung steht der Begriff der gesamten *Form* des Tanzes gegenüber. Sie ist von der musikalischen Form, also ihrer Untergliederung in einzelne Teile, geprägt. Vor allem in Volks- und Kindertänzen verlaufen tänzerische und musikalische Form weitgehend parallel. Bei komplizierten, schnell aufeinanderfolgenden oder auch bei einfachen musikalischen Strukturen können:

– mehrere musikalische Abschnitte im Tanz sinnvoll zusammengefasst werden, z. B. wenn die accelerierenden Teile aus *In der Halle des Bergkönigs* zu einem Laufteil werden
– musikalische Teile im Tanz untergliedert werden, z. B. wenn zu einer formal einfach gestalteten Musik aus dem Pop-Bereich eine differenzierte Tanzgestaltung entwickelt wird

## Form

Verschiedene Formelemente fügen sich im Tanz zu einem Ganzen zusammen. Die Form wird bestimmt von:

| Material | Gliederung | Inhalt |
|---|---|---|
| d. h. dem Umgang mit räumlichen, zeitlichen und dynamischen Faktoren (siehe obenstehende Tabelle)<br>Dabei tritt im Tanz besonders der Faktor Raum als formgebend hervor. | *Bezogen auf die Gliederung einzelner Teile:* Wiederholung von Motiven und Teilen, Variation, wiederkehrende Bewegungsthemen, Einleitung und Schluss, Übergänge, Weiterführung, Steigerung, Auflösung von Motiven, Reihung...<br>*Bezogen auf die Gliederung der Gesamtstruktur:* dreiteilige Form (ABA), Barform (AAB), Gegenbarform (ABB), Rondoform (ABACADA...), erzählende Form (bei handlungsorientierten Tänzen), Suitenform (Zusammenstellung einzelner Tänze zu einer Gesamtform), collagenartige Gestaltung... | Idee oder Motivation des Tanzes, die im Verlauf des Tanzes eine Entwicklung oder unterschiedliche Sichtweise erfährt |

# Stichworte zum Aufbau eines Tanzes

– Die einzelnen Teile stehen in einem **Spannungsverhältnis** zueinander (bezüglich Bewegungsrichtungen, Haltungen, Raumwegen, Raumformen, Tempi...)
– Vor allem eine abwechslungsreiche **räumliche Gestaltung** macht einen Tanz lebendig und interessant. Teile im Stand wechseln mit Teilen am Boden (sofern sie vom Zuschauer gesehen werden können); Fortbewegung mit Bewegung am Platz; enge Gruppierungen mit weiten, die den ganzen Raum nutzen...
– Jüngere Kinder sind einander zugewandt, die **Perpektive des Zuschauers** ist sekundär (z. B. Kreisformen, Gasse, Schlange, Polonaise o. ä.).

99

- Bei älteren Kindern können Tänze je nach Tanzform auch auf die Zuschauerperspektive hin gestaltet werden. Dabei wird eine für Zuschauer interessante Perspektive von Haltungen, Raumformen, Bewegungsmotiven gewählt.
- Möglichst alle Kinder sollten sichtbar sein.
- Symmetrische Haltungen und Bewegungen tendieren zu Ruhe und Ausgeglichenheit, asymmetrische erzeugen Spannung. Symmetrie wird bei jüngeren Kindern von vorrangiger Bedeutung sein, die bewusste Gestaltung mit **Symmetrie und Asymmetrie** bei älteren.
- Die **Wirkung von Bewegungen** ändert sich bei unterschiedlicher räumlicher Plazierung: vorne, hinten, an den Seiten, in der Mitte, mit dem Rücken zum Zuschauer, von einer Seite zur anderen bewegt ... (Abb.).
- Erfundene Bewegungsabläufe werden räumlich so angeordnet, dass das Wesentliche der Motive von der **Zuschauerperspektive** aus zum Tragen kommt (paarweise, als Block, in einer Reihe, in einer Sitzhaltung...).
- Gegebenenfalls verändert der Lehrer die Bewegungsmotive der Kinder, um ihre tragenden Merkmale zu verstärken: Blickrichtung, Handhaltung, Bewegungsgröße, Tempo, Bewegungsrhythmus (z. B.: 2-mal langsam, 4-mal schnell)...

- **Bewegte und ruhige Phasen** wechseln einander ab.
- Im Hinblick auf eine Aufführung sollten die **Gestaltungselemente** möglichst genau, deutlich und übertrieben sein, z. B.: klare Raumformen, genaues Bewegungstempo, weite Armbewegungen, klare Körperformen, Gleichzeitigkeit in der Gruppe, deutlicher Einsatz der Bewegungen...
- Eine schnelle Musik zwingt nicht zu ausschließlich schnellen Bewegungen. Plötzliche Stille innerhalb einer schnellen Musik lässt das hohe Tempo besonders hervortreten. Schnelle Bewegungen werden im Kontrast mit **Ruhe** betont.
- **Akzente** erhöhen die Spannung (durch plötzliche Stille, Bewegungsimpulse, unvermutete Wendungen...)
- **Beginn und Schluss** des Tanzes sind für seine Wirkung von besonderer Bedeutung.
  Kinder beenden einen Tanz gerne mit einem lebendigen oder auch lustigen Teil. Soll auf einem Fest in erster Linie ein langsamer Tanz präsentiert werden, kann eventuell ein kleiner schneller Nachtanz anschließen.
- Manche Bewegungen behalten eine besondere Eigentümlichkeit und Kraft, wenn sie **improvisiert** getanzt und nicht ganz festgelegt werden. Räumliche Organisation und Improvisationsform geben dem freien Teil einen Rahmen (z. B. mit großen ausgreifenden Armbewegungen den Raum ausnutzend herumgehen; Spiegelimprovisation zum Thema Ausdehnen und Zusammenziehen; eilig und schnell um andere herumgehen).
- Die **Kleidung** sollte frühzeitig einbezogen werden, da sie die Bewegung selbst und ihre Wirkung beeinflussen kann. Ein Rock beispielsweise verdeckt die Beine, kann gehalten werden oder sich im Tanz mitdrehen.

*Wirkung von Bewegungen bei unterschiedlicher räumlicher Platzierung*

# Methodische Hinweise
# zum Einstudieren eines Tanzes

Das Erarbeiten eines Tanzes soll die Kinder motivieren und ihr Interesse wecken. Ist die Phase des Einstudierens abgeschlossen, sollte der Tanz gelegentlich wiederholt werden, solange die Kinder mit Freude an dem Neugelernten dabei sind.

Einfache Tänze können spontan als Ganzes eingeführt werden. Am Ende einer Unterrichtsstunde bilden sie beispielsweise einen schönen gemeinsamen Ausklang.

Komplexere Tänze können in einzelne Schritte zerlegt werden, die aus ganz unterschiedlichen Perspektiven den entstehenden Tanz beleuchten: die räumliche Aufstellung, einzelne Bewegungsmotive, Schrittarten, Tanzfiguren, Anfang und Ende... Später werden sie wieder zusammengesetzt, und so kristallisiert sich im Laufe der Zeit spielerisch und fast unbemerkt die endgültige Tanzform heraus.

Eine Methode, bei der ein Tanz in ständiger Wiederholung Takt für Takt erarbeitet wird, ist ebenso ermüdend wie unablässiges Improvisieren. Die Kinder werden dabei auf die immer gleiche Art beansprucht und verlieren schnell die Freude.

Die **räumliche Gestaltung** des Tanzes und einzelner Teile kann unabhängig von ihren Bewegungsmotiven geübt werden:

– In spielerischen Aufgabenstellungen wird die genaue Ausführung einzelner Raumformen und -wege vorbereitet: Kreise, die sich wie ein Luftballon verkleinern und vergrößern; zwei Reihen, die sich zu lauter und leiser werdenden Klängen annähern und entfernen, ohne „Beulen" zu bekommen.

– Im Wechsel mit freien Bewegungsteilen nehmen die Kinder auf Zuruf bestimmte Raumformen ein (Gasse, Flankenkreis...), üben Tanzfiguren (Mühle, Handtour...) und gehen Raumwege (Geraden, Spiralen...).

– Aufstellungen und Raumwege des Tanzes werden losgelöst vom Inhalt geübt – wie ein Stadtbummel mit verschiedenen Wegen und Orten, an denen Menschen zusammentreffen und sich trennen. Die Kinder gehen die Raumwege ohne Musik. Später kommt die Musik hinzu oder auch eine einfache Begleitung, die den zeitlichen Ablauf der Musik wiedergibt. Dadurch erleben die Kinder die Zuordnung zu den Teilen und die zeitliche Dauer der Wege und Figuren.

– Schwierige Raumwege und Stellungen werden abgeklebt oder mit Kreide aufgemalt, bis sie auch ohne optische Hilfe nur durch Wahrnehmen

der Gruppe im Raum gefunden werden. Bei einer Aufführung werden gegebenenfalls wichtige Orte mit Klebeband markiert. Soweit möglich sollte auf Markierungen verzichtet werden, damit sich die Kinder gegenseitig wahrnehmen.

– Tänze, die auf eine Zuschauerperspektive hin ausgerichtet sind, sollten möglichst lange in Kreisform geübt werden, um den Kontakt der Gruppe untereinander zu erhalten.

– Ältere Grundschulkinder können sich die Abfolge mit Hilfe von Tanzzeichnungen einprägen. Auf mehreren Blättern sind Aufstellungen und Raumwege mit Symbolen aufgezeichnet (wie bei den Tanzbeschreibungen im Kapitel 5), die von den Kindern beschrieben und in die richtige Reihenfolge gelegt werden.

Das bewusste **Hören der Musik** verhilft der Gruppe zum selbständigen Tanzen, ohne auf die Hilfe des Lehrers angewiesen zu sein. Die Kinder unterscheiden musikalische Teile, erkennen Wiederholungen, nehmen die Instrumentierung und charakteristische Eigenschaften einzelner Abschnitte wahr. In Übungen zur Phrasierung lernen sie, die Dauer von Bewegungsmotiven der Länge eines musikalischen Abschnittes anzupassen, indem sie das Ende eines Abschnittes antizipieren (Übungsbeispiele: am Ende eines Teils zum Ausgangspunkt zurückgekehrt sein, eine bestimmte Raumform einnehmen, sich mit einem Partner zusammenfinden, in die Hände klatschen, auf den Boden legen..., siehe auch _Phrasierung_, S.28).

Zu einem späteren Zeitpunkt kann beim Hören die Gestaltung mit Armgesten (auf dem Boden tanzende Hände) angedeutet werden.

Zur **Festigung des Gesamtablaufs** erhalten einzelne Bewegungssequenzen, Aufstellungen, Teile des Tanzes... einen Namen, so dass sich die Kinder durch Zuruf an den weiteren Verlauf erinnern können. Bei jüngeren Kindern helfen kleine Geschichten, sofern sie für den aktuellen Tanz sinnvoll sind, z. B.: die Hexen erscheinen auf dem Blocksberg, versammeln sich um das Lagerfeuer, tanzen wild umher und bilden ein Dach mit ihren Besen, um sich vor dem Regen zu schützen – oder: der Wind wirbelt die „Blätter" durcheinander, weht sie zu einem Blätterhaufen zusammen, jagt eines nach dem anderen davon.

Auch als Zirkusnummern können einzelne Elemente geübt werden. Der Lehrer (ein Kind) spielt den Zirkusdirektor. Er kündigt den Titel der folgenden

Nummer an (ein erarbeiteter Abschnitt des Tanzes), die dann von den Kindern dargestellt wird. Die „Zirkusnummern" können mit oder ohne musikalische Begleitung präsentiert werden. Eine Zwischenmusik der Zirkuskapelle (improvisiert oder von Band) gestaltet die Übergänge von einer Nummer zur anderen, während die Kinder am Rande stehen und abwarten oder frei zur Musik tanzen.

Auch wenn der Tanz noch nicht bis ins Detail erarbeitet ist, kann er ganz als **vereinfachte Grundform** getanzt werden, um den Kinder ein Tanzerlebnis zu ermöglichen. Dabei werden beispielsweise noch offene Teile frei improvisiert oder Tanzschritte durch Gehen ersetzt.

Auch durch die Verwendung **unterschiedlicher Musik** kann Abwechslung entstehen. Raumformen, Schritte und Bewegungsmotive lassen sich auf anderer als der vorgesehenen Musik üben, z. B. Musik, mit der sich die Kinder identifizieren oder die der Lehrer für geeignet hält. Unter Umständen können auch verschiedene Tempi – extrem schnell oder langsam fließend – den Bewegungsausdruck stärken. Mit unterschiedlicher Musik durchläuft die Bewegung verschiedene Phasen, die sie von anderen Seiten her beleuchten und beleben.

**Vor einer Aufführung** lässt sich Anstrengung kaum vermeiden. Die Kinder mögen das Gefühl haben, den Ablauf längst zu beherrschen und nehmen Unstimmigkeiten nicht wahr. Sicher gehören bis zu einem gewissen Grad Anstrengung und Spannung dazu, die sich nach einer gelungenen Vorstellung in Stolz und Freude wandeln. Dennoch kann eine lebendige Unterrichtsgestaltung ein wenig von der Anstrengung nehmen.

– Der Lehrer greift neue Aspekte heraus, die dem Tanz zugute kommen (Blickverhalten, Körperhaltung, Armbewegungen...), z. B.:
Der Lehrer beobachtet, dass die Kinder häufig auf den Boden schauen, so dass kein Kontakt zum Zuschauer entsteht. Das Blickverhalten wird als Thema aufgenommen. Je zwei Kinder gehen durch den Raum (vorwärts, rückwärts, seitwärts, nah beieinander, weit voneinander entfernt...), ohne auch nur für einen Augenblick den Blick voneinander abzuwenden. Anschließend wird eine Schrittfolge des Tanzes geübt, bei der die Kinder den Blick ebenso nach außen richten. Sie schauen ununterbrochen den Lehrer an, einen von ihm gehaltenen Gegenstand, oder sie halten Blickkontakt zu einem gegenüberstehenden Kind, welches spiegelverkehrt die gleiche Schrittfolge tanzt.
– Die Vorführsituation wird geübt. Eine Gruppenhälfte tanzt, die anderen schauen kritisch, aber auch wohlwollend zu. Der Lehrer gibt Kriterien, nach denen die Tanzenden beobachtet werden: Homogenität der Bewegungen, Klarheit der Raumformen und -wege, Blickverhalten und Ausstrahlung.
– Falls eine Videoanlage vorhanden ist, ist eine Videoaufnahme für die Kinder äußerst motivierend. Wenn auch das Ergebnis auf dem Bildschirm u. U. eine enttäuschende Wirkung hat, so lässt sich der Ablauf dennoch kritisch beobachten.

# Von Raumformen und Schrittarten zum Tanz

Die Kinder können sich zu Musik auf unterschiedliche Weise fortbewegen, haben einige Tanzfiguren, Raumformen und einfache Tanzschritte kennengelernt. Aus den bekannten und einigen neuen Möglichkeiten können eigene Tänze zusammengestellt werden. Geeignet ist vor allem Musik für Kinder- und Volkstänze und Tanzmusik anderer Kulturkreise. Auswahl und Vielfalt der Tanzelemente richten sich nach den Fähigkeiten der Kinder.

– Die Elemente werden so gewählt, dass der Tanz möglichst abwechslungsreich gestaltet wird.
– Gleiche Teile werden mit gleichen (oder variierten) Elementen verknüpft.
– Musikalische Teile werden charakteristischen Schrittformen zugeordnet (z. B.: Gehen, Hüpfen, Nachstellschritte) und unterschiedlichen Bewegungsrichtungen (vorwärts, rückwärts, rechts, links).

– Verschiedene Raumformen (Gasse, Kreis), Gruppierungen (zu zweit, zu viert) und Tanzfiguren (Platzwechsel, Handtour) wechseln je nach Voraussetzungen der Gruppe.
– Einzelne Teile oder markante Stellen können mit Klatschen, Patschen oder Stampfen gestaltet werden.
– Ein Schlusssprung oder Anstellschritt erleichtert den Übergang von einem Teil zum anderen.

## Aufgabenstellungen zur Erarbeitung eines Kindertanzes

(am Beispiel einer beliebigen zweiteiligen Kinder-/ Volkstanzmusik)
Die im folgenden aufgeführten Lernschritte können sich über mehrere Unterrichtsstunden erstrecken.

Ein Grundtempo um 112 eignet sich für zahlreiche Schrittmotive wie Gehen, Nachstellschritte, Kreuzschritte, Wechselschritte, Seitgalopp, Hüpfer und Schlusssprünge. Ein Tempo um 152 beispielsweise für Laufschritte (und Variationen), Doppelfedern, regelmäßige Hüpfer und bei Halbierung des Grundtempos für langsame Gehschritte (und Variationen). Beim Lauftempo und langsamen Gehtempo fällt die Koordination mit der Musik schwerer, wobei deutliche, betonte Beinbewegungen Abhilfe schaffen können. Die Verwendung von Klanggesten wirkt sich auf den Tanz sehr belebend aus, z. B.: einen Richtungswechsel mitklatschen, einen markanten Rhythmus stampfen...

Beim Erarbeiten wechseln nach Möglichkeit freie Elemente mit Imitation und festgelegten Formen.

## 1. Tanzen, wie es gefällt

„Wie könnt ihr zur Musik tanzen?" Die Kinder finden Fortbewegungsarten und Schrittmotive zur Musik. Eventuell gibt der Lehrer Vorgaben (zu zweit, rückwärts, mit Armbewegungen, Drehungen...), die neue Ideen anregen. In Aufgaben wie „Alle tanzen wie Lisa... " oder „Dem Kopf einer Schlange hinterhertanzen" imitieren sie die Motive anderer (siehe Kapitel *Improvisationsaufgaben*).

Dabei auftretende Schrittmotive der Kinder werden den unterschiedlichen Teilen der Musik zugeordnet. Mit älteren Kindern können auch mehrere Schrittarten zu einem komplexeren Tanzschritt zusammengestellt werden.

## 2. Durcheinander und Ordnung

Die Kinder gehen/laufen durcheinander, immer dorthin, wo gerade Platz ist. Auf Zuruf des Lehrers/eines Kindes wird das freie Tanzen unterbrochen, um bestimmte Raumformen und Gruppierungen zu bilden: großer/kleiner Kreis, Paarkreis, Reihe, Gasse, Vierergruppen...

In diesem Zusammenhang können Raumformen aufgezeichnet werden, um ein Verständnis von Tanznotation anzubahnen.

## 3. Klare Raumformen

Kreise, Reihen... sollen beim Tanz deutlich erkennbar bleiben. In Aufgaben wie „Ein Kreis wandert im Raum", „Ein Luftballon wird aufgeblasen", „Zwei Reihen nähern sich an und entfernen sich" lernen die Kinder, ihre Stellung innerhalb der Gruppe wahrzunehmen und der Form anzupassen (siehe auch Kapitel *Kreise bilden*).

## 4. Die Musik hören

„Die Musik erzählt euch, wie ihr tanzt." Die Kinder hören die Musik, erkennen Instrumente, klatschen einmal in die Hand, wenn ein neuer Teil beginnt, patschen/klatschen das Tempo der Musik so leise mit, dass sie die Musik noch hören können, stehen auf und nehmen das Tempo in die Füße auf (auf der Stelle treten) und schließlich mit Schritten in den Raum.

Sie klatschen ohne Vorbild des Lehrers zum A-Teil und patschen zum B-Teil.

## 5. Phrasierung

Die Kinder lernen, die Dauer der einzelnen Teile zu erkennen, um ohne Hilfe des Lehrers tanzen zu können. Mitsingen der Melodie (falls möglich) hilft beim Erfassen der Teile und bei der Koordination von Musik und Bewegung.

- Die Kinder stehen in ihrem (durch Seil/Reifen/Tuch markierten) Haus, gehen zum A-Teil spazieren und kehren pünktlich zum Beginn des B-Teils nach Hause zurück.
- Ein Kind (bei großen Gruppen mehrere) macht sich über die Dauer des A-Teils auf den Weg zu einem anderen, bleibt mit diesem während Teil B im Haus und bei Wiederholung des A-Teil macht sich das besuchte Kind auf den Weg.
- Die Kinder werden in zwei Gruppen eingeteilt, die auf dem Boden verteilt sitzen. Zum A-Teil erhebt sich Gruppe A und spaziert/tanzt um Gruppe B herum, zum B-Teil wechseln die Rollen. Besonderen Spaß macht es, wenn die beiden Gruppen mit unterschiedlich farbigen Tüchern in der Hand tanzen.
- Auch ein einzelnes Kind kann den Wechsel der Teile signalisieren. Hebt es ein rotes Tuch in die Höhe, tanzt Gruppe A, zu einem blauen Tuch die Gruppe B.

## 6. Neue Tanzschritte

Taucht im Tanz ein neuer Tanzschritt auf, wird er gesondert geübt: im Kreis, in einer ablösenden Spielform von Kind zu Kind tanzend, in zwei Reihen aufeinander zu und voneinander weg... (siehe auch Kapitel *Schrittarten, Aufgaben*, S. 107).

Die im Tanz vorkommenden Schritte werden in freier Raumaufstellung geübt, z.B.: zum A-Teil im Wechselschritt, zum B-Teil im Seitgalopp mit Partner und Handfassung tanzen.

## 7. Vereinfachte Grundform

Bevor der Tanz als Ganzes getanzt wird, durchläuft er eine vereinfachte Grundform: eine Drehung beim Schlußsprung fällt weg, ein Seitgalopp ersetzt den Polkaschritt...

# *Schrittarten – Handfassungen – Aufstellungen*

Die im folgenden aufgeführten Tanzschritte, Raumformen und Fassungen sollen eine Orientierung bei der Entwicklung eigener Tänze geben.[18]

## Schrittarten

Einige der aufgeführten Schrittarten sind im Kapitel Fortbewegungsarten näher erläutert: Gehen, Schreiten, Laufen, Galopp und Hüpfen. Im Vorschulalter eignen sich vor allem Geh-, Lauf-, Galopp- und Hüpfschritte, Schluss-, Stand- und Spreizsprünge, ab dem Grundschulalter auch Kreuz-, Schreit-, Nachstell- und Wechselschritte. Neu gelernte Schrittarten können zur Erwärmung am Anfang der Stunde aufgefrischt werden.

Komplexe Schrittmotive können in vereinfachter Form erarbeitet werden: Richtungswechsel oder Drehungen fallen weg, Nachstellschritte ersetzen Wechselschritte, die Verbindung mit einer komplizierten Raumform wird zunächst durch Tanzen am Platz oder im Kreis ersetzt. Schrittverbindungen werden in ihre einzelnen Elemente zerlegt, um später wieder zusammengesetzt zu werden.

Zur leichteren Verständigung werden altersgemäß mit den Schritten gleichzeitig Begrifflichkeiten eingeführt: rechts und links; belastet und unbelastet; viertel, halbe, ganze Drehung; rechts- und linksschultrig aneinander vorbei, Namen der Tanzschritte.

Anfangs erleichtert sprachliche Begleitung die Einführung. Worte beschreiben im Rhythmus der Schritte, was die Beine tun; Verse und Lieder begleiten das Tanzen und unterstützen die zeitliche Strukturierung (siehe Kapitel *Bewegungsbegleitung*). Der Schrittrhythmus wird mit sprachlicher Unterstützung auf die Beine/den Boden gepatscht. Eine Einführung im langsamen Tempo ist nicht bei jeder Schrittart eine Hilfe.

Bis ins Grundschulalter hinein ist es sinnvoll, möglichst wenig von rechts und links zu sprechen. Oft ist die Wahl des rechten oder linken Beines für den Ablauf des Tanzes unwichtig oder sie ergibt sich aus der Bewegungsrichtung. Die Notenbeispiele zeigen den Beginn mit dem rechten Fuß.

**Gehschritt**

einen Fuß vorsetzen und das Gewicht auf diesen verlagern; Variationen: vorwärts, rückwärts, seitwärts, als Nachstellschritt oder gekreuzt

**Schreiten**

langsames erhabenes Gehen mit leicht erhöhter Körperspannung, je nach Voraussetzungen im Ballengang

**Laufschritt**

regelmäßige Gewichtsübertragung von einem Bein auf das andere mit einer „Flugphase" zwischen den Schritten (Laufen ist das, was die Kinder rennen nennen, jedoch mit kleineren und leichteren Schritten)

**Galoppschritt**

ein Sprung von einem Bein auf das andere und unmittelbar anschließend ein Schritt im punktierten Rhythmus mit im Sprung gebeugten (Pferdegalopp) oder gestreckten Beinen (Nachstellsprung vorwärts oder seitwärts). Im Ballett wird der gestreckte Galoppschritt chassé (gejagt) genannt, weil die Füße einander jagen.

**Seitgalopp**

Nachstellsprung seitwärts mit im Sprung gestreckten Beinen

• ein Bein mit gebeugten Knien zur Seite setzen oder schleifen, von diesem abspringen, Beine im Sprung strecken und im langsameren Tempo schließen, auf dem anderen Bein landen, während das erste wieder ausschleift.
Richtungswechsel durch Innehalten, Anstellschritt, Schlusssprung oder Hüpfer

---

18: Zahlreiche Varianten aus dem Volkstanz bezüglich Rhythmus und Ausführung sind hier nicht aufgelistet. Eine umfassende Didaktik des Volkstanzes (u. a. mit einer systematischen Auflistung von Tanzschritten) gibt Femke van Doorn-Last in ihrem Buch „Volkstänze lehren und lernen", Seelze-Velber 1994.

## Hüpfschritt

ein Schritt und ein Sprung auf dasselbe Bein
Varianten: flache raumgreifende Hüpfer (Gleitschritt oder Kinderhüpfschritt), gleichmäßige Hüpfer

• Eine zumeist rückwärts gehüpfte Variante des Hüpfschrittes ist der **Spindelschritt**, bei dem beim Hüpfer das Spielbein nach hinten geschwungen wird und hinter dem Sprungbein aufsetzt. Der auf den Rückwärtsschritt folgende Hüpfer wird etwas nach vorne gesprungen, so dass der Spindelschritt am Platz bleibt. Er kann gleichmäßig (im langsamen Tempo) und punktiert (im schnellen Tempo) getanzt werden.

## Nachstellschritt

(Anstellschritt) vorwärts und seitwärts: ein Bein vor oder zur Seite setzen, das andere heranziehen

• Im Kreis stehend verfolgt ein Fuß den anderen: rechts zur Seite, links anschließen...; ebenso zur anderen Seite, vorwärts und rückwärts.
Anfangs hilft das Berühren der Beine beim Anstellen, die Beine nebeneinanderzustellen (eine Tür öffnet und schließt sich).

## Wechselschritt

einen Fuß vorstellen, den anderen anstellen, den ersten wieder vorstellen; nach links gegengleich; auch rückwärts und seitwärts

• vorbereiten über Nachstellschritte r und l; Worte oder Namen der Kinder mitsprechen: „Känguruh, Marzipan" und andere von Kindern gefundene Worte im passenden Rhythmus; Aufstampfen des wechselnden Fußes erleichtert den Fußwechsel. Beim Wechselschritt seitwärts ergibt sich der Fußwechsel aus der Bewegungsrichtung.

## Schottischer Schritt

(Wechselhüpfschritt) Wechselschritt vorwärts mit anschließendem Hüpfer in unterschiedlicher Rhythmisierung;
Der Wechselschritt kann gegangen oder gesprungen werden.

• Einführung über den Wechselschritt (vor-ran-vor, dann vor-ran-vor-hüpf);
Der Schottische Schritt wird zu einem **Polkaschritt**, wenn mit dem Hüpfer eine halbe Drehung nach rechts und beim nächsten Mal nach links erfolgt („seit-ran-seit-hüpf"). Entwicklung aus dem Seitgalopp ohne Handfassung im Kreis; auf Zuruf eine halbe Drehung um die rechte Schulter nach außen (weiter in Tanzrichtung) und nach einer Weile um die linke Schulter wieder nach innen; die Abstände verkürzen, bis der Wechsel regelmäßig mit jedem Hüpfer erfolgt und dazu sprechen „(nach) innen drehn, nach außen drehn...";
Drehen sich die Kinder um die falsche Schulter, kann der Lehrer, die Schultern der Kinder fassend, die Drehung in die richtige Richtung führen.
Bei der Drehung kann der Hüpfer wegbleiben. An die Stelle des Seitgalopp kann ein Wechselschritt seitwärts treten.

## Kreuzschritte

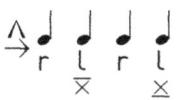

Ein Fuß wird vor oder hinter dem Standbein kreuzend aufgesetzt. Die Schritte können nur vor, nur hinter oder vor und hinter im Wechsel kreuzen. Die Hüfte dreht sich mit.

• Der regelmäßige Wechsel von Vor- und Rückkreuzen wird auch **Mayimschritt** oder **Grapevine-Schritt** genannt. Dabei dreht sich der Körper mit und die Arme (Handfassung) schwingen beim Vorkreuzen vor, beim Zurückkreuzen zurück.
Der Wechsel von vorne und hinten kreuzen lässt sich vorbereiten über: nur vorne kreuzen, nur hinten kreuzen, vorne und hinten im Wechsel oder:
im Kreis mit Handfassung in Tanzrichtung vorwärtsgehen, weiter in Tanzrichtung rückwärts gehen, Vor- und Rückwärtsgehen alle acht Schritte wechseln, alle vier Schritte und schließlich alle zwei.

## Walzerschritt

Eine einfache Ausführung sind drei Gehschritte, bei denen der erste etwas größer ausgeführt werden und eine weiche Betonung erfahren kann.
Der zweite Schritt kann an den ersten herangezogen werden:
"vor – ran – vor".

• Der 2. und 3. Schritt können auf dem Ballen getanzt werden.
Einführung mit Klanggesten: r und l Hand im Wechsel auf rechten und linken Oberschenkel patschen, dabei jeweils die erste Zählzeit betonen; dazu Worte im Dreierrhythmus sprechen: Ap-fel-mus/Chris-ti-an und, um auch die Namen der anwesenden Kinder klatschen zu können, die sich nicht unmittelbar in einen Dreier einfügen lassen: An-na und/ri-ke Ul...
Zur Vorbereitung des Walzerschrittes mit Ballengang: nur tief mit gebeugten Knien gehen; nur auf Zehen gehen; sitzend die 1 Zählzeit auf die Oberschenkel patschen und die 2. und 3. klatschen; dazu sprechen: „tief-hoch-hoch" mit entsprechend tiefer und hoher Stimmlage, oder Namen der Kinder; im Walzerschritt gehen, dazu patschen und klatschen mit stimmlicher Begleitung

**Schrittsprung**

Sprünge von einer Schrittstellung in die andere, so dass abwechselnd das rechte und linke Bein vorne ist

**Stampfschritt**

betonter, hörbarer Schritt mit oder ohne Gewichtsübertragung (z. B.: den Unterschenkel nach hinten anheben und kräftig aufsetzen)

**Tupfschritt**

Das Spielbein berührt ohne Gewicht den Boden (vorne, hinten, seitlich oder kreuzend). Die Zehenspitze, Ferse oder der ganze Fuß tupft nur kurz auf, als sei der Boden heiß.
Beispiel: r Bein zur Seite setzen, l Bein tupft das rechte überkreuzend auf; ebenso nach links gegengleich

**Kick**

das Spielbein aus dem Kniegelenk locker in die Luft „stoßen" (vor, seitlich, diagonal das Standbein kreuzend), z. B:
seit – kreuz – seit – kick

**Pendelschritt**

(balancé) ein Bein zur Seite oder nach vorne setzen – das andere unbelastet heranziehen – und wieder zurück.
Das Pendeln kann auch als Gewichtsverlagerung von einem Bein auf das andere ohne Schritt durchgeführt werden.

• Der Seit- (Vor-)schritt kann auf Zehenspitzen oder flach aufgesetzt sein, beim Heranziehen sind die Knie ein wenig gebeugt.

**Bourrée-Schritt**

mit Kindern getanzt wie ein Walzerschritt mit umgekehrter hoch-tief Verteilung der Schritte: hoch – hoch – tief.
Der Bourrée-Schritt findet in vielen höfischen Tänzen Verwendung und zwar sowohl im Dreier- als auch im Vierertakt.

• Vorbereitung wie beim Walzerschritt (s.o.), wobei die andere Hoch-tief-Verteilung berücksichtigt wird; Ausführung eines pas de bourrée vorwärts:
Ap: Gewicht auf l Bein, r Fuß in l Position an das Standbein herangezogen, die Fersen berühren sich, der r Fuß schwebt etwas über dem Boden

Zählzeit
1    ein Schritt r vor, dabei beide Beine strecken
2    ein Schritt l vor, beide Beine gestreckt
3    ein Schritt r vor und beide Beine beugen (wie Ap)
(4)  Wird der Bourrée-Schritt im Vierertakt getanzt, erfolgt die Beugung auf der 4. Zählzeit.
     anschließend mit gegengleicher Fußsetzung

Kek- se ess' ich gern          seit ran Wech- sel- schritt

## Aufgaben

### Schrittarten in verschiedenen Gruppierungen

Schrittarten können in verschiedenen Gruppierungen und Aufstellungen geübt und gefestigt werden:

– in Kreisform, bei der sich alle sehen können: vor und zurück, in und gegen Tanzrichtung

– in einer Schlange hintereinander, die mit wechselndem „Kopf" durch den Raum zieht

– in wechselnden Gruppierungen zu verschiedenen Musikteilen, z. B.: alleine mit Wechselschritt, im Kreis mit Kreuzschritt

– zu zweit/alleine auf der Diagonalen, wobei der Lehrer die Kinder einzeln beobachten kann

– in zwei Reihen aufeinander zu (wie ein Magnet, in der Mitte angekommen in die Hände des Gegenüber klatschen) und voneinander weg

– mit mehreren miteinander kombinierten Schrittarten, die zu ein und derselben Musik passen, z.:B.: 4 Takte Gehschritte, 4 Takte Hüpfschritte, 4 Takte Seitgalopp, 4 Takte Schlusssprünge
(Die Schrittarten können auch aufbauend aufeinanderfolgen: 4 Takte Gehschritte, 4 Takte Nachstellschritte vor mit rechts beginnend, 4 Takte Nachstellschritte vor mit links beginnend, 4 Takte Wechselschritte.)

### Drei Länder – drei Gangarten

Die Menschen aus drei verschiedenen Ländern kommen zusammen. In jedem Land haben die Menschen andere Gewohnheiten. Im ersten Land beispielsweise wird nur mit Wechselschritten getanzt, im zweiten wird gelaufen und im dritten tanzen sie zu zweit im Seitgalopp. Die Gruppen reagieren auf das Erklingen ihres Schrittrhythmus, oder sie tanzen zu Musik vom Band und reagieren auf drei Fahnen (drei Tücher), die den drei Ländern bzw. Schrittarten zugeordnet sind.

### Mit den Händen tanzen

Den Händen fällt es leichter, Rhythmen präzise wiederzugeben, als den Beinen. Die Kinder klatschen oder patschen den Schrittrhythmus auf den Boden, die eigenen Oberschenkel oder die des Nachbarn. Patschend stellen dabei die Hände die Füße dar, sie spazieren vor und zurück, springen oder kreuzen sich. Dazu werden Worte gesprochen, die von der Gruppe vorgeschlagen werden oder Silben, die die Schritte erklären,

oder alle singen ein Lied im Tempo der Schritte. Die Worte müssen deutlich artikuliert werden, damit eine Übertragung auf die Körperbewegung gewährleistet ist. Wenn sich beim Vorwärtstanzen alle Hände in der Kreismitte treffen, gibt es ein lustiges Durcheinander.

### Das Karussell

Sehr unterschiedliche Karussells sind auf dem Jahrmarkt zu sehen: große, kleine, schnelle, langsame, in manchen sitzt man alleine, in anderen zu zweit nebeneinander...

Die Kinder stellen ein Karussell dar, welches langsam schreitend in Gang kommt, mit Geh- und Laufschritten allmählich in Fahrt kommt und mit verschiedenen Tanzschritten immer wieder ein neues Gesicht erhält.

Auch die Handfassungen können sich ändern: anfangs mit V-Fassung (siehe Kapitel _Fassungen_ S. 108), aber ob das Karussell auch mit Schulter- oder Kreuzfassung hält, ohne auseinanderzubrechen?

### Gleiche Schrittarten finden

Verschiedene Schrittarten, die die Kinder sicher voneinander unterscheiden können, sind mit einer bestimmten Musik getanzt worden. Die Kinder sitzen nun am Rand des Raumes, jedes wählt eine der vorgegebenen Schrittarten. Je kleiner die Gruppe, desto weniger Schritte stehen zur Auswahl. Sobald die Musik einsetzt, tanzen alle mit ihrem Schritt los, auf der Suche nach anderen mit der gleichen Schrittart. Alle Zusammengehörenden treffen sich und tanzen gemeinsam weiter, bis sie auf ein deutliches Signal durcheinandergewirbelt werden und am Rand des Raumes sitzenbleiben. Das Spiel beginnt von vorne.

### Der Plumpsack geht um

• Viele Kinder kennen das Spiel vom Plumpsack, bei dem ein Kind mit einem Beutel oder ähnlichem um die anderen in einem großen Kreis sitzenden herumläuft. Die Sitzenden singen dazu:

> _„Dreht euch nicht um!_
> _Der Plumpsack geht herum!_
> _Und wer sich umdreht oder lacht,_
> _der kriegt den Buckel blau gemacht!"_

Der Plumpsack lässt seinen Beutel unbemerkt hinter einem Kind fallen und rennt einmal um den Kreis, das sitzende Kind rennt hinterher, und wer zuletzt den freigewordenen Platz erreicht hat, ist der neue Plumpsack.

In unserem Spiel geht der Plumpsack natürlich nicht einfach herum, sondern tanzt in einem Tanzschritt, der gerade geübt wird.
_Musik:_ Das Lied vom Plumpsack kann im Tempo

der Schritte gesungen werden, oder der Lehrer improvisiert eine Melodie, oder eine passende Musik vom Band erklingt.

Das Spiel ist auch ohne den Rahmen des Plumpsacks und ohne Rennteil als reines Ablösespiel zu Musik reizvoll. Das Ablösen kann durch Zublinzeln erfolgen: Ein oder je nach Gruppengröße mehrere Kinder tanzen mit einem Tanzschritt eine oder zwei Runden um die Sitzenden. Sobald sie wieder an ihrem Platz sitzen, blinzeln sie einem Kind zu, welches weitertanzen soll.

## Handfassungen

Freie, nicht gefasste Arme können seitlich eingestützt, seitlich in der 2. Position gehalten, über den Kopf gehoben werden oder einfach hängenbleiben. Für jüngere Kinder eignen sich vor allem V-Fassung, Henkelfassung und eine einfache Zweihandfassung. Bei einer offenen Fassung halten sich die Partner nur an einer Hand, bei einer geschlossenen an beiden.

## Fassungen für Gruppen und Paare

| | |
|---|---|
| V-Fassung | herabhängende Arme |
| W-Fassung | hängende Ellenbogen und in Schulterhöhe erhobene Hände |
| T-Fassung | auf Schultern oder Oberarmen der Nachbarn liegende Hände bei gestreckten Armen |
| X-Fassung | Die ausgebreiteten Hände dem übernächsten Nachbarn reichen, wobei die Arme vor oder hinter dem Körper gekreuzt werden können. |
| Schulterfassung | auf die Schultern des/der Nachbarn gelegte Arme: dem rechten Nachbarn von vorne den rechten Arm auf seine linke Schulter legen, den linken Arm von hinten<br>Schulterfassung auch in einer Schlange hintereinander |
| Henkelfassung | eingehakte Arme |
| Kreuzfassung | Die überkreuz gehaltenen Hände (rechts über links) werden den beiden Nachbarn gereicht, oder:<br>die Kinder stehen mit gefassten Händen im Außenkreis, heben die Arme hoch, drehen sich um die rechte Schulter und senken sie wieder. |
| Hüftfassung | In einer Schlange hintereinander werden die Hände auf die Hüfte der Vorangehenden gelegt. |

## Fassungen für Paare

| | |
|---|---|
| Zweihandfassung | Die gegenüberstehenden Partner reichen einander die leicht gebeugt gehaltenen oder durchgestreckten Hände. |
| Kreuzfassung | **voreinander stehend:** Die einander gegenüberstehenden Partner reichen sich ihre rechten und ihre linken Hände.<br>**nebeneinander stehend:** Die nebeneinanderstehenden Paare reichen sich ihre rechten und ihre linken Hände. (Die Hände können vor und hinter dem Körper gekreuzt werden.) |
| Rückenkreuzfassung | Die rechtsschultrig nebeneinanderstehenden Partner halten ihre linken Hände hinter dem Rücken. Die ausgestreckten rechten Hände kreuzen sich und fassen die linke Hand des Partners. |
| T-Fassung | Die gefassten Hände sind seitlich horizontal angehoben. Die Partner stehen einander zugewandt oder hintereinander. |
| Handtourfassung | Die rechten oder die linken Hände werden mit nach oben zeigenden Fingerspitzen aufeinandergelegt. |

| | |
|---|---|
| Geschlossene Fassung | Die Partner stehen einander gegenüber. A legt seine Hände auf die Hüften von B, dieser legt seine Hände auf die Schultern von A. |
| Tor | Die gefassten Hände sind erhoben und bilden ein Tor, durch das andere hindurchziehen können (Fassung mit einer Hand oder beiden Händen). |
| Mühle mit Handgelenkfassung | Vier Kinder bilden mit ihren Händen ein Kreuz, indem jedes mit der rechten Hand das rechte Handgelenk des vorderen Kindes fasst (Ebenso mit der linken Hand in die andere Richtung). |

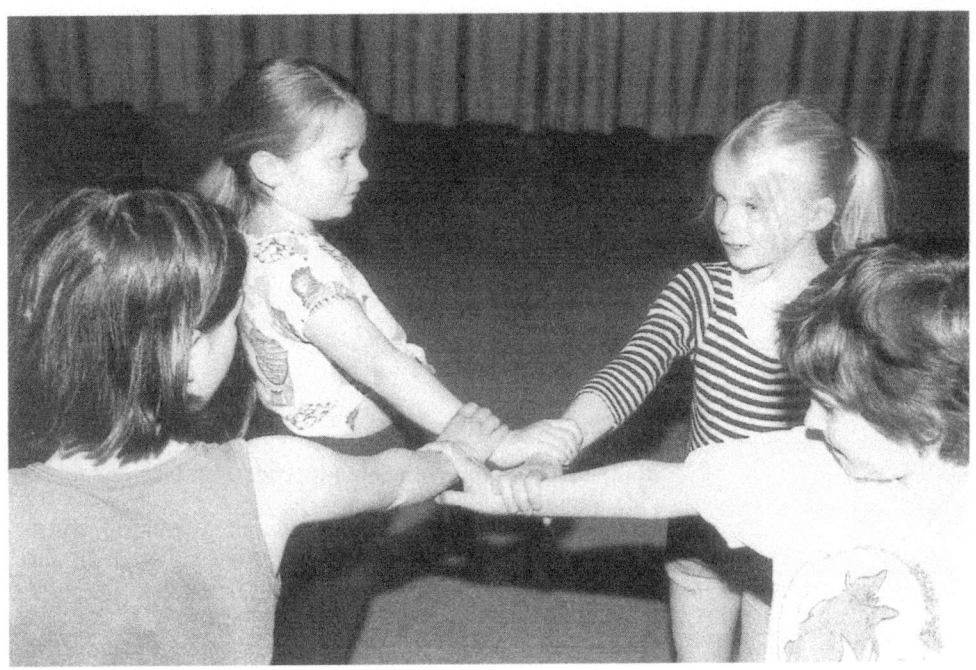

_Mühlenfassung_

# Aufstellungen

| | |
|---|---|
| Stirn- oder Frontkreis | im Kreis stehen mit Blick zur Mitte |
| Außenstirnkreis | im Kreis stehen mit Blick nach außen |
| Flankenkreis | Kreis mit Blick in/gegen Tanzrichtung |

Flankenpaarkreis

(Doppelter Flankenkreis) zu zweit im Kreis nebeneinanderstehen mit Blick in/gegen Tanzrichtung

Doppelkreis

paarweise auf zwei Kreisen einander gegenüberstehen
(Innenkreis – Außenkreis)
auch ein Innenkreis mit wenigen Kindern und ein Außenkreis mit mehreren, alle mit Blick zur Kreismitte oder nach außen

Halbkreis

im Halbkreis stehen mit Blick zur „Kreismitte"

Reihe

nebeneinander (oder in einer Schlange hintereinander) stehen mit Blick in eine Richtung

Doppelreihe

in zwei Reihen nebeneinander oder hintereinander mit Blick in eine Richtung

Gasse

in zwei Reihen einander gegenüberstehen

Freie Aufstellung

einzeln oder paarweise gleichmäßig im Raum verteilt stehen mit nicht vorgegebener Blickrichtung

# Tanzfiguren

Mühle

In einem engen Kreis stehend werden die ausgestreckten linken (rechten) Hände übereinandergelegt oder mit nach oben zeigenden Fingerspitzen aneinandergehalten.
Wird die Mühle von jeweils einem Partner der im Paarkreis tanzenden Kinder gebildet, können die Partner der „Mühlenkinder" im Außenkreis gegen Tanzrichtung gehen, im Außenkreis am Platz tanzen oder mit Handfassung neben den „Mühlenkindern" gehen (Doppelmühle).

Auseinander - Zueinander

Die voreinanderstehenden Partner bewegen sich seitlich oder frontal voneinander weg und wieder aufeinander zu.

110

Platzwechsel

Zwei einander gegenüberstehende Partner wechseln rechts- oder linksschultrig aneinander vorbeigehend ihre Plätze.

Dos-á-dos

(Rücken an Rücken) Zwei einander gegenüberstehende Partner drehen sich umeinander ohne Änderung der Blickrichtung.

Handtour

Zwei Partner bilden mit aufeinandergelegten rechten (linken) Handinnenflächen eine Achse, um die sie sich herumdrehen. Die Fingerspitzen zeigen nach oben.

Tore

Zwei Kinder bilden ein Tor, durch das die anderen hindurchziehen.

Drehen am Platz

am Platz um die eigene Achse drehen

Drehen mit Partner

mit Handfassung (z.B.: Kreuzfassung) nebeneinanderstehend umeinander drehen oder
mit Zweihandfassung voreinanderstehend umeinander drehen oder rechtsschultrig nebeneinanderstehend mit eingehakten rechten Ellenbogen drehen (ebenso links)

Reigen

Die Hände werden zu einem Kreis durchgefasst, der sich in (gegen) Tanzrichtung dreht.
Ausgehend von einem Paarkreis kann ein Reigen z.B. zuerst von allen rechts- und später von allen linksstehenden Partnern getanzt werden.

Kette

Die auf der Kreislinie einander zugewandten Paare reichen sich die rechten Hände.
Dem nächsten Entgegenkommenden wird die linke Hand gereicht, so dass beide Partner in entgegengesetzter Richtung auf der Kreislinie abwechselnd rechts- und linksschultrig aneinander vorbeitanzen (siehe _Kerzentanz_, S. 149).
Werden die Paare von Mädchen und Jungen gebildet, wenden sich die rechtsstehenden Mädchen gegen, die linksstehenden Jungen in Tanzrichtung. Die Kette kann mit und ohne Handfassung getanzt werden.

Hecke

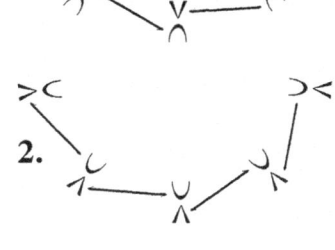

In einem Doppelkreis erfolgt ein Platzwechsel linksschultrig aneinander vorbei mit dem links auf der gegenüberliegenden Seite stehenden Partner. Mit dem letzten Anstellschritt um die linke Schulter wenden sich die neuen Partner einander zu.
Anschließend folgt ein Platzwechsel mit dem rechts auf der gegenüberliegenden Seite stehenden Partner. Mit dem letzten Anstellschritt um die rechte Schulter wenden sich die neuen Partner einander zu (siehe auch _Pavane_, S. 117).

*Tanzszene aus Pierre Rameau „Le maître à dancer", © Florian Noetzel Verlag, Wilhelmshaven*

# 5. Tänze –
# Wege zum Tanz und
# Bausteine zum eigenen Tanz

## Einführung

Die in diesem Kapitel vorgeschlagenen Tanzbeschreibungen stellen zum einen einen Tanz vor und zum anderen Aufgabenstellungen, die um das Thema des Tanzes kreisen. Diese unter der Überschrift *Wege zum Tanz* gefassten Aufgabenstellungen und methodischen Hinweise möchten auch losgelöst vom Tanzbeispiel Anregungen zu einem Thema und zur Gestaltung eigener Tänze geben.

In den Paartänzen können die Paare bunt gewürfelt sein: zwei Mädchen, zwei Jungen oder ein Junge und ein Mädchen bilden ein Paar. Bei ungeraden Zahlen tanzt der Lehrer mit.

Alle Tänze finden sich auf der CD zum Buch. Besonders reizvoll ist eine Aufführung mit Live-Musik, z.B.: Griegs *In der Halle des Bergkönigs* in einer Bearbeitung für Klavier oder eine feierliche, von einem Blockflötenquartett vorgetragene Musik zu einem Kerzentanz.

### Die Musik der Tänze:

Der formale Aufbau der Musik wird in Form einer **Tabelle** umrissen. Bei unregelmäßigen musikalischen Strukturen gibt eine „musikalische Skizze" eine weitere Übersicht über die formale Struktur. In diesen Skizzen werden Taktanzahl einzelner Teile und Unregelmäßigkeiten im Aufbau der Musik schnell sichtbar. Ein Takt wird mit einem Strich angegeben. Eine Lücke trennt musikalische Abschnitte voneinander:

|||| |||| .

• Auch zunächst unbekannte Musik, die Grundlage einer Tanzgestaltung werden soll, lässt sich durch Erstellen einer solchen Skizze in folgenden Schritten leicht überblicken:

1. das Grundtempo (Puls, Grundschlag, Beat) hören, welches durch gleichmäßiges Klopfen mitvollzogen werden kann: • • • • •

2. die Taktart erkennen, die das Tempo in gleichmäßig wiederkehrende Gruppen gliedert
(Dabei ist es sekundär, ob ein original notierter 2/4 Takt als 4/4 Takt gehört wird, oder ein original notierter 3/8 Takt als 6/8 Takt. Diese Unterschiede sind nicht immer hörbar. Wichtig ist, bei der einmal gewählten Taktart zu bleiben.)

3. mit dem Hören der Musik für jeden Takt einen | notieren

4. eine Lücke lassen zwischen sinnvollen musikalischen Abschnitten (Häufig sind es vier Takte, die sich zu einer Gruppe zusammenschließen.):

|||| ||||

5. musikalische Teile deutlich voneinander absetzen (durch eine große Lücke oder eine neue Zeile) und gleiche Teile mit gleichen Buchstaben markieren, z. B.:

A |||| ||||   A |||| ||||   B |||| ||||

Wenn es sinnvoll erscheint, wird die Beschreibung der Musik ergänzt durch eine **Graphik**, die Phrasierung oder musikalischen Ausdruck des gesamten Stücks oder eines Ausschnitts darstellt.

### Aufbau der Tanzbeispiele:

Die Tanzthemen sind, abgesehen von den höfischen Tänzen, in folgenden Schritten aufgebaut:

– Einführung in das Thema
– Die Musik des Tanzes
  (mit Hinweisen zum Aufbau der Musik)
– Tanzbeschreibung
  (Skizzierung eines Tanzes)
– Wege zum Tanz
  (Aufgabenstellungen und Spielformen, die um das Thema kreisen)

# Höfische Tänze

## Allgemeine Hinweise und Reverenzen

In der Zeit der späten Renaissance und des Barock hatten Gesellschafts- und Bühnentanz einen großen sozialen und politischen Stellenwert für Adel und die ihm nacheifernde Mittelklasse. Auf Festen wechselten Lauf- und Springtänze mit ruhigen Schreittänzen, Tänze für die ganze Gesellschaft mit Tänzen für ein Einzelpaar.

Einige Tänze traten paarweise als Vor- und Nachtanz auf, wobei der erste geschritten und der zweite gesprungen wurde. Ein solches Tanzpaar bildeten beispielsweise Basse Dance - Tourdion, Pavane - Salterello, Pavane - Galliarde, Allemande - Trippla. Der Einfluss von Italien und Frankreich war maßgeblich für den vorherrschenden Tanzstil in anderen europäischen Ländern, der je nach Tanzmeister und Vorbild an verschiedenen Höfen nicht einheitlich war. Auch Volkstanz und höfischer Tanz beeinflussten sich gegenseitig. Durch die hohe Popularität des Tanzes entstand eine Fülle von Tanzmusik, die in stilisierter und variierter Form in die Instrumentalmusik einfloss und nicht mehr für den Tanzgebrauch gedacht war. Ob Musik für den Tanzgebrauch geschrieben wurde oder nicht, lässt sich jedoch nicht immer eindeutig unterscheiden.

Von der Renaissance zum Barock gab es einige **Veränderungen im Tanzstil**, z. B.: zunehmend ausgedrehte Beine, Vorbereitung des Ballenstands (élevé) durch ein auftaktiges Beugen der Knie (plié), Zurücknahme der vitalen Sprünge zugunsten flacherer Schritte und Sprünge.

Die meisten **Grundschritte** der Renaissance und des Barock fanden sich, mit vielfältigen Variationen versehen, in verschiedenen Tanztypen wieder. Es gibt also keinen Schritt, der ausschließlich einer Bourrée, einer Galliarde oder einer Gigue zugeordnet werden kann. Grundschritte wurden einem Zweier- oder Dreiermetrum angepasst, gegangen oder gesprungen, schneller oder langsamer getanzt. Improvisation und Variation waren für Tänzer und Musiker vertraute Umgangsformen.

Dennoch werden hier den einzelnen Tänzen unterschiedliche, aber für den Tanz typische Grundschritte zugeordnet, um Kindern das Tanzen zu ermöglichen. Bevor für Kinder erlernbare einfache Grundschritte vorgestellt werden, wird ein Beispiel damals gebräuchlicher Grundschritte gegeben. Sie können dem Lehrer eine Orientierung für anschließend aufgeführte vereinfachte Schrittarten geben.

In den Vorschlägen zur Vereinfachung der Grundschritte bleiben wesentliche Merkmale erhalten. Je nach Voraussetzungen der Gruppe kann eine mehr oder weniger differenzierte Ausführung gewählt werden.

## Aufbau der Tanzbeispiele

In diesem Kapitel sind vier Tänze beschrieben, von denen die Pavane und die Galliarde vorwiegend in der Renaissance getanzt wurden, das Menuett und die Gigue im Barock. Die vier Tänze sind wie folgt aufgebaut:

- kurzer Umriss des jeweiligen Tanztyps
- Vorstellung von Grundschritten
- einfache Grundschritte
- Tanzbeispiel
  a) die Musik des Tanzes
  b) Tanzbeschreibung
  c) methodische Hinweise

Zur Musikliteratur des Barock sind zahlreiche Bearbeitungen für Ensembles mit unterschiedlichen Besetzungen erhältlich, die einer Gruppe ermöglicht, zu live gespielter Musik zu tanzen. Vielleicht gibt es in der Gruppe ein klavierspielendes Kind, das mit seinem Lehrer ein Menuett einüben kann. In mehreren Durchgängen hintereinander gespielt, können andere Kinder mit Flöten, Geigen... die Klangfarbe der einzelnen Durchgänge vielfältig gestalten helfen, indem sie die erste (und zweite) Stimme mitspielen. Mit Hilfe einer Trommel kann ein ostinater Rhythmus unterlegt werden, der eventuell den Schrittrhythmus unterstützt.

*Reverenz*

# Reverenzen

Zur gegenseitigen Ehrerbietung wurde ein Tanz mit einer Reverenz eingeleitet und beendet. Im Barock wurde ein Tanz auch von je zwei Reverenzen vor und nach dem Tanz eingerahmt wie z. B. beim Menuett. Die erste Reverenz galt den anwesenden Zuschauern, die zweite dem Partner. Die Reverenzen der Renaissance und des Barock unterscheiden sich, ebenso die des Herrn und der Dame.

Im folgenden werden zwei Reverenzen vorgeschlagen. Je nach Voraussetzung der Gruppe kann für Mädchen und Jungen die gleiche Reverenz gewählt werden. Werden mehrere Tänze zu einer Folge zusammengestellt, kann die gesamte „Suite" von einer Reverenz eingerahmt werden. Die Reverenzen können vor und nach Erklingen der Musik durchgeführt werden oder mit den ersten und letzten Takten der Musik. Die Reverenz wird sich mit der Zeit bei allen Kindern einprägen, wenn mehrere Unterrichtsstunden aufeinanderfolgend mit einer Reverenz beginnen und enden.

## 1. Reverenz zum Partner (Abb. S. 114)

Ap: Die Partner stehen mit gefassten Händen nebeneinander, schräg ein wenig einander zugewandt, der Herr links, die Dame rechts. Die Füße stehen in V-Stellung (1. Position), die Arme werden dem jeweiligen Tanz entsprechend gehalten. Folgt nach der Reverenz ein Tanz, bei dem die Partner zu Beginn frontal einander zugewandt stehen, kann sie auch ohne Handfassung einander gegenüberstehend ausgeführt werden.

| Reverenz für den Herrn | Takt | |
|---|---|---|
| | 1 | aus der V-Stellung (1. Position) r Fuß hinter den linken setzen (Der r Fuß kann auch bogenförmig im Halbkreis nach hinten gesetzt werden, indem die Fußspitze einen Halbkreis über vor-seit-rück am Boden beschreibt.) |
| | 2 | das Gewicht auf das hintere r Bein verlagern, r Bein beugen und den Oberkörper neigen, während das vordere Bein leicht ausgedreht gestreckt wird (bei einer Aufstellung nebeneinander mit der Verbeugung der Partnerin zuwenden) |
| | 3 | aufrichten und das Gewicht auf das vordere l Bein verlagern |
| | 4 | das hintere Bein wieder an das vordere heranziehen |

| Reverenz für die Dame | | |
|---|---|---|
| | 1 | Pause oder r Fuß dicht hinter l Fuß setzen (3. Position) |
| | 2 | beide Knie beugen (plié) |
| | 3 | aufrichten |
| | 4 | Pause oder das hintere Bein wieder an das vordere heranziehen |

Die Reverenz der Dame kann auch gegengleich mit dem l Fuß beginnend ausgeführt werden. Das Tempo der Reverenz passt sich dem Tempo der Musik an. Zur Übung wird die Reverenz zunächst laut mitgesprochen, z. B."rück – beugen – heben – ran". Später achten die Kinder selber auf eine gemeinsame Ausführung. Wichtig ist das gleichzeitige Beugen und Aufrichten beider Partner und aller Paare.

## 2. Reverenz zu den Anwesenden und zum Partner

Ap: Bei dieser für ein Menuett typischen Reverenz stehen die Partner ohne Handfassung mit etwa zwei Schritten Abstand nebeneinander, der Herr links, die Dame rechts, die Füße in V-Stellung.

| Reverenz für den Herrn | Takt | |
|---|---|---|
| | | *Zu den Anwesenden:* |
| | 1 | r Bein r setzen (2. Position) |
| | 2 | der Dame die r Hand reichen |
| | 3 | den Oberkörper leicht vorneigen |
| | 4 | aufrichten und das l Bein an das r Bein heranziehen |
| | | *Zum Partner:* |
| | 5 | r Bein diagonal vor l Bein kreuzen (eventuell durch ein plié des linken Beines vorbereiten) |
| | 6 | 1/4 Wendung r zur Partnerin und dabei das l Bein zur Seite setzen (Der Herr steht nun in der 2. Position seiner Partnerin gegenüber.) |
| | 7 | mit Vorneigen des Oberkörpers zur Dame verbeugen |
| | 8 | aufrichten und r Bein an l Bein heranziehen |

| Reverenz für die Dame | Takt | |
|---|---|---|
| | | *Zu den Anwesenden:* |
| | 1 | l Bein l setzen (2. Position) |
| | 2 | r Bein heranziehen und dem Herrn die l Hand reichen |
| | 3 | die Knie beugen (plié) |
| | 4 | aufrichten |
| | | *Zum Partner:* |
| | 5 | l Bein kreuzt diagonal vor r Bein (eventuell durch ein plié des rechten Beines vorbereiten) |
| | 6 | 1/4 Wendung l zum Partner und dabei das r Bein an das l Bein heranziehen |
| | | (Die Dame steht nun in der 1. Position dem Partner gegenüber.) |
| | 7 | die Knie beugen |
| | 8 | aufrichten |

Zur Reverenz des Herrn und der Dame kann folgender Hilfstext gesprochen werden:
„seit – Hand – beugen – hoch l kreuzen – drehn – beugen – hoch"

## Aufgaben zum Einstieg

### Begrüßung

„Heute begrüßen wir uns auf eine ganz besondere Art". Der Lehrer zeigt den Kindern eine Reverenz (s.o.), die zusammen geübt wird. Er erzählt vom Leben am Hof, von großen Bällen, auf denen man sich gegenseitig präsentieren konnte, von prunkvoller Kleidung und wertvollem Schmuck. Bilder aus der Zeit der Rennaissance und des Barock vermitteln einen Eindruck von der damaligen Zeit.

### Schreiten durch das Schloss

Die Kinder schreiten zu langsamer Musik stolz und aufrecht durch den Raum, zeigen und mustern sich gegenseitig und begrüßen sich bei Begegnung mit einer Reverenz. Die Mädchen können so tun, als würden sie ihre Röcke seitlich halten, die Jungen tun, als würden sie in der rechten Hand einen Hut halten und halten ihre linke Hand an der linken Hosentasche, dort wo einst der Degen steckte, oder sie haken sich etwas zeitgemäßer die Daumen in die Hosentasche ein.

Zur Unterstützung und Einstimmung kann eine Musik im langsamen Gehtempo aus der Rennaissance oder dem Barock vom Band oder Klavier gespielt werden.

### Tanzen zur Musik

Im freien Tanzen zur Musik werden die Kinder mit der Musik vertraut. Mit Hilfe verschiedener Anregungen und Improvisationsaufgaben finden sie eigene Schrittarten zur Musik (vorwärts, rückwärts, seitwärts, gedrehte Schritte, Sprünge, Ballengang).

*Reverenz des „Herrn"*

# Pavane

Vermutlich von ital. *pavana* (aus Padua). Die Pavane ist ein in der Regel geradtaktiger höfischer Schreittanz des 16. und 17. Jhd., der die Basse Danse ablöste. Über die Herleitung des Namens herrschen unterschiedliche Meinungen. Vermutlich gab die italienische Stadt Padua der Pavane ihren Namen (alla pavana, was soviel heißt wie *in der Art von Padua*). Andere vermuten den Ursprung im spanischen Wort Pavo = Pfau, aufgrund der Ähnlichkeit zwischen einem Pfau, der seine Schwanzfedern spreizt, und den stolzen, würdevollen Bewegungen des Tanzes, der dazu geeignet war, sich prunkvoll und elegant zu zeigen.

Zur Eröffnung eines königlichen Festes oder auf Hochzeiten tanzte die Gesellschaft wie auf einer Prozession in einer langen Reihe von Paaren. Die Langsamkeit des Tanzes ermöglichte es den Herren, Hut und Schwert bei sich zu halten, und behinderte die Damen mit ihren langen Kleidern nicht.

Anfangs wurde das Tempo der Pavane mit gemäßigt bis schnell angegeben, in späteren Zeiten langsamer. Der Pavane kann ein schneller Nachtanz im Dreiertakt folgen, z. B. ein Saltarello oder später eine Galliarde.

Gegen Ende des 16. Jh. trat die Pavane als Tanz zurück, während sie als musikalische Form eine neue Bedeutung erlangte. Im 17. Jh. tauchte sie mit der Bezeichnung Paduana als Einleitungssatz einer deutschen Tanzsuite auf. Der Passamezzo ist eine bisweilen schnellere und schwungvollere Variante der Pavane mit ähnlichen musikalischen und choreographischen Strukturen.

Ein typisches Formschema der Pavane sind zwei bis vier wiederholte Abschnitte von 8, 12 oder 16 Takten (z. B.: a a b b c c), die in ♩ (alla breve) gespielt werden.

Der **Grundschritt** erstreckt sich bei Notation im 4/2- und 4/4-Takt über vier Takte, bei Notation im 2/2-Takt über acht Takte. Er wird mit zwei Einzelschritten (*pas simple*) und einem Doppelschritt (*pas double*) getanzt und beginnt bei beiden Partnern mit links. Das Tempo ist ein langsames Gehtempo von etwa ♩ = 104 (bei 4/4-Takt), bzw. ♩ = 104 (bei 4/2- und 2/2-Takt). Ein Einzelschritt ist ein einfacher Nachstellschritt, ein Doppelschritt besteht aus zwei Schritten und einem Nachstellschritt:

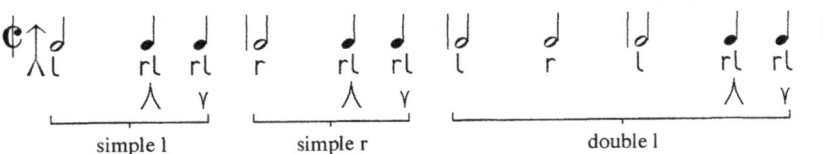

Dabei werden die Einzelschritte schräg nach außen gesetzt, der Kopf wendet sich in Schrittrichtung und die Fersen werden regelmäßig angehoben:

## Grundschritt nach links (2/2 Takt)

| *simple l* | Takt | | |
|---|---|---|---|
| | 1 | ♩ | aus 1. Position l Fuß schräg l vorsetzen mit Kopfwendung l |
| | | ♩ | r Fuß in 1. Position (V-Stellung) heranziehen und auf Zehenspitzen heben (Das Spielbein kann über den Boden schleifend herangezogen werden.) |
| | | ♩ | Fersen senken |
| *simple r* | 2 | | ebenso nach rechts |
| *double l* | 3 | ♩ | l Fuß geradeaus (bzw. auf der Kreislinie) vorsetzen |
| | | ♩ | r Fuß vorsetzen |
| | 4 | ♩ | l Fuß vorsetzen |
| | | ♩ | r Fuß in 1. Position heranziehen und auf Zehenspitzen heben |
| | | ♩ | Fersen senken |

Der darauffolgende Grundschritt wird gegengleich mit rechts beginnend vorwärts oder auch rückwärts getanzt. Die Schritte sind flach und klein, wie beim Menuett etwa eine Fußlänge auseinander. Die Kinder verwenden eine ihnen angemessene Schrittlänge, um die Schwierigkeit, die das langsame Tempo mit sich bringt, durch Eingrenzen der Bewegung nicht zu vergrößern.

Innerhalb dieses Grundschrittes waren eine Fülle von improvisierten Zwischenschritten möglich, solange der nächste Grundschritt wieder mit dem richtigen Fuß begonnen wurde. Die Hände werden tief gefasst.

## Einfache Grundschritte

### 1. Schritt – Schritt – Anstellschritt

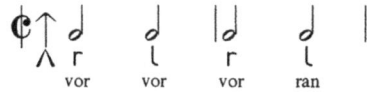

Die Kinder gehen eine regelmäßige Folge von Schritten, bei der der 4. Schritt angestellt wird. Dabei bleibt jedesmal freigestellt, mit welchem Fuß der Grundschritt beginnt, so dass die Unterscheidung von r und l sowie belastet und unbelastet vermieden wird.

### 2. Folge von doubles (ab 7 Jahre)

Bei einer Folge von doubles setzt der Grundschritt jedesmal mit einem anderen Bein ein. Die Kinder müssen also zwischen belastetem und unbelastetem Anstellen unterscheiden. Die Schritte werden flach ohne Heben und Senken der Fersen getanzt.
(Vorsicht! Manchmal ist der Boden heiß und der Fuß berührt nur kurz den Boden)

### 3. Doubles mit Heben der Fersen (für Fortgeschrittene)

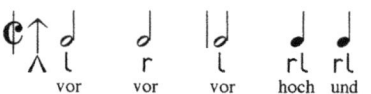

Beim 4. Schritt werden die Fersen angehoben und anschließend wieder gesenkt. Nach dem Anheben der Fersen stehen theoretisch beide Beine für den folgenden double zur Verfügung, da beide Beine belastet sind. (In Beispiel 2 ergibt sich dagegen unwillkürlich der Einsatz mit dem unbelasteten Spielbein.)

• Gelingt die Unterscheidung von rechts und links noch nicht sicher oder stellt ein Fußwechsel zu hohe koordinatorische Anforderungen, bleibt die Wahl des Fußes für den nächsten Grundschritt den Kindern überlassen. Der Ablauf des Tanzes wird dadurch nicht gestört.
Je nach Voraussetzungen der Gruppe wird – wie im Original vorgesehen – auf einen regelmäßigen Beinwechsel beim double geachtet, so dass der Grundschritt im Wechsel mit links und rechts beginnt.

### 4. Simple – simple – double (für Fortgeschrittene)

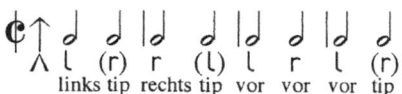

Simples und doubles werden als einfache Anstellschritte ohne Heben und Senken der Fersen getanzt.
Eine weitere Steigerung ist der oben beschriebene Grundschritt der Pavane. Werden dabei die simples anfangs zur Seite anstatt diagonal getanzt, so ergibt sich die Wahl des rechten oder linken Fußes unwillkürlich aus der Bewegungsrichtung.

• Auf der Kreisbahn in Tanzrichtung getanzt lassen sich die abstrakteren Begriffe rechts und links ersetzen durch die konkreteren innen und außen:
„in-nen, au-ßen, vor-wärts-ge-hen, au-ßen, in-nen, vor-wärts-ge-hen"
Gegen Tanzrichtung getanzt wird nach außen begonnen.

## Tanzbeispiel I

für Kinder ab sechs Jahren und eine beliebige Anzahl von Paaren

## Die Musik des Tanzes

_Anonym: Pavane 'Belle, qui tiens ma vie·_ [19] _und Claude Gervaise:'Pavane'_ [20] _(CD Nr. 1)_

Dem folgenden Tanz liegen zwei Pavanen zugrunde, die in sechs Durchgängen einander abwechseln: [21]

Pavane I – Pavane II – Pavane I – Pavane I – Pavane II – Pavane I

Vierter und sechster Durchgang sind nach einem vierstimmigen Satz von Thoinot Arbeau gesungen (Orchésographie 1588). Ein eintaktiges Trommelvorspiel ♩ ♫ ♩ ♫ verläuft als ostinate Begleitung weiter durch die Musik. Durch den ostinaten Rhythmus und die klar abgesetzte Spielweise können Kinder das Tempo gut aufnehmen. Das Tempo ist ♩ = 104. Eine abwechslungsreiche Instrumentierung lässt die musikalische Form deutlich hervortreten.

• Im Verlag der Spielleute gibt es eine weitere Aufnahme der Pavane „Belle, qui tiens ma vie". Sie ist getragener und langsamer gespielt und ohne ostinate Begleitung im Tempo von ♩ = 96 notiert im 2/2-Takt. An drei Durchgänge schließen sich unmittelbar eine Folge von sieben Galliarden an, von denen vier die musikalische Grundlage der in diesem Buch beschriebenen Galliarden bilden.

**Aufbau der Musik:**

|  | Pavane I | Pavane II | Pavane I | Pavane I | Pavane II | Pavane I |
|---|---|---|---|---|---|---|
| Form | A A B B | A A B | A A B | A A B B | A A B | A A B B |
| Takte | 4 4 4 4 (16) | 4 4 8 (16) | 4 4 4 4 (16) | 4 4 4 4 (16) | 4 4 8 (16) | 4 4 4 4 (16) |
| Tanz | Prozession | Platzwechsel | Prozession | Prozession | Platzwechsel | Prozession |

Die in Klammern aufgeführten Zahlen fassen die vorangehenden Takte zusammen und erscheinen in der zusammengefassten Form in der Tanzbeschreibung.

## Belle, qui tiens ma vie

T. Arbeau
Orchésographie 1589

**Pavane I**

---

19: Chorsatz bei Thoinot Arbeau (1520 – 1595) aus der „Orchésographie" 1589; wirklicher Name: Jean Tabourot; bedeutender Tanztheoretiker des 16. Jh.

20: Fünfstimmiger Satz aus Claude Gervaise, Sixième livre de Danceries, bei Attaignant, Paris 1555 (erschienen in Claude Gervaise, Sixième Livre de Danceries, for 4 Instruments, London Pro Musica Edition 1991; beinhaltet Pavanen, Galliarden und Bransles).

21: Diese beiden Pavanen wurden von Karl Heinz Taubert für eine Choreographie zusammengestellt („Höfische Tanze" – Ihre Geschichte und Choreographie", Mainz 1968).

1. Belle, qui tiens ma vie captive dans tes yeux,
   qui m'às l'âme ravie d'un souriz gracieux,
   viens tôt me secourir, ou me faudra mourir.

2. Pourquoi fuis-tu, mignarde, si je suis près de toy,
   quand tes yeux je regarde je me perds dedans moy,
   car tes perfections changent mes actions.

## Pavane d'Angleterre

Claude Gervaise
Sixième Livre de
Danceries 1550

**Pavane II**

## Tanzbeschreibung

**Im Überblick:** Elemente des Tanzes sind *Prozession*, *Platzwechsel* und *auseinander und zueinander* der Partner. Der Tanz kann – wie es für einen Eröffnungstanz angemessen ist – mit einer Reverenz vor Einsatz der Musik beginnen und ebenso enden (siehe *Reverenzen* S. 115). Nach der Reverenz stehen die Kinder in ihrer Ausgangsposition und stellen sich mit dem Trommelvorspiel auf das Tempo der Musik ein.

Bei der Prozession werden die Hände tief gefasst, für die anderen Teile werden sie gelöst. Der Kreis sollte möglichst groß bleiben, wobei beispielsweise eine Orientierung an den Außenwänden des Raumes helfen kann.

Ap: Die Kinder stehen im Paarkreis mit Blick in Tanzrichtung, die Hände sind tief gefasst. Die freien äußeren Arme hängen herab oder sind seitlich eingestützt.

In der folgenden Tanzbeschreibung sind einige Erläuterungen in Klammern kleingedruckt. Sie beziehen sich auf Gruppen, die nur mit Doubleschritten tanzen.

| **Pavane I** | Takt | |
|---|---|---|
| | 1 – 16 | *Prozession:* |
| | | 4 Grundschritte (simple, simple, double) vorwärts in Tanzrichtung in der Folge l – r – l – r |
| | | mit dem letzten Schritt dem Partner zuwenden und die Handfassung lösen |
| | | (8 doubles) |
| **Pavane II** | | |
| A-Teil | | |
| | 1 – 4 | *Platzwechsel:* |
| | | simple l seitwärts, simple r seitwärts, double l |
| | | beim double rechtsschultrig aneinander vorbeigehend mit dem Partner die Plätze wechseln |
| | | (mit 2 doubles ein ganzer Kreis rechtsschultrig umeinander herum) |
| | 5 – 8 | wie Takt 1 – 4 aber gegengleich; beim Wechsel zurück zum eigen-Platz linksschultrig aneinander vorbeigehen |
| | | (wie Takt 1 – 4) |

9 – 16   *Auseinander und zueinander:*
      mit 1 Grundschritt l rückwärts auseinander
      mit 1 Grundschritt r vorwärts zueinander
      (auseinander und zusammen mit je 1double, diesen Ablauf wiederholen)

**Pavane I**

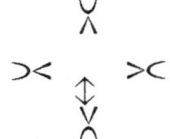

      1 – 16   *Prozession:*
          wie Pavane I im 1. Durchgang

**Pavane I**
      1 – 16   *Prozession vorwärts und rückwärts:*
          4 Grundschritte, wobei der 2. und 4. mit rechts rückwärts getanzt
          werden; mit dem letzen Grundschritt dem Partner zuwenden
          (8 doubles, wobei je 2 vorwärts und die folgenden 2 rückwärts getanzt wer-
          den)

**Pavane II**
      1 – 16   *Platzwechsel:*
          wie Pavane II im 2. Durchgang

**Pavane I**
      1 – 16   *Prozession:*
          wie Pavane I im 1. Durchgang

## Methodische Hinweise

– Zur Vorbereitung der Grundschritte üben die Kinder Nachstellschritte seitwärts und vorwärts (simples), sowie doubles ohne und mit Anheben der Fersen. Sie festigen die Unterscheidungsfähigkeit von rechts und links z. B. mit Hilfe von farbigen Klebepunkten auf Füßen oder Schuhen.
– Zur Vorbereitung des Tanzes werden die Kinder in die damalige Zeit eingeführt, Leben und Feiern bei Hof...
– Die Kinder schreiten im langsamen Tempo zur Musik oder zum Rhythmus einer Pauke/Trommel: alleine, zu zweit, in einer Schlange hintereinander, umeinander herum, immer rechts- oder linksschultrig an Entgegenkommenden vorbei...
– Zur Seitenorientierung beim Platzwechsel können die gegenüberstehenden Partner die rechten Hände fassen. Eventuell sind sie mit einem roten Klebepunkt versehen (Die Worte *rechts* und *rot* beginnen mit demselben Buchstaben).
    Wird mit dem „originalen" Grundschritt der Pavane getanzt, reichen die Kinder beim Grundschritt l die rechte Hand, beim Grundschritt r die linke.
– Die Pavane lässt sich gut mit Kerzen tanzen, was ihren langsamen und festlichen Charakter unterstreicht.

Die oben beschriebene Tanzform ist sehr einfach, so dass die Aufmerksamkeit auf die Schritte gelenkt werden kann. Durch Austausch einzelner Tanzfiguren kann die Form anspruchsvoller gestaltet werden, z. B.:
Prozession – Hecke – Prozession – Platzwechsel – Hecke – Prozession

**Hecke:**

1 – 2   simple l seitwärts, simple r seitwärts
3 – 4   double l (schräg l vor) mit Platzwechsel mit dem links auf der gegenüberliegenden Seite stehenden Partner (Der Platzwechsel erfolgt linksschultrig aneinander vorbei.)
      mit dem letzten Anstellschritt um die linke Schulter dem neuen Partner zuwenden
5 – 6   simple r seitwärts, simple l seitwärts
7 – 8   double r (schräg r vor) mit Platzwechsel mit dem rechts auf der gegenüberliegenden Seite stehenden Partner (Der Platzwechsel erfolgt rechtsschultrig aneinander vorbei.) mit dem letzten Anstellschritt um die rechte Schulter dem neuen Partner zuwenden
9 – 16   ebenso

Während des Platzwechsels beim 1. double können die Kinder dem von 1 entgegenkommenden, mit dem sie die Plätze tauschen, die linke Hand reichen. Dadurch ist der Platzwechsel nur linksschultrig aneinander vorbei möglich. Beim 2. double reichen sie die rechte Hand. Blickkontakt beim Platzwechsel mit dem entgegenkommenden hilft – abgesehen vom ästhetischen Aspekt – bei der räumlichen Orientierung.

---

## Tanzbeispiel II

ab acht Jahre, für eine beliebige Anzahl von Paaren

Die Spanische Pavane (Pavane d'Espagne) ist eine lebhaftere Variante der Pavane. Arbeau gibt an, dass einige Tänzer den auf die beiden simples folgenden double durch schnellere Fußbewegungen unterteilten. Dabei solle eine Schrittfolge immer beendet werden mit: *piéd en l'air l, piéd en l'air r* und abschließendem *piéds joints* (siehe *Galliarde* S. 124). Der Grundschritt dieses Tanzbeispiels kann in einer fortgeschrittenen Gruppe mit Hilfe von weiteren Schrittarten der Galliarde variiert werden.

## Einfacher Grundschritt

**Simple, piéd en l'air, piéds joints**

Auf 1 simple l und 1 simple r in Takt 1 und 2 (als einfache Nachstellschritte oder, wie links notiert, mit Anheben der Fersen) folgen einfache kleine Sprünge:

piéd en l'air l, piéds joints, piéd en l'air r, piéds joints (Takt 3)
piéd en l'air l, piéd en l'air r, piéds joints (Takt 4)
Der Grundschritt beginnt immer mit links. Mit diesen Sprüngen sind die meisten Kinder dieses Alters vertraut.

## Die Musik des Tanzes

*Jaques Moderne (ca. 1495 – 1500): Pavane 'La Gaiette' (CD Nr.2)*

Moderne war ein in Lyon niedergelassener Drucker, wahrscheinlich selbst kein Musiker. Hinrich Langeloh gibt zu dieser Pavane in seinem Buch *Renaissance-Tänze* ein Beispiel mit verschiedenen Schrittvariationen. Die Musik ist vierteilig, wobei jeder Teil wiederholt wird. Der oben beschriebene einfache Grundschritt entspricht der Dauer eines Musikteils. Die Einspielung umfasst zwei Durchgänge.

**Aufbau der Musik:**

| Form | A A | B B | C C | D D |
|------|-----|-----|-----|-----|
| Takte | 4 4 (8) | 4 4 (8) | 4 4 (8) | 4 4 (8) |
| Tanz | Prozession | voreinander | auseinander | Platzwechsel |

# Tanzbeschreibung

**Im Überblick:** Die Tanzform ist an das Tanzbeispiel 1 angelehnt.

Ap: Die Kinder stehen im Paarkreis mit Blick in Tanzrichtung, der „Herr" steht links, die „Dame" rechts. Die Hände sind tief gefasst, die freien äußeren Arme sind seitlich eingestützt oder hängen herab.

A-Teil

1 – 8   *Prozession:*
   den oben beschriebenen Grundschritt 2-mal in Tanzrichtung tanzen
   mit dem letzten Sprung (piéds joints) dem Partner zuwenden

B-Teil

1 – 4   *Voreinander:*
   simple l seitwärts, simple r seitwärts
   die kleinen Sprünge voreinander
5 – 8   ebenso

C-Teil

1 – 8   *Auseinander und zueinander:*
   mit 1 Grundschritt auseinander
   mit 1 Grundschritt zueinander

D-Teil

1 – 4   *Platzwechsel:*
   mit 1 simple l links neben dem Partner stehen
   mit 1 simple r auf dem Platz des Partners stehen
   beim Anstellen des l Beines 1/2 Drehung um die r Schulter und
   dem Partner zuwenden
   die kleinen Sprünge voreinander
5 – 8   ebenso mit gegengleicher Fußsetzung

Für den 2. Durchgang gilt derselbe Ablauf.

# Galliarde

von ital. *gagliardo* (lebhaft, fröhlich). Die Galliarde ist im 16. und frühen 17. Jh. zur Zeit der späten Renaissance und des frühen Barock ein verbreiteter lebendiger und ausgelassener Sprungtanz mit pantomimischen Elementen. Sie steht im Dreiertakt und ist meist dreiteilig. Ursprünglich handelt es sich um einen volkstümlichen Tanz, der mit dem gesellschaftlichen Aufstieg des Bürgertums Einzug in die höfische Gesellschaft erhält.

Auf einen langsamen Schreittanz im geraden Takt folgte häufig ein schneller Spring- oder Drehtanz im Dreiertakt. Ein solches Paar bilden die Pavane und die Galliarde. Gelegentlich basieren Vor- und Nachtanz auf derselben Melodie im unterschiedlichen Metrum und Tempo, so dass die Galliarde als rhythmisierte Pavane erscheinen kann. Ab 1600 tritt sie zunehmend als reines Vortragsstück auf und erfährt einige stilistische Veränderungen.

Zusammen mit der Galliarde gehören Saltarello, Tourdion (frz. Nachtanz der Basse Danse), Hupfauf, Proportz oder Nachtanz (deutsch) zu einer Gattung mit ähnlichen Strukturen von Metrum und Form. Je schneller das Tempo, desto schneller und flacher werden die Schritte. Ein langsames Tempo ermöglicht große Sprunghöhe. Um die kleinen und großen Sprünge durchführen zu können, tanzen die Paare in der Regel ohne Handfassung. Die Dame trennt sich vom Herrn und tanzt mit flacheren Schritten und Sprüngen zu einer anderen Stelle des Saales, wo sie auf den Herrn wartet, der mit kunstvollen lebhaften Schritten und virtuosen Sprüngen und Drehungen hinter ihr her und um sie herum tanzt.

Typisch für den Rhythmus einer Galliarde sind Punktierungen, die auf zweierlei Art auftreten können:
1. im 1. Takt bzw. der 1. Takthälfte:

2. im 2. Takt bzw. der 2. Takthälfte:

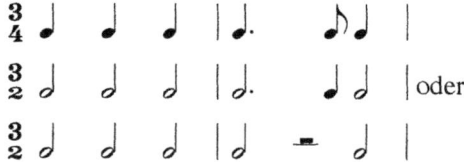

Der **Grundschritt**, *cinq pas* genannt, umfasst 5 Schritte, die auf 6 Zählzeiten (ein oder zwei Takte) getanzt werden: 4 kleine Sprünge (saults mineurs), ein großer Sprung (sault majeur) und das Landen der Beine aus dem großen Sprung in der *posture*:

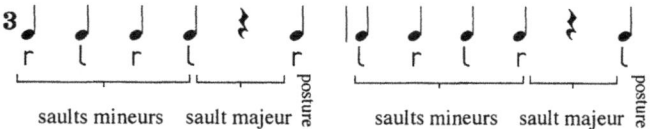

Die kleinen Sprünge können als auf dem Fußballen vorwärts gesprungene Hüpfer mit vor gestrecktem Spielbein getanzt werden, so „als wolle man jemandem einen Tritt versetzen"(Arbeau)[22]. Sie werden *grue* genannt und sind wie eine Vorbereitung für den anschließenden großen Sprung. Dabei erfolgt der 1. Sprung *auf* die 1. Zählzeit. Die kleinen Sprünge können vielfältig variiert und durch andere Sprünge ersetzt werden. Aus dem 4. Sprung erfolgt unmittelbar der Absprung zum großen Sprung, so dass sich der Körper auf der 5. Zählzeit in der Luft befindet, um auf der 6. in der *posture* wieder zu landen. Beim großen Sprung erfolgt ein Fußwechsel (beim Absprung vom rechten Bein erfolgt die Landung auf dem linken), so dass die Wiederholung des Grundschrittes mit dem anderen Bein beginnt. Auch in der Wahl des großen Sprunges bestehen alle Freiheiten (z. B. Anschlagsprünge, Drehsprünge). Bei der Landung nach dem Sprung in der *posture* steht ein Fuß vor dem anderen (4. oder auch 5. Position). Das hintere Bein landet früher als das vordere, das Gewicht lastet auf beiden Füßen. Während einer Folge von Grundschritten bleibt nach dem großen Sprung das Gewicht auf dem zuerst landenden Bein, um direkt den 1. kleinen Sprung des nächsten Grundschrittes mit dem anderen unbelasteten Bein anschließen zu können.

---

22: Thoinot Arbeau: Orchésographie, Langres 1589.

Einige der folgenden **Schrittarten** bilden die Grundlage für einfache Grundschritte. Aus ihnen können eigene Kombinationen zusammengestellt werden. Manche Schritte sind nach Tierbewegungen benannt, was den Kindern eine Merkhilfe sein kann. Will man bei einer Schrittart das rechte oder linke Bein angeben, so bedeutet z. B. grue r, dass das rechte Bein vorgestoßen wird. Die Angabe r oder l neben der Bezeichnung des Tanzschrittes bezieht sich also auf das Spielbein.

**Grue** (greue, grève)[23] – Kranichschritt
Beim Sprung auf ein Bein wird das Spielbein nach vorne angehoben „als wolle man jemandem einen Tritt versetzen", so Arbeau.
Das etwas flachere Heben des Beines bei den Damen heißt **piéd en l'air**.

**Ruade** – Hufschlag
Beim Sprung auf ein Bein wird der Unterschenkel des Spielbeins nach hinten gehoben, als wolle man ausschlagen wie ein Pferd.

**Ru de vache** – Kuhstoß
Beim Sprung auf ein Bein wird das andere seitlich gehoben, so wie das seitliche Ausschlagen einer Kuh.

**Piéd croisé** – Fuß gekreuzt
Das Spielbein kreuzt vor oder hinter dem Standbein, in Schienbeinhöhe beim Herrn oder in Fußgelenkhöhe bei der Dame.

**Piéds joints** – Füße zusammen
Nach dem Absprung erfolgt die Landung auf beiden Beinen.

**Entretaille**
Wie bei einem chassé springt ein Fuß an die Stelle des anderen, welcher gleichzeitig nach vorne zu einem *grue* vorgestoßen wird.

**Posture** (Stellung, Positur)
Bei einer posture r (rechte Positur) steht das rechte Bein vorne.

*grue (grève), links*

*ru de vache, links*

*ruade, links*

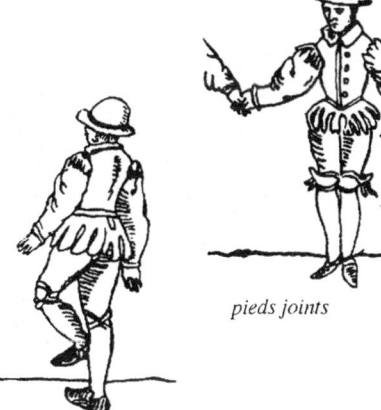

*pieds joints*

*pied croisé, links*

*posture, rechts*

# Einfache Grundschritte

Der Oberkörper ist beim Tanz aufgerichtet, besonders im großen Sprung. Seitliches Einstützen der Hände auf den Hüften unterstützt die Haltung. Der gewählte Grundschritt wird bei der gesamten Tanzgestaltung beibehalten. In einer erfahrenen Gruppe können einzelnen Tanzfiguren unterschiedliche Grundschritte zugeordnet werden.
Die Sprünge sollten nur so hoch sein, dass dabei die Körperspannung beibehalten werden kann. Der Tanz auf dem Fußballen ergibt sich bei einigen durch Tempo und Körperspannung von selbst.
Je deutlicher der Rhythmus der Musik zum Springen herausfordert, desto leichter fällt es Kindern, den Rhythmus des Grundschrittes aufzunehmen.
.Die posture verlangt eine zeitlich und technisch gute Ausführung des Sprunges. Wichtiger als eine ordentliche posture ist bei den Kindern ein deutlicher Schrittrhythmus. Nach Beenden einer Schrittfolge nehmen die Kinder eine einheitliche Stellung ein, in der sie auf den Partner warten, z. B.:

---

23: Die Übersetzung des von Arbeau geschriebenen Begriffes *greue* ist umstritten. Die Bezeichnung *grève* bezieht sich auf das altfranzösische Wort für „Wade", *grue* ist das französische Wort für „Kranich".

– eine posture im Sinne Arbeaus, bei der nach dem großen Sprung beide Beine belastet sind und ein Bein vor dem anderen steht,

– eine Stellung, bei der nach der Landung aus dem großen Sprung das Gewicht auf dem zuerst landenden Bein ruht, während das Spielbein gestreckt und ohne Gewicht vor das Standbein gehalten wird.

Beim Mitsprechen zur Bewegung wird der 4. Laufschritt nicht mehr benannt, da aus ihm direkt der Sprung hervorgeht („eins zwei drei | Sprung ₹ und"). Manche Kinder vergessen dabei jedoch den 4. Sprung und springen schon auf der 3. Zählzeit ab. In diesem Fall kann das Mitsprechen abgewandelt werden in „eins zwei drei | vier ₹ und", wobei eine Steigerung der Sprechdynamik bis zum Sprung hilfreich ist.

Die erste einfache Variante für Kinder erfolgt ohne den geforderten Fußwechsel nach jedem Grundschritt und ist daher leicht erlernbar.

### 1. Vier Laufschritte und ein Hüpfer

Die Laufschritte werden wie gewöhnliches Laufen, aber leicht gesprungen und wenig raumgreifend durchgeführt. Dabei können die Unterschenkel gleich einer Ruade (s. o.) betont nach hinten gehoben werden.

Der große Sprung, als Hüpfer ohne Beinwechsel durchgeführt, wirkt optisch klarer und ruhiger als ein Sprung mit Beinwechsel, hat aber den Nachteil, dass das Sprungbein dasselbe bleibt. Gelegentlicher Wechsel des Sprungbeins beim Üben, Pausen und Lokkern der Waden helfen, eine Überbeanspruchung zu vermeiden.

### 2. Vier Laufschritte und ein Galoppsprung

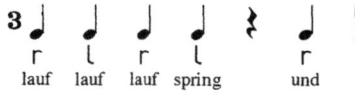

Der Sprung kann wie das gewöhnliche Überspringen eines Hindernisses durchgeführt werden.

### 3. Vier Laufschritte und ein Scherensprung

Bei weniger Tanzerfahrenen wird der Scherensprung flach am Boden ausgeführt, um die Körperspannung halten zu können.
Die Wiederholung des Grundschritts beginnt mit einem Sprung auf links.

\* Das linke Bein landet unbelastet vorgestreckt, die Zehenspitzen berühren den Boden.

### 4. Vier Grues und ein Scherensprung

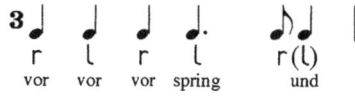

Je nach Voraussetzungen der Gruppe wird das Spielbein bei den Grues nur flach über den Boden gehalten oder auch etwas höher. Die Grues erfordern mehr Kraft und Körperspannung als die Ruaden.

Die Bezeichnungen r und l unter den Noten beziehen sich grundsätzlich auf den Kontakt der Füße zum Boden, während *grue l* das Anheben des linken Beines bedeutet.

### 5. Ruade, Piéd croisé, Ruade und ein Scherensprung

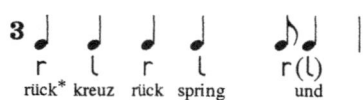

DieseKombination erfordert Übung und kann gelingen, wenn der Scherensprung r und l sowie der schnell erlernbare Wechsel Ruade – Piéd croisé mit beiden Beinen selbstverständlich ist.

\* Das linke Bein wird nach hinten gehoben.

---

**Tanzbeispiel**

für acht- bis zwölfjährige und eine beliebige Anzahl von Paaren

## Die Musik des Tanzes

*Thoinot Arbeau (1520 – 1595): Galliarden: Antoinette, Baisons, La Traditore, Si j'ayme (CD Nr. 3)*

In der Aufnahme des *Early Music Consort*[24] folgen sieben Galliarden unmittelbar aufeinander, von denen die ersten vier der folgenden Tanzbeschreibung zugrunde liegen, d. h. die Musik der diesem Buch zugehörigen CD endet nach den ersten vier Galliarden. Diese vier kurzen Stücke, von denen die ersten beiden zweimal gespielt werden, sind abwechslungsreich instrumentiert und behalten konsequent denselben Rhythmus bei: ♩ ♩ ♩ ♩ 𝄾 ♩ . Durch die klare rhythmische und melodische Struktur der Musik können sich die Kinder leicht einschwingen.

**Aufbau der Musik:**

| | „Antoinette" | „Baisons nous belle" | „La traditore" | „Si j'ayme ou non" |
|---|---|---|---|---|
| Form | ‖: A A B B C C :‖ | ‖: A A B B :‖ | A A B B | A A B B |
| Takte | ‖: 2 2 2 2 2 2 :‖ (24) | ‖: 2 2 2 2 :‖ (16) | 4 4 4 4 (16) | 4 4 4 4 (16) |

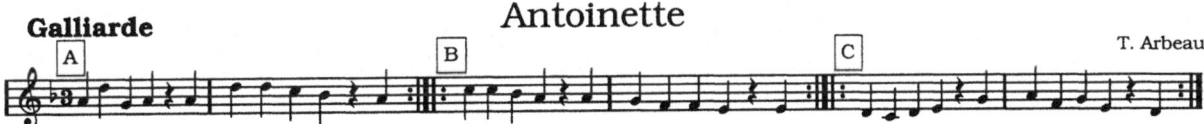

Antoinette — Galliarde — T. Arbeau

Baisons nous belle — Galliarde — T. Arbeau

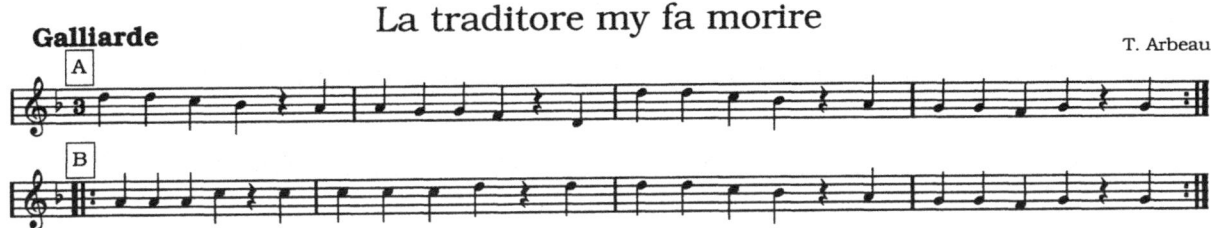

La traditore my fa morire — Galliarde — T. Arbeau

Si j'ayme ou non — Galliarde — T. Arbeau

---

24: aus: Renaissance-Tänze der Orchésographie nach Thoinot Arbeau, Kathargo, Early Music Consort, Verlag der Spielleute 1993.

# Tanzbeschreibung

**Im Überblick:** Die numerierten Paare stehen am Rand des Raumes. Für jedes Paar wird ein Weg für den Auftritt festgelegt, so dass die Paare am Ende der 1. Galliarde *Antoinette* einen Kreis mit Blick nach innen bilden. Jeder der folgenden drei Galliarden sind ein bis zwei Formen zugeordnet. Ein Grundschritt (Gs) erfolgt über einen Takt. Dabei tanzt meistens die Dame 2 oder 4 Takte bzw. Grundschritte vom Herrn weg, der solange wartet. Hat sie ihren Teil beendet, tanzt er ihr hinterher, während sie wiederum auf ihn wartet. Der Tanz beginnt und endet mit einer Reverenz (siehe *Reverenz zum Partner* S. 115) vor bzw. nach der Musik.

„Antoinette" (beide Durchgänge)

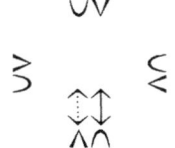

| Takt | *Auftritt der Paare:* |
|---|---|
| 1 – 2 | Die Dame des 1. Paares tanzt mit 2 Gs auf den für sie vorgesehenen Platz. |
| 3 – 4 | Der Herr tanzt ihr hinterher und endet an ihrer linken Seite. |
| 5 – 24 | Ebenso die folgenden Paare: Die Musik lässt Zeit für den Auftritt von 6 Paaren. Sind es mehr, so treten mehrere zugleich auf, sind es weniger, so wird gewartet bis zum Beginn von „Baisons". |

• Bei einer geringen Anzahl von Paaren kann die Anfangsreverenz auch auf die ersten 4 Takte der Musik ausgeführt werden, so dass anschließend nur noch 5 Paare auftreten.

„Baisons" (1. Durchgang)

| | *In den Kreis und zurück:* |
|---|---|
| 1 – 8 | Die Dame tanzt mit 2 Gs zur Kreismitte und mit 2 Gs rückwärts wieder zurück, ebenso der Herr. |

„Baisons" (2. Durchgang)

| | *Den Nachbarn umkreisen:* |
|---|---|
| 9 – 16 | Die Dame umkreist mit 4 vorwärts getanzten Gs den rechten Herrn; anschließend umkreist der Herr ebenso die linke Dame. |

„La traditore my fa morire"

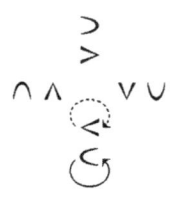

| | *Zum übernächsten Paar* |
|---|---|
| 1 – 8 | Die Dame tanzt mit 4 Gs zum übernächsten Paar in Tanzrichtung (bei geringer Anzahl von Paaren wie in der Abb. nur zum nächsten), ebenso der Herr. |
| 9 – 16 | Die Dame tanzt mit 4 Gs zum übernächsten Paar gegen Tanzrichtung, ebenso der Herr. Beide enden gegen Tanzrichtung nebeneinanderstehend. |

„Si j'ayme ou non"

A-Teil

| | *Spiegelbild:* |
|---|---|
| 1 – 2 | Die Paare tanzen gleichzeitig im kleinen Kreis wie ein Spiegelbild voneinander weg und befinden sich nach dem 2. Gs wieder nebeneinander, so dass die Form einer Acht entstanden ist. |
| 3 – 4 | wie Takt 1–2, aber mit einer halben Drehung beim Sprung in Takt 4, so dass ein Richtungswechsel erfolgt |
| 5 – 8 | wie Takt 1–4, aber in die andere Richtung |

B-Teil

∪∨

> >     <
∧
‡↕‡
∧∩

*In den Kreis – alleine und zusammen:*

1 – 4   Die Dame tanzt mit 1 Gs zur Kreismitte und mit 1 Gs zurück, ebenso beide Partner gemeinsam.

5 – 8   Der Herr tanzt mit 1 Gs zur Kreismitte und mit 1 Gs zurück; ebenso beide Partner gemeinsam.

## Methodische Hinweise

Gleich mit welchem Grundschritt getanzt werden soll, ist es hilfreich, zum Erlernen der Form zunächst eine leichte Schrittfolge zu verwenden, mit deren Hilfe sich die Kinder in den Rhythmus einpendeln können (vier Laufschritte und ein Hüpfer). Beim Tanz kann eine Trommel (oder Trommel im Wechsel mit Schellenkranz) den Schrittrhythmus unterstützen: | ♩ ♩ ♩ ♩ ♪ ♩ |

Eine Herausforderung ist die räumliche Einteilung der Schritte. Wenn der „Herr" der „Dame" nachtanzt, sollte er beispielsweise genau neben der Dame enden und nicht hinterhertrödeln, um dann mit einem letzten Riesensprung neben ihr zu landen. Aus der Idee der Galliarde als Werbetanz mit pantomimischen Elementen lässt sich manche lustige Aufgabe entwickeln, z. B. lässt sich der Grundschritt als Verfolgungsspiel zwischen zwei Partnern mit freien Raumwegen einüben.

# Menuett

von frz.: *pas menu* (kleiner zierlicher Schritt). Mit seiner würdevollen, graziösen Ausstrahlung galt das Menuett als die Königin der Tänze. Um 1660 von Lullys Ballettmeister Beauchamp am Hof Ludwig des XIV. eingeführt, entwickelte es sich im 17. und 18. Jh. zu einem sehr beliebten und weitverbreiteten Gesellschafts- und Bühnentanz mit komplexen Schritt- und Raumfiguren. Auf einem Ball wurde es zur Eröffnung des Festes getanzt.

In Frankreich wurde das Menuett im gemäßigten, langsamen Tempo getanzt, während die Italiener raschere Tempi bevorzugten. Quantz gibt ein Tempo von ♩ = 160 an. Im Unterricht mit Kindern eignet sich ein Gehtempo um 116. Brossard[25] beschreibt das Menuett als einen raschen und lustigen Tanz, während ihm Rousseau[26] erwidert:

> *„Der Charakter des Menuetts ist im Gegenteil von eleganter und vornehmer Einfachheit; sein Tempo ist eher gemäßigt als schnell, und man kann sagen, dass das Menuett von allen bei unseren Bällen üblichen Tänzen der am wenigsten fröhliche Tanz ist. Auf dem Theater ist dies jedoch anders.“*
> (Jean-Jaques Rousseau: Dictionnaire de musique, 1767)

Das Menuett wird im Dreiertakt notiert. Die Taktangaben 3/8 oder 6/8 deuten auf den fröhlichen, lebendigen Charakter italienisch geprägter Menuette hin, von denen sich Beispiele in Opern von Händel und Scarlatti finden. Eine schnellere Verwandte des Menuetts ist der Passepied.

Auch in der zweiten Hälfte des 18. Jh. schrieben Komponisten wie Haydn, Mozart oder Schubert noch Menuette für den Tanzgebrauch, es lebte jedoch vor allem als stilisierter Satz weiter.

Das Menuett besteht oft aus zwei 4- oder 8-taktigen Teilen. Im 18. Jh. weitet es sich zu einer dreiteiligen Form, indem ein zweites Menuett folgt und anschließend das erste wiederholt wird. Daraus entwickelt sich die Folge Menuett – Trio – Menuett.

• Der Grundschritt des Menuetts erfolgt auf 2 Dreiertakte, so dass also immer 2 Takte eine musikalische Einheit bilden. Eine Kennzeichnung als 6/4- oder 6/8-Takt –berücksichtigt die Zweitaktigkeit des Menuetts. Der von Zeitgenossen beklagte Widerspruch zwischen der Notation im Dreiertakt und der Zusammengehörigkeit von 6 Zählzeiten sollte – so die Empfehlung – dadurch ausgeglichen werden, dass das Menuett nicht als 3/4-Takt sondern als 6/4-Takt dirigiert wird. Die Schlagbewegung eines 3/4-Taktes misst jedem Takt die gleiche Stellung bei und erfordert darüber hinaus sehr schnelle Schlagbewegungen. Die Schlagbewegung eines 6/4-Taktes mit einem Abschlag auf der 1 und einem Aufschlag auf der 4. Zählzeit wird dagegen der Zweitaktigkeit, dem Fluss und Tempo des Menuetts eher gerecht.

Zur Eröffnung eines Balles erweist das tanzende Paar mit einer Reverenz zunächst dem gastgebenden Herrscherpaar die Ehre, anschließend sich gegenseitig. Das Paar beginnt den Tanz auf den gegenüberliegenden Seiten einer gedachten rechteckigen Fläche. Typische Figuren eines Menuetts für ein einzelnes Paar sind Schritte entlang eines imaginären liegenden Z[27], bei dem die Partner in der Mitte aneinander vorbeigehen, sowie ein Kreis umeinander herum, bei dem mal die rechte Hand, mal die linke oder auch beide Hände sich fassen. Der Tanz endet wie begonnen mit der Reverenz zum Gastgeber und zueinander. [28]

Neben seiner Stellung als Tanz für ein einzelnes Paar konnte das Menuett auch von mehreren Einzelpaaren in freier Raumaufstellung oder in Reihen getanzt werden. Als Menuett für vier Paare weist es mit Figuren wie der Kette, Handtour und Mühle einige Ähnlichkeit zu den sich im 18. Jh. von England aus immer weiter ausbreitenden Contredances auf.

Der **Grundschritt** umfasst vier Schritte auf zwei Takte bzw. sechs Zählzeiten. Eine gebräuchliche Kombination sind zwei Halb- oder Beugeschritte (*demi coupé*) und zwei Schritte (*pas marché*):

### Demi-coupé

Mit einer Beugung beginnend wird das Gewicht von einem Bein auf das andere übertragen: Das Gewicht ruht auf dem linken Bein, das rechte befindet sich unbelastet hinter dem linken mit der Fußspitze am Boden (4. Position l). Während beide Knie gebeugt werden, wird gleichzeitig die rechte Ferse an die linke unbelastet herangezogen, der Fuß schwebt über dem Boden. Der rechte Fuß wird weiter nach vorne geführt mit gleichzeitiger Streckung beider

---

25: geb. 1655, Theologe, Kapellmeister und Inhaber einer berühmten Musikbibliothek
26: geb. 1712, frz. Philosoph, Schriftsteller und Komponist
27: vor 1700 ein S als Zeichen für den Sonnenkönig
28: Eine Tanzbeschreibung eines Menuetts für ein Paar findet sich in K. H. Taubert: Höfische Tänze – Ihre Geschichte und ihre Choreographie, Mainz 1968.

Beine und anschließender Gewichtsübertragung auf rechts. Das linke Bein bleibt rückwärts gestreckt. Das demi-coupé erfolgt auf zwei Zählzeiten.

## Pas marché

Damit ist ganz einfach das Gehen oder Schreiten beim Tanzen gemeint. Ein pas marché ist die Gewichtsübertragung von einem Fuß auf den anderen, wobei das Spielbein bis zur Streckung vorgeführt wird. Das Gewicht kann auf den Fußballen oder den ganzen Fuß übertragen werden.

In den Grundschritt konnten viele andere Schritte des Barock aufgenommen werden wie _contretemps_, _balancé_, _fleuret_ und _pirouette_, was mit ein Grund für das lange Überleben des Menuetts gewesen sein mag.

> „_Wenn man Lust zu haselieren und sich zu tummeln hat, so kan die gantze Menuet durch und durch, fast ohne einiges Haupt-Pas, mit dergleichen Variationibus ausgefüllet werden. Gleichwie wir anitzo in den sieben nachfolgenden Capiteln von allen zulänglich vernehmen werden._" (Gottfried Taubert: Rechtschaffener Tantz-meister, Leipzig 1717)

Der Grundschritt beginnt immer mit rechts auf der 1. Zählzeit und wird auf dem Fußballen getanzt. Halbschritte und Schritte können unterschiedlich kombiniert werden, so dass die pas marchés (pm) und die Beugungen der demi-coupés (d-c) auf verschiedene Zählzeiten fallen können. Das erste der folgenden Beispiele ist ein häufig beschriebenes Schrittmuster:

### 1. Schritte auf Zählzeit 1, 2, 4 und 5

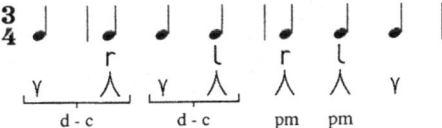

### 2. Schritte auf Zählzeit 1, 2, 4 und 6[29]

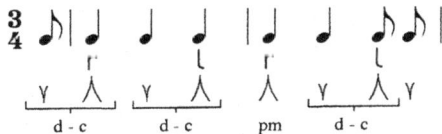

### 3. Schritte auf Zählzeit 1, 4, 5 und 6

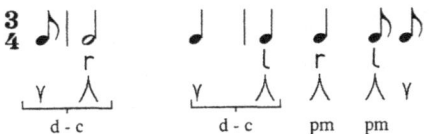

Wird zum Tanz _live_ musiziert, so unterstützen die begleitenden Musiker mit leichten Akzenten die demi-coupés oder demi-jetés. Beim Spielen sollte die Einheit von 2 Takten und der Akzent auf dem 1. Schlag dieser Einheit zur Geltung kommen.

Auch die **Armbewegung**, das _porte les bras_ erfolgt über 2 Takte: auf der 6. Zählzeit, also mit einer Beugung der Knie werden die Arme nach vorne zusammengeführt. Sie „fallen" dabei nach innen und werden über den Daumen eingerollt, mit den übrigen 5 Zählzeiten werden sie wieder ausgedreht und nach außen geführt. Bei Partnerfassung kann die Bewegung mit einem Arm ausgeführt werden. Die Dame dagegen hält an beiden Seiten ihren Rock mit Daumen und Zeigefinger, wobei der Ellenbogen leicht zur Hüfte gedreht ist und die Hand nach außen weist. Bei Handfassung hält sie den Rock nur mit einer Hand.

---

29: Auf der 6. Zählzeit kann ein demi-jeté erfolgen: kleiner Sprung von einem Bein auf das andere von der 5. auf die 6. Zählzeit mit unmittelbar anschließender Beugung zur nächsten Eins. Generell kann auch auf anderen Zählzeiten ein demi-coupé durch ein demi-jeté ersetzt werden.

## Einfache Grundschritte

Der erste der drei folgenden Vorschläge lässt sich bei entsprechender Vorbereitung schon mit Siebenjährigen realisieren, der dritte ist für Ältere geeignet. Die Schritte können vorwärts und rückwärts getanzt werden. Anstelle des Ballengangs kann auch auf dem ganzen Fuß gegangen werden, also mit einfachen Gehschritten.

### 1. Zwei hohe Schritte und ein tiefer Schritt

Eine ganz einfache Schrittart sind drei gewöhnliche Gehschritte, wobei beim dritten beide Knie etwas gebeugt werden. Auf dem Fußballen getanzt ähnelt dieser Schritt einem Walzerschritt, bei dem die Hoch-tief-Verteilung der drei Schritte eines Taktes jedoch genau umgekehrt ist: nicht tief – hoch – hoch, sondern hoch – hoch – tief. Es erfolgen also zwei hohe Schritte auf dem Ballen mit gestreckten Beinen und ein tiefer mit leicht gebeugten Knien. (Dieser Schritt entspricht einem *pas de bourrée*, siehe Kapitel *Schrittarten* S. 104)

• Wechsel von Gehen auf dem Fußballen und auf der ganzen Sohle zur Musik, wobei 2 Signale (Tücher, Klänge...) den Wechsel anzeigen
sitzend zweimal in die Hände und einmal auf die Oberschenkel patschen und dazu sprechen „hoch – hoch – tief" (Durch eine höhere Sprechstimme beim Klatschen und eine tiefere beim Patschen werden die beiden Raumebenen stimmlich unterschieden.)

### 2. Ein langsamer und drei schnelle Schritte

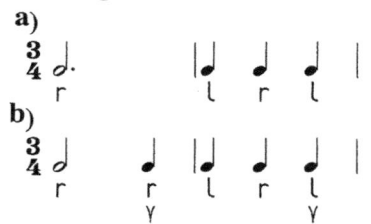

Dieser Grundschritt entspricht in etwa dem dritten Beispiel der oben genannten Schrittmuster: ein langsamer Schritt im 1. Takt und drei Schritte im zweiten (a). Fortgeschrittene können auf der 3. und 6. Zählzeit zusätzlich die Knie beugen (b).

• Vorbereitend wird der Schrittrhythmus mitgeklatscht. Beim Mitsprechen unterstützen wieder verschiedene Sprechlagen das Auf und Ab der Schritte, z. B.:„lang-sam und | eins zwei drei"

### 3. Vier Schritte und zwei Beugungen

Diese Kombination entspricht dem zweiten oben genannten Beispiel: ein Schritt - eine Beugung – drei Schritte – eine Beugung.
Beim Beugen auf der 2. und 6. Zählzeit wird – dem Original entsprechend – die Ferse des Spielbeins an die andere Ferse herangezogen (=1. Position, ohne Kontakt des Spielbeins zum Boden). Dadurch ergibt sich auf jeder Zählzeit eine Aktion, die die Ausführung erleichtert: „Schritt tok Schritt | Schritt Schritt tok ".

• Vorbereitung mit Klanggesten und Stimme: kla pa kla | kla kla pa, dazu Worte sprechen, wie „Mö-ve und | Pin-gu-in"
den Grundschritt im Kreis mit Handfassung gehen und dabei die Hoch-tief-Bewegung durch Heben und Senken der Arme unterstützen

**Armhaltung:** Die Koordination von Schritt- und Armbewegung ist für Kinder zu kompliziert. Sie fassen die Hände mit W-Fassung. Der „Herr" stützt seine freie Hand auf die Hüfte oder hält einen Hut in der Hand. Die Dame hält mit Daumen und Zeigefinger ihren Rock oder stützt wie ihr Partner die Hand auf die Hüfte, oder beide Partner tragen ihre Arme in einer niedrigen seitlichen Haltung.

---

## *Tanzbeispiel*

für sieben- bis zwölfjährige und eine beliebige Anzahl von Paaren

## Die Musik des Tanzes

*Georg Friedrich Händel (1685–1759) Suite G/D-Dur: Menuet (CD Nr. 4)*

König Georg der I. von England feierte am 17. 7. 1717, also vor bald 300 Jahren, in London ein großes Fest. König und Adel bestiegen gemeinsam in Whitehall Boote und fuhren über die Themse. In einem der Boote fuhren die Musiker, die mit Trompeten, Hörnern, Oboen, Fagotten, Quer- und Blockflöten, mit Geigen und Bassinstrumenten das Fest musikalisch gestalteten. Die Musik hatte Händel eigens für dieses Fest geschrieben. Der König war von der Musik so begeistert, dass er erst um halb fünf in der Früh wieder in seinem Palast ankam. Da die Suite auf dem Wasser gespielt wurde, erhielt sie den Namen *Wassermusik*.

In der Aufnahme mit Originalinstrumenten von *The English Concert* liegt das Tempo bei ♩ = 120. Das Menuett wird dreimal hintereinander gespielt: beim ersten Mal mit Trompeten und Violinen, beim zweiten Mal mit Hörnern und Oboen, beim dritten Mal alle zusammen. In der folgenden Tabelle erscheint nur ein Durchgang.

**Aufbau der Musik:**

| Form | A | A | B | B |
|------|-----|-----|-----|-----|
| Takte | 8 | 8 | 16 | 16 |
| Tanz | Paarkreis | Paarkreis | Mühle | Handtour |

*Menuettdarstellung aus dem Anfang des 19. Jh.*

## Tanzbeschreibung

**Im Überblick:** Tanzfiguren sind Paarkreis, Mühle und Handtour. Soll der Tanz von einer Reverenz einge-rahmt werden, so wird sie vor und nach der Musik ausgeführt. Dabei gilt jeweils eine Reverenz dem Zu-schauer und eine dem Partner (siehe *Reverenzen* S. 115).

Ap: Die Kinder stehen mit Handfassung im Paarkreis mit Blick in Tanzrichtung. Die „Damen" stehen au-ßen.

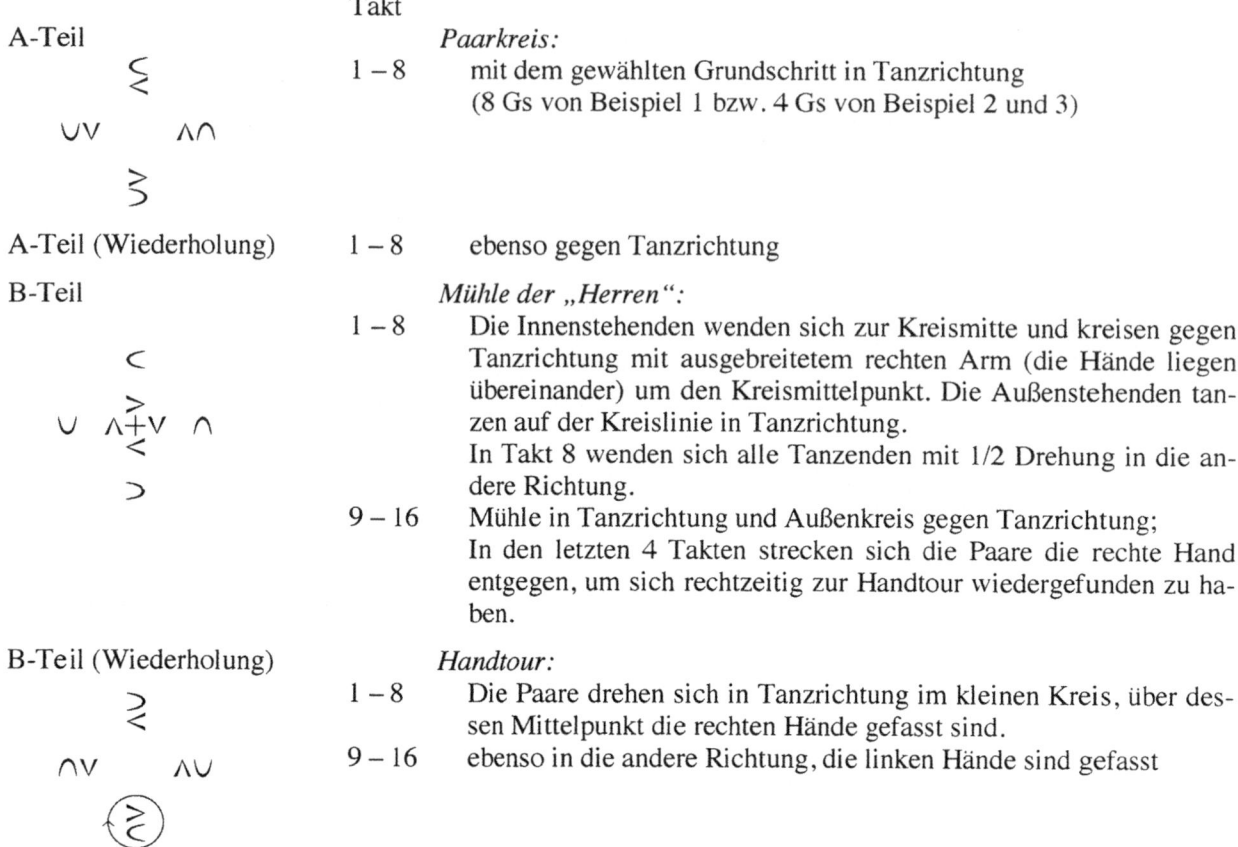

|  | Takt |  |
|---|---|---|
| A-Teil |  | *Paarkreis:* |
|  | 1 – 8 | mit dem gewählten Grundschritt in Tanzrichtung (8 Gs von Beispiel 1 bzw. 4 Gs von Beispiel 2 und 3) |
| A-Teil (Wiederholung) | 1 – 8 | ebenso gegen Tanzrichtung |
| B-Teil |  | *Mühle der „Herren":* |
|  | 1 – 8 | Die Innenstehenden wenden sich zur Kreismitte und kreisen gegen Tanzrichtung mit ausgebreitetem rechten Arm (die Hände liegen übereinander) um den Kreismittelpunkt. Die Außenstehenden tan-zen auf der Kreislinie in Tanzrichtung. In Takt 8 wenden sich alle Tanzenden mit 1/2 Drehung in die an-dere Richtung. |
|  | 9 – 16 | Mühle in Tanzrichtung und Außenkreis gegen Tanzrichtung; In den letzten 4 Takten strecken sich die Paare die rechte Hand entgegen, um sich rechtzeitig zur Handtour wiedergefunden zu ha-ben. |
| B-Teil (Wiederholung) |  | *Handtour:* |
|  | 1 – 8 | Die Paare drehen sich in Tanzrichtung im kleinen Kreis, über des-sen Mittelpunkt die rechten Hände gefasst sind. |
|  | 9 – 16 | ebenso in die andere Richtung, die linken Hände sind gefasst |

Im zweiten Durchgang wird die Mühle von den Außenstehenden gebildet, während die Innenstehenden auf der Kreislinie um die Mühle herum tanzen. Der dritte Durchgang wird wieder wie der erste getanzt.

## Methodische Hinweise

Der Wechsel von der Mühle zur Handtour ist ein spannender Moment und wird durch rechtzeitiges Vor-rausdenken leicht durchführbar: nach etwa zwölf Takten in der Mühle strecken alle die rechte Hand aus, um möglichst genau zur Wiederholung des B-Teils dem entgegenkommenden Partner die Hand für die Hand-tour zu reichen. Während der letzten vier Takte der Mühle wird also dem Partner die Aufmerksamkeit ge-widmet. Die Hände sind wie ein Magnet und ziehen die Hand des Partners an. „Tok" – schon kleben beide zusammen. Die Drehrichtung ergibt sich direkt mit der Handfassung.

# Gigue

vermutlich von altfrz. _giguer_, soviel wie „ausgelassen hüpfen und springen"; möglicherweise auch von _gigue_, soviel wie „Geige"

> „Die gewöhnlichen oder Engländischen Giguen haben zu ihrem eigentlichen Abzeichen einen hitzigen und flüchtigen Eifer, einen Zorn, der bald vergehet... Die welschen Gige endlich...zwingen sich gleichsam zur äussersten Schnelligkeit oder Flüchtigkeit; doch mehrentheils auf eine fliessende und keine ungestüme Art: etwa wie der glattfortschiessende Strom-Pfeil eines Bachs." (Mattheson: Der vollkommene Kapellmeister, Hamburg 1739)

Die Gigue war im 17. Jh. nach Allemande, Sarabande und Courante der letzte Satz der barocken Suite, ein leichter, hüpfender, ausgelassener Tanz meistens im 6/4-, 3/8-, 6/8- oder 12/8-Takt. Typische Rhythmen:

oder im Stiel einer Canarie[30]:

Sie tauchte ursprünglich auf den Britischen Inseln auf, wo die _Jig_ als Volkstanz seit dem 15. Jh. bekannt und heute noch lebendig ist. Sie wurde vermutlich von einzelnen oder mehreren Solisten getanzt, auf dem Festland als Paartanz, als _Gigue à deux_ mit lebendigen Rhythmen und virtuoser Fußarbeit. Mit dem folgenden Zitat können besonders die Jungen herausgefordert werden, denn hoch und virtuos zu springen, dazu waren die Männer aufgefordert:

> „Tanzet schon ein Frauenzimmer eine Gigue... muss selbige aus doucen Schritten bestehen, welche zur Begleitung eine niedliche Taille und galante Minen erfordern... dass wo ein Frauenzimmer auf dem Theatro erscheinet, es nicht wohl lassen würde, wo selbiges hochtanzete und viele Spring und Capriolen hermachte, es ist dieses eine Beschäftigung von Manns-Personen."
> (L. Bonon, „Die neueste Art zur Galanten und Theatralischen Tantz-Kunst" Jena 1712)

K. H. Taubert beschreibt in seinem Buch _Höfische Tänze_ eine Gigue, der zwei Grundschritte zugrunde liegen: ein zweitaktiger _Chassé-Schritt_ und der eintaktige _Schottische Schritt_ ausgehend von einem 6/8-Takt. Die freien Arme der äußeren Tänzer sind angewinkelt erhoben.

### Grundschritt I: Chassé (seitwärts)

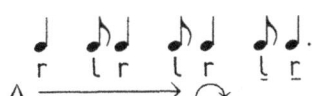

2 Seitgalopp r (chassé)[31]
dann r Bein wie beim Seitgalopp zur Seite setzen, Handfassung lösen, 1/2 Drehung auf r Fuß um die r Schulter und wieder durchfassen
2 Stampfschritte, wobei mit dem 1. Stampfer beide Fersen wieder nebeneinanderstehen
nach links mit gegengleicher Fußsetzung

### Grundschritt II: Schottischer Schritt (vorwärts)

1 Wechselschritt mit Hüpfer auf der letzten Zählzeit
beim Wechselschritt nach dem Heranziehen des hinteren Beines das vordere vorschwingen und strecken
auch beim Hüpfer das Spielbein vorschwingen und strecken

---

30: Die Canarie ist ein der Gigue nahestehender Tanz meist im punktierten Rhythmus und oft auch schneller gespielt.
31: siehe Schrittarten _Galoppschritt_, S. 102

## Einfache Grundschritte

Der Grundschritt läßt sich leicht den Voraussetzungen der Gruppe anpassen. Jüngere Kinder können ganz einfach mit Galopp- und Hüpfschritten tanzen, ältere den oben aufgeführten Chassé-Schritt (Grundschritt I). In jedem Fall sollte der Tanz einen Sprungcharakter haben. Einige Schrittmöglichkeiten seien hier genannt. Die Beispiele 1 – 4 werden im punktierten Rhythmus getanzt, das Beispiel 5 im Rhythmus der ♩. .

### 1. Hüpfschritte

### 2. Seitgalopp (chassé)

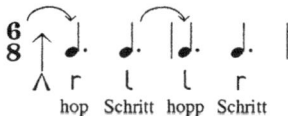

### 3. Schottisch

Wechselschritt (gesprungen) mit Hüpfer auf der letzten Zählzeit

### 4. Zwei Seitgalopp und ein Anstellschritt

Seitgalopp: r Bein zur Seite setzen, l Bein in Sprung ansetzen und auf l Bein landen; wiederholen
dann r Bein zur Seite setzen und l Bein anstellen

### 5. Gleichmäßige Hüpfschritte

mit dem Hüpfer auf die 1. Zählzeit beginnend erfolgt abwechselnd ein Hüpfer (auf dasselbe Bein) und ein Schritt
geeignet bei einer Gigue im schnellen Tempo

### 6. Schlusssprung

Ein Schlusssprung beendet eine Schrittfolge. Er kann überleiten zu neuen Musikteilen, Schrittarten, Handfassungen oder Raumformen.

---

## *Tanzbeispiel I*

für acht- bis zwölfjährige und eine beliebige Anzahl von Paaren

## Die Musik des Tanzes

*Georg Philipp Telemann (1681 – 1767): Gigue aus der Suite C-Dur (CD Nr. 5)*

Die Musik steht im 6/4-Takt und basiert auf einem für eine Canarie typischen Rhythmus. Zwei Teile, A und B, wechseln einander ab, wobei zu Beginn der A-Teil wiederholt wird. Im dritten und vierten A-Teil verändern sich Instrumentierung und Tonart. Charakteristisch für diese Gigue ist der Rhythmus des häufig wiederkehrenden Anfangsmotivs:

**Musikalische Skizze:** (Siehe S. 113)

| = ein Takt

| = ein Takt mit dem wiederkehrenden musikalischen Hauptmotiv

A |||||| |||| |||||||||

A |||||| |||| |||||||||

B |||| |||| |||||||||

A |||||| |||| |||||||||

B |||| |||| |||||||||

A |||||| |||| |||||||||

**Aufbau der Musik:**

| Form | A | A | B | A | B | A |
|------|---|---|---|---|---|---|
| Takte | 18 | 18 | 16 | 18 | 16 | 18 |
| Tanz | Verändern der Gasse | wie 1 Teil | Tanz durch die Gasse | wie 1 Teil | wie 3. Teil | wie 1 Teil |

## Suite C-Dur[32]

G.Ph. Telemann

32: Notiert sind die hervortretenden Motive aus verschiedenen Stimmen.

## Der Tanz

**Im Überblick:** Tanzelemente des A-Teils sind Klatschen, um die eigene Achse Drehen, aufeinander zu und voneinander weg Tanzen und einen kleinen Kreis voreinander Beschreiben.

Im B-Teil tanzen 4 Paare aufeinanderfolgend durch die Gasse. Der Tanz basiert auf zwei Grundschritten: *Schottischer Schritt* (GS I) für alle vorwärts getanzten Schritte und 2 Seitgalopp mit 1 Nachstellschritt (GS II) für alle seitwärts getanzten.

Bei Grundschritt II ergibt sich die Wahl des rechten oder linken Beines aus der Bewegungsrichtung, bei Grundschritt I ist es nicht wichtig, welches Bein beginnt.

Ap: Die Kinder stehen paarweise in einer Gasse einander gegenüber. Das dem Zuschauer am nächsten stehende Paar ist das 1. Paar. Die Hände werden seitlich eingestützt.

## Tanzbeschreibung

**Reverenz:**

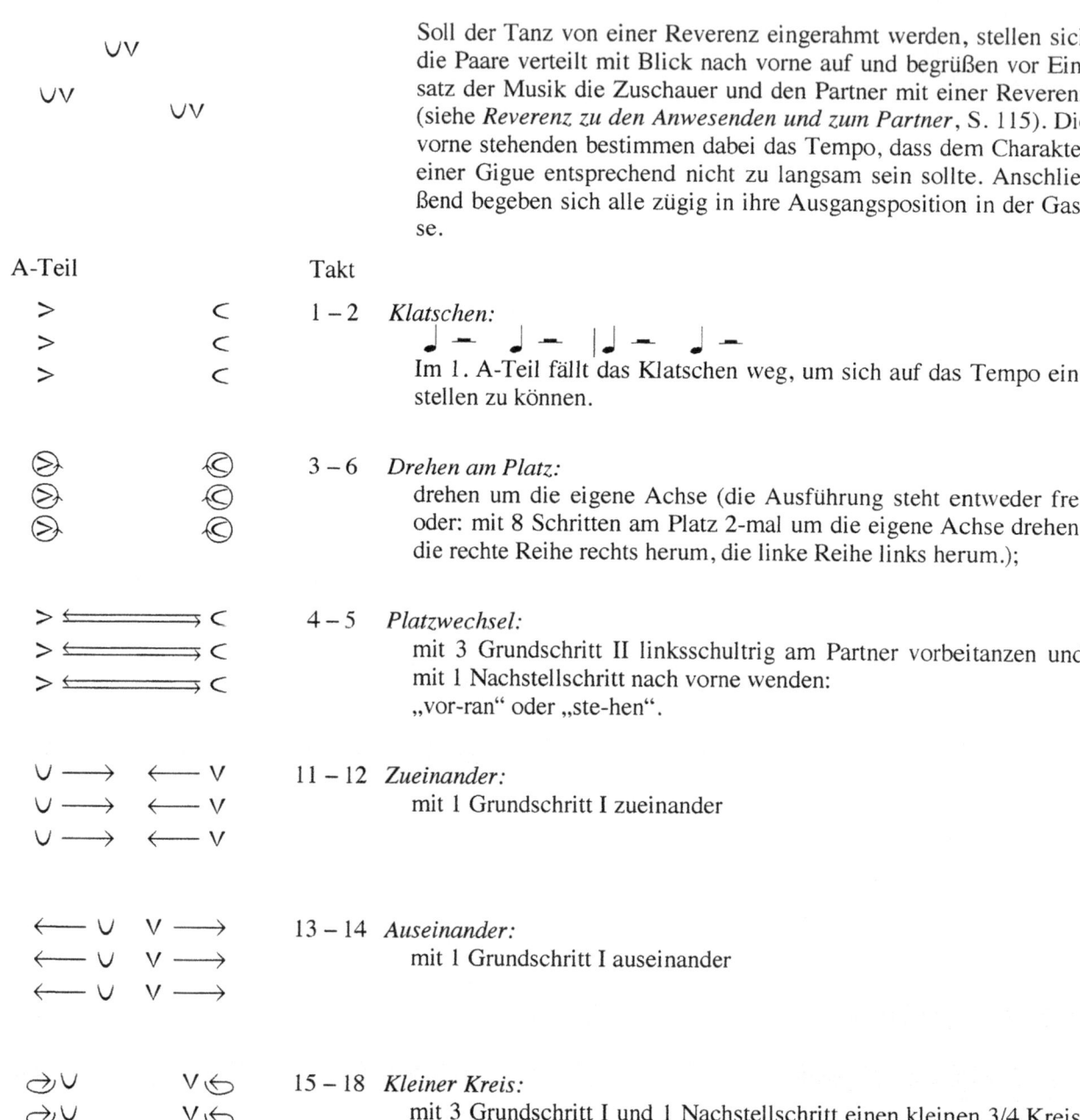

Soll der Tanz von einer Reverenz eingerahmt werden, stellen sich die Paare verteilt mit Blick nach vorne auf und begrüßen vor Einsatz der Musik die Zuschauer und den Partner mit einer Reverenz (siehe *Reverenz zu den Anwesenden und zum Partner*, S. 115). Die vorne stehenden bestimmen dabei das Tempo, dass dem Charakter einer Gigue entsprechend nicht zu langsam sein sollte. Anschließend begeben sich alle zügig in ihre Ausgangsposition in der Gasse.

A-Teil      Takt

1 – 2   *Klatschen:*

Im 1. A-Teil fällt das Klatschen weg, um sich auf das Tempo einstellen zu können.

3 – 6   *Drehen am Platz:*

drehen um die eigene Achse (die Ausführung steht entweder frei oder: mit 8 Schritten am Platz 2-mal um die eigene Achse drehen, die rechte Reihe rechts herum, die linke Reihe links herum.);

4 – 5   *Platzwechsel:*

mit 3 Grundschritt II linksschultrig am Partner vorbeitanzen und mit 1 Nachstellschritt nach vorne wenden: „vor-ran" oder „ste-hen".

11 – 12   *Zueinander:*

mit 1 Grundschritt I zueinander

13 – 14   *Auseinander:*

mit 1 Grundschritt I auseinander

15 – 18   *Kleiner Kreis:*

mit 3 Grundschritt I und 1 Nachstellschritt einen kleinen 3/4 Kreis nach außen beschreiben und mit Blick zueinander enden

**B-Teil**

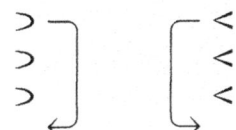

1 – 16 *Tanz durch die Gasse:*

Das letzte Paar tanzt über 4 Takte mit 4 Grundschritt II durch die Gasse und schließt sich vorne der Gasse wieder an. (Arme in W-Fassung und äußere Arme auf den Hüften oder angewinkelt über dem Kopf gehalten)

Währenddessen bewegt sich die „Gasse" mit 2 langsamen Nachstellschritten seitwärts nach hinten „seit-ran-seit-ran" (1 Schritt pro Takt):

Die drei nächsten Paare folgen jeweils bei Takt 5, 9 und 13.

# Methodische Hinweise

### 1. Musikhören

Das Anfangsmotiv des ersten Taktes kommt immer wieder vor. Jedesmal, wenn es erklingt, heben die Kinder die Hand. Gut hinhören, es gibt einige Motive, die ähnlich klingen! Wird das Motiv schließlich wiedererkannt, klatschen die Kinder folgenden Rhythmus mit: ♩ – ♩ – |♩ – ♩ – .

### 2. Vorbereitung der Tanzschritte

Die Kinder hüpfen und galoppieren in unterschiedlichen Spielformen: alleine, zu zweit, im Kreis, mit verschiedenen Handfassungen... Dabei ist es wichtig, dass der Rhythmus der Schritte dem der Musik entspricht. Anregungen und Aufgabenstellungen finden sich im Kapitel *Fortbewegungsarten* (Hüpfen, Galopp) und im Kapitel *Schrittarten*, S. 104.

**Grundschritt I** lässt sich entwickeln aus Nachstellschritten seitwärts, die durch Tempobeschleunigung leicht zum Seitgalopp werden. Dem Musikbeispiel entsprechend sind die Schritthythmen an einen 6/4-Takt angelehnt notiert.

1. ♩ ♩ ♩ ♩ ♩ ♩
∧ r l r l r l
→ seit ran seit ran seit ran

2. ♩ ♩ ♩ ♩ ♩. ♩.
∧ r l r l r l
→ hopp ga lopp ga lopp ran

**Grundschritt II** kann mit einem Wechselschritt vorbereitet werden. Da, wo wir zunächst „stop" gesagt haben, wird einmal gehüpft. Ein anderer Weg ist die Vorbereitung über den Seitgalopp mit halben Drehungen (siehe Schrittarten *Schottischer Schritt* S. 105) oder einfach durch Nachahmung.

1. ↑♩ ♩ ♩ ♩ ♩ ♩ ♩ ♩
∧ r l r l r l
rechts ran rechts stop links ran links stop

2. ↑♩ ♩ ♩ ♩ ♩ ♩ ♩ ♩
∧ r l r r l r l l
rechts ran rechts hopp links ran links hopp

### 3. Vorbereitung der Tanzform

Bei der Lebendigkeit des Tanzes ist es gar nicht so einfach, auf gerade Reihen zu achten. Daher wird der Wahrnehmung der Form besondere Aufmerksamkeit geschenkt.

*Gassen bilden:*
Die Kinder tanzen zu Musik frei im Raum. Wird sie unterbrochen, so bilden sie auf Zuruf eine Reihe, eine breite oder eine schmale Gasse.

*Die wandernde Mauer:*
Eng wie eine Mauer nebeneinander stehend bewegt sich die eine Hälfte der Gruppe mit winzigen Schritten vorwärts, die anderen schauen zu. Es dürfen keine „Löcher" entstehen oder „Steine" ausbrechen. Auch schnellere Tempi werden ausprobiert.

*Die Gasse verändern:*
Drei akustische Zeichen werden vereinbart, z. B. reiben, trippeln und feine Schläge auf einer Handtrommel. Das erste bedeutet Verbreitern der Gasse, das zweite Verschmälern und auf das dritte gehen die Kinder aneinander vorbei. Immer nur solange weitergehen, wie das Zeichen erklingt!
Dasselbe kann seitlich zur Gasse stehend probiert werden.

*Dem ersten folgen:*
Die Kinder stehen in mehreren Reihen hintereinander. Das erste bewegt sich seitlich mal nach rechts oder links, mal schneller oder langsamer. Die Dahinterstehenden folgen möglichst ohne Verzögerung, so dass die Reihen immer gerade bleiben. Kleine Überraschungen erhöhen die Aufmerksamkeit, ein langsames Tempo die Genauigkeit.

*Platzwechsel* (Takt 4 – 5):
Als Gasse einander gegenüberstehend wird die rechte Hand auf die linke Schulter gelegt. Die Kinder gehen aufeinander zu, berühren sich nebeneinanderstehend mit der linken Schulter und gehen weiter aneinander vorbei (Abb.).

*Kleiner Kreis* (Takt 15 – 18)*:*
Als zwei Reihen nebeneinanderstehend gehen die Kinder mit vier großen Schritten einen 3/4-Kreis nach außen, so dass sie voreinanderstehend enden: „Schritt und Schritt und Schritt und Schritt". Anschließend wird der Kreis mit dem vorgesehenen Schritt getanzt. Mit dem letzten Anstellschritt wenden sich die Partner einander zu und blicken sich an.

(ga-) lopp und hüpf ga - lopp und hüpf ga - lopp und hüpf und steh - han

---

## *Tanzbeispiel II*

für Kinder ab fünf Jahren und eine beliebige Anzahl von Paaren

Die oben beschriebene Gigue basiert auf der *Gassenform.* Ausgehend von verschiedenen Tanzfiguren, die in der Gasse möglich sind, lässt sich den Voraussetzungen der Kinder angemessen mit der Gruppe ein eigener Tanz entwickeln.

## Tanzfiguren in der Gasse

1. mit dem (gegenüberstehenden) Partner mit gefassten Händen umeinander herumgehen

2. Platzwechsel mit dem Partner

3. Handtour mit dem Partner, bei der die rechten /linken Handflächen mit nach oben gerichteten Fingerspitzen aufeinandergelegt werden

4. Dos-à.dos (Rücken an Rücken) mit dem Partner, wobei die Kinder ohne Handfassung und Änderung der Blickrichtung umeinander herumgehen

5. aufeinander zu und voneinander weg

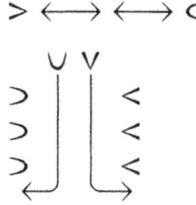

6. im Seitgalopp, Schottisch, Hüpf- oder Wechselschritt ... durch die Gasse tanzen
Dabei tanzt nur das erste und /oder letzte Paar durch die Gasse hin und zurück. Sollen mehrere Paare der Reihe nach durch die Gasse tanzen, stellen sie sich am anderen Ende wieder in die Reihe, das

nächste Paar folgt... Da die Gasse auf diese Art „wandert" (was die Größe des Raumes möglicherweise nicht erlaubt), gehen die wartenden Paare mit seitlichen Nachstellschritten in die Richtung, aus der die durch die Gasse tanzenden kommen. Bei dieser Figur, wie auch bei Figur 8, haben alle Paare die Möglichkeit, durch die Gasse zu tanzen. Die in der Gasse wartenden können währenddessen zur Musik klatschen.

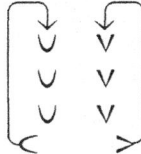

7. Das erste Paar wendet sich nach außen und führt die anderen nachfolgenden, bis die Ausgangsposition wieder erreicht ist. Mit einer halben Drehung in die andere Richtung wird der gleiche Ablauf geführt vom letzten Paar wiederholt.

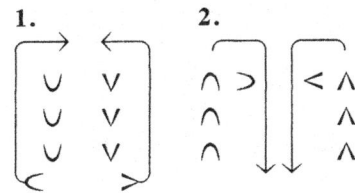

8. Das Unterrichtswerk _Musik und Tanz für Kinder_[33] beschreibt eine schöne Figur, bei der das erste Paar die folgenden nach außen zum anderen Ende führt und dort angekommen ein Tor bildet, durch welches die nachfolgenden hindurchziehen.

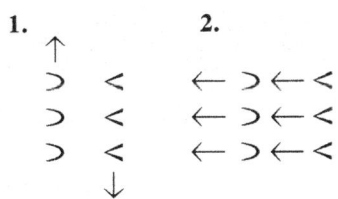

9. verschieben der Reihen gegeneinander (1.) und parallel (2.)

10. zum Kreis durchfassen und am Ende des Musik-/Tanzteils wieder eine Gasse bilden

## Die Musik des Tanzes

_John Sheeles (um 1700): Gigue I; Gigue II: Jacob Hall's Jig (um 1650)[34] (CD Nr. 6)_

**Aufbau der Musik:**

|  | Gigue I | Gigue II | Gigue I | Gigue II | Gigue I | Gigue II | Gigue I |
|---|---|---|---|---|---|---|---|
| Form |  | A A B B |  | A A B B |  | A A B B |  |
| Takte | 16 | 8 8 8 8 (32) | 16 | 8 8 8 8 (32) | 16 | 8 8 8 8 (32) | 16 |
| Tanz | Platzwechsel Handtour | Gasse, zu-, auseinander | Platzwechsel Handtour | Gasse, zu-, auseinander | Platzwechsel Handtour | Gasse, zu-, auseinander | Platzwechsel Handtour |

33: Musik und Tanz für Kinder, Musikalische Grundausbildung, Lehrerkommentar, Mainz 1990.
34: Diese beiden Giguen wurden von Karl Heinz Taubert für eine Choreographie zusammengestellt (Höfische Tanze – Ihre Geschichte und ihre Choreographie, Mainz 1968).

## Tanzbeschreibung

Basierend auf den oben genannten Tanzfiguren in der Gasse kann für jüngere Kinder beispielsweise der folgende Ablauf festgelegt werden. Alle Figuren werden mit einfachen Hüpfschritten getanzt. Richtungswechsel können je nach Voraussetzungen der Gruppe mit einem Schlusssprung vorbereitet werden.

Ap: Die Kinder stehen in einer Gasse in zwei Reihen einander gegenüber. Die Gasse wird längs zum Zuschauer gebildet, so dass sich die durch die Gasse tanzenden Kinder auf die Zuschauer zubewegen.

| **Gigue I:** | | Takt | |
|---|---|---|---|
| | | | *Platzwechsel:* |
| | | 1 – 4 | auf den Platz des gegenüberstehenden Partners hüpfen |
| | | 5 – 8 | rückwärts zum eigenen Platz zurückhüpfen |
| | | | *Handtour:* |
| | | 9 – 16 | mit dem gegenüberstehenden Partner einen Kreis um die Achse der aufeinandergelegten Handflächen beschreiben |

**Gigue II:**

A-Teil  1 – 16  *Tanz durch die Gasse:*
4 Paare tanzen aufeinanderfolgend mit Zweihandfassung im Seitgalopp durch die Gasse (nach je 4 Takten folgt das nächste Paar). Die „Gasse" rückt auf in die Richtung, aus der die durch die Gasse Tanzenden kommen. Jedesmal, wenn ein Paar mit seinem Tanz beginnt, wird einmal geklatscht (Takt 1, 5, 9 und 13).

B-Teil  17 – 32  *Zueinander – auseinander:*
Die Paare hüpfen über je 2 Takte aufeinander zu und rückwärts zum eigenen Platz (insgesamt 4-mal). Die Richtungswechsel alle 2 Takte werden durch einmal Klatschen markiert.

Die übrigen Durchgänge werden nach dem gleichen Schema getanzt.

*zueinander*

# _Objekte im Tanz_

## Hexen und Zauberer – Ein Tanz mit Besen

für fünf- bis achtjährige

_„Es war einmal eine kleine Hexe, die war erst einhundertsiebenundzwanzig Jahre alt, und das ist ja für eine Hexe noch gar kein Alter. Sie wohnte in einem Hexenhaus, das stand einsam im tiefen Wald..."_
_Und natürlich wollte sie mit allen anderen Hexen zum Blocksberg reiten, um beim Tanz der Waldhexen und der Zauberer dabei zu sein. In der Nacht ritt sie auf den Blocksberg, wo schon alle Hexen versammelt waren._
_„Sie tanzten mit fliegenden Haaren und flatternden Röcken rund um das Hexenfeuer... Sie wirbelten wild durcheinander und schwangen die Besen. 'Walpurgisnacht!' sangen die Hexen, 'heia, Walpurgisnacht!' Zwischendurch meckerten, krähten und kreischten sie, ließen es donnern und schleuderten Blitze."_ (Die kleine Hexe, Otfried Preußler)

Als Besen dienen etwa 1 m lange Stäbe oder stabile Äste. Vor einer Aufführung können sie mit Reisig versehen werden, und die Besen sind perfekt. Durch das späte Fertigstellen der Besen vermeidet man das regelmäßige Kehren des Raumes. Im Herbst, wenn Bäume und Sträucher geschnitten werden, sind ausreichend Äste vorhanden. Die Kinder können einen Bund für den eigenen Besen mitbringen, am schönsten ist es sicher, wenn gemeinsam gesammelt wird, aber auch ohne Reisig sind die Stäbe im Tanz als Besen zu erkennen. In einer reinen Mädchengruppe tanzen nur die Hexen.

## Die Musik des Tanzes

_Lou Pripet – Teppichknüpfen (CD Nr. 7)_

Die Musik hat einen einfachen, klaren Aufbau. Sie besteht aus acht Durchgängen mit je zwei unterschiedlichen Teilen (A und B) und zwei Takten als Vorspiel. Da sich die beiden Teile durch Instrumentierung, Melodieverlauf und Rhythmus deutlich voneinander unterscheiden, ist diese Musik besonders für jüngere Kinder geeignet. Aufgrund seines punktierten Rhythmus fordert besonders der A-Teil zu Hüpf- und Galoppschritten heraus.

Der Tanz stammt aus Südfrankreich, wo früher okzitanisch gesprochen wurde, daher der Titel *Lou Pripet*. In einer **überlieferten Tanzform** gehen die Tänzer zum A-Teil mit Handfassung in Tanzrichtung und schwingen die Arme dabei abwechselnd nach innen und außen. Im B-Teil wenden sie sich zur Kreismitte und springen abwechselnd auf das rechte und linke Bein, wobei das Spielbein nach vorne gestreckt wird:

Dieser Sprung imitiert das *Fach*, durch das beim Weben eines Teppichs das *Schiffchen* geführt wird.

**Aufbau der Musik:**

|  | Vorspiel | 1. Durchgang | | 2. Durchgang | | 3. Durchgang | | 4. Durchgang | |
|---|---|---|---|---|---|---|---|---|---|
| Form |  | A | B | A | B | A | B | A | B |
| Takte | 2 | 8 | 8 | 8 | 8 | 8 | 8 | 8 | 8 |
| Tanz |  | durcheinan-der tanzen | Besen als Dach | kleiner und großer Kreis | reiten im Kreis | durcheinan-der tanzen | Besen als Dach | kleiner und großer Kreis | reiten im Kreis |

Durchgang 5 bis 8 verlaufen nach dem gleichen Schema.

### Teppichknüpfen

Tanz aus Frankreich

# Tanzbeschreibung

**Im Überblick:** Die Hexen und Zauberer reiten zur Walpurgisnacht. Alle versammeln sich im großen Kreis, ziehen sich verschwörerisch enger zusammen zum Begrüßungsspruch, der von energischem Besenstampfen begleitet wird. Der Tanz beginnt und mit dem Ende der Musik reiten alle zurück nach Hause.
Gehen und Hüpfen bilden das Tanzmaterial. Je nach Fähigkeiten der Gruppe können anstelle der Hüpfschritte komplexere Schrittformen gefunden werden. In der Mitte des Raumes wird eventuell ein „Lagerfeuer" aus Ästen aufgebaut.

### Der Ritt zum Blocksberg

Die Kinder sind am Rand des Raumes in ihren „Hexenhäusern". Ein Beckenwirbel erklingt (ein Sausen in der Luft) oder punktierte Trommelschläge..., daraufhin sausen oder hüpfen alle Hexen und Zauberer auf ihren Besen durch die „Luft". Auf einen Schlussklang bilden sie einen großen Kreis um das Lagerfeuer.

### Hexenspruch als Begrüßung

Mit kleinen Schritten zieht sich der Kreis verschwörerisch zum Zauberspruch enger zusammen. Die Kinder sprechen rhythmisch im Dreiertakt und schlagen mit jeder Sprechsilbe ihren senkrecht vor dem Körper gehaltenen Stock auf den Boden. In den Sprechpausen herrscht Stille. Kein Besen darf mehr zu hören sein - sonst ist der Zauber vorbei. In den Sprechpausen wird geflüstert (ss ss), um sie gleichmäßig einhalten zu können. Wenn die Kinder beim Flüstern deutlich artikulieren, ist es nicht schwer, im Rhythmus zu bleiben.
Die Begrüßung ist beendet, der Kreis wird wieder vergrößert und der eigentliche Tanz beginnt.

* Die eingeklammerten Wortwiederholungen „Fledermausblut" und „Löwenzahnsud" werden nur mit dem Besen gestoßen, der Text wird innerlich mitgedacht.

**1. Durchgang**      Takt

A-Teil

                                                 *Freies Umherhüpfen:*

1 – 8    Nach dem Vorspiel der Musik hüpfen oder galoppieren die Kinder mit ihren Besen frei im Raum und sind am Ende des A-Teils an ihren Platz zurückgekehrt. Beim Reiten wird der Besen mit dem Reisig nach vorne gehalten, am Platz angekommen mit beiden Händen senkrecht vor dem Körper (Bild 1).

B-Teil

                                                   *Ein Dach aus Besen:*

1 – 2    Die Besen werden tief nach vorne mit dem Reisig zur Kreismitte gehalten.

3 – 4    Die Kinder führen die Besen schräg nach oben, so dass sie ein Dach bilden (Bild 2),

5 – 6    führen sie wieder zurück nach unten

7 – 8    und halten sie senkrecht vor dem Körper.

**2. Durchgang**

A-Teil

                                                   *Verkleinern und Vergrößern des Kreises:*

1 – 4    mit 7 kleinen Schritten im Tempo der ♩ den Kreis verkleinern im 4. Takt auf der 2. Zählzeit einmal mit dem Besenstiel aufstampfen

5 – 8    ebenso zurück

B-Teil

                                                   *Reiten im Kreis:*

1 – 8    auf dem Besen in Tanzrichtung reiten (Bild 3) (Die Art zu reiten, kann von den Kindern selbst gefunden werden: galoppieren, hüpfen, ein Hüpfer im Wechsel mit einem Galoppsprung oder 2 Galopp- und 2 Schlusssprünge.)

Diese Reihenfolge bleibt in den nächsten Durchgängen erhalten, außer im letzten B-Teil, in dem alle nach „Hause" reiten.

---

# Wege zum Tanz

### Hexengeschichten

„Was wisst ihr über Hexen, was über Zauberer?" Lehrer und Kinder sprechen über Hexen- und Zauberergeschichten, über Gewohnheiten und Lebensweise, über Zaubersprüche und -stäbe, Hexengebräu und Zaubertrank. Der Lehrer liest den Anfang der Geschichte *Die kleine Hexe*, von ihrer Enttäuschung, dass sie nicht an der Walpurgisnacht teilnehmen darf, es aber dennoch tut oder er erzählt den Inhalt der Tanzgeschichte.

### Zauberspruch

„Woraus kochen Hexen ihren Zaubertrank?" Alle möglichen, ungewöhnlichen Zutaten werden aufgezählt, vielleicht auch einige aus dem vorgeschlagenen Spruch. Aus den Ideen der Kinder kann ein eigener Vers entstehen.

Die Kinder lernen den Spruch durch vor- und nachsprechen. Das flüsternde „ss ss" mit vor dem Mund gehaltenem Finger und die geflüsterten Worte erleichtern es, im Dreiertakt zu bleiben, ohne die Pausen zu verschlucken. Anfangs klatschen und patschen die Kinder beim Sprechen.

Gelingt dies, ohne dass in den Pausen versehentlich weitergepatscht wird, kann der Spruch mit dem Besenstoßen begleitet werden, sofern die Beschaffenheit des Bodens dies erlaubt. Ein Teil der Gruppe führt vor, wie gut es schon klappt, die anderen hören zu.

• Alternativ zum Stoßen der Besen können je zwei Kinder ihre mit beiden Händen gehaltenen Besen gegeneinanderstoßen. Die begleitenden Worte sollten dann einfacher und langsam gesprochen sein. Eine deutliche, rhythmische Artikulation der Stimme (ohne zu schreien) verhilft zu einem sauberen Besenrhythmus. Jedes Kind darf einmal alleine oder mit dem Nachbarn zusammen vorsprechen. Dadurch kann jedes einzelne Kind seine eigene Stimme hören und kontrollieren und wird zum Mitsprechen ermuntert.

**Wie reiten die Hexen und Zauberer?**

Die Kinder tanzen zur Musik (Teppichknüpfen) auf ihren Besen. Beim Richtungswechsel müssen sie gut aufpassen, dass andere nicht mit dem Besen verletzt werden. Der Lehrer beobachtet ihre Art zu reiten. Die meisten werden hüpfen oder galoppieren. Ein Kind führt vor, die anderen beobachten. „Ist Jona galoppiert oder gehüpft?" Die gefundenen Fortbewegungsarten werden benannt und so bewusst voneinander unterschieden. Auf ein Zeichen steigen die anderen mit ein.

„Könnt ihr euch vorstellen, dass die Hexen und Zauberer noch anders zum Fest reiten?" Jetzt werden vielleicht Kombinationen von Galopp und Hüpfen gefunden oder Verbindungen von Schritten und Schlusssprüngen... Eine Schrittart wird ausgewählt und geübt – zunächst ohne Besen. Hier ist der *Besentanzschritt* eine Verbindung von zwei Galopp- und zwei Schlusssprüngen:

↑𝄐  𝄐  𝄐  𝄐
∧ r  l  r  rl  rl
hop ga- lopp Sprung Sprung

**Der Besentanzschritt**

B-Teil, 2., 4. und 6. Durchgang
Alle stehen im Kreis. Beide Beine „aneinanderklebend", hüpfen die Kinder mit einigen Schlusssprüngen auf der Stelle, dann im Kreis, die Arme auf den Hüften gehalten. In die andere Richtung geht es mit Nachstellsprüngen[35].
Ebenso zu zweit auf der Diagonalen.

Galopp- und Schlusssprünge werden miteinander verbunden. Zunächst führt der Lehrer vor, während alle dazu sprechen und klatschen, dann üben alle im Kreis tanzend.
Im Wechsel mit Gehen wird die Sprungfolge geübt: Wird ein blaues Tuch hochgehalten, gehen die Kinder zu zweit, wird ein rotes Tuch hochgehalten, tanzen sie alleine ihren neuen Tanzschritt.
*Musik*: Schrittrhythmus auf der Handtrommel

**Den Kreis auflösen und erneuern**

A-Teil, 1., 3., 5. und 7. Durchgang
Schnell den Kreis neuzubilden ist der schwierigste Teil des Tanzes. Das Üben lohnt sich und steigert die Aufmerksamkeit für die Gruppe und die Musik.
Ausgehend von der Aufstellung im Kreis wechseln die Kinder zwischen Durcheinanderhüpfen und Bilden eines Kreises. Dazu sprechen sie rhythmisch oder singen mit der Melodie des A-Teils:

Al le rei ten in dem Krei se
durch- ein- an- der kreuz und quer
bil den dann auf ih re Wei se
ei nen Kreis es eilt gar sehr..

„Was könnt ihr tun, damit ihr rechtzeitig zurückkehrt?" z. B. nicht bis in die hinterste Ecke des Raumes hüpfen, um dann ganz schnell zurückrasen zu müssen.
Führt der Lehrer den Vers mit der Melodie des A-Teils singend ein, so fällt anschließend die Übertragung auf die Musik leichter. Am besten ist es, schon beim Wort „Kreis" zurück zu sein, damit der Ablauf im Tanz ruhiger erfolgt.

**Übertragung auf den A-Teil**

Die Kinder hören den A-Teil der Musik vom Band, Flöte oder Klavier. „Was fällt euch an der Melodie auf? Hört ihr immer etwas Neues?" Die Melodie wird wiederholt. Mit Beginn der Wiederholung klatschen die Kinder einmal oder heben die Hand. „Dies ist die Stelle, an der die Hexen und Zauberer beim Tanzen an ihren Platz zurückkehren müssen."
Das Zurückkehren zum Platz wird mit den Fingern auf dem Boden „laufend" probiert.
Alle stehen im Kreis. Einzelne Kinder führen das Zurückhüpfen zum Platz zum Spielen oder Singen des Lehrers vor, während die anderen die rechtzeitige Ankunft beobachten. Schließlich probieren alle gleichzeitig.

---

35: Galoppschritt mit im Sprung gestreckten Beinen in der Art eines Seitgalopp

_Der Besentanzschritt_

## Den Kreis verkleinern und vergrößern

A-Teil, 2., 4., 6. und 8. Durchgang

„Stellt euch vor, in unserer Mitte wäre ein Lager-feuer". Die Kinder ziehen sich mit kleinen Schritten enger um das Feuer zusammen, um sich die Hände zu wärmen, und entfernen sich wieder, ohne dass jemand herausgedrängelt wird. Genau aufpassen, ob alle Füße gemeinsam noch einen Kreis bilden!
Jetzt dasselbe von einem Vers begleitet mit 7 Schritten, auf 8 wird geklatscht oder mit dem Besen aufgestoßen, ebenso zurück:

un-   ser   Kreis   wird   klei-   ner   stop

un-   ser   Kreis   wird   grö-   ßer   stop

## Ein Festzelt aus Besen

B-Teil, 1. und 3. Durchgang

Die Kinder halten ihre Besen zur Kreismitte und beugen sich dabei ein wenig. Ganz langsam wird ohne Musik das „Zelt" aufgerichtet. Die Stäbe he-ben sich, ohne dass ein Stab zurückbleibt oder die anderen überholt, denn dann muss der Bau von vor-ne beginnen.

## Vier Kunststücke

Hexen und Zauberer haben jetzt vier Kunststücke gelernt:

– den Kreis zerstören und wieder aufbauen
– ein Dach errichten
– den Kreis verkleinern und vergrößern
– mit dem Besentanzschritt reiten

Diese Elemente werden als Zirkusnummern ver-tieft: Alle sitzen am Rand des Raumes. In einer größeren Gruppe werden vier „Teams" zusammen-gestellt, die eine dieser Nummern übernehmen. Der Lehrer lässt zwischen den einzelnen Nummern eine kurze Übergangsmusik erklingen und kündigt den nächsten Auftritt an, der ohne Musik oder mit der zugehörigen Melodie (Instrumentalspiel des Leh-rers) präsentiert wird.

## Improvisation mit Besen

Auf dem Weg der Improvisation können weitere Elemente für den Tanz entwickelt werden. Die ohne Musik entstandenen Ideen werden später auf die Musik übertragen. Gegebenenfalls findet der Lehrer einen passenden Bewegungsrhythmus für die Be-wegungsmotive der Kinder.

_Spiegelimprovisation:_
Ein Kind steht vor der Gruppe und erfindet zur Mu-sik Bewegungen mit Besen oder Stab. Es können

Bewegungen am Platz und im Raum sein oder Motive, die Geräusche hervorrufen. Jede Bewegung wird eine Weile beibehalten, damit die anderen sie möglichst genau imitieren können (auch als Partnerimprovisation).

*Partnerimprovisation:*
„Was könnt ihr zu zweit mit euren Besen/Stäben machen?" Zwei Kinder entwickeln zusammen eine Idee. Beim Vormachen der Ideen imitieren die anderen Paare die Bewegungen. Improvisieren die Kinder zur Musik, werden sie gelegentlich darauf hingewiesen, genau hinzuhören und die Bewegung der Musik anzupassen.

Interessante und durchführbare Ergebnisse werden einzelnen Musikteilen zugeordnet. Verbunden mit verschiedenen Aufstellungen, mit Geh- und Hüpfteilen werden sie zu einem eigenen Tanz zusammengestellt.

*Den Kreis verkleinern und vergrößern*

*Ein Festzelt aus Besen*

148

# Kerzentanz

für fünf bis zehn-jährige und eine beliebige Anzahl von Paaren

Kerzen faszinieren ganz besonders in den dunklen Monaten des Jahres. Sie stimmen feierlich, still, friedlich und besinnlich und kommen dem Bedürfnis nach Geborgenheit entgegen. Sie haben aber auch etwas Unheimliches und Gruseliges. Der Glanz der Kerzen lässt die Dunkelheit erahnen und nimmt zugleich die Angst vor ihr. Das lebendige Flackern, die ausstrahlende Wärme, der Geruch des verbrennenden Wachses übertrifft bei weitem die Nüchternheit und Funktionalität einer Glühbirne. In der Kunstgeschichte versinnbildlicht die Abbildung einer brennenden Kerze Hoffnung und Vergänglichkeit.

Nicht viel weniger faszinierend als die brennende Kerze ist das Anzünden, das gegenseitige Weitergeben des Lichtes, das allmähliche Erhellen des Raumes, das Auspusten und schließlich die Dunkelheit, in der der Geruch und das Glühen des Dochtes noch eine Weile bleiben.

Ein Tanz mit Kerzen bietet sich vor allem auf einer Weihnachtsfeier an.

Der Umgang mit Kerzen setzt ganz besondere Sorgfalt voraus. Das heißt aber nicht, dass nur ruhige, disziplinierte Gruppen mit Kerzen umgehen sollten. Besonders auch unruhige, unkonzentrierte Kinder können im Umgang mit Kerzen Ruhe und Sammlung finden. Die Kerzen haben hier eine geradezu therapeutische Funktion. Wie verantwortungsbewusst oder unruhig die Kinder auch immer sein mögen – der Lehrer sollte durch besonders große Stille und Ordnung innerhalb der Gruppe immer den Überblick haben, denn fehlende Aufmerksamkeit kann schlimmere Folgen haben als in anderen Situationen.

Inwieweit auch im Kindergartenalter Kerzen mit einer Tropfmanschette in einen Tanz einbezogen werden können, hängt von den Erfahrungen der Erzieherin und der Zusammensetzung der Gruppe ab.

## Die Musik des Tanzes

_Cano Duso, Tanz aus Serbien (CD Nr. 8)_

Die von türkischen Elementen geprägte Musik steht im 4/4-Takt. Sie beginnt mit einem als Tremolo gehaltenen Akkord als Einleitung und endet ebenso. Der A-Teil steht in A-moll, harmonisch, der B-Teil in A-Dur. Durch den 1 1/2-Tonschritt des harmonischen Moll unterscheidet sich der A-Teil deutlich vom B-Teil. Der unregelmäßige Wechsel der Instrumentierung und der stets gleichbleibende Rhythmus des Basses: ♩. ♪♩ ♩ verwischen den unterschiedlichen Charakter jedoch wieder, so dass es für die Kinder gar nicht so leicht ist, die Teile voneinander zu unterscheiden. Häufiges Hören, Mitzeigen der Teile durch Gesten und vor allem Mitsummen der Melodien erleichtern das Unterscheiden. Im Laufe des Stückes wird die Melodie leicht variiert.

Mit dieser Musik lernen die Kinder Musik aus einem fremden Kulturkreis kennen. Ihr ruhiger, getragener Charakter unterstützt die feierliche Stimmung der Kerzen.

Auch andere Musik im ruhigen Gehtempo ist für diesen Tanz geeignet.

**Aufbau der Einspielung:**

|  | Einleitung | 1. Durchgang | | | 2. Durchgang | | | 3. Durchgang | | | Abschluss |
|---|---|---|---|---|---|---|---|---|---|---|---|
| Form | 1 Akkord | A | A' | B | A | A' | B | A | A' | B | 1 Akkord |
| Takte |  | 8 | 8 (16) | 8 | 8 | 8 (16) | 8 | 8 | 8 (16) | 8 |  |
| Tanz |  | Auftritt | | zur Mitte | Kette | | zur Mitte | Doppelreihe | | zur Mitte | zur Mitte |

**Cano Duso**                                                     Tanz aus Serbien

149

# Tanzbeschreibung

**Im Überblick:** Der B-Teil und der Auftritt werden mit einem Grundschritt getanzt, die zwei anderen A-Teile langsam schreitend.[36]

**Grundschritt r und l:**

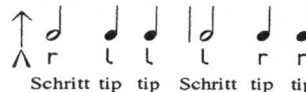

<table>
<tr><td>Schritt tip tip Schritt tip tip</td><td>ein Schritt r vorwärts<br>mit den Zehenspitzen des linken gestreckten Beines vor dem rechten 2-mal leicht auf den Boden tippen<br>ein Schritt l vorwärts<br>mit den Zehenspitzen des rechten gestreckten Beines vor dem linken 2-mal auftippen</td></tr>
</table>

Für das Gelingen des Tanzes ist es nicht wichtig, ob die Kinder mit rechts oder links beginnen.
Anstelle des Grundschrittes können die Kinder auch im Tempo der ♩ schreiten. Bei jüngeren Kindern sollte dann eventuell eine andere Musik gewählt werden, da das fortwährende Gehen in ♩ zu langsam ist, in ♩ zu schnell.

Ap: Die Kinder stehen mit einer Kerze am Bühnenrand hintereinander mit mindestens einer Armlänge Abstand zum vorderen Kind. Je zwei hintereinanderstehende Kinder bilden ein Paar. Die Musikteile A und A' sind im Tanz zu einem A-Teil zusammengefasst.

**1. Durchgang**                    Takt

A-Teil                              *Auftritt:*

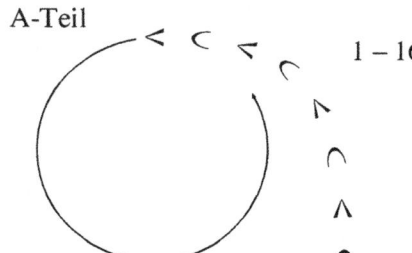

1 – 16   mit 16 Gs in Tanzrichtung
(Das 1. Kind führt die Reihe zu einem Kreis, in dem es sich dem letzten wieder anschließt.)

B-Teil                              *In den Kreis und zurück:*

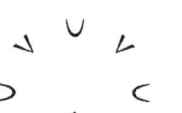

1 – 8   mit 4 Gs vorwärts zur Kreismitte und dort die Kerzen heben
mit 4 Gs wieder zurück (ein Schritt nach hinten, 2-mal tippen nach vorne) und dabei die Kerzen senken

**2. Durchgang**

A-Teil                              *Kette:*

1 – 2   Die Partner wenden sich zueinander und gehen mit 2 langsamen Schritten in ♩ rechtsschultrig aneinander vorbei. Am nächsten entgegenkommenden Kind gehen sie mit 2 Schritten linksschultrig vorbei.
3 – 16  ebenso noch 7 mal

B-Teil           1 – 8   wie im 1. Durchgang

**3. Durchgang**

A-Teil                              *Vom Kreis zur Reihe:*

1 – 4   mit langsamen Schritten im ♩ Tempo zwei Reihen bilden
5 – 8   am Platz um die eigene Achse drehen
9 – 12  die Kerze langsam heben und senken
13 – 16 in ♩ wieder zurück zum Kreis

B-Teil           1 – 8   wie im 1. Durchgang

**Schlussakkord**        zur Kreismitte gehen und dort die Kerzen heben

---

36: Von Waltraud Meusel und Fido Wagler liegt eine originale Tanzbeschreibung vor, die nicht als Grundlage für den hier beschriebenen Tanz dient. Sie ist erschienen in der Reihe: Rhythmen und Tänze der Völker, Volkstänze aus dem Balkan, München.

**Leichtere Variante:** Für jüngere Kinder oder bei kurzer Probenzeit mögen die Kette und das Bilden der Reihe zu kompliziert sein. An seine Stelle können einfachere Tanzfiguren treten, z. B.: Die Partner wenden sich zueinander, heben und senken die Kerze und wenden sich voneinander ab, um vor dem anderen Nachbarn die Kerzen zu heben und zu senken; oder: zuerst in Tanzrichtung gehen und nach acht Takten gegen Tanzrichtung.

## Wege zum Tanz

Die Aussicht, auf der kommenden Weihnachtsfeier einen Kerzentanz aufzuführen, motiviert die Kinder, sich konzentriert dem feierlichen, getragenen Schreiten, den ruhigen, gleichmäßigen Bewegungen oder dem Einhalten eines Abstandes zum vorderen Kind zu widmen.

Der Sicherheitsabstand verschont die Haare der Voranschreitenden, ruhige Bewegungen unterstützen die festliche Stimmung und helfen, Gefahren zu vermeiden, gleichmäßige Raumformen der Kinder lassen schöne Linien, Bögen und Kreise der brennenden Kerzen entstehen.

### Die Musik hören

Die Musik wird eingespielt. „Wie klingt sie? Habt ihr eine ähnliche Musik schon einmal gehört?" Vielleicht gibt es in der Gruppe sogar ein Kind aus Serbien.

Sitzend patschen die Kinder zur Musik im langsamen ♩ -Tempo mit den Händen auf die Oberschenkel, mal nur einzelne, mal alle gemeinsam. Die Hände „marschieren" – rechts und links im Wechsel – zur Musik. Auf diese Weise wird das Schreiten vorbereitet.

### Das Tempo aufnehmen

„Wie könnt ihr euch zur Musik im Raum bewegen? Ist sie besonders zum Rennen geeignet?" Nach energischen Protesten oder auch scherzhafter Zustimmung schreiten alle zur Musik. In immer wechselnden Varianten ohne zu unterbrechen wird das ♩ -Tempo aufgenommen:

– Der Lehrer führt die Kinder zum Kreis. Anfangs können beim Schreiten die Knie betont hochgezogen werden. Diese Übertreibung erleichtert das Umsetzen des langsamen Tempos.

– Das Tempo wird leise geklatscht, auf Oberschenkel, Brust, Kopf, die Hände des Nachbarn ... gepatscht. Die Kinder finden immer wieder neue Wege, das Tempo hörbar zu machen.

– Jetzt schließen alle die Augen und klatschen leise mit, nach einer Weile kommen die Füße am Platz tretend dazu, die Augen werden geöffnet und weiter geht es durcheinander im Raum schreitend.

– Weiterschreitend sucht sich jedes Kind einen Partner, mit dem es seinen Weg fortsetzt...

### Die Füße strecken

„Was passt besser zum Tanz?" Der Lehrer geht einmal mit deutlich gebeugten, einmal mit gestreckten Füßen. Die Kinder versuchen, beim Schreiten die Füße zu strecken. Einigen gelingt es sofort, anderen fällt es sehr schwer. Hinweise können unter Umständen alles andere als eine Hilfe sein: das Becken wird vorgeschoben, der Schritt riesengroß, der Rücken nach hinten geneigt, oder alles gleichzeitig. Mit dem Üben des Grundschrittes entwickelt sich bei vielen automatisch ein Ballengang und falls nicht – wichtiger als die gestreckten Füße ist das genaue Tempo.

### Brennende Kerzen

Als Vorgeschmack und weil vielleicht alles schon so gut geklappt hat, darf nun jedes Kind mit einer brennenden Kerze gehen. Bei ängstlichen Kindern wird sie nicht angezündet. Bevor die Kerzen brennen, gibt es wichtige Hinweise: die Augen weit aufhalten, beobachten, wo die anderen gehen und niemandem zu nahe kommen.

Die Kerze erhält eine Tropfmanschette, damit das heiße Wachs nicht auf die Hand tropft. Eine Kerze wird angezündet und das Licht an die anderen weitergegeben. Falls möglich, wird der Raum verdunkelt. Alle gehen frei im Raum, mit einem anderen Kind zusammen oder in Schlangenlinien einem wechselnden Anführer hinterher... Zum weiteren Üben werden die Kerzen wieder zur Seite gelegt.

### Der Grundschritt

_Farbflecken auf den Boden:_
Wir tunken (in unserer Vorstellung) die Zehenspitzen des rechten Fußes in grüne Farbe, die des linken in gelbe. Mit den farbigen Zehenspitzen werden Tiere, Häuser, Zahlen... auf den Boden und in die Luft gemalt, vor und hinter dem Körper Linien gezogen und Punkte getupft.

Während zunächst die meisten beim Malen noch ordentlich wackeln, versuchen nun alle, das Gleichgewicht zu halten. Das Standbein „schlägt tiefe Wurzeln in den Boden", so dass wir uns beim Malen nur noch ganz ruhig bewegen können. Die rechten grünen Zehenspitzen tupfen deutlich zweimal vor auf dem Boden, dann folgt anstelle des dritten Tupfers ein Schritt. Nun tupfen die gelben Zehenspitzen zweimal, wieder folgt ein Schritt:

grün    grün    Schritt        gelb    gelb    Schritt

*Mit Musik:*

Im Tanz wird nicht mit den Tupfern, sondern mit dem Schritt begonnen. Im Kreis sitzend wird der Schrittrhythmus auf die Oberschenkel gepatscht... und schließlich im Kreis getanzt. Das Verkleinern und Vergrößern des Kreises im B-Teil lässt sich hier direkt anschließen.

Manche Kinder neigen dazu, mit dem Vorstrecken des Fußes auch das Becken vorzuschieben. Falsches und richtiges Vormachen des Lehrers machen das Problem schnell deutlich. Der Fuß streckt sich vor, aber der Bauch/das Becken bleibt zurück.

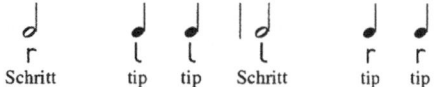

## Die Kette (2. Durchgang, A-Teil)

Diese Form kommt in vielen Volkstänzen vor. Dabei bewegt sich jeder 1., 3., 5. usw. Tänzer in Tanzrichtung und jeder 2., 4., 6. usw. gegen Tanzrichtung. Man reicht den Entgegenkommenden abwechselnd einmal die rechte und dem nächsten die linke Hand und „schlängelt sich" dementsprechend abwechselnd rechts- und linksschultrig an den Entgegenkommenden vorbei.

Beim Üben mag es anfangs einige Verwirrung geben, aber mit sprachlicher Unterstützung klappt es ganz schnell.

*Rote und blaue Punkte:*

Die Kinder stehen im Kreis, je zwei nebeneinanderstehende Kinder bilden ein Paar (bei ungerader Anzahl macht der Lehrer mit). Jeder erhält nun einen roten Klebepunkt auf den rechten Handrücken und einen blauen auf den linken. Die beklebten Hände wirken sehr motivierend und vermeiden die Verwechslung von rechts und links.

Die Kette beginnt, indem sich die Partner einander zuwenden und die rechte „rote" Hand reichen. In vier sich ständig wiederholenden Schritten wird nun die Kette geübt:

1. dem entgegenkommenden Kind die „rote Hand" entgegenstrecken
2. die Hand fassen und nebeneinanderstellen
3. dem nächsten entgegenkommenden die „blaue Hand" entgegenstrecken
4. die Hand fassen und nebeneinanderstellen

Dazu wird gesprochen: „rot – ran – blau – ran".

Die einmal eingeschlagene Bewegungsrichtung darf nicht gewechselt werden. Haben alle verstanden, so kann etwas fließender geübt werden, schließlich auch mit Musik, wobei immer noch leise mitgesprochen wird. Dabei stellen sich bald gleichmäßige Schritte ein.

Beim Üben ohne Klebepunkte können die Kinder im Kreis durchnummeriert werden: 1 – 2 – 1 – 2 –...

Alle mit der Nr. 1 bewegen sich in Tanzrichtung, alle mit der Nr. 2 gegen Tanzrichtung. Zum Handausstrecken, Fassen und Weitergehen wird gesprochen: „rechts – ran – links – ran".

*Kette mit Kerzen:*

Mit Kerzen in der Hand können sich die Kinder nicht mehr die Hände reichen, aber durch das vorangehende Üben kennen sie ihre Raumwege. Anstatt sich die Hände zu reichen, strecken sie nun einander die noch nicht brennenden Kerzen entgegen, weiterhin zunächst mit sprachlicher Unterstützung.

## Die Reihe (3. Durchgang, B-Teil)

*Vom Kreis zur Reihe:*

Die Reihe soll immer quer zum Publikum entstehen, damit die Bewegungen aller Kerzen gut sichtbar sind, es sei denn, die Zuschauer stehen um die Tanzenden herum. Da die räumliche Stellung der Kinder nicht vorhersehbar ist, werden zwei räumlich entgegengesetzte Punkte des Kreises bestimmt, die die Endpunkte der Reihe bilden sollen: z. B. soll die Doppelreihe immer auf der Linie zwischen Fenster und Tür entstehen. Egal an welcher Stelle die Kinder gerade im Kreis stehen – die Doppelreihe muss immer dort gebildet werden.

Alle stehen im Kreis und bilden dann langsam wie vereinbart zwei Reihen voreinander. „Sind die Reihen gerade? Hat jedes Kind ein Gegenüber?" Der Kreis wird wieder neu gebildet, dreht sich etwas weiter in Tanzrichtung bis andere Kinder an den Endpunkten stehen und die Reihe entsteht von neuem...

*Fortsetzung:*

„Ein Vers verrät, wie der Tanz nun weitergeht! Was mag damit wohl gemeint sein?":

> *Kreis wird länger eine Reihe,*
> *drehen sich der Kinder zweie.*
> *Kerze hoch und Kerze nieder*
> *und schon hat der Kreis uns wieder.*

Im langsamen Tempo der Schritte sprechend führen alle den Inhalt des Verses aus. Schaffen wir es, alle Kerzen gleichzeitig zu heben und zu senken? Keine darf die erste sein. Alle Kerzen bewegen sich gleichzeitig, als seien sie auf einem einzigen Brett nebeneinander befestigt.

## Runde Kreise – gerade Linien

Erst richtig reizvoll wird ein Kerzentanz, wenn die Lichter sich in gleichen Abständen voneinander bewegen, die Raumformen sich klar abzeichnen oder alle Kerzen gleichzeitig gehoben werden.

Verschiedene Reaktionsspiele z. B. aus dem Themenbereich „Kreise bilden" helfen, die Aufmerksamkeit auf die gemeinsame Ausführung zu lenken und wirken außerdem neben dem Üben der Tanzform auflockernd.

# Umtanzte Stühle

ab acht Jahren, für eine beliebige Anzahl von Paaren

Stühle stehen fast überall zur Verfügung. Eigentlich sind sie ein alltägliches Möbelstück, das dem Sitzen dient. Aber schon von kleinen Kindern werden sie gerne zum Eisenbahnspielen oder Burgen bauen zweckentfremdet. Man kann auf ungewöhnliche Art darauf sitzen, darunter liegen, sie tragen, kippen und umdrehen. Man kann die eigene Bewegung der Form des Stuhles anpassen. Je nach Anordnung gestalten und gewichten sie den Raum.
Stühle im Tanz einzubeziehen ist für jüngere und ältere Kinder sehr spannend. Ein vielfältig benutzbarer Gegenstand regt die Phantasie an und lässt Kinder untereinander indirekt, über das Material als Bezugspunkt, oft schneller und unkomplizierter als ohne Material in Beziehung treten.

## Die Musik des Tanzes

_Juan Llossas (1900 – 1957): Abends in der kleinen Bar (Kötscher/Graff), (CD Nr. 9)_

Vom Rhythmus lateinamerikanischer Tänze geprägte Musik wird gespielt von der _Original Spanisch-Argentinischen Tanzkapelle Juan Llossas_, mit der Llossas zur Zeit des Tangofiebers in Deutschland große Erfolge hatte. Die Musik verleiht dem Tanz freundliche Leichtigkeit und einen nach außen gerichteten Showcharakter.
Die viertaktige Struktur wird von unregelmäßigen Überleitungen unterbrochen. Sie helfen im Tanz, durch eine kurze Besinnungspause den folgenden Teil deutlich und gemeinsam zu beginnen und können durch Innehalten oder besondere Übergänge ein Spannungsmoment des Tanzes sein. Mitzählen oder rhythmisches Sprechen passender Worte wie „sit-zen-blei-ben" erleichtern den rechtzeitigen Einstieg zum nächsten Teil.
Die Musik ist geprägt von einer Melodie, die im ersten und vierten Durchgang instrumental erklingt, im zweiten Durchgang vokal (siehe nachfolgende Melodie). Der Inhalt des Textes steht nicht im Mittelpunkt des Tanzes. Aber man kann sich vorstellen, in einer Bar zu sitzen, die Blicke auf die Bühne gerichtet, nur spielt sich jetzt das Geschehen nicht auf der Bühne, sondern in der Bar ab.

### Musikalische Skizze:

| = ein 4/4-Takt

| | | |
|---|---|
| Vorspiel | &#124;&#124;&#124; A &#124;&#124;&#124;&#124; A' &#124;&#124;&#124;&#124; B &#124;&#124;&#124;&#124; A &#124;&#124;&#124;&#124; |
| Überleitung | &#124; A &#124;&#124;&#124;&#124; A' &#124;&#124;&#124;&#124; B &#124;&#124;&#124;&#124; A &#124;&#124;&#124;&#124; |
| Überleitung | &#124;&#124;&#124; C &#124;&#124;&#124;&#124; &#124;&#124;&#124;&#124; &#124;&#124;&#124;&#124; |
| Überleitung | &#124;&#124; A &#124;&#124;&#124;&#124; A' &#124;&#124;&#124;&#124; |
| Nachspiel | &#124;&#124;&#124; |

### Aufbau der Musik:

| | Vorspiel | 1. Durchgang | Überl. | 2. Durchgang | Überl. | 3. Durchgang | Überl. | 4. Durchgang | Nachspiel |
|---|---|---|---|---|---|---|---|---|---|
| Form | | A  A'  B  A | | A  A'  B  A | | C | | A  A' | |
| Takte | 3 | 4  4  4  4 | 1 | 4  4  4  4 | 3 | 12 | 2 | 4  4 | 3 |
| Instrumentierung | | instrumental | | vokal | | freier Instrumentalteil | | instrumental | |

153

**Abends in der kleinen Bar**

Juan Llossas

A-bends in der klei-nen Bar spielt die Mar-ga-ret, und bei ihr ver-gißt man schnell, wie die Zeit ver-geht.

Denn sie spielt und singt da-zu vol-ler Zärt-lich-keit, was ein je-der hö-ren will, was das Herz er-freut. Da-bei

träumt sie selbst von Lie-be und von ei-nem Ka-va-lier, der sie wie ein Prinz im Mär-chen ein-mal weg-holt vom Kla-vier.

A-bends in der klei-nen Bar spielt die Mar-ga-ret, und bei ihr ver-gißt man schnell, wie die Zeit ver-geht.

## Tanzbeschreibung

**Im Überblick**: Gestaltungsmittel des Tanzes sind eine festgelegte Folge von Schritten mit Richtungswechseln, Körperhaltungen an und zwischen den Stühlen, eine Bewegungsfolge vom Stuhl weg und zurück, freies Umhergehen, Verstellen der Stühle und darüber hinaus alles, was in der Improvisation entsteht.

Ap: Die Stühle stehen mit der Sitzfläche nach vorne so verteilt, dass alle zu sehen sind. Vor den Stühlen und um die Stühle herum muss genügend Bewegungsraum bleiben. Die Kinder befinden sich außerhalb der Bühne oder stehen am Rand. Je zwei Kinder sind einem Stuhl zugeordnet. Bei kleinen Gruppen kann jedes Kind einen Stuhl erhalten, die Choreographie wird dementsprechend abgewandelt.

|  | Takt |  |
|---|---|---|
| **Vorspiel** | 1 – 3 | *Gehen:* Die Paare gehen zu ihren Stühlen und stellen sich dahinter. |
| **1. Durchgang** A-Teil | | *Gehen in verschiedenen Tempi:* |
| | 1 – 3 | Mit 6 kleinen Schritten und im Tempo der Füße schnipsend nach rechts gehen (Bild 1) (Die Schritte erfolgen jeweils auf der 1. und 3. Zählzeit, auf der 2. und 4. eventuell in den Knien nachgeben.) |
| | 4 | 1/2 Drehung und mit 4 schnellen Schritten im doppelten Tempo zurück zum Stuhl |
| A-Teil | 1 – 4 | ebenso |
| B-Teil | 1 – 4 | ebenso nach links |
| A-Teil | 1 – 4 | wie B-Teil |
| **Überleitung** | 1 | hinter dem Stuhl stehenbleiben |
| **2. Durchgang** A-Teil | 1 – 4 | *Vier Haltungen am Stuhl:* Das rechts stehende Kind begibt sich jeweils auf der 1. Zählzeit eines Taktes in 4 aufeinanderfolgende, vorher festgelegte Haltungen am Stuhl, die wie eine Figur gehalten werden. Der Übergang zwischen den vier aufeinanderfolgenden Haltungen sollte sich möglichst sinnvoll ergeben. |
| A'-Teil | 1 – 4 | Während sich das rechte Kind seitlich auf den Stuhl setzt, beginnt das linke mit derselben Folge (Bild 2 – 4). |
| B-Teil A-Teil | 1 – 4 1 – 4 | *In 8 Takten vom Stuhl weg und zurück:* eine aus der Improvisation entwickelte Bewegungsfolge, z. B.: |

1. Takt: gehen, 2. Takt: Bauchlage, 3. Takt: sitzende Haltung, 4. Takt: liegende Haltung, 5. Takt: aufstehen, 6. Takt: zum Stuhl zurück, 7. Takt: Fuß auf die Sitzfläche stellen, 8. Takt: Blick zum Zuschauer wenden

| | | |
|---|---|---|
| **Überleitung** | 3 | hinsetzen (oder eine andere Haltung am Stuhl) und Innehalten oder im Tempo der Musik federn (Bild 5) |

**3. Durchgang**
C-Teil

*Gehen und Verstellen der Stühle:*

| | |
|---|---|
| 1 – 4 | mit 16 Schritten um die Stühle gehen und sich dabei mit anderen zu kleinen Gruppen zusammenfinden |
| 5 – 8 | mit Takt 5 in einer Haltung einfrieren und innehalten |
| 9 – 12 | zurück zu den Stühlen, diese leise in eine neue Ordnung, z. B. eine Reihe bringen und hinsetzen |

| | | |
|---|---|---|
| Überleitung | 2 | innehalten |

**4. Durchgang**
A und A'-Teil

*Wiederholung:*

| | |
|---|---|
| 1 – 8 | Eine begehrte Sequenz *(Vier Haltungen am Stuhl, Vom Stuhl weg und zurück* oder *Verstellen der Stühle)* wird wiederholt. |

**Nachspiel**

| | |
|---|---|
| 1 – 2 | innehalten |
| 3 | in eine eigene, schnell erreichbare Schlussposition begeben. |

*Bild 1*

*Bild 2*

Bild 3

Bild 4

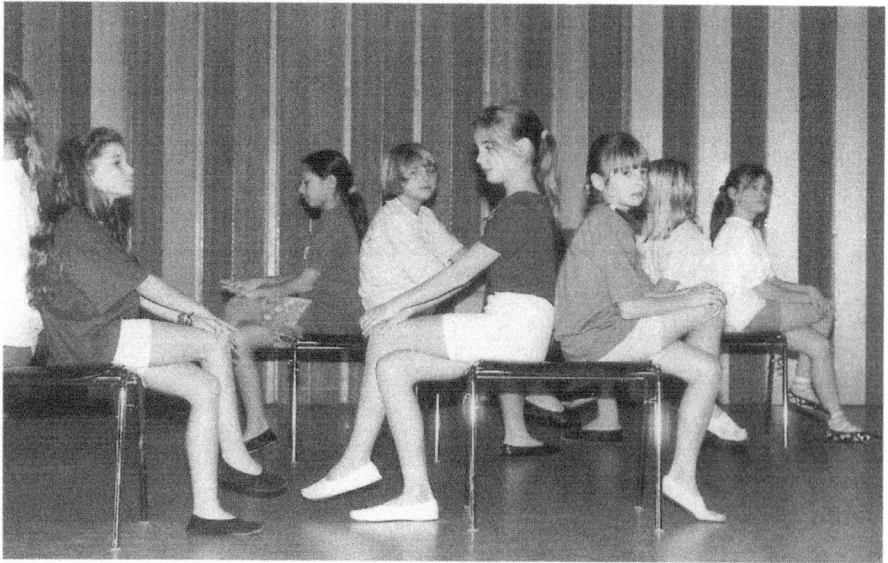

Bild 5

## Wege zum Tanz

Im spielerischen Umgang mit den Stühlen ohne Musik werden, vom Material ausgehend, eigene Ideen entwickelt, ohne durch die Musik gebunden zu sein oder sie zur Hintergrundmusik werden zu lassen.

Interessante Ideen, die in Improvisationen entstehen, werden für den späteren Tanz festgehalten.

### Improvisation zu Musik ohne Stuhl

Improvisationsthemen finden sich im Kapitel _Von der Improvisation zur Gestaltung_, S. 93)
In verschiedenen Aufgabenstellungen zur vorgesehenen Musik entwickeln die Kinder Ideen für Teile des Tanzes, die ohne Stuhl getanzt werden:

- die Tempi wechseln
- Bewegungsmöglichkeiten am Boden finden
- Wechsel zwischen Fortbewegung und Tanzen am Platz
- Bewegungsmöglichkeiten von Armen und Oberkörper finden

### Improvisation mit Stuhl

Die Kinder experimentieren zu zweit mit einem Stuhl oder mit je einem Stuhl. Anschließend werden Ideen gesammelt: Einzelne Kinder führen vor, die anderen imitieren.

### Gehen und sitzen

Stühle stehen im Raum verteilt, für jedes Kind einer. Die Kinder bewegen sich mit oder ohne Musik um die Stühle herum. Auf einen Trommelschlag setzen sie sich auf den eigenen Stuhl. Der nächste Schlag bedeutet Weitergehen.
Ein anderes Mal nehmen sie den Stuhl, der ihnen am nächsten ist.

### Variation:

„Ob ihr euch auch setzen könnt, ohne dass ich ein Zeichen gebe?" Sobald ein Kind sich setzt, suchen auch die anderen sofort den nächststehenden Stuhl auf. Fährt ein Kind mit dem Gehen fort, erheben sich auch die anderen so unmittelbar, dass man möglichst nicht sieht, welches Kind begonnen hat.
Ein von außen beobachtendes Kind kann versuchen, den Anführer festzustellen. Das spornt alle an, sehr schnell zu reagieren.
Da viele Kinder gerne den Wechsel einleiten möchten, erfolgen anfangs die Wechsel zwischen Gehen und Sitzen sehr schnell. Ist der Ablauf verstanden, sollen die Geh- und Sitzphasen unterschiedlich lang sein. „Wie lang schafft ihr es, abzuwarten?"
Wollen immer dieselben Kinder den Wechsel einleiten, gilt als Regel, dass jedes Kind nur eimal an der Reihe sein darf.

### Haltungen am Stuhl –„Wer bewegt sich noch?"

Wieder tanzen alle zur Musik um die Stühle. Wird die Musik unterbrochen, finden die Kinder eine beliebige Haltung an, auf, unter, neben dem nächsten Stuhl. Es kann also sein, dass sich mehrere Kinder an einem Stuhl zusammenfinden und auf diese Art voneinander angeregt neue Ideen entstehen. Es gilt, möglichst still in einer Haltung zu verharren, um so klarer und schöner wirkt sie im späteren Tanz. Der Lehrer geht umher und schaut, ob noch jemand mit dem Kopf umherblickt, ob sich noch ein Fuß oder eine Hand regt...
Um allen eine Gelegenheit zum Zuschauen zu geben, agiert nur die Gruppenhälfte. Verschiedene Ideen werden besprochen, damit die Kinder sie bewusst gestalterisch einsetzen können, wie z.B. das Einbeziehen verschiedener Raumebenen.

### Gruppenbilder

Drei bis fünf Kinder agieren, die anderen schauen der Veränderung der Gruppenbilder zu. Ein Kind begibt sich mit seinem Stuhl mit einer beliebigen Haltung in den Raum. Die nächsten gesellen sich der Reihe nach zügig mit einer „passenden" Haltung dazu, damit die ersten nicht so lange warten müssen. In unterschiedlichen Zeitabständen gibt nun der Lehrer ein Zeichen (weiche Becken- oder Trommelschläge). Daraufhin verändern die Kinder gleichzeitig und zügig ihre Haltung und damit das Gruppenbild.

Schließlich kann sich auch die Stellung der Stühle verändern. Sie werden gehalten, gelegt, gekippt... Alle Ideen, die später in den Tanz einfließen sollen, müssen leise realisierbar sein.

### Schaut genau hin!

Die Stühle stehen im Kreis, einer in der Mitte. Reihum führen alle Kinder eine Haltung am Stuhl vor, die von allen möglichst genau imitiert wird. „Wie ist die Haltung der Hände, wohin geht der Blick, an welcher Stelle hat der Körper Kontakt mit dem Stuhl...?"

### Haltungen festlegen

Vier Haltungen, die besonders interessant sind und sich deutlich voneinander unterscheiden, werden festgelegt, in eine sinnvolle Reihenfolge gebracht und geübt. Im Zeitlupentempo lässt sich genau festhalten, was wann passiert: Wann berührt die Hand die Lehne, welcher Fuß wird zuerst auf den Stuhl gesetzt, wohin geht der Blick...?

### Ein Stuhl für zwei

Zwei Kinder finden zusammen Haltungen an einem Stuhl. Jeweils eine Lösung eines Paares wird der Gruppe gezeigt.

Nachdem die Haltungen vorgeführt wurden, finden alle gleichzeitig auf ein Zeichen ihre Haltung wieder, möglichst schnell, ohne überflüssige korrigierende Bewegungen und ohne zusammenzustoßen! Das plötzliche „Einfrieren" in einer Haltung am Stuhl (paarweise oder in anderen Gruppierungen) könnte das Schlussbild des Tanzes darstellen.

*Haltungen am Stuhl*

### Vom Stuhl weg

Alle sitzen auf den im Raum verteilten Stühlen. Der Lehrer besucht ein Kind und setzt sich auf seinen Stuhl. Dieses steht auf und geht zu einem anderen... Nach einer Weile finden die Kinder ganz unterschiedliche und ungewöhnliche Arten, von einem Stuhl zum anderen zu kommen. Wird zunächst ohne Musik und dadurch vorgegebenes Metrum, Rhythmus und Ausdruck probiert, so entsteht eine größere Vielfalt, die die späteren Ideen zur Musik bereichert.

### Entwickeln einer Sequenz „Vom Stuhl weg und zurück"

Dasselbe wird im großen Kreis auf den Stühlen sitzend probiert, jetzt aber mit der Musik, die für den Tanz vorgesehen ist. Auf ein deutliches akustisches Zeichen eines Kindes hin (schnalzen, klatschen, husten...) wechseln alle Kinder gleichzeitig ihre Plätze. Sicher haben einige denselben Platz ausgewählt, so dass sich mehrere mit einem einzigen Stuhl begnügen müssen, während andere leer bleiben.

Anschließend erfolgt der Platzwechsel wieder auf die unterschiedlichste Art und Weise, jedoch zur Musik passend: drehen, kriechen, hocken, stoppen, auf den Bauch legen, hinsetzen, hochspringen und fallen, schnelle oder langsame Bewegungen...

Reihum zeigen die Kinder zur Musik einzeln eigene Lösungen für einen Weg vom Stuhl weg und zurück. Elemente, die allen besonders gut gefallen haben und mit der Musik realisierbar sind, werden gemeinsam oder vom Lehrer zu einer Sequenz für den Tanz zusammengestellt. Ein Innehalten innerhalb der Folge kann nicht nur zu einer synchronen Ausführung verhelfen, sondern auch die Spannung erhöhen.

### Gruppieren der Stühle

Stühle lassen sich in Kreisen oder Reihen, dicht oder weit auseinander aufstellen, alle in eine oder in verschiedene Richtungen ausrichten, kippen oder legen...

Die Kinder tanzen frei zur Musik um die im Raum verteilten Stühle herum. Bei Unterbrechung der Musik werden die Stühle in eine neue Anordnung gebracht. Diese entsteht spontan in der Situation oder auf Zuruf von Lehrer oder Kindern.

Auch innerhalb des vorgeschlagenen Tanzes wird die Anordnung der Stühle verändert.

Beim Tanzen mit Musik sind nur Konstellationen möglich, die leise zu realisieren sind. Ein Übereinanderhäufen der Stühle mit der Musik wäre sicher zu laut, vielleicht aber ein möglicher Einstieg oder Abschluss vor oder nach der Musik. Dagegen könnten die Geräusche der Stühle in einem Tanz ohne Musik ein interessantes Gestaltungsmittel sein.

# Ein alter Hut

### ab neun Jahren

Einen Hut kann man auf dem Kopf tragen, auf Knien, Füßen oder dem Rücken, einander zuwerfen, über dem Kopf oder durch die Beine weiterreichen. Er verwandelt die Kinder in ein Mannequin, einen Cowboy, eine vornehme Dame oder einen alten Mann.

Da beim Tanz der Hut im Mittelpunkt steht, sollte die Kleidung bei einer Aufführung nicht die Aufmerksamkeit auf sich lenken (z. B. schwarzes T-Shirt und einfarbig rote, grüne, gelbe, blaue... Radlerhose).

## Die Musik des Tanzes

_Glenn Miller (1904 – 1944): Little Brown Jug (Winner/Arr. Finnegan), (CD Nr. 10)_

Das Tempo ist ♩ = 168, alla breve. Die Musik baut auf einer I - IV - V - I Verbindung auf, die in der Bassmelodie der Einleitung gut hörbar ist:

**Little Brown Jug (Einleitung)** Glenn Miller

Nach der 8-taktigen Einleitung erklingt im 1. Teil 4-mal das Thema vom Saxophon (je 8 Takte), beim 4. Mal stark variiert. Der musikalische Hintergrund wird dabei jedesmal modifiziert, die Instrumentierung wird immer dichter. Auf eine 8-taktige Überleitung folgt ein 16-taktiges Saxophonsolo. Eine weitere 10-taktige Überleitung führt zu einem Solo von Trompete und Posaune (je 16 Takte). Im Verlauf des 24-taktigen Schlussparts vollzieht sich eine Reduktion der Instrumente. Der Klang wird tiefer und leiser bis zu einem kräftigen Akzent in Takt 24 und folgendem Schlusston.

### Musikalische Skizze:

| = ein 4/4-Takt

| | |
|---|---|
| Einleitung | ⏐⏐⏐⏐ ⏐⏐⏐⏐ |
| Thema | ¹⏐⏐⏐⏐ ⏐⏐⏐⏐  ²⏐⏐⏐⏐ ⏐⏐⏐⏐  ³⏐⏐⏐⏐ ⏐⏐⏐⏐  ⁴⏐⏐⏐⏐ ⏐⏐⏐⏐ |
| Überleitung | ⏐⏐⏐⏐ ⏐⏐⏐⏐ |
| Solo | ⏐⏐⏐⏐ ⏐⏐⏐⏐ ⏐⏐⏐⏐ ⏐⏐⏐⏐ |
| Überleitung | ⏐⏐ ⏐⏐ ⏐⏐ ⏐⏐⏐⏐ |
| Soli | ¹⏐⏐⏐⏐ ⏐⏐⏐⏐ ⏐⏐⏐⏐ ⏐⏐⏐⏐  ²⏐⏐⏐⏐ ⏐⏐⏐⏐ ⏐⏐⏐⏐ ⏐⏐⏐⏐ |
| Schlussteil | ⏐⏐⏐⏐ ⏐⏐⏐⏐ ⏐⏐⏐⏐ ⏐⏐⏐⏐ ⏐⏐⏐⏐ ⏐⏐⏐⏐ |

### Aufbau der Musik:

| | Einleitung | Thema 4-mal | Überl. | Solo Sax. | Überl. | Solo Tromp. | Solo Pos. | Schlussteil |
|---|---|---|---|---|---|---|---|---|
| Takte | 8 | 8 8 8 8 | 8 | 16 | 10 | 16 | 16 | 24 |
| Tanz | gehen | 1. Schrittfolge | Kreis | Hut reichen | 2 Reihen | 2. Schrittfolge | Bodensequenz | Haltungen und Gehen |

**Little Brown Jug (Thema)** Glenn Miller

## Bewegungssequenzen des Tanzes

Dem Tanz liegen zwei einfache Schrittfolgen und eine Sequenz am Boden zugrunde:

**1. Schrittfolge:** Der Körper bleibt während der ganzen Folge nach vorne ausgerichtet.

Takt 1 – 4

mit r beginnend 4 Schritte schräg r vor
mit r beginnend 4 Schritte zurück

Takt 5 – 8

mit r beginnend 4 Schritte schräg l vor
mit r beginnend 4 Schritte zurück

**2. Schrittfolge:** Der Hut wird mit beiden Händen gehalten.

Takt 1 – 4

3 Anstellschritte r zur Seite und ein Ausfallschritt auf das r Bein. (Beim Ausfallschritt wird der r Arm mit Hut schräg r hoch gestreckt und der l Arm schräg l nach unten gehalten, Arme und Oberkörper bilden eine Diagonale.)
nach l gegengleich

**Bodensequenz:** Alle liegen in Bauchlage mit Blick nach vorne nebeneinander, die Unterarme auf den Boden gestützt und den Hut mit beiden Händen auf den Boden gehalten.

| Takt | Zählzeit | |
|---|---|---|
| 1 | 1 | in der Ausgangsposition verharren |
|  | 3 | Hut vor den Kopf halten |
| 2 | 1 | auf den Rücken drehen und Hut auf dem Bauch halten |
|  | 3 | Hut hochhalten (Bild 1) |
|  | 4 | Hut senken |

## Tanzbeschreibung

**Im Überblick:** Gestaltungsmittel des Tanzes sind: Gehen, Haltungen mit Hut, Weiterreichen der Hüte sowie zwei Schrittfolgen und eine Sequenz am Boden (s. o.).
Ap: Die Kinder stehen rechts und links am Bühnenrand oder außerhalb der Bühne.

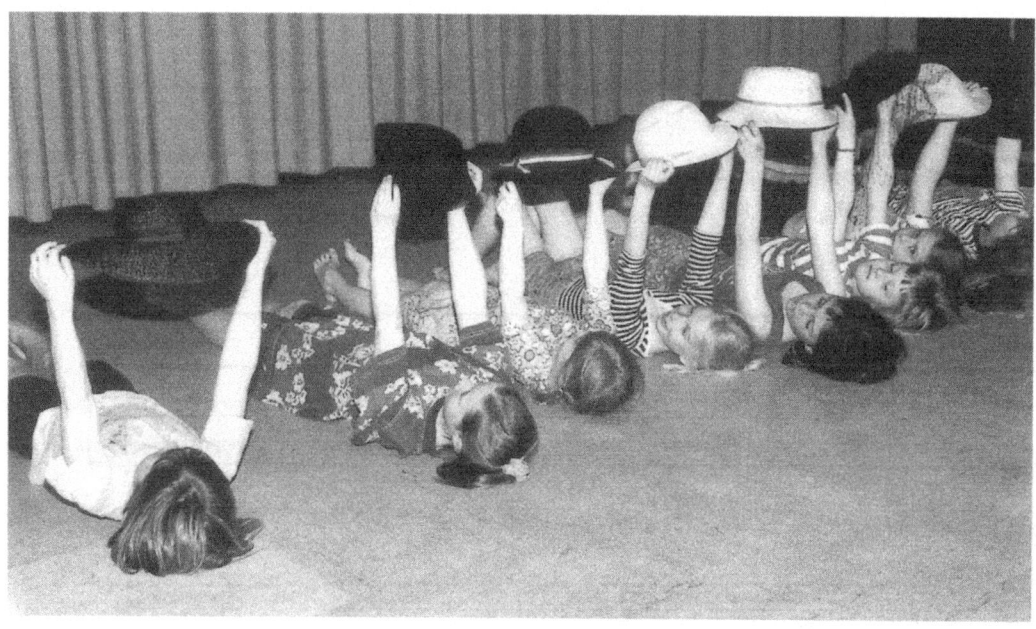

*Bild 1*

160

|  | Takt |  |
|---|---|---|
| **Einleitung** | 1 – 8 | *Auftritt:* |

V V V V V
 V  V  V  V  V

vom Bühnenrand beginnend beschwingtes Gehen zur Ausgangsposition
in Takt 8 in 2 Reihen versetzt hintereinander stehen mit Blick zum Zuschauer

| **Thema 1** | 1 – 8 | *Schrittfolge 1* |
|---|---|---|
| **Thema 2** | 1 – 8 | *Schrittfolge 1* |
| **Thema 3** | 1 – 8 | *Schrittfolge 1 mit Hut:* |

während der Kreuzschritte in Takt 1 und 2 den Hut mit der r Hand hoch halten, in Takt 3 wieder aufsetzen, in Takt 5 und 6 mit der l Hand hochhalten und in Takt 7 aufsetzen

**Thema variiert**

*Hut auf den Füßen:*

|  | 1 – 2 | hinsetzen |
|---|---|---|
| | 3 – 4 | den Hut auf die Fußspitzen setzen und den Körper nach hinten zurückgelehnt auf die Unterarme aufstützen |
| | 5 – 6 | die Beine mit Hut hochstrecken und in Takt 6 wieder senken |
| | 7 – 8 | wie Takt 5-6 |

**Überleitung**

*Enger Außenkreis:*

| | 1 – 2 | plötzlich eine Haltung einnehmen mit der Absicht aufzustehen |
|---|---|---|
| | 3 – 4 | eine weitere höhere Haltung einnehmen, die zum Stand überleitet |
| | 5 – 8 | zum engen Kreis zusammenkommen und rechtzeitig zum nächsten Teil nach außen drehen |

**Solo**

*Hut weiterreichen:*

|  | 1 – 2 | den eigenen Hut mit beiden Händen dem rechten Nachbarn auf den Kopf setzen, dabei mit dem Körper nach r wenden |
|---|---|---|
| | 3 – 4 | den neuen Hut, den man vom l Nachbarn erhalten hat, mit beiden Händen fassen und dabei den Körper wieder gerade ausrichten |
| | 5 – 8 | ebenso |
| | 9 – 16 | ebenso, aber im doppelten Tempo, so dass im gesamten Teil 6-mal die Hüte weitergereicht werden |

**Überleitung**

*Köpfe zusammenstecken und zwei Reihen bilden:*

| | 1 – 2 | mit den Händen am Hut mit gebeugten Knien zur Kreismitte wenden und die Köpfe „zusammenstecken" (Bild 2) |
|---|---|---|
| | 3 – 4 | nach außen wenden und mit leicht vorgebeugter Haltung nach außen blicken (Bild 3) |
| | 5 – 6 | wieder nach innen wenden |
| | 7 - 10 | in zwei Reihen (längs zum Zuschauer) nebeneinander der Größe nach aufstellen |

**Solo Trompete**

↔V   V↔
↔V   V↔
↔V   V↔
↔V   V↔

V V V V V V V V

| | 1 – 4 | *Schrittfolge 2 nach außen* |
|---|---|---|
| | 5 – 8 | *Schrittfolge 2 nach innen* |
| | 9 – 12 | *Schrittfolge 2 nach außen* |
| | 7 – 8 | schnell der Reihe nach mit Blick nach vorne auf den Bauch legen (Die beiden Vorderen legen sich Zuerst, die Hinteren schließen sich an.) |

**Solo Posaune**

*Bodensequenz*

| | |
|---|---|
| 1 – 8 | 2-mal nach rechts |
| 9 – 16 | 2-mal nach links |

**Schlussteil**

*Haltungen und Gehen:*

| | |
|---|---|
| 1 – 16 | in jedem 2. Takt eine neue Haltung mit Hut einnehmen und dabei Kontakt zu anderen Tanzenden und zum Zuschauer herstellen |
| 17 – 24 | zur Musik gehend eng zusammenkommen, beim Akzent in Takt 24 die Hüte in die Luft werfen und dann vorsichtig übereinanderfallen |

*Bild 2*

*Bild 3*

## Wege zum Tanz

### Improvisationen mit Hut

Die Kinder
- improvisieren mit Hut mit und ohne Musik
- tanzen alleine und zu zweit
- improvisieren stehend, liegend oder sitzend
- tanzen mit dem Hut in einer Hand, in beiden Händen oder ohne Zuhilfenahme der Hände
- finden Haltungen, Schrittkombinationen, Drehungen oder Sprünge mit Hut
- erfinden Tanzbewegungen, Schrittkombinationen oder Armbewegungen zur Musik und ohne Hut
- stellen zum eigenen Hut passende Menschentypen oder Gangarten dar (Die Kinder oder der Lehrer haben sicher sehr unterschiedliche Hüte mitgebracht, die zu unterschiedlichem Verhalten anregen.)

### Die Musik hören

Aus welcher Zeit kommt die Musik? Welche Instrumente sind zu hören? Wann beginnt ein neuer Teil und woran läßt sich dies erkennen? Im Gespräch über die Musik fallen Begriffe wie Solo, Thema, Überleitung...

### Gehen zur Musik

Die Kinder versuchen sich gehend in den beschwingten Charakter der Musik einzufinden. Wie können sich die Arme mitbewegen? Manchen wird sicher ein „Jazz-Gang" gelingen: jeweils auf der 1. Zählzeit ein Schritt, auf der 3. die Knie beugen und einmal klatschen; dann auch im doppelten Tempo, aber ohne zu klatschen.

### Haltungen mit Hut

- Mit Hut lassen sich verschiedene Haltungen einnehmen: fein, elegant, forsch, frech, kokett, auffordernd, salopp, freundlich, verärgert, erschrokken... Nach freiem Tanz zur Musik verharren alle auf ein Signal hin in einer vorgegebenen oder frei gewählten Position. Sie kann wie oben eine Stimmung ausdrücken oder auch abstrakt sein. Beim erneuten Ertönen des Signals geht der Tanz weiter. Die Signale kommen überraschend in sehr unterschiedlichen Abständen oder regelmäßig auf der 1. Zählzeit eines Taktes.

Mit der Zeit können die Kinder mit ihren Haltungen Kontakt zueinander aufnehmen.
- Ausgangsposition ist eine Haltung am Boden. Auf der 1. Zählzeit eines Taktes wird – zunächst mit akustischer Unterstützung – eine Position eingenommen. Mit jedem Takt kommen die Kinder dem Stand ein wenig näher, bis sie nach acht Takten stehen (ebenso vom Stand zum Boden).
- Bei einer Aufführung ist es notwendig, die Perspektive der Zuschauer zu berücksichtigen. Die Hälfte der Gruppe schaut zu. Die Tanzenden wenden sich nun mit ihren Haltungen immer dem „Publikum" zu.

### Aufstellungen im Raum

Die im Tanz vorkommenden Aufstellungen müssen sicher und schnell eingenommen werden können. Der Verständigung halber erhalten sie Namen: zwei versetzte Reihen hintereinander („versetzte Reihen"), zwei Reihen der Größe nach nebeneinander („zwei Reihen"), in Bauchlage in einer Reihe nebeneinander liegen („Bauchlage") und der enge Außenkreis („Außenkreis"). Beim Außenkreis bilden alle zuerst einen kleinen Kreis mit Blick nach innen und drehen sich dann nach außen.

Nach Klärung der Begriffe tanzen die Kinder zur Musik. Bei Unterbrechung nehmen sie so schnell es geht die zugerufene Haltung ein. Klappt es auch, wenn der Lehrer bis zehn zählt oder sogar nur bis fünf?

### Schrittfolgen – Wandernde Gruppe

Bei beiden Schrittfolgen muss die Aufstellung genau erhalten bleiben. Bei der versetzten Reihe bleiben die Hinteren in der Lücke zwischen zwei Vorderen, die Vorderen dürfen nicht zusammenrücken. Der Lehrer/ein Kind steht vor der aufgestellten Gruppe und gibt Handzeichen, in welche Richtung sich die Gruppe bewegen soll, ohne die Abstände voneinander zu verändern: vor, zurück, rechts, links, diagonal oder stehenbleiben.

Auch die zwei Reihen hintereinander müssen genau erhalten bleiben. Zur Übung wandern die beiden vorderen Kinder mal nach rechts, mal nach links, während die hinteren auf alle Überraschungen schnell reagieren müssen. Die Anführenden wechseln.

# Geschichten

## Der Schwan

### für vier- bis achtjährige

Von allen verspottet, gebissen und getreten verlebte das hässliche junge Entlein eine schreckliche Zeit.

*„Eines Abends, als die Sonne gerade unterging, kam ein Schwarm herrlicher großer Vögel gezogen. Noch nie hatte das Entlein so etwas Herrliches gesehen. Sie waren blendend weiß und hatten lange, biegsame Hälse. Die Schwäne, denn sie waren Schwäne, stießen einen seltsamen Ton aus, breiteten ihre großen, wunderschönen Flügel aus und flogen weiter nach den warmen Ländern."*
*Als der Winter vorüber war, entdeckte das Entlein im Spiegelbild des Wassers seine wahre Gestalt. Die Kinder jubelten:*
*„Ein neuer Schwan ist gekommen!" Sie klatschten vor Freude in die Hände, sie tanzten und holten Vater und Mutter herbei. Und alle warfen Brot und Kuchen ins Wasser und sagten: „Der neue ist der schönste! Nein, wie herrlich und jung er ist!" Die alten Schwäne aber verneigten sich vor dem neuen.*
*Der war ganz beschämt und steckte den Kopf unter die Flügel. Er war ja so glücklich, aber stolz, nein, das war er nicht. Er dachte daran, wie ihn alle verfolgt und verhöhnt hatten, und nun hörte er auf einmal, dass er der schönste der herrlichen Vögel sei. Selbst der Flieder streckte seine Zweige zu ihm ins Wasser, und die Sonne streichelte ihn mild. Da schlug er mit den Federn, hob den schlanken Hals hoch empor und jubelte aus vollem Herzen: „So viel Glück habe ich mir nie träumen lassen, als ich noch das hässliche junge Entlein war!"* (Das hässliche junge Entlein, Andersen)

Das ruhige Gleiten der Schwäne, ihre weiten Flügel und gestreckte, stolze Haltung bilden die Grundlage des Tanzes.
Für eine Aufführung können die „Flügel" durch weiße Tücher betont werden. In diesem Fall wird schon vor einer Präsentation mit Tüchern geprobt, um sich an die veränderten Bedingungen zu gewöhnen.
Ein weißer, dünner Stoff (Futterstoff, Baumwolle...) wird auf eine Größe von etwa 60 – 70 cm mal 1,10 m zugeschnitten. Für kleinere Kinder sollten die Tücher der Armlänge entsprechend weniger breit sein. An den beiden oberen Enden werden zwei Gummis angebracht, durch die die Hände gesteckt werden. Das Tuch kann in der Mitte der oberen Seite mit einer Sicherheitsnadel am T-Shirt befestigt werden, damit es nicht auf dem Boden hängt.

## Die Musik des Tanzes

*Camille Saint-Saens (1835 – 1921): 'Der Schwan' aus 'Der Karneval der Tiere'* [37] *(CD Nr. 11)*

Die großen, ruhigen und im legato gespielten Melodiebögen des Cellos zeigen klare Auf- und Abbewegungen. Sein warmer und gesanglicher Klang läßt Bilder von Weite, Würde und Getragenheit der ruhig mal tiefer, mal höher eher gleitenden als fliegenden Schwäne entstehen. Die ununterbrochenen Akkordbrechungen und Arpeggien der zwei Klaviere lassen an die leichten, silbrigglänzenden Wellenbewegungen eines Sees erinnern.
Nach einer eintaktigen Einleitung der zwei Klaviere setzt das Cello mit einem 4-taktigen Thema ein, in dem eine ruhige, absteigende Melodie (Takt 2-3) von einer aufsteigenden, bewegteren erwidert wird (4-5). Dasselbe Wechselspiel wird mit veränderter Melodieführung wiederholt (6-9). Die folgenden 4 Takte (10-13) variieren die 2-taktige Anfangsmelodie. Im weiteren Verlauf (14-17) erfährt sie zusätzliche rhythmische und melodische Veränderungen und führt zurück zum 4-taktigen Anfangsthema (18-21). Mit den letzten Takten (22-28) führt ein 2-taktiger absteigender Melodieverlauf wieder aufwärts zu einem lang gehaltenen Schlusston, einhergehend mit einer starken Verlangsamung von Tempo und Rhythmus. Absteigende Klavierarpeggien und Akkordbrechungen bilden den Abschluss .

---

37: Im Musikalienhandel sind verschiedene Bearbeitungen erhältlich, die ermöglichen, die Musik live zu spielen.

Le Cygne

C. Saint-Saëns

**Graphischer Verlauf:**

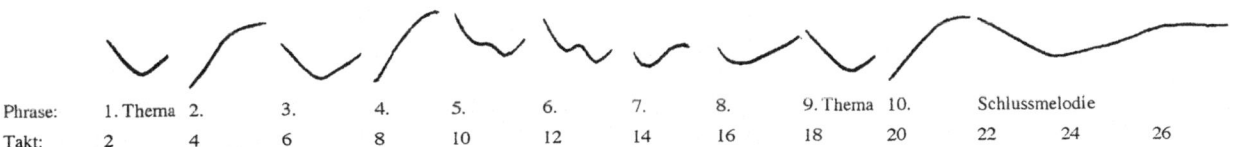

| Phrase: | 1. Thema | 2. | 3. | 4. | 5. | 6. | 7. | 8. | 9. Thema | 10. | Schlussmelodie | | |
|---|---|---|---|---|---|---|---|---|---|---|---|---|---|
| Takt: | 2 | 4 | 6 | 8 | 10 | 12 | 14 | 16 | 18 | 20 | 22 | 24 | 26 |

## Tanzbeschreibung

**Im Überblick:** Bis zur Wiederholung des Themas (Takt 18) wird jedem Melodiebogen bzw. jeder Phrase ein Bewegungsablauf zugeordnet. Die Bewegungen erfolgen fließend und langsam über die gesamte Dauer der Phrasen. Erwachen und zur Ruhe legen am See bilden den Rahmen des Tanzes. Die Elemente der Gestaltung sind einfache Armbewegungen, Heben und Senken, Drehen und freies Umherfliegen. Da der Tanz viele ruhige Bewegungen beinhaltet, ist es notwendig, während des Übens bewegungsanregende Spiele einzuflechten.

Ap: Die Kinder hocken im Fersensitz im Kreis mit etwas Abstand voneinander, so dass sie ihre Flügel noch ausbreiten können. Der Oberkörper ist gebeugt, so dass Stirn und Unterarme auf dem Boden liegen. Ein Kind wird zum Leitvogel bestimmt.

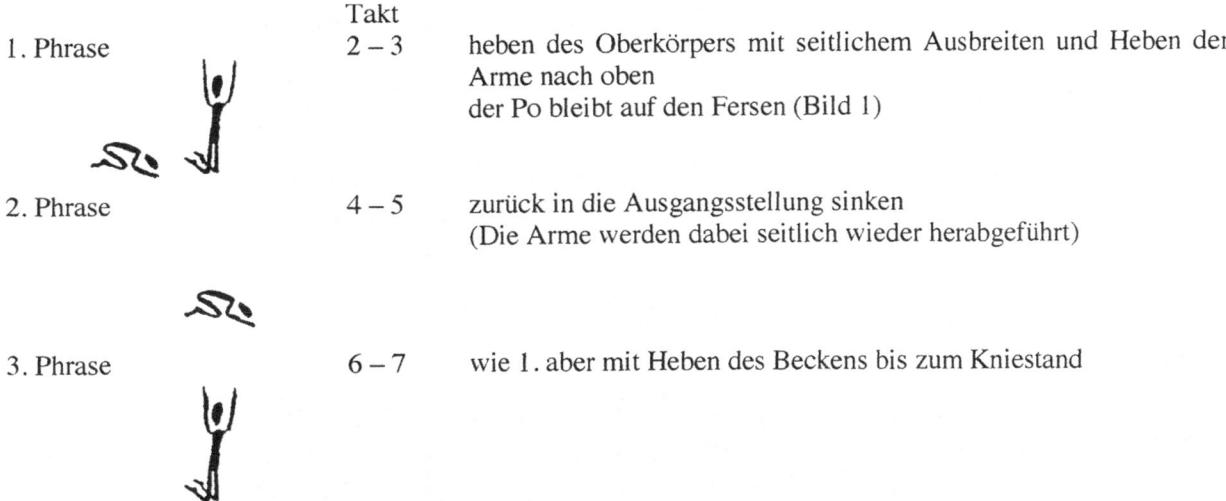

|  | Takt |  |
|---|---|---|
| 1. Phrase | 2 – 3 | heben des Oberkörpers mit seitlichem Ausbreiten und Heben der Arme nach oben<br>der Po bleibt auf den Fersen (Bild 1) |
| 2. Phrase | 4 – 5 | zurück in die Ausgangsstellung sinken<br>(Die Arme werden dabei seitlich wieder herabgeführt) |
| 3. Phrase | 6 – 7 | wie 1. aber mit Heben des Beckens bis zum Kniestand |

165

| 4. Phrase | 8 – 9 | zurück in die Ausgangsstellung sinken |
|---|---|---|

| 5. Phrase | 10 – 11 | aufstehen, dabei die Arme wie anfangs nach oben führen, zur Kreismitte gehen und dabei die Arme horizontal vorsenken, so dass die Hände aller Kinder einen Kreis bilden (Bild 2 und 3) |
|---|---|---|

| 6. Phrase | 12 – 13 | rückwärts zurück zum Platz gehen, dabei die Arme nach oben, zur Seite und um den Bauch schließend führen (r Hand vor dem Bauch, l Hand hinter dem Rücken) |
|---|---|---|

| 7. Phrase | 14 – 15 | mit ausgebreiteten „Flügeln" rechts um die eigene Achse drehen Die Arme enden wieder um den Bauch geschlossen (l Arm vorne, r Arm hinten) |
|---|---|---|

| 8. Phrase | 16 – 17 | mit ausgebreiteten Flügeln links um die eigene Achse drehen, die Arme schließen sich wieder um den Bauch (r Arm vorne, l Arm hinten) |
|---|---|---|

| 9. und 10. Phrase | 18 – 21 | Im Kreis in Tanzrichtung „fliegen" mit leichtem Schwingen der Flügel und Heben und Senken des Körpers. Der Leitvogel löst aber sofort den Kreis auf und führt alle Schwäne hintereinander einen kurzen Weg durch den Raum. |
|---|---|---|

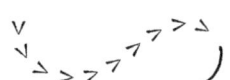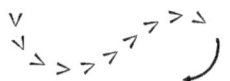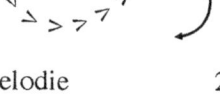

| Schlussmelodie | 22 – 28 | Der Leitvogel führt die Schwäne wieder zu einem möglichst kleinen Kreis zurück. Beim letzten Celloton sitzen alle im Fersensitz in Tanzrichtung auf dem Boden, der Leitvogel senkt seinen Oberkörper auf die Knie und berührt dabei mit dem Kopf den vor ihm sitzenden Schwan. Dies ist das Zeichen sich ebenfalls zu senken. Er berührt dabei den vorderen Schwan. So geht es weiter im Dominoeffekt, bis mit Verklingen der Musik alle liegen. |
|---|---|---|

**Einfache, szenische Variante:** Auch im freien szenischen Spiel lässt sich die Musik auf einfache Art gestalten: die Schwäne liegen schlafend auf dem See, die Köpfe im Gefieder. Mit Einsetzen des Cellos werden sie wach, heben ihre Köpfe, recken und strecken Arme und Beine, der erste Schwan erhebt sich, um mit weit ausgebreiteten Armen durch die Lüfte zu fliegen. Nach und nach erheben sich auch die anderen, um mal frei im Raum, mal anderen hinterher zu fliegen. Nach einer Weile gleitet einer nach dem anderen zurück zum See und legt sich zusammengekauert und müde wieder zur Ruhe. Diese kurze Szene könnte – eventuell mit klanglicher Untermalung – auch das Vorspiel zum oben beschriebenen Tanz sein.

Bild 1

Bild 2

Bild 3

## Wege zum Tanz

### Von welchem Tier erzählt die Musik?

„Heute habe ich euch eine Musik mitgebracht, die von einem Tier erzählt. Welches Tier mag das sein?" Mit einigen Hilfestellungen nähern sich die Kinder langsam der Lösung an. „Kann es ein schnelles Tier sein, ist es laut oder eher still? Es ist ein Vogel – vielleicht ein kleiner Spatz?"
Ist der Schwan erkannt, fliegen die Kinder zur Musik als Schwäne umher.
Gemeinsam nähert man sich dem Charakter des Vogels an, so wie die Kinder ihn durch Geschichten und Beobachtungen kennen und wie er mit der Musik beschrieben wird. Andersens Märchen vom hässlichen jungen Entchen hilft, die Kinder in die Rolle eines Schwans zu versetzen.

### Schwanenflug

Anfangs sind vielleicht viele Kinder wild durch den Raum gejagt – nun versuchen sie, sich mit der Musik in Wesensmerkmale eines Schwans einzufinden: Die Flügel sind weit ausgebreitet, als würden sie bis zu den Wänden reichen. Der Kopf ist stolz erhoben, die Hälse gestreckt, ohne überspannt zu sein. Leichtfüßig gleiten und schweben die Schwäne mal schneller, mal langsamer durch den Raum, ziehen Kreise und drehen sich. Mit Spielen wie: „Alle fliegen hinter Johanna her", „Alle fliegen wie Felix" oder in der oben beschriebenen szenischen Version wird auf unterschiedliche Art das Fliegen probiert. Neue gefundene Bewegungen können in den Tanz einfließen und ihn verändern.

### Malen

Nachdem einiges über Schwäne erzählt und die Musik gehört wurde, malen die Kinder ihre Eindrücke auf: Schwäne, ihre Umgebung, das Wasser – alles, was ihnen dazu einfällt.

### Die Kreisbahn verlassen (Takt 18 – 21)

Die Schwäne fliegen im Kreis. Ein Leitvogel wird bestimmt. Dieser darf die Kreisbahn verlassen und eigene Bahnen durch dem Raum fliegen, während die anderen ihm in der Schlange bleibend folgen. Nach einer Weile führt er die Kinder zum Kreis zurück, ein neuer Leitvogel wird bestimmt.

### Weite Flügel

Die Bewegungen der Schwäne sind vor allem von weiten Armbewegungen geprägt. Hängende und zu kurze Flügel passen nicht zu einem erhabenen Schwan. Die Kinder halten die Arme seitlich und stellen sich vor, die Arme würden nicht mit den Fingerspitzen enden – sie wachsen immer weiter in den Raum hinein und weiter bis zu den Wänden. Auch die Finger sind ganz lang, als könnten sie die Wände berühren.

### Meine Flügel reichen bis zu Lucia

Zunächst werden die Hände aufgeweckt: die Handflächen reiben gegeneinander, die Finger zappeln und trippeln auf dem Boden. Nun berühren sich die Fingerspitzen beider Hände gegenseitig und bleiben eine Weile so verbunden: Daumen an Daumen, Zeigefinger an Zeigefinger... Jeder Finger ist jetzt doppelt so lang geworden. Vielleicht spüren einige, dass die Finger etwas wärmer werden.
Dasselbe wird in der Gruppe probiert: Alle sitzen in einem etwas größeren Kreis, so dass jeder mit seinen Fingerspitzen die der Nachbarn berühren kann. „Meine Arme reichen bis zu Lucia, die mir gegenübersitzt, sie gehen durch alle anderen Kinder hindurch, der eine Arm geht rechts herum, der andere links. Wie weit reichen eure Arme?"
Auf diese Weise bekommen die Kinder eine Vorstellung von langen Armen, ohne sie aber mit großem Kraftaufwand zu strecken. Die Arme wirken weit, weil sie gehalten werden, als würden sie sich in den Raum hinein fortsetzen.

### Musik spricht in Sätzen – Phrasierung

Wenn Menschen miteinander reden, sprechen sie in einzelnen Sätzen, die Stimme geht höher und tiefer, es gibt Denkpausen, mal sprechen wir schneller, mal langsamer, der Klang der Stimme ändert sich...
Der Lehrer spricht einige Sätze zu den Kindern und erzählt vielleicht, was er heute morgen gemacht hat. Zunächst erzählt er ganz normal: „Heute morgen bin ich aufgestanden..." .
Immer gleichbleibend wie ein Roboter spricht kein Mensch. Das klänge etwa so (ähnliche Sätze werden ohne Betonung und Veränderung von Tempo und Klangfarbe gesprochen):

*heutemorgenbinichaufgestandeninmeinekleidun ggeschlüpftunddaichleidervergessenhabeamtag vorherbroteinzukaufenmussteicheinknäckebrote ssenwasichüberhauptnichtgernemaghabedanna berdennochnichtvergessenmirdiezähnezuputzen habemeinestiefelundmeinengrünenmantelangez ogenundbinzueuchzumtanzengekommen...*

Genauso ist es in der Musik. Auch sie spricht in Sätzen (es sei denn, es handelt sich z. B. um *Minimal Music*, der ein gewisses Klangkontinuum eigen ist). Der Lehrer improvisiert einige Melodien mit Stimme oder Instrument, die deutlich voneinander abgesetzt sind, oder er singt ein Lied, z. B.:

*Es war eine Mutter, die hatte vier Kinder:*
*den Frühling, den Sommer, den Herbst und den*
*Winter.*
*Der Frühling bringt Blumen, der Sommer den*
*Klee.*
*Der Herbst bringt die Blätter, der Winter den*
*Schnee.*

Oder er spielt einen Rhythmus mit klar erkennbarem Ende, z. B.:

## Phrasen bewegen

Die Kinder können unterschiedlich auf solche Melodien reagieren (Die Melodien bleiben zunächst 4-taktig wie bei dem Lied, nach einiger Übung kann sich die Länge verändern):

– Alle heben die Hand, sobald die neue Phrase beginnt. Das ist im Hinblick auf einen Tanz sinnvoller, als das Ende einer Phrase zu markieren. Das Ende ist meist weniger prägnant und für Kinder nicht so eindeutig bestimmbar wie der Anfang, da ein Ton verklingen kann. Mit Beginn einer Melodie setzt auch die neue Bewegung ein.

– Alle gehen zur ersten Phrase im Kreis und wechseln mit Beginn der neuen Phrase die Richtung.

– Gemeinsam ein Lied singend werden die einzelnen Phrasen mit Armbewegungen in der Luft mitgezeigt.

– Die Kinder stehen im Raum verteilt. Ein Kind beginnt seinen Weg zu einem andern. Der Weg soll der Dauer der Melodie angepasst werden. Dort angekommen setzt das nächste unmittelbar mit der neuen Melodie den Weg fort...

– Ein am Rand des Raumes stehendes Kind geht zur 1. Melodie geradeaus in den Raum und kehrt mit der zweiten zurück. Das nächste kommt an die Reihe. Zur Unterstützung klatschen die Wartenden mit Beginn der 2. Melodie einmal in die Hände.

Die Musik von Saint-Saens wird nach solchen Sätzen oder Phrasen untersucht und kann mit den gleichen Aktionen verbunden werden. Besonders schön und einprägsam für die Kinder ist es, wenn der Lehrer die Melodie selber singt oder spielt.

## Phrasen malen

Nachdem die Phrasen in der Luft mitgezeigt worden sind, wird die gleiche Bewegung auf ein Papier übertragen – jetzt mit einem Stift in der Hand. Das gelingt sicher nicht allen beim ersten Mal. Das Ziehen der Linien auf dem Papier bekommt vielleicht eine Eigendynamik oder die Melodie wird als unendlicher Bogen empfunden. Auch das Malen von Schwänen mag weitaus attraktiver sein. Einige Kinder sind bei einem späteren zweiten Versuch vielleicht offener für diese Aufgabe.

Das gleichzeitige Malen und Hören erfordert etwas Übung, ist aber eine gute Vorbereitung zum Tanzen, da dabei die Bewegungsdauer der malenden Hand der Dauer eines musikalischen Abschnittes angepasst wird.

## Der Schwanentanz – als Vers

Gemeinsam im Kreis (am Rande eines Sees, im grünen Gras sitzend) erzählt der Lehrer, was im Tanz passiert.

Zu einem langsam gesprochenen Vers führen die Kinder, den Lehrer imitierend, die Bewegungen des Tanzes bis zur Phrase 9 aus, der Wiederholung der Anfangsmelodie. Der Sprachrhythmus ist weitgehend dem Rhythmus der Melodie angepasst. Die Übertragung auf die Musik von der CD fällt besonders leicht, wenn der Lehrer den Vers nicht nur spricht, sondern mit der „Schwanenmelodie" singt:

*Phrasen:*
*1 Heben die Flügel zum Himmel hoch,*
*2 Sinken ganz sachte zum See.*
*3 Heben uns weiter zum Himmel hoch,*
*4 Sinken ganz sachte zum See.*
*5 Treffen uns mitten im blauen Nass,*
*6 Gleiten zurück in das grüne Gras.*
*7 Dreh'n uns im Winde im Kreise,*
*8 Dreh'n uns ganz langsam und leise.*

## Dominospiel – Das Ende des Tanzes

Sicher kennen alle Kinder das Dominospiel mit Punkten, Marienkäfern oder anderen Bildern auf den Steinchen. Sicher haben auch schon einige die Steine hintereinander aufgestellt, so dass beim Umstoßen des letzten Steinchens alle anderen nachfolgend umkippen. Diese Kettenreaktion wird mit einigen mitgebrachten Steinchen ausprobiert.

Auch die Kinder können als „lebendige Steinchen" dieses Spiel nachahmen: Alle sitzen im Fersensitz hintereinander in einem engen Kreis. Ein Kind senkt seinen Kopf auf die Knie und berührt auf dem Weg dorthin mit seinem Kopf den Rücken des vorderen Kindes. Dies ist das Zeichen, ebenso den Kopf zu senken... Niemand darf sich umschauen, um zu sehen, wann man an der Reihe ist!

Bis alle Kinder einmal das erste Steinchen sein durften, klappt der Ablauf so zügig, dass er mit den letzten Akkorden des Klaviers abschließen kann.

# Tanz der Trolle

### für fünf- bis neunjährige

*1867, also vor etwa 130 Jahren, schrieb der norwegische Dramatiker Henrik Ibsen die Geschichte von einem jungen Bauerssohn mit Namen Peer Gynt. Der treibt sich lieber wochenlang in den Bergen herum und erzählt Lügengeschichten von seinen phantastischen abenteuerlichen Reisen, anstatt sich um den verkommenen Hof seines verstorbenen Vaters zu kümmern. Für die anderen ist er nichts als ein Angeber, Herumtreiber und Taugenichts. Tief im Gebirge gerät er eines Tages in die gespenstische Welt der Naturgeister. Ein grüngekleidetes Weib, die Tochter des Bergkönigs, lockt ihn in das Reich ihres Vaters, das Reich der Trolle, Wichtelmännchen und Kobolde. Peer Gynt soll mit ihr verheiratet und selbst zum Troll gemacht werden. Sie binden ihm einen Festtagsschwanz mit einer gelben Schleife um, seine menschliche Kleidung soll er ablegen, und so manche üblen Dinge haben sie mit ihm vor, um ihn zu einem der Ihrigen zu machen. Aber Peer weigert sich, ganz zum Troll zu werden und die hässliche Tochter des Bergkönigs zu heiraten. Er versucht sich zu wehren, aber die Trolle hetzen und quälen ihn. Sie flößen ihm Angst und Entsetzen ein. „Kobolde, zwackt ihn grad in den Hintern!" rufen die Trolljungen. Peer Gynt flucht und jammert: „Mistvieh, lass los! Ach, wär' ich 'ne Laus!"*
*Erst als die Kirchenglocken läuten, flüchten die Kobolde mit Gepolter und Geheul.*

Etwa sieben Jahre nachdem Ibsen sein Bühnenstück vollendet hatte, bat er den norwegischen Komponisten Edvard Grieg in einem Brief, eine Musik für sein Bühnenstück zu schreiben. Mit Begeisterung und Eifer begann Grieg sogleich mit der Komposition. Die gemeinsame Produktion wurde ein großer Erfolg.

## Die Musik des Tanzes

*Edvard Grieg (1843 – 1907): 'In der Halle des Bergkönigs' aus der 'Peer Gynt Suite' (CD Nr. 12)*

Grundlage der Musik Edvard Griegs ist ein markantes viertaktiges Thema, welches im Verlauf des Stückes immer wilder, schriller und dramatischer erklingt und zum Schluss in heftigen Akzenten des Orchesters gipfelt. Das Tempo nimmt ganz erheblich zu, die Tonhöhe steigt und die Dynamik steigert sich vom pianissimo zum fortissimo.

Das Thema erklingt sowohl mit dem Ton h beginnend (=a-Teil) als auch mit fis (=b-Teil), wobei es eine kleine Variation in der Melodie erfährt. Die insgesamt 18 Themeneinsätze gliedern sich in drei Teile (je 6 Themeneinsätz) mit gleichbleibender Struktur. Dabei durchwandert die Melodie die verschiedenen Instrumentengruppen von gezupften Celli und Bässen zu Fagotten, von gezupften Violinen zu Oboen und Klarinetten, bis nur noch die Streicher zu hören sind. Die Musik endet mit je zwei akzentuierten Akkorden des Orchesters, die von einem Motiv der Melodie beantwortet werden, und steigert sich in den letzten fünf Takten noch einmal zum fortissimo.

Die Einspielung von der *Academy of St. Martin in the Fields* ergänzt den 3. Durchgang durch einen Vokalteil, dem „Chor der Trolle": *„Schlachtet ihn ab! Betört hat der Christ des Dovre-Alten wonnigste Maid! Schlachtet ihn! Schlachtet ihn!"* Auch im Schlussteil ertönt mit den akzentuierten Akkorden des Orchesters der Ruf *„Schlachtet ihn!"* Die vier letzten „Orchesterschläge" dieser Aufnahme sind in anderen Aufnahmen ohne Vokalteil ersetzt durch zwei „Schläge", die mit kürzeren Pausen zwischen den einzelnen Schlägen erklingen, so dass sich bei der vorliegenden Aufnahme mit Vokalteil 21 Schlusstakte, bei anderen Einspielungen 15 Schlusstakte ergeben. Der Text gibt den Tanzenden eine zusätzliche akustische Orientierung.

Der dramatische Ausdruck der Musik, besonders der des Schlussteils, fordert zu gespanntem, lebendigem bis zu unbändigem Spiel heraus, kann aber bei Kindern auch Angst und Tränen auslösen. Um die Angst zu nehmen und mit dem Thema vertraut zu machen, erzählt der Lehrer, daß Trolle mitunter auch als gutartige und hilfsbereite zwergenhafte Hausgeister bekannt sind. Vielleicht hat Peer Gynt auch eine solche Strafe verdient. Einige Kinder haben vielleicht Trollfiguren zu Hause, die sie zum Unterricht mitbringen können. Auch kleine Fingerpuppen, die die Trolle darstellen, helfen, die Angst zu nehmen. Die Kinder malen Bilder von der Halle des Bergkönigs mit Kobolden und Trollen oder mit Peer Gynt. Auch live auf dem Klavier gespielte Musik schafft eine unmittelbare vertraute Atmosphäre, die die Angst nehmen kann, und ist darüber hinaus bei einer Aufführung besonders reizvoll.

**Aufbau der Musik:**

|  | Einleitung | 1. Durchgang | 2. Durchgang | 3. Durchgang | Schlussteil |
|---|---|---|---|---|---|
| Form | Hörner ⌢ | a a     b b     a a' | a a     b b     a a' | a a     b b     a a' | |
| Takte | 1 | 4 4 (8) 4 4 (8) 4 4(8) | 4 4 (8) 4 4 (8) 4 4(8) | 4 4 (8) 4 4 (8) 4 4 (8) | 21 |

**Instrumentierung:**

In den beiden ersten Durchgängen wechselt die Instrumentierung mit jedem Themeneinsatz. Im 1. Durchgang wechseln Celli und Bässe (beide gezupft) mit Fagotten. Im 2. Durchgang wechseln Geigen (gezupft) mit Oboen und Klarinetten. Beim 3. Wechsel spielen nur die Oboen. Im 3. Durchgang spielen nur noch Geigen und Bratschen (gestrichen).

**Schlussteil: graphisch notiert**

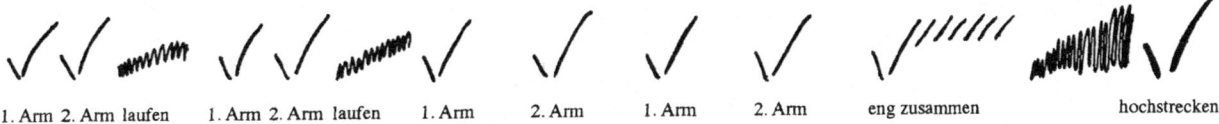

1. Arm   2. Arm   laufen     1. Arm   2. Arm   laufen     1. Arm     2. Arm     1. Arm     2. Arm     eng zusammen     hochstrecken

# Tanzbeschreibung

**Im Überblick:** Grundlage des Tanzes sind troll- und koboldhaftes Gehen (z. B.: lauernd, geduckt und angriffslustig), Richtungswechsel beim neuen Themeneinsatz, wildes Tanzen und impulsive Armbewegungen.

Ap: Zu Beginn des Tanzes stehen die Kinder zu zweit in ausreichender Entfernung einander gegenüber.

_Bild 1_

171

**1. Durchgang**

> ⟷ <
>        <
>        <
>        <

Takt  *Auftritt der Trolle:*

Mit jedem der 6 Themeneinsätze tauschen immer mehr Paare im Tempo der ♩ gehend ihre Plätze, bis alle Trolle in Bewegung sind. Besteht die Gruppe aus weniger als 12 Kindern, kommen mit den letzten Themeneinsätzen keine Kinder mehr hinzu; ist sie größer, so treten beim letzten Themeneinsatz mehrere Paare auf.

(oder: Immer mehr Paare/Kleingruppen treten mit jedem Themeneinsatz aus ihren Verstecken hervor. Mit Ausklingen des Themas bleiben alle stehen, um mit dem neuen Themeneinsatz eine deutlich andere Richtung einzuschlagen.)

| | | |
|---|---|---|
| a-Teil | 1 – 4 | Platzwechsel eines Trollpaares |
| a-Teil (Wiederholung) | 5 – 8 | ein zweites tritt hinzu |
| | | ebenso die weiteren Teile, bis alle Paare im Spiel sind |

**2. Durchgang**

a-Teil     1 – 4    *Versammlung:*

Treffen aller Trolle in der Raummitte zu einem engen Kreis (Bild 1)

a-Teil (Wiederholung)    5 – 8    rückwärts auseinandergehen und einen weiten Kreis bilden
ebenso die weiteren Teile
Beim dritten Treffen wird das Tempo erhöht.

**3. Durchgang**

Beide a-Teile    1 – 8    *Wilder Tanz und drohende Gebärden:*
wildes Tanzen und Laufen in Tanzrichtung

Beide b-Teile    1 – 8    jeweils über zwei Takte mit einer drohenden Gebärde zur Kreismitte gewandt verharren; dabei 4-mal dieselbe Haltung oder 4 unterschiedliche einnehmen (Bild 2)
(Beim Tanz zur beiliegenden CD-Aufnahme werden die Haltungen bei jedem Ruf „schlachtet ihn" eingenommen, bei einer Aufnahme ohne Chor kennzeichnen 4 Trommelschläge des Lehres den richtigen Zeitpunkt.)

Beide a-Teile    1 – 8    wildes Tanzen gegen Tanzrichtung

**Schlussteil**

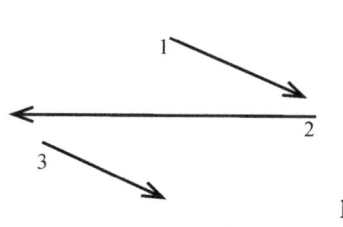

          *Armgesten und Jagd:*

1 – 2    zum 1. „Orchesterschlag" einen Arm impulsiv hochstrecken, zum 2. Schlag den anderen Arm dazunehmen

3 – 4    als Gruppe eng beieinander zu einer Raumseite laufen

5 – 8    wie Takt 1 – 4 aber zur anderen Raumseite laufen

9 – 16    zu den 4 „Orchesterschlägen" beide Arme nacheinander hochstrecken und dann nacheinander wieder senken

11 – 15    ganz eng und klein zusammenhocken und mit dem letzten „Schlag" beide Arme und den Oberkörper strecken (Bild 3)

_Bild 2_

_Bild 3_

## Wege zum Tanz

### Trolle, Kobolde und Wichtelmännchen

Kobolde sind kleine, fleißige Gehilfen im Haushalt, solange sie gut behandelt werden.

Wie Trolle wirklich aussehen, das weiß wohl niemand so genau: riesen- oder zwergenhaft, dem Menschen gut gesonnen oder wild und hinterlistig... Sie leben in den Wäldern, Bergen und Mooren in der skandinavischen Wildnis. Erst in der Dämme-

rung kommen sie aus ihren Höhlen und verschwinden mit Sonnenaufgang wieder. Menschen und Trolle mögen sich nicht gern. Mit Peer Gynt haben sie in unserer Geschichte nichts Gutes im Sinn, aber ganz unschuldig ist Peer Gynt sicher nicht daran, dass ihm so ein Schrecken eingejagt wird.

Nachdem die Kinder von dem Erlebnis Peer Gynts in der Halle des Bergkönigs gehört haben, lernen sie die Musik kennen. Unter Umständen ist es sinnvoll, nicht sofort die ganze Musik vorzustellen, damit die Kinder nicht nur das wilde Ende mit der Musik verbinden. Wie mögen sich die Trolle dieser Musik in ihrer Höhle bewegen: geduckt oder neugierig umherblickend? Gehen sie mit großen oder kleinen Schritten? Wie halten sie ihre Arme und Hände?

*Bewegungsbegleitung:*
- keine
- Spielen der Melodie auf Klavier, Melodieinstrument oder chromatischem Xylophon
- Begleitung mit tiefklingendem Holzinstrument oder Handtrommel (im Tempo der ♩ oder mit dem Rhythmus der Melodie)
- die ersten 6 Themeneinsätze mehrmals hintereinander aufnehmen und vom Band spielen

### Durch die Gänge der Halle des Bergkönigs

Die Trolle befinden sich in der Höhle. Da die Gänge sehr eng sind, stehen alle dicht beieinander. Der – – führt alle durch die engen Gänge, durch die sich die Kinder mal schneller, mal langsamer, so wie vorher besprochen bewegen: huschend, schleichend, trippelnd, geduckt, mit vor dem Körper gehaltenen Händen mit ganz langen Krallen daran...

Auf ein Zeichen bleiben alle stehen (bei Unterbrechung der Begleitung oder auf ein akustisches Signal) und ein neuer Hoftroll führt die Gruppe an.

### Das Thema der Musik

Der Anfang der Musik wird gehört. „Hört ihr immer eine neue Melodie oder wiederholt sich etwas?" In verschiedenen Aufgabenstellungen reagieren die Kinder auf die neuen Themeneinsätze:

- Mit jedem neuen Themeneinsatz heben sie die Hand.
- Sie krabbeln mit den Fingern auf dem Boden vor und mit der nächsten Melodie wieder zurück.
- Sie stehen im Raum verteilt, jedes in seiner Trollhöhle. Ein Troll macht sich mit Melodiebeginn auf den Weg zu einem anderen und kommt genau mit Ende der Melodie an. Dieser setzt nun den Weg fort (Bewegungsbegleitung: s. o.).
- Wieder stehen alle Trolle in ihren Höhlen zum Ausgehen bereit. Die Höhlen sind durch Reifen, Tücher oder mit Kreide markiert. Die Trolle verlassen bei Nacht (mit Beginn der Melodie) ihre Häuser und müssen rechtzeitig an irgendeiner anderen Höhle ankommen. Sind sie zu spät, werden sie vom Tag überrascht, kommen sie zu früh, waren sie zu langsam bei ihrem nächtlichen Umhertreiben.
  Je nach Spielregel können nun die unpünktlichen weiterüben oder sie werden zu Wächtern über die anderen und beobachten genau, welche Trolle beim nächsten Mal nicht rechtzeitig eine Höhle erreichen oder zu früh ankommen.
- Die Trolle stehen im Kreis. Ein Kind geht zur Melodie um den Kreis herum und bleibt am Ende der Melodie stehen. Entweder setzt nun das erreichte Kind sogleich den Weg in oder gegen Tanzrichtung fort oder die vom Plumpsackspiel bekannte Verfolgungsjagd beginnt, bei der das erreichte Kind Gelegenheit hat, den Besucher zu fangen, bis dieser sicher nach einer Runde an den Ausgangspunkt zurückgekehrt ist.
- Die Wege der Trolle werden auf großen Papierbögen (alten Tapetenrollen oder Restrollen aus dem Druckbereich) zur Musik mitgemalt. Bei Melodieende wird der Stift abgesetzt und an anderer Stelle neu begonnen.

### Die Musik hören – Gestaltungsideen entwickeln

Obgleich immer wieder die gleiche Melodie wiederholt wird, verändert sich sehr viel und die Musik wird immer spannender. „Was verändert sich? Anfangs ist ein Wechselspiel zu hören: eine Instrumentengruppe beginnt, eine andere antwortet! Welche Instrumente hört ihr? Wieviele laute Schläge sind am Schluss der Musik zu hören...".

• Durch bewusstes Hören lernen die Kinder, die einzelnen Themeneinsätze voneinander abzugrenzen, was ihnen schließlich ermöglicht, die Bewegung der Musik ohne Hilfe des Lehrers zuzuordnen. Sie tauchen in das Werk ein, erfahren ein wenig darüber, wie es gemacht ist und eignen sich die Musik an.

Während die Kinder beim ersten Höreindruck, bei dem die hohe Geschwindigkeit und Lautstärke im Vordergrund stehen, mit wildem Umherrasen reagieren, können später durch genaues Hinhören vielfältige Bewegungsideen entstehen. Wie lässt sich z. B. darstellen, dass immer mehr Instrumente dazukommen, dass die Musik ganz allmählich lauter wird, dass zwei Instrumentengruppen „im Gespräch miteinander" sind?

### Immer mehr Trolle

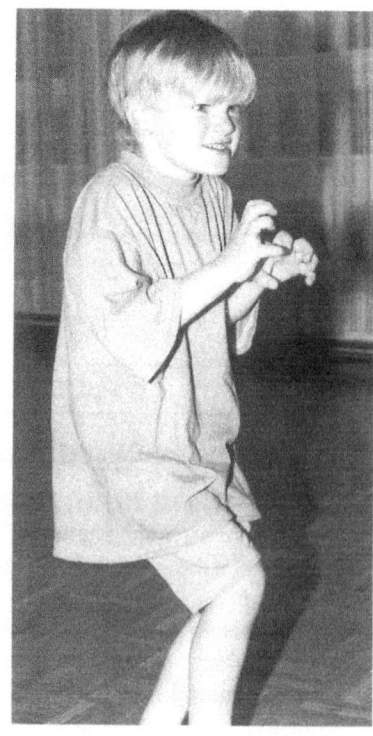

Peer Gynt nähert sich der Höhle. Der älteste Hoftroll sieht ihn kommen, aber die Trolle hocken noch überall verstreut in der großen Halle. Nur gemeinsam können sie Peer Gynt einen Schrecken einjagen. Der Hoftroll macht sich also auf den Weg, alle anderen nach und nach einzusammeln, indem er die immer größer werdende Gruppe von einem Troll zum anderen führt. Mit jedem Themeneinsatz kommt ein neuer hinzu.

### Der Tanz als Geschichte

Ähnlich wie in der vorangegangenen Aufgabe angedeutet beginnt der Tanz. Als kleine Geschichte erzählt, prägt sich der Ablauf des Tanzes gut ein. Beim Erzählen können diejenigen Elemente mitgespielt werden, die am Platz durchgeführt werden. Die Laufteile werden nicht mitgeprobt, um Unruhe zu vermeiden.
Wird der Ablauf zunächst ohne Musik geübt, haben die Kinder Zeit, sich auf die verschiedenen Teile einzustellen. Der Lehrer kündigt erzählend die neuen Abschnitte an. Später kann eine einfache musikalische Begleitung die Brücke schlagen zum Tanz der Kinder zur Musik Griegs.

| Szenisch-tänzerische Darstellung | Bewegungsbegleitung |
|---|---|
| *1. Auftritt der Trolle und Versammlung* | |
| 1. und 2. Durchgang | |
| Trolle, Kobolde und Wichtelmännchen stehen sich an zwei Raumseiten gegenüber. Zuerst tauchen nur zwei von ihnen auf, aber immer mehr Trolle kommen hinzu und huschen von einer Seite zur andern, bis alle beisammen sind (1. Durchgang). Dreimal müssen sie sich in der Mitte der Halle des Bergkönigs versammeln, bis die Verfolgung Peer Gynts beginnt: Sie versammeln sich in der ersten Nacht und ziehen sich wieder in ihre Gänge zurück, sie versammeln sich in der zweiten Nacht, und wieder ziehen sie sich zurück, sie versammeln sich ein drittes Mal, ziehen sich zum letzten Mal zurück (2. Durchgang) – und schon beginnt der wilde Tanz. | – Rhythmus der Musik auf Handtrommel oder tief klingenden Hölzern oder<br>– die Themen singen oder spielen (Flöte, Klavier, Geige...) |
| *2. Wilder Tanz und drohende Gebärden* | |
| 3. Durchgang | |
| Um Peer Gynt Angst und Schrecken einzujagen, rasen die Trolle unbändig im Kreis. Plötzlich halten sie an, um viermal ihre starken Fäuste zu zeigen (oder andere Drohgebärden): Sie strecken eine Faust vor und springen dabei in Schrittstellung. Mit dem nächsten Sprung zeigen sie die andere Faust, nochmal die eine und wieder die andere – und schon jagen sie in die andere Richtung weiter im Kreis herum. | – schnelles Trommelspiel zum Rennen in Tanzrichtung<br>– vier Trommelschläge – möglichst in anderer Klangfarbe als die vorangehenden – zu den vier zur Kreismitte gewandten Haltungen<br>– schnelles Trommelspiel zum Rennen gegen Tanzrichtung |
| • Das Zeigen der Fäuste muss sehr impulsiv geschehen. Bis zum nächsten Sprung halten die Kinder die Spannung, als seien sie eingefroren oder versteinert. Der Lehrer kann umhergehen und prüfen, wie stark die Trolle sind, oder ob sie sich allzu leicht umwerfen lassen. Beim Hochwerfen der Arme darf mit dem Hochschnellen des ersten Armes nicht auch schon der zweite angehoben werden. | |
| *3. Armgesten und Jagd* | |
| Schlussteil | |
| Und so nimmt die Verfolgung ihren Verlauf: Die Trolle werfen ihre starken Arme mit den langen Krallen in die Höhe, erst den einen, dann den zweiten dazu und rasen auf Peer Gynt zu, der sich an eine Höhlenseite geflüchtet hat. Peer Gynt flieht zur anderen Seite. Wieder strecken die Trolle ihre Arme in die Höhe und rasen ihm hinterher. Ein letztes Mal drohen sie mit ihren scharfen Krallen, hocken sich ganz eng am Boden zusammen und strecken mit dem lauten Schlussschlag ihren Körper und die Arme in die Höhe. Im allerletzten Augenblick kann Peer Gynt entkommen. | – jeweils zwei kräftige Trommel- oder Paukenschläge, die die lauten Orchesterschläge darstellen, zum Hochwerfen der Arme<br>– schnelles Trommelspiel für die kurzen Laufteile zur rechten bzw. linken Seite und für das Versammeln am Boden direkt vor Schluss<br>– ein lauter Schlag für das letzte Hochwerfen der Arme |
| • Am Schluss des Tanzes, bei dem alle ihre Arme in die Höhe strecken, sollten die Kinder nicht sogleich aufstehen, sondern einige Sekunden die Spannung halten. Zur Unterstützung sprechen sie still für sich: war-ten, war-ten, war-ten, aufstehn. | |

# Im wilden Westen

für sechs- bis neunjährige

*In heißen Sommern, bei eisiger Kälte oder an stürmischen Tagen mussten die Cowboys große Rinderherden zusammenhalten und zu den Viehmärkten im Mittleren Westen treiben. Mit einem Lasso konnten sie die Rinder einfangen, um sie zu kennzeichnen. So abenteuerlich wie im Film war ihr Leben sicher nicht. Sie waren Hirten, die sich nicht um Schafe, sondern um Rinder kümmerten. Doch bisweilen ging es wild unter ihnen her, z. B. wenn sie Streitigkeiten untereinander mit Pistolen anstatt mit Worten austrugen. Gelegentlich gab es Wettkämpfe, die Rodeos, bei denen geprüft wurde, wer am längsten auf einem Stier oder wildem Pferd reiten kann. Die Zeit der Cowboys ging allmählich vorbei, als Eisenbahnlinien gebaut und Wiesen eingezäunt wurden. Aber auch heute noch gibt es Cowboys, die große Rinderherden hüten. In Südamerika werden sie Gauchos genannt.*

Bei einer Aufführung werden die Kinder mit Jeans und Hemd, Pistole ohne Patronen, Schal und Hut im Nu zu Cowboys. Sie können barfuß tanzen, wenn der Boden geeignet ist, oder mit Turnschuhen.

## Die Musik des Tanzes

*Rednex: Cotton-Eye Joe (CD Nr. 13)*

Elemente des Tanzes lassen sich leicht auf andere Western- und Countrymusik übertragen, mit der der Wilde Westen assoziiert wird. Die Musik der Gruppe Rednex setzt sich aus drei Teilen zusammen (A, B, C), die in drei Durchgängen wiederholt werden. Durch die Instrumentierung unterscheiden sie sich deutlich voneinander. Nach den drei Durchgängen beginnt ein vierter, der aber im B-Teil allmählich ausgeblendet wird. Ein 12-taktiges Vorspiel nimmt Teile der Musik vorweg und baut das Stück schrittweise auf, beginnend mit der Stimme, die Gitarre tritt hinzu und schließlich die Geige. Das Tempo von $\downarrow$ = 120 eignet sich zum Gehen, schnellen Hüpf- oder Galoppschritten, zum Springen oder Vorwerfen der Beine.

**Aufbau der Musik:**

|  | Vorspiel | 1. Durchgang | 2. Durchgang | 3. Durchgang | 4. Durchgang |
|---|---|---|---|---|---|
| Form | a  a  b | A  B  C | A  B  C | A  B  C | A  B |
| Takte | 12 | 8  8  8 | 8  8  8 | 8  8  8 | 8  8 |

A-Teil: Gesang vom *Cotton-Eye Joe*
B-Teil: Geige als Soloinstrument, im 2. Durchgang ersetzt durch ein Banjo
C-Teil: Frauenstimme, im 3. Durchgang ersetzt durch die Geige

## Tanzbeschreibung

**Im Überblick:** Teil A beinhaltet schnelle, kleine Hüpfschritte vorwärts und rückwärts mit häufigen Richtungswechseln, Teil B Sprünge über ein „Pferd" (Bocksprünge) und Lassoschwünge. Teil C setzt sich aus Schießbewegungen und einer Verbindung von Seitgalopp und Hüpfschritten zusammen.
Ap: Die Kinder stehen paarweise am Bühnenrand oder außerhalb der Bühne hintereinander. Laufend und lassoschwingend, juchzend und pfeifend laufen sie auf die Bühne und stellen sich in einem großen Kreis mit Blick zur Mitte auf, so dass die Paare nebeneinander stehen.

**Vorspiel**

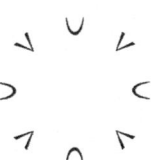

**Takt**

1 – 4 *Schnipsen:*
auf der 1. und 3. oder der 2. und 4. Zählzeit

5 – 12 *Hüpfen:*
wie Teil A im 1. Durchgang (s. u.)

**1. Durchgang**

A-Teil

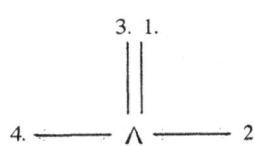

1 – 8 *Hüpfen:*
4 Hüpfer vor zur Kreismitte, 4 rückwärts zurück (1.)
4 Hüpfer in Tanzrichtung, 4 rückwärts zurück (2.)
4 Hüpfer vor zur Kreismitte, 4 rückwärts zurück (3.)
4 Hüpfer gegen Tanzrichtung, 4 rückwärts zurück (4.)
Auf der 1. Zählzeit eines Taktes wird zur Unterstützung der Richtungswechsel geklatscht.

B-Teil

1 – 8 *Vier Bocksprünge in Tanzrichtung:*
Der rechts stehende Partner hockt sich auf den Boden, der linke springt hinüber, indem die Hände leicht auf dem Rücken des „Pferdes" abgestützt werden (Abb).
Ältere Kinder können richtige Bocksprünge durchführen.

C-Teil

*Vier Pistolenschüsse:*

1 1. Zählzeit: ein Schritt in Tanzrichtung vor, dabei den rechten Zeigefinger zum Schießen vorstrecken
2. Zählzeit: den anderen Fuß anstellen
3. und 4. Zählzeit: Pistole „auspusten" mit Blick zur Kreismitte und leichtem Beugen der Knie

2 – 4 wie Takt 1

5 – 8 *Seitgalopp und Hüpfer in Tanzrichtung:*
6-mal werden beide Sprünge im Wechsel getanzt (*Schottischer Schritt, S. 104*). Mit dem Hüpfer erfolgt eine halbe Drehung, so daß der Körper abwechselnd zur Kreismitte und nach außen gewandt ist. Der Blick bleibt in Tanzrichtung. Die Sprünge enden mit einem Schlusssprung in Takt 8 mit Blick zur Kreismitte.

Die weiteren Durchgänge werden ebenso getanzt. Im 2. Durchgang kann Teil B durch Lassoschwünge ersetzt werden: Der rechts stehende Partner hockt sich als Pferd auf den Boden, der linke setzt sich auf den „Pferderücken", ein imaginäres Lasso schwingend. Der „Reiter" stützt sich mit den Füßen zur Entlastung seines Pferdes etwas vom Boden ab. Nach 4 Takten erfolgt ein Partnerwechsel. Achtung, rechtzeitig zum Teil C bereitstehen!
Im B-Teil des 4. Durchgangs schnipsen alle wie anfangs, gehen dabei mit kleinen Schritten zur Kreismitte und heben allmählich die Arme. Rufend und juchzend laufen die Cowboys und -girls schließlich wieder hinaus.

## Wege zum Tanz

*Schlechter Springer*

*Nur 1 PS? Das reicht nicht mehr!*
*Caramba, 100 müssen her!"*
*So rief der Cowboy Jim, und drum*
*stieg er vom Pferd aufs Auto um*
*Ein Graben kam Jim rief: "He, hopp!"*
*Patsch, klirr, klacks, bums. – Der Cowboy*
*schrie:*
*„Kannst Du nicht hören? Dummes Vieh!"*

© Josef Guggenmos Erben, Irsee.

Gedichte, Lieder, Bilder und Geschichten über Cowboys können der Einstimmung dienen.
Kleinere Kinder können mit einem Spiellied einsteigen wie z. B.: „Ich bin ein kleines Pony"[38] und „Geht mein Pferdchen Schritt vor Schritt"[39]. Singend passen sie dabei Tempo und Rhythmus verschiedener Fortbewegungsarten an eine Musik an.

### Klanggesten

Mit verschiedenen Körperklängen schwingen sich die Kinder in das Tempo der Musik von Rednex ein: Patschen, Klatschen, Stampfen... „Wie können wir das Tempo der Musik hörbar machen?" Alle Kinder führen reihum Ideen vor, die von allen imitiert werden: Reiben der Hände; auf Brustbein, Becken, Handrücken schlagen; in die Hände des Nachbarn klatschen...
Zum Vorspiel der Musik wird geschnipst. Wer nicht schnipsen kann, tut nur so. Die rhythmische Handbewegung schwingt die Kinder auf das Tempo ein.

### Richtungswechsel

Im A-Teil wechselt mit jedem neuen Takt die Richtung. Verschiedene Spielformen helfen, sich auf die Richtungswechsel einzustellen:

– klatschen und andere Klanggesten auf der 1. Zählzeit eines Taktes
– alleine oder zu zweit zur Musik im Tempo der ♩ spazierengehen und dabei auf der 1. Zählzeit eines Taktes klatschen
– im Kreis stehend je einen Takt vorwärts und rückwärts gehen, anschließend ebenso einzeln reihum (Ob das Nachbarkind rechtzeitig seinen Einsatz findet?)
– in einer Gasse paarweise einander gegenüber stehend: beim 1. Takt mit 4 Schritten auf den Partner zugehen und auf der 1. Zählzeit in die eigenen Hände klatschen, beim 2. Takt mit 4 Schritten rückwärts zurück gehen und auf der 1. Zähl-

zeit in die Hände des Partners klatschen
Später werden die 4 Gehschritte durch 4 Hüpfer ersetzt.

Die Hüpfer in Teil A können anfangs als Schritte getanzt werden, um die Koordination mit der Musik zu erleichtern.

### Lassoschwingen und Bockspringen

Die Kinder stehen paarweise in freier Raumaufstellung. Drei Signale werden vereinbart, z. B.:

1. Ein rotes Tuch bedeutet Lassoschwingen.
2. Ein blaues Tuch bedeutet Bockspringen. Vorsicht! Zusammenstöße mit anderen Paaren vermeiden!
3. Ein gelbes Tuch bedeutet freies Umhertanzen und Partnerwechsel.

Im Tanz wechseln beim Lassoschwingen (2. Durchgang) die Rollen, indem sich der Reiter nach vorne bewegt und das Pferd nach hinten zurückzieht. Den Zeitpunkt des Wechsels muss eventuell der Lehrer durch Klatschen oder andere Zeichen angeben.
Beim „Bockspringen" muss das Pferd den Kopf einziehen, um Verletzungsgefahr zu vermeiden.

### Wechsel von Galopp- und Hüpfschritten

C-Teil, Takt 5-8
Der Wechsel von Seitgalopp und Hüpfen kann aus dem Seitgalopp entwickelt werden. Die Kinder hüpfen im Seitgalopp im Kreis. Anfangs erfolgen nur gelegentlich halbe Drehungen. Diese werden unwillkürlich durch einen Hüpfer realisiert.
Später erfolgen die Wechsel regelmäßig, zunächst mit vokaler Begleitung des Lehrers:
„(nach) in-nen dreh'n nach au-ßen dreh'n"
Die Drehung erfolgt abwechselnd um die rechte und um die linke Schulter. Dreht sich ein Kind immer um dieselbe Schulter, kann der Lehrer seine Schultern im Sprung abwechselnd leicht nach rechts und links drehen. Eine andere Hilfe ist es, die Kinder mit ständigem Blickkontakt auf einen Punkt oder eine Person zutanzen zu lassen, ohne dass sie dabei den Blick abwenden.

---

38: Pony-Song, Klaus W. Hoffmann; aus: Das Liedmobil, Dorothée Kreusch-Jacob, München 1981.
39: aus: Sputnik, Sputnik, kreise; Leipzig 1975.

# Puppen und Figuren

für sieben- bis zwölfjährige und eine beliebige Anzahl von Paaren

Eine Puppe bewegt sich nicht, es sei denn, sie wird von einem Kind bewegt. Vielleicht kann man sie aufziehen und sie beginnt zu tanzen. Der Marionettenspieler kann eine Marionette zum „Leben" erwecken und ihre einzelnen an Fäden hängenden Glieder bewegen. Schaufensterpuppen stehen steif und unbeweglich. Eine Verkäuferin verleiht ihnen zur Vorstellung der neuen Sommerkollektion eine attraktive Haltung. Ein Roboter kann ferngesteuert einzelne Befehle ausführen.

Ob Puppe, Marionette oder Roboter – immer bewegen sich isoliert einzelne oder mehrere Teile, ohne das komplexe Zusammenspiel von Nerven, Muskulatur und Gehirn eines Menschen. Wenn auch ein Roboter sehr fein abgestimmte Bewegungen ausführen kann, so hat dennoch jeder Bilder von eckigen, in einzelne Elemente gegliederte Bewegungen eines Roboters vor Augen. Das Bild von Robotern kann besonders Jungen eine „lebendige" Vorstellung von den eigentümlich zergliederten Bewegungen tanzender Figuren geben.

Die gegenseitige Zuwendung, die die Kinder im Spiel als „Puppen" erfahren, und das reizvolle Wechselspiel zwischen Passivität und Aktivität, zwischen Hingabe, wenn man sich von anderen bewegen lässt, und dem Gefühl der Stärke, wenn man die Bewegungen anderer steuert, fördern den Kontakt und das Vertrauen der Kinder untereinander.

> *In dem Ballett „Der Nussknacker" von Peter Tschaikowsky werden Puppen lebendig: Es ist Heiliger Abend. Viele Gäste kommen in das Haus von Clara und ihrem Bruder. Um Mitternacht endlich erscheint der letzte Gast, über den sich die Kinder besonders freuen, ihr Taufpate Onkel Drosselmeyer. Er zaubert die schönsten Geschenke aus seiner schwarzen Tasche: einen Harlekin, eine Colombine[40], einen Soldaten und einen Kaufmann. Er zieht die Puppen auf und sie tanzen, als ob sie lebendig wären. Aber das schönste Geschenk für Clara ist eine Figur aus Holz, ein Nussknacker. Er ist wie ein Soldat gekleidet und hat einen riesigen Mund für die Nüsse, den man auf- und zumachen kann. In der Nacht wacht Clara auf und schleicht die Treppe zum Wohnzimmer hinunter. Alle Puppen, die Spielsachen und Süßigkeiten sind lebendig: der Nussknacker kämpft tapfer gegen eine Schar von Mäusen. Clara hilft ihm. Die Zuckerfee und ihr Prinz geben ein Fest für Clara und den Nussknacker. Alles tanzt: die Zuckerfee, die Soldaten und sogar die Schokolade und die Zuckerstangen. Am nächsten Morgen wird Clara wach und merkt, dass sie im Zimmer in ihrem Bett liegt.*

Heinrich Kleist schreibt in der Schrift „Über das Marionettentheater" von der beeindruckenden Leichtigkeit, Anmut und Grazie der Bewegungen einer Marionette:

> *Ein Tänzer erzählt fasziniert von den Bewegungen einer Marionette. „Er versicherte mir, dass ihm die Pantomimik dieser Puppen viel Vergnügen machte, und ließ nicht undeutlich merken, dass ein Tänzer, der sich ausbilden wolle, mancherlei von ihnen lernen könne... jede Bewegung, sagte er, hätte einen Schwerpunkt; es wäre genug, diesen in dem Innern der Finger zu regieren; die Glieder, welche nichts als Pendel wären, folgten, ohne irgendein Zutun, auf mechanische Weise von selbst."*

## Die Musik des Tanzes

*Peter Tschaikowsky (1840 – 1893): 'Tanz der Zuckerfee' aus der 'Nußknackersuite' (CD Nr. 14)*

Die Musik ist als A-B-A Form strukturiert mit 4 Takten als Vorspiel, welches die Streicher mit gezupften Akkorden gestalten.

Im 16-taktigen **A-Teil** wird dreimal derselbe 4-taktige Rhythmus von der Celesta vorgestellt, das 2. Mal jedoch mit veränderter Melodieführung. In den letzten 4 Takten wird der A-Teil mit Hilfe des Anfangsmotivs ♩ ♫ ♩ ♩ zum Ende geführt.

Der **B-Teil** beginnt mit einem Wechselspiel: Auf eine ruhige, schlichte Melodie im legato von Klarinetten und Fagotten reagieren die Bratschen mit einem schnellen staccato (jeweils 2 Takte). Dieser Wechsel wird

---

40: Ein Harlekin ist so etwas wie ein Hofnarr und die Colombine ist seine eitle Freundin. Beides sind Figuren aus der italienischen Commedia dell' arte.

direkt wiederholt. Klarinetten und Holzbläser spinnen ihr Motiv noch 4 Takte lang weiter, bis in den letzten 4 Takten des B-Teils die Celesta mit „schillernden" Arpeggien erneut zum A-Teil überleitet.

An die Stelle von Tschaikowskys Musik kann eine von den Kindern mitgebrachte Musik treten. In diesem Fall erhält die Gestaltung dann vielleicht weniger den Charakter von tanzenden Puppen, sondern eher von Puppen, die zu einem ausgelassenen Tanz verzaubert werden.

**Aufbau der Musik:**

|  | Vorspiel | 1. Teil | 2. Teil | 3. Teil |
|---|---|---|---|---|
| Form |  | A | B | A |
| Takte | 4 | 16 | 16 | 16 |

### Tanz der Zuckerfee

Peter Tschaikowsky

## Tanzbeschreibung

**Im Überblick:** Die Musik von Tschaikowsky stellt nur einen Teil des hier beschriebenen Tanzes dar. Die Gestaltung setzt sich zusammen aus darstellendem Spiel ohne Musik, einem Wechselspiel von Klang und Bewegung und einer aus der Improvisation heraus entwickelten Gestaltung zum *Tanz der Zuckerfee*.
Ap: Die Kinder stehen paarweise am Rand des Raumes, eins der beiden spielt die Puppe, das andere den „Puppenspieler". Bei jedem Paar liegt ein Instrument oder anderer Geräuscherzeuger bereit.

**1. Teil: die verflixten Puppen**

Die Puppe wird vom Spieler in die Mitte des Raumes geführt, geschleppt, gezogen oder getragen, dorthin, wo sich die Spielfläche oder das zu gestaltende Schaufenster befindet. Die Puppen werden behutsam in unterschiedliche Haltungen gebracht. Kaum haben die Akteure den Puppen den Rücken zugekehrt und sich am Rand des Raumes wieder aufgestellt, sinken sie in sich zusammen. Auch ein zweiter Versuch scheitert. Sowie die Puppen wieder aufgestellt sind und die Akteure die Spielfläche verlassen haben, sacken sie erneut zusammen, diesmal jedoch in Einzelteilen: eine Hand, der Kopf, ein Arm, die Schultern, der andere Arm, der Rücken, ein Knie knickt ein, bis schließlich die ganze Puppe zu Boden sinkt.

**2. Teil: vom Klang verzaubert**

Nun helfen nur noch andere Mittel: Klänge sollen die Puppen am Zusammenbruch hindern und mehr noch, sie zum Leben erwecken. Mindestens drei deutlich unterschiedliche Klänge wurden vorher ausgewählt, auf die alle Puppen gleichzeitig in vorher festgelegter Weise reagieren (z. B. Rasseln=Hände schütteln, Reiben auf einem Glas=Schwanken des ganzen Körpers...).

Damit nun jeder Akteur einmal zum Spielen kommt, erhält jedes Kind ein Instrument. Je weniger Klänge festgelegt werden, desto mehr Kinder erhalten dasselbe Instrument. Die Akteure spielen reihum ihre Klänge, auf die alle Puppen reagieren. Dabei ist es interessant, eine klanglich reizvolle Reihenfolge festzulegen.

**3. Teil: Tanz der Puppen**

In Improvisationen wurde Bewegungsmaterial entwickelt, welches einzelnen Teilen der Musik von Tschaikowsky zugeordnet und zu einem Tanz gestaltet wird. Puppen und Spieler tanzen gemeinsam ihren selbst entwickelten Tanz (Im Kapitel *Von der Improvisation zur Tanzgestaltung* finden sich Hinweise zur Gestaltung eines Tanzes). Mit dem Ende des Tanzes ist auch der Zauber der Musik zu Ende. Zum Nachspiel der Musik halten die Puppen wieder still. Sie sinken in die Arme ihrer Spieler und werden (der Dauer des Nachspiels angepasst, eventuell über Umwege) weggeschleppt.

## Wege zum Tanz

In den Kapiteln *Körperteile* und *Gelenke* finden sich weitere Spiele und Übungen zu diesem Thema.

### Aufziehspielzeug

Einige Kinder haben sicher aufziehbares, motorisiertes oder fernsteuerbares Spielzeug, das sie in den Unterricht mitbringen können: eine Puppe, die tanzen kann, einen Hund, der Beine und Kopf bewegt oder einen Roboter, der gehen kann. Beim Nachahmen solcher Bewegungen versuchen die Kinder, nur die einzelnen Körperteile zu bewegen und so wie das Spielzeug andere Körperteile still zu halten.

### Monster, Roboter und Barbiepuppen

Viele solcher Figuren haben mehrere Gelenke, die man einstellen kann. Eine Figur wird in eine Stellung gebracht, die von allen imitiert wird.

Nun darf auch ein Kind die Rolle einer Puppe übernehmen. Es stellt sich in die Mitte, und reihum nimmt jeder eine Haltungsänderung an der „Puppe" vor. „An welchen Stellen lässt sich unsere Puppe bewegen? Lassen sich Rücken oder Arme ohne weiteres nach hinten biegen?" Die Grundspannung der „Puppe" ist dabei gerade so hoch, dass die vorgenommene Bewegungsänderung beibehalten werden kann. Ist die Spannung zu hoch, lässt sich die Puppe nur schwer bewegen und die Kinder können nicht feststellen, wann die physiologische Grenze des Bewegungsumfangs erreicht ist. Bei Kindern mit sehr hoher Grundspannung können Übungen wie das passive Bewegtwerden am Boden helfen, eine Bereitschaft zu geringerer Körperspannung zu entwickeln (*Wie Puppen bewegt werden*, S. 51).

Sehr einleuchtend wird das Problem auch, wenn der Lehrer sich mit sehr hoher Spannung hinstellt und einzelne Kinder vergebens versuchen, Veränderungen bei ihm vorzunehmen. Als Kontrast dazu steht er mit sehr geringer Spannung, so dass jedes Mal, wenn die Kinder einen Arm heben, dieser wieder fällt. Solche Demonstrationen machen oft schnell und ohne langes Üben verständlich, welcher Spannungszustand angemessen ist.

Hier kann sich ein Gespräch über Funktion und Bewegungsmöglichkeiten von Gelenken anschließen (siehe S. 44). Verschiedene Stellen werden gesammelt, an denen sich der Körper bewegen kann. Dabei bewegt sich nur ein einziger Körperteil, der benachbarte bleibt still. Nur so lässt sich der tatsächliche Bewegungsumfang untersuchen. Je intensiver und sorgfältiger probiert wird, desto mehr Vielfalt und Ideen können die Kinder in späteren Improvisationen entwickeln.

### Variation:

Wieder nehmen die Kinder reihum Veränderungen an einer „Puppe" vor. Diesmal nennt der Lehrer die Körperteile oder Gelenke, die verändert werden sollen. Auf diese Weise werden die Kinder mit neuen Begriffen vertraut und lernen, genau zu differenzieren.

### Schlenkerpuppen

Ganz anders verhalten sich Puppen mit labilen Gelenken wie z. B. „Schlummerle" mit weichen Stoffverbindungen zwischen Gliedmaßen und Rumpf oder vor allem auch Marionetten. Sie geben der Schwerkraft nach und fallen wieder zusammen, sobald sie losgelassen werden. Sie verhalten sich wie ein entspannter Körper. Diese Passivität können die Kinder entspannt auf dem Rücken liegend nachahmen.

Bevor dabei bewusst jedoch nur einzelne Gelenke bewegt werden, geht es zunächst nur um das Loslassen der Körperspannung. Die „Puppe" lernt, sich ganz dem Puppenspieler zu überlassen und eigene Mitbewegungen wahrzunehmen, der „Puppenspieler" lernt, behutsam und sanft vorzugehen und eventuelle Spannungsunterschiede der Puppe wahrzunehmen.

Auch hier können die Älteren nach sorgfältigem Vorüben zu zweit probieren.

Für die am Boden Liegenden ist es wichtig zu wissen, dass sie sich über unangenehme Bewegungen beschweren dürfen, aber ohne mit übertriebenem Schimpfen und Geschrei die eigene Empörung zu äußern.

### Die Puppen wegziehen

Das Bewegen der Puppen kann bei älteren, verantwortungsbewussten Kindern so weitergeführt werden, dass die Puppen von ihrem Platz weggezogen oder geschoben werden. Der Spieler nimmt einen Arm, umschließt das Handgelenk mit beiden Händen und verstärkt langsam den Zug, bis er die Puppe ein Stück durch den Raum zieht. Dasselbe kann mit einem am Fußgelenk gefassten Bein ausprobiert werden. Werden beide Arme der Puppe oberhalb des Kopfes gelegt, kann die eine Seite des Beckens gehoben und zur anderen Seite gekippt werden, so dass sie auf dem Bauch liegt. Der Griff sollte immer fest und sicher sein.

Besonders interessant ist es zu beobachten, wie sich der Zug oder Schub eines Körperteils auf den ganzen Körper auswirkt. Ein Kind, welches sich besonders gut entspannen kann, liegt mit geschlossenen Augen auf dem Rücken. Der Lehrer nimmt einen Arm und zieht ein wenig. Zunächst ist nur eine Dehnung und Streckung des Armes sichtbar. Wird der Zug verstärkt, so wirkt er sich sukzessiv auf den Körper auf: die Schulter folgt dem Armzug - der Kopf verschiebt sich in die Gegenrichtung und fällt je nach momentaner Lage auf die eine oder andere Seite - der Oberkörper verzieht sich diagonal - der andere Arm und schließlich auch Becken und Beine werden mit in die Richtung gezogen.

Ähnliches geschieht beim Ziehen eines Beines oder dem Verschieben des Beckens. Immer reagieren einige Körperteile auf Grund von Trägheit, Widerstand des Bodens und Schwerkraft zunächst in Gegenbewegung, bevor sie dem Zug folgen.

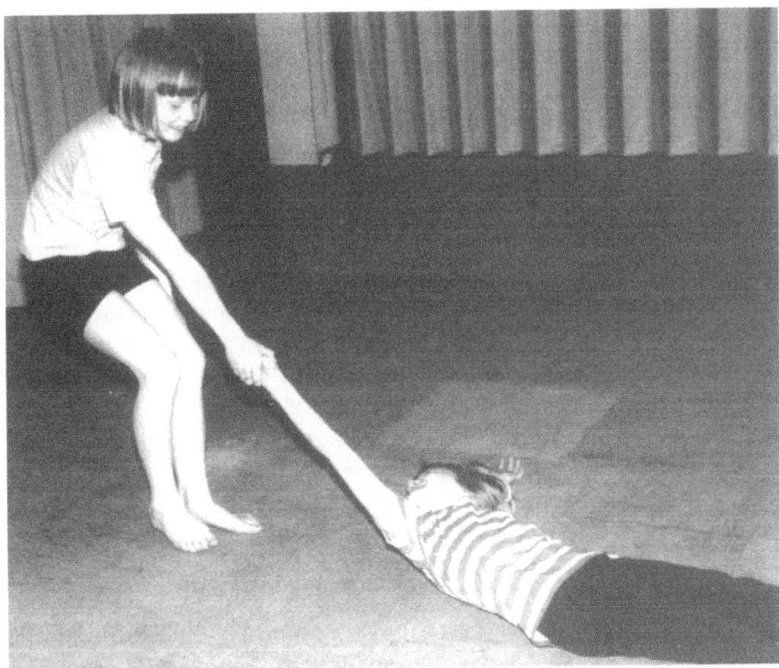

## Marionetten

Es ist gar nicht so leicht, sich vorzustellen, was passiert, wenn man an einem Faden der Marionette zieht. Anhand einer richtigen Marionette können es die Kinder im Unterricht beobachten: wird der Faden am Ellenbogen gezogen, bleibt der Unterarm entspannt, wird die Hand hochgezogen, bleibt der Ellenbogen zunächst hängen und folgt erst später der Hand.

Die Kinder stellen Marionetten dar. Alle Körperstellen, an denen sich Fäden befinden können, werden zuvor angefasst: z. B. Schultern, Ellenbogen, Handgelenke, Fingerspitzen, Knie, Zehen, Nase. Der Lehrer geht umher und zieht an einzelnen Fäden. Er hebt ein Knie und senkt es wieder, zieht beim nächsten den Faden an der Nase, so dass der Kopf sich je nach Zugrichtung hebt oder vorschiebt...

Ob diese Marionetten so lange stillhalten und abwarten können wie richtige Marionetten? Als Abschluß nach der ausdauernden Geduld lässt der „Marionettenspieler" alle Fäden los, so dass sie zu Boden fallen, oder eine lebendige Musik beendet das Spiel mit einem Marionettentanz.

Ältere Kinder können auch paarweise probieren.

• Bei diesem Marionettenspiel sind die „Puppen" aktiv, da sie selber die angedeutete Bewegung ausführen. Beim Verändern einer Haltung im Stand dagegen führt ein Partner die Bewegung aus, während die Aktivität der Puppe lediglich darin besteht, die Spannung zu halten. Wird die Puppe am Boden bewegt, ist die Passivität am höchsten, die Puppe überlässt sich ganz dem Spieler.

### Freies Tanzen

Nach konzentriertem Probieren tanzen alle frei zu Musik. Auf ein Signal des Lehrers
- bewegen sich nur einzelne vom Lehrer oder einem Kind angegebene Körperteile weiter: ein Bein, die Schultern, die Ohren, oder auch eine Hand mit dem Kopf...
- finden sich schnell nah beieinanderstehende Kinder zusammen. Auf Zuruf tanzen nur die Hände, die Arme, die Knie... der Partner miteinander.
- finden sich zwei Kinder zusammen, kleben mit einem von Lehrer oder Kindern genannten Körperteil zusammen (Elle, Beinaußenseite, Rücken, Stirn...) und tanzen gemeinsam weiter.

**Vom Klang geweckt**

Alle „Puppen" stehen reglos beisammen – entweder vom Lehrer aufgestellt oder in einer selbstgewählten Haltung. Nur durch Klänge können sie geweckt werden. Der Lehrer spielt möglichst unterschiedliche Klänge mit unterschiedlich langen Pausen dazwischen, die immer wieder andere Bewegungen hervorrufen (z. B. kurze Töne – kurze Bewegungen; ruhige lange Töne – gleichmäßig gleitende Bewegungen; rasselnde Klänge – Schütteln; ausklingender Ton – Impuls, der allmählich schwächer wird).

Alles kann als Klangerzeuger dienen: Instrumente, die Stimme, Tür, Fenster, Boden, Tröten, Ratschen, Gläser, Flaschen, Hammer, Nagel und Wecker. Die Kinder reagieren intuitiv und unmittelbar auf den Klang, ohne lange zu überlegen, so als seien sie wirklich vom Klang bewegt. Die unmittelbare Reaktion kommt oft dem Klang am nächsten. Schließen die Kinder dabei die Augen, so trifft der Klang sie ganz unvorbereitet. Die Reaktion erfolgt wie ein Reflex. Ist der Klang verklungen, ist auch keine Bewegung mehr zu sehen.

Ein anderes Mal können sich die Kinder vorstellen, der Klang entstünde im Körper. Er ist wie der Motor für die Bewegung. Der Klang stellt die Bewegung an und wieder aus. Bei dieser Vorstellung sind Bewegung und Klang noch enger beisammen, sie befinden sich an derselben Stelle im Körper.

Später spielen einige Kinder die Instrumente, während sich die übrigen dazu bewegen. Durch Blickkontakt oder Zeichen des Lehrers wird geregelt, wer an der Reihe ist. Anfangs spielen die Kinder möglicherweise Schlag auf Schlag oder rasseln unaufhörlich, ohne innezuhalten. Es ist jedoch nicht schwer, verständlich zu machen, dass Pausen ein ganz wichtiges Gestaltungsmittel und Spannungsmoment sind. Dadurch entstehen längere oder kürzere Unterbrechungen, in denen die Zuschauenden die Haltungen der Tänzer wahrnehmen können. Die Puppen werden überrascht von Klängen und verfallen nicht in eine Gleichförmigkeit. Unterschiedlich lange Pausen erhöhen die Aufmerksamkeit. Erfolgt alles im gleichen Maß und Tempo, schlafen Zuschauer und Akteure bald ein, oder werden unruhig und nervös.

Für den oben beschriebenen Tanz ordnen die Kinder jedem Klang eine bestimmte Bewegung zu, die die meisten besonders passend oder interessant finden.

• **Klang und Bewegung:** Verschiedene Instrumente und Klänge sprechen verschiedene Körperteile an – jedoch kann bei den einzelnen Kindern die Wahrnehmung durchaus verschieden sein. Zu einem dunklen, warmen Klang kommt kaum jemand auf die Idee, mit den Fingerspitzen zu wackeln. Hell klingende Holzschläge können verschiedene Körperteile ansprechen und kurze Bewegungen von Kopf, Händen, Schultern oder Armen auslösen. Jedesmal werden von diesen kurzen Klängen jedoch an der Peripherie liegende Körperteile angesprochen, denn für kurze präzise Bewegungen ist der Rumpf meistens zu träge. Er lässt sich eher von warmen, dunkleren oder auch von länger klingenden Klängen bewegen.

Auch die Spannung der Töne wird unterschiedlich empfunden. Das Reiben mit einem Finger auf dem Rand eines Weinglases z. B. kann als leicht und gelöst oder als gedrückt und gespannt wahrgenommen werden: leicht auf Grund des schwebenden Charakters, gedrückt vielleicht auch, weil die eigene Erfahrung sagt, dass zum Reiben auf dem Glas ein gewisser Druck notwendig ist. Bei der Instrumentenwahl ist es sinnvoll, unterschiedliche Körperteile und Bewegungsarten auszulösen.

Solange die Kinder die Ruhe haben, aufmerksam hinzuhören, merken sie selber, ob ihre Bewegung den Klang trifft oder nicht, besonders dann, wenn sie ihre Lösungen den anderen vorführen. Für Lehrer und Kinder ist es spannend, die unterschiedlichen Lösungen zu beobachten.

Wenn die Kinder die Klänge beschreiben, lernen sie, noch aufmerksamer hinzuhören und zu differenzieren. Sie können kurz, lang, hell, tief oder leise klingen; so wie die Sonne, die dunkle Erde oder der Wald; wie ein Hammerschlag, das Quietschen einer Tür oder wie eine Sirene; auch Farbassoziationen tauchen auf, wie: das Becken klingt gelb, die Trommel grau...

## Gestaltung eines eigenen Tanzes zum „Tanz der Zuckerfee"

In verschiedenen Aufgabenstellungen sind den Kindern Bewegungsmöglichkeiten bewusst geworden. Sie haben neue Bewegungen gefunden, die sie vielleicht noch nie durchgeführt haben. Die gewonnenen Erfahrungen und Anregungen bereichern die Improvisation zur Musik Tschaikowskys.

Die Kinder tanzen alleine oder mit anderen zur Musik. Der Lehrer beobachtet genau und merkt oder notiert sich interessante Bewegungen. Während des freien Tanzens fordert er hin und wieder die Kinder auf, Ideen anderer zu imitieren: „Schaut auf Lena und tanzt genau wie sie!" Gelegentliche Anregungen und Einschränkungen helfen bei der Suche nach neuen Ideen: „Wie können die Beine tanzen, wie die Arme? Könnt ihr euch zur Musik drehen oder auch langsamer/schneller tanzen? Könnt ihr ganz kleine und feine oder große und weite Bewegungen finden? Welche Möglichkeiten gibt es zu zweit, wie kann man sich anfassen?"...

Nach der Improvisation werden die gefundenen Ideen gesammelt und von allen ausprobiert.

## Zwei Kinder finden eine Bewegung

Zwei Kinder erfinden zusammen zur Musik kleine, kurze Bewegungsabläufe mit oder ohne Handfassung, die sie immer wiederholen, z. B. Drehungen am Platz, abwechselndes Pendeln mit dem rechten und dem linken Unterschenkel, kleine Schritte, Arm- und Kopfbewegungen... Eine oder zwei Möglichkeiten stellen sie anschließend der Gruppe vor. „Was hat euch an dieser Bewegung gefallen? Kann man diese Idee noch puppenähnlicher ausführen?" Bis zur nächsten Unterrichtsstunde kann nun der Lehrer die gefundenen Bewegungen einzelnen musikalischen Teilen zuordnen. Je nach Zielsetzung, Alter oder Zeit können Musik und Bewegung auch gemeinsam mit den Kindern einander zugeordnet werden. Möglicherweise hatten einige sogar eine genaue Vorstellung davon, zu welchem Musikteil ihre Bewegung gehört. Manche Bewegungen passen eher zu den Arpeggien der Celesta, andere zu dem rhythmischen Anfangsmotiv.

Gleiche musikalische Teile werden mit gleichen Bewegungen verbunden. Bei der Wiederholung des A-Teils können kleine Variationen bezüglich Gruppierung oder Raumweg vorgenommen werden. Die Puppen können im Kreis, verteilt, in einer Reihe... tanzen.

Mit dem Ende der Musik stehen die Puppen wieder still, der Zauber ist vorbei. Die Puppen werden von ihren Partnern von der Tanzfläche geführt, geschleppt oder gezogen.

*Figuren (Jens Jensen)*

# Peter und der Wolf

Ein Aufführungsprojekt mit Szene, Tanz und Musik für fünf- bis zehnjährige

## Die Gestaltungsidee

Grundidee der Gestaltung ist, dass nicht nur die sechs Hauptfiguren, nämlich Peter, der Vogel, die Ente, die Katze, der Großvater und der Wolf die Geschichte darstellen. Darüber hinaus hat eine Gruppe von mindestens zehn Kindern einen wesentlichen Anteil am dramatischen Geschehen. Sie unterstützt Stimmung und Ausdruck der Musik, verleiht Orten und Gegenständen der Handlung Gestalt (Mauer, Schlinge, Gras...) und stellt die Jägertruppe dar.

An der Gesamtgestaltung können also sowohl eine größere Gruppe von mindestens 16 Kindern beteiligt sein als auch zwei kleinere. Mit einer doppelten Besetzung der Solisten lassen sich Krankheitsfälle leicht lösen. Natürlich sollte in dem Fall mit einer zweiten Aufführung beiden Besetzungen ein Auftritt ermöglicht werden.

Jeder Figur der Geschichte sind ihrem musikalischen Thema entsprechend festgelegte Schritte zugeordnet, die immer dann „getanzt" werden, wenn in der Musik das Thema erklingt. Die Schritte entstehen aus Improvisationen der Kinder zur Musik (hilfreich ist es dabei, die Themen mehrmals hintereinander aufzunehmen), die durch immer neue Hinweise und Einschränkungen zur Entwicklung vieler Ideen angeregt werden. Daraus ergeben sich beispielsweise folgende „Tanzschritte":

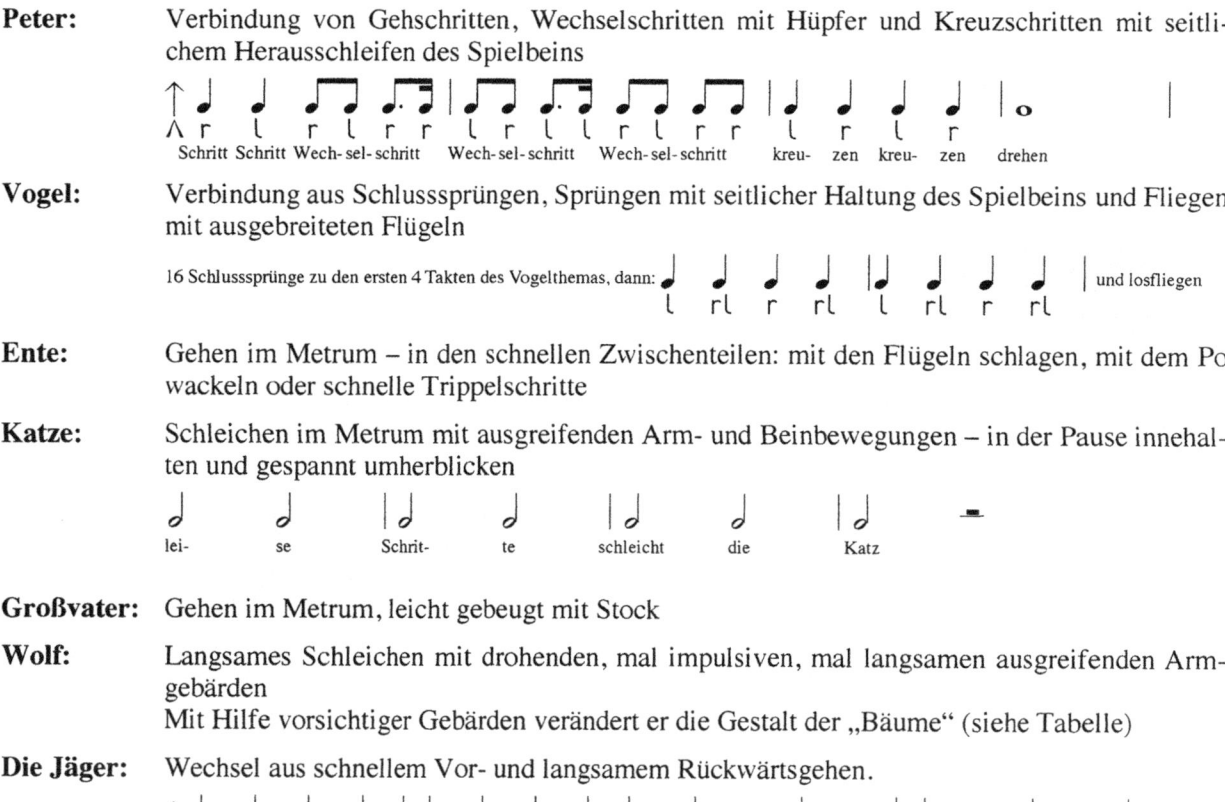

**Peter:** Verbindung von Gehschritten, Wechselschritten mit Hüpfer und Kreuzschritten mit seitlichem Herausschleifen des Spielbeins

**Vogel:** Verbindung aus Schlusssprüngen, Sprüngen mit seitlicher Haltung des Spielbeins und Fliegen mit ausgebreiteten Flügeln

**Ente:** Gehen im Metrum – in den schnellen Zwischenteilen: mit den Flügeln schlagen, mit dem Po wackeln oder schnelle Trippelschritte

**Katze:** Schleichen im Metrum mit ausgreifenden Arm- und Beinbewegungen – in der Pause innehalten und gespannt umherblicken

**Großvater:** Gehen im Metrum, leicht gebeugt mit Stock

**Wolf:** Langsames Schleichen mit drohenden, mal impulsiven, mal langsamen ausgreifenden Armgebärden
Mit Hilfe vorsichtiger Gebärden verändert er die Gestalt der „Bäume" (siehe Tabelle)

**Die Jäger:** Wechsel aus schnellem Vor- und langsamem Rückwärtsgehen.

Frauke, 7 Jahre

# Peter und der Wolf

| Text | Gestaltung der Gruppe | Gestaltung der Solisten |
|---|---|---|
| **1. Peter**<br>Früh am Morgen öffnete Peter die Gartentür und trat hinaus auf die große, grüne Wiese. | **Blumenreigen (große Blume):**<br>Die Kinder erheben sich aus dem Fersensitz zum Kreis mit Schulterfassung. Elemente ihres Tanzes: Drehen im Kreis mit Kreuzschritten und Führen der Arme nach außen und innen gleich einer sich öffnenden und schließenden Blüte. Mit Auftritt des Vogels hocken sie wieder am Boden. | **Peter** tanzt über die „Wiese" (siehe 'Motive der Figuren') und setzt sich vor das Haus. |
| **2. Der Vogel**<br>Auf einem hohen Baum saß Peters Freund, ein kleiner Vogel... | **Blumenreigen (Gänseblümchen):**<br>Die Gruppe wartet den Tanz des Vogels ab. Bei Erklingen von Peters Melodie erheben sie sich erneut zu einem Blumenreigen, diesmal etwas anders: Drehen mit Kreuzschritten in Tanzrichtung und gegen Tanzrichtung. Drehen mit zur Kreismitte gehobenen Armen (wie Blütenblätter) gegen Tanzrichtung. Mit Ende der Musik ziehen sie den Teich für den Auftritt der Ente in die Raummitte. | **Der Vogel** tanzt über die „Wiese", winkt am Ende seiner Melodie Peter zu, fliegt auf ihn zu und tanzt (bei Erklingen von Peters Melodie) mit ihm zusammen Peters Motiv im Wechsel mit spielerischen Elementen wie: Bockspringen, durch die Beine kriechen... Der Vogel fliegt auf den Baum, Peter läuft zum Haus und beginnt, mit einem Messer an einem Hölzchen zu schnitzen. |
| **3. Die Ente**<br>Aus dem Gebüsch am Zaun kam eine Ente angewatschelt... | **Steine**<br>Die Kinder hocken als Steine am Rand des Teiches. | **Die Ente** kommt mit Schwimmflossen angewatschelt, setzt sich an den Rand des Teiches und zieht die Schwimmflossen aus. |
| **4. Der Streit**<br>Als der kleine Vogel die Ente sah, flog er zu ihr hinunter... | **Wasser**<br>Sie heben und senken das Tuch, damit die Ente auf dem Teich schwimmen und „untertauchen" kann. | **Der Vogel** fliegt vom Baum, um den Teich, bis er neben der Ente landet und beginnt, mit ihr zu streiten. Ente und Vogel treffen sich mehrmals an einer anderen Stelle des Ufers und schimpfen miteinander. |
| **5. Die Katze**<br>Plötzlich machte Peter große Augen: Er sah die Katze durch das Gras schleichen... | **Gras**<br>Die Kinder verteilen sich als Gras um den Teich, Arme und Beine bewegen sich leicht im Wind. Mit Peters Ruf „Gib acht!" zieht sich jedes „vor Schreck" eng zusammen. Eine Weile bleiben sie so zusammengekauert am Boden liegen und formieren sich erneut an anderer Stelle zu einer Blume (Fersensitz). | **Die Katze** schleicht mit ihrem Katzenschritt durch das Gras und schließlich auf den Vogel zu und springt auf ihn zu. Der Vogel fliegt auf den Baum, die Ente zieht sich zur Mitte des Teiches zurück, während die Katze versucht, sie vom Rand des Teiches aus zu fangen. Schließlich gibt sie auf, schleicht mit Erklingen ihrer Melodie zum Baum („Lohnt es sich, so hoch hinaufzuklettern?...") und setzt sich vor den Baum, um mit einem Wollknäuel zu spielen. Die Ente hockt, nachdem die Gefahr vorbei ist, auf dem Teich, zieht ihre Flossen wieder an und putzt sich mit Kamm und Spiegel heraus, welche sie in einer Tasche bei sich trug. |

**6. Der Großvater**
Der Großvater kam heraus...

**Blumenreigen (kleine Blume)**
Die Kinder warten am Boden hockend, wenn der Großvater erscheint. Mit Erklingen von Peters Melodie erheben sie sich, um – wie schon am Anfang – ihren Blumentanz zu tanzen, dieses Mal der Melodie entsprechend etwas kürzer. Nach dem Tanz setzen sie sich wieder.

**Der Großvater** kommt aus dem Haus und versucht, in seinem gemächlichen Gehtempo Peter zu erwischen. Dieser jedoch läuft immer wieder davon, macht Faxen und neckt ihn auf immer wieder neue Art und Weise. Mit Erklingen von Peters Melodie ("Jungen wie er haben doch keine Angst vor dem Wolf") tanzt Peter seinen Tanz, während der Großvater am Rande stehend seine Pfeife raucht. Mit erneutem Erklingen der Großvatermelodie nimmt Großvater Peter bei der Hand, welcher sich unwillig mit einigen Umwegen über die Bühne ins Haus ziehen lässt.

**7. Der Wolf**
Wahrhaftig – kaum war Peter fort, da kam aus dem Wald der riesengroße, graue Wolf...

**Der Wald**
Die Kinder verteilen sich schleichend an den Rand des Teiches, wo sie schon einmal als Gras gelegen haben, und stellen die Bäume dar.

**Der Wolf** erscheint von hinten und bahnt sich seinen Weg durch den Wald. Dabei bleibt kein Baum, wie er war: Er verbiegt die "Äste" (Arme), beugt den "Stamm" nach unten, richtet andere wieder auf, kleine Bäume werden an einen anderen Ort gestellt... So schleicht er weiter nach vorne. Nicht einmal vor den Zuschauern macht er ganz Halt.
Die Katze klettert, nachdem sie zuerst aufgeregt hin- und hergelaufen ist, in den Baum.

**8. Wolf und Ente**
Die Ente schnatterte und kam aufgeregt aus dem Wasser heraus.

**Der Teich verschwindet**
Sobald die Katze auf den Baum klettert, setzen sie sich nebeneinander an den rechten Bühnenrand, um den Teich wegzuziehen, sobald die Ente den Teich verlassen hat.

**Der Wolf jagt die Ente** zunächst aus größerer Entfernung, jagt sie in jede Ecke des Raumes und versucht, ihr den Weg abzuschneiden, während die Ente aufgeregt um ihr Leben läuft. Schließlich packt er sie um den Bauch, die Ente legt sich auf den Rücken und lässt sich vom Wolf über die Bühne ziehen, bis beide hinter dem Baum verschwinden.

**9. Und so sah es nun aus**
Auf einem Ast saß die Katze, auf einem anderen der Vogel...

**Die Mauer**
...und der Wolf schlich immer um den Bau herum ..." Diese Worte geben das Stichwort für das Bilden der Mauer: Ein Kind nach dem anderen rennt zur gegenüberliegenden Raumseite und setzt sich mit gesenktem Kopf auf den Boden eng neben die anderen, so dass allmählich zwischen Haus und Baum eine Mauer entsteht.

**Der Wolf** schleicht um den Baum, nähert sich an, entfernt sich und versucht, einen der beiden zu erwischen.

**10. Peter erscheint**
Peter stand hinter der geschlossenen Gartenpforte...

**Die Mauer**

**Peter erscheint**, beobachtet die Lage, holt das Seil aus dem Haus, springt mehrmals über die Mauer oder steigt (je nach eigenem Gewicht und Größe der Kinder) hinüber und klettert langsam und etwas umständlich mit Hilfe eines Astes, den der Vogel ihm reicht, in den Baum.

189

**11. Vogel und Wolf**
„Flieg hinab und dem Wolf immer dicht an der Nase vorbei."…

**Mauer**

**Der Vogel neckt den Wolf**, entwischt ihm, lockt ihn in verschiedene Ecken und Winkel, schlägt Räder und Purzelbäume, wartet still ab, flattert und springt dann wieder… Mit den lauten akzentuierten Schlägen des Orchesters greift er impulsiv mit seinen Pranken nach dem Vogel („…während der Wolf wütend nach ihm schnappte"). Mit dem letzten Schlag vor Erklingen der Schlinge in der Musik springt er auf den Vogel zu und stürzt zu Boden.

**12. Die Schlinge**
Inzwischen hatte Peter eine Schlinge gemacht…

**Die Schlinge**
Die Kinder laufen in einem großen Kreis um den Wolf herum und bilden eine Schlinge um ihn herum. Ein Kind hat die reale Schlinge von Peter erhalten, legt sie dem Wolf um und hält ihn am Seil fest. Die anderen hocken sich hin und bedrohen ihn, indem sie zu den „Forteschlägen" der Musik beide Arme auf den Wolf zuwerfen. Ganz allmählich zieht sich die menschliche Schlinge zusammen, der Kreis wird enger, bis sich schließlich alle erheben und ihre Arme über den Wolf strecken.

**Der Wolf dreht sich in die Schlinge ein**, während er gleichzeitig umherspringt und die anderen bedroht.

**13. Die Jäger**
Da kamen die Jäger aus dem Wald.…

**Die Jäger**
Sie marschieren als Zweierreihe im „Jägerrhythmus", beim Schießen hocken sie sich hin. Nach Peters Aufforderung, nicht zu schießen, tanzen je zwei Kinder frei umher.

Während des Auftrittes der Jäger hält Peter den Wolf, der immer wieder versucht, Reißaus zu nehmen, und die anderen bedroht.

**14. Der Triumphzug**
Und nun stellt euch den Triumphzug vor…

**Triumphzug**
Wieder stehen die Jäger als Zweierreihe am Rand. Sobald sie im Text erwähnt werden, marschieren sie los: über die Bühne, durch den Zuschauerraum, durch die Tür hinaus und durch eine andere wieder hinein… Sie unterbrechen immer dann ihren Marsch, wenn ein Solist hinzutritt (Großvater, Katze, Vogel, Ente). Mit den letzten Takten der Musik rennen alle Beteiligten hinaus.

Peter ist der erste, der auftritt. Seine bekannte Schrittfolge tanzt er nun viel langsamer, größer und pathetischer. Der Reihe nach kommen die anderen Solisten hinzu, treten vor die Zuschauer, um sich dann dem Zug anzuschließen. Am Schluss kommt auch die Ente noch einmal hinter dem Baum hervor.

## Die Bühne

Ein großer, auf zusammengenähten Bettlaken gemalter Baum wird an einer Tafel oder Stellwand befestigt. Tisch und Stuhl hinter dem Baum ermöglichen den Kindern, auch in den höheren Regionen des Baumes hinter ihm hervorzuschauen. Dient ein Gestell als Halterung des Lakens, so können mit Hilfe von Schlitzen im Geäst die Figuren im Baum sichtbar werden und aus ihm herausgreifen.

Mit Begeisterung werden die Kinder Ideen zur Bühnengestaltung entwickeln: ein kleines Haus aus dem Kinderzimmer oder Garten für Peter und den Großvater oder ein selbstgemaltes Fenster auf einem Laken mit Blumen und Vorhängen; eine selber herangezogene, kleine Kastanie oder Blumen für die Wiese. Wenn der Wolf aus dem Wald kommt, muss es dunkler werden oder plötzlich ganz hell, wenn die Katze auf den Vogel zuspringt. Dem Wolf wird ein Photo von der Ente umgehängt, nachdem er sie gefressen hat...

## Eine Aufführung mit live Musik

Eine ganz besondere Herausforderung ist eine live gespielte Musik mit Orchester, Blockflötenensemble oder Klavier, bei der noch unmittelbarer und lebendiger als bei einer Einspielung vom Band eine Beziehung zwischen Hörern und Musik entstehen kann. Die Kinder haben dabei die Möglichkeit, die Dialoge selber zu sprechen, was ihre Präsenz und Identifikation mit der Rolle erheblich erhöhen kann. Alle Sprechstellen werden möglichst am Bühnenrand zum Publikum hin gesprochen.

## Die Proben

Wird ein und dasselbe Stück von verschiedenen Gruppierungen eingeübt und gestaltet, ergibt sich immer wieder die Frage nach der Koordination zwischen den einzelnen Gruppen und Rollen. Gruppengestaltungen können von allen erarbeitet werden. In den ersten Probenphasen sind alle an der Entwicklung von Schrittmustern, Gestaltungselementen, szenischen Situationen beteiligt, wie z. B.: Wie könnte der Vogel tanzen? Wie neckt der Vogel den Wolf oder Peter den Großvater?

Für alle Paarszenen (Peter – Vogel, Vogel – Ente, Ente – Katze, Großvater – Peter, Ente – Wolf, Vogel – Wolf) können alle Kinder zu zweit in Improvisationen Ideen entwickeln. Beispielsweise agieren acht Wolf- und Vogelpaare gleichzeitig und entwickeln Ideen, wie der Vogel den Wolf ärgern und reizen kann. Interessante Ideen werden gesammelt und in die Geschichte eingebaut.

Nicht nur bei Sprechstellen, sondern auch im Spiel versuchen die Kinder schon möglichst früh während der Proben, zu einem imaginären Publikum oder einem zuschauenden Teil der Gruppe **Kontakt aufzunehmen**. Besonders die Kinder im Publikum fühlen sich dadurch angesprochen.

Durch das Bewusstsein für die Zuschauerperspektive lernen die Kinder ihre Rollen deutlich zu spielen. Sie gewinnen gleichzeitig Distanz zu ihrer Rolle, die ihnen ermöglicht, Gestaltungsmittel bewusst einzusetzen (z. B. eine reizvolle oder spannende Bewegung, die in einer anschließenden Pause nachwirken und sich dadurch erst richtig entfalten kann). Wird schon früh die Zuschauerperspektive zum Thema, lernen die Akteure, dass nicht alle ihre Ideen und Bewegungen von allen Seiten gleich gut zur Geltung kommen:

- Wackelt die Ente mit dem Po, so sollte sie sich seitlich zeigen.
- Auch ein gefährlicher Schlag des Wolfes mit seiner Pranke ist seitlich deutlicher erkennbar.
- Mimisches Spiel dagegen kommt nur von vorne gesehen zur Geltung.
- Alles, was hinter dem Haus und dem Baum passiert, ist für die Zuschauer nicht sichtbar.

Mit Spannung und Aufmerksamkeit beobachten die Kinder gegenseitig, aus welcher Perspektive einzelne Bewegungen besonders gut zur Geltung kommen.

Mit der Übernahme von kleinen, besonderen Rollen innerhalb der gesamten Choreographie wächst das Verantwortungsgefühl und der Stolz. Möglichst viele Kinder erhalten besondere Aufgaben, indem sie z. B. die Gruppe anführen, den Wolf halten, die Schlinge oder Mauer anführen, für gleichmäßige Verteilung der „Steine" am Teich sorgen...

Häufiges Üben eines komplexen Ablaufes ist nicht nur für Kinder dieses Alters anstrengend und ermüdend. Werden gelegentlich kleine Spiele oder Übungen eingeflochten, die in Beziehung zur Geschichte stehen, lassen sich die Kinder immer wieder neu ansprechen:

- Rollenspiele und Improvisationen
- Reaktionsübungen zur Bildung von Raumformen
- Aufgabenstellungen und Spiele zum Thema Tempo, Rhythmus und Takt
- aufmerksames Hören der Musik
- Malen zum Thema (für ein Bühnenbild)
- Vorlesen der Geschichte in Abschnitten
- Sprechübungen einzelner Kinder vor der ganzen Gruppe (deutliches Sprechen Ausdruck der Stimme, Körperhaltung und Gestik...)
- Zusammenstellung der Kostüme
- gegenseitiges Schminken
- eine Runde Gummibärchen für tapferes Proben
- Aufgabenstellungen, bei denen diejenigen eine führende Rolle übernehmen, die in der Geschichte keine eigene Rolle spielen
- Spiele, in denen die Kinder zur Ruhe kommen oder nach konzentrierten Phasen laufen können

*Peter auf der Wiese*

*Peter und der Vogel*

*Die Katze schleicht durch das Gras.*

_Der Wolf kommt aus dem Wald._

_Der Wolf in der Schlinge_

_gefangen!_

# HipHop – Streetdance

für acht- bis zwölfjährige

Tanzen mit einer Gruppe 8-10-jähriger, vorwiegend Jungen - tanzen? Kein Problem, denn eines ist den Jungen klar: Tanzen, das heißt Breakdance, Kraft zeigen, springen, rollen, Kopfstand, ein Handstand, aus dem man sich langsam sinken lässt, die Tanzenden anfeuern... Die Kinder werden nicht müde, ihre Kunststücke zu zeigen und eigene Musik mitzubringen. Doch nicht nur die „Akrobaten" unter den Kindern sind gefragt, auch gemäßigtere Schritte und Bewegungen finden Raum, bei denen der Begriff Streetdance naheliegender ist.

Entstanden in den Straßen schwarzer Armenviertel von New York gegen Ende der 70er Jahre, hat sich HipHop zu einer lebendigen Musikkultur in vielen Nationen, in vielen Sprachen, kombiniert mit verschiedensten Musikstilen, wie Reggae, Rock oder auch Klassik entwickelt. Zum HipHop gehört das Rappen und der Breakdance. Rappen, das rhythmische Sprechen mit oder ohne Musik, bedeutete zunächst, einen anderen verbal fertig zu machen und mit Flüchen, Drohungen, Beleidigungen in einen Wettstreit zu treten. Wer ist der Beste? - Eine Alternative zum Streit mit der Waffe. Die Texte erzählen von Gewalt, Sex, Drogen, dem alltäglichen Elend, von persönlichen oder auch politischen Inhalten.

Wie das Rappen so war auch der Tanz ein Wettbewerb: ein Tänzer, selten weiblich, mit akrobatischen, kraftvollen, auch wellen- oder maschinenartigen Bewegungen wird umringt, angefeuert oder bewundert von einer Gruppe Umherstehender, bis er vom nächsten Tänzer abgelöst wird.

## Die Musik

Das Tempo der Musik ist eher langsam (zwischen 75 und 100). Manche Stücke sind musikalisch sehr einfach aufgebaut: z.B. ein ein – viertaktiges Pattern von Schlagzeug und Bass, das immer wiederholt wird. Andere Stücke sind vielfältig gestaltet mit Klangeffekten, gesampelten und geloopten Klängen, gescratchten Rhythmen von ein oder zwei Schallplatten, komplexen Klangcollagen, mit Breaks, in denen die Musik schweigt, so dass nur noch der Rapper zu hören ist, mit melodischen Instrumentalteilen, einem gesungenen Refrain oder mit zwei Rappern, die einander abwechseln. Klangliche Vielfalt und abwechslungsreicher Aufbau machen die Musik zum Hören und Tanzen interessant und geben Orientierung bei der Entwicklung einer Choreographie. Bei der Auswahl der Musik sollte darauf geachtet werden, dass die Texte inhaltlich vertretbar sind. Rechtsradikale, allzu obszöne oder menschenverachtende Texte sollten nicht akzeptiert werden.

Die gewählte Musik wird gemeinsam nach Gestaltungsmitteln untersucht: Intro, Coda, hervorgehobene Textpassagen, Strophen, Refrain oder Chorus, Breaks, Wechsel von Instrumentierung oder Klangfarbe. Zum Üben und Improvisieren kann immer wieder auch andere Musik gewählt werden. Die Kinder freuen sich, wenn ihre mitgebrachten Stücke Anerkennung finden, und überdies bekommt durch den Wechsel der Musik das Üben und Improvisieren neue Anreize.

## Der Tanz

Durch die ausgesprochen rhythmische Ausrichtung ist HipHop sehr bewegungsanregend. Die einen finden sich besonders in akrobatischen Tanzeinlagen wieder – die anderen in der sorgfältigen Ausführung von Schritten und Armbewegungen.

Hier können nur einige Anregungen gegeben werden, die mit wenigen Worten beschreibbar sind. Nicht die kraftvolle, virtuose Variante des Breakdance, sondern die einfachere, auch mit Streetdance umschrieben, soll hier angedeutet werden. Inwieweit akrobatische, sehr schnelle und wellenartige Bewegungen einfließen, bleibt den Ideen der Kinder oder des erfahrenen Pädagogen überlassen. Bewegungsgefühl, Körperspannung, Ausführung, Kraft und Ausmaß der Bewegungen sind mit wenigen Worten kaum beschreibbar. Sehr anregend können Tanzeinlagen von Musikvideo-Clips der Programme MTV oder VIVA sein – dennoch sollten sich die Kinder vor allem ohne diese Vorbilder auf die Suche begeben.

In gemischten Gruppen sollte dem zumeist unterschiedlichen Bewegungsausdruck von Mädchen und Jungen Raum gegeben werden: den eher kraftvollen Bewegungen der Jungen ebenso wie den oft weicheren, tänzerischen der Mädchen. Beide können wunderbar voneinander profitieren, wenn es gelingt, verschiedene Anregungen zu verbinden und die Aufmerksamkeit auf das jeweils Andere und Fremde zu lenken.

Einige einfache Schrittmotive und Improvisationsaufgaben sollen Anregungen zur Gestaltung eigener Tänze geben. Auch aus der Aerobic bekannte Schrittmotive können einfließen, wenn der Ausdruck der Bewegungen und die Gestik der Arme dem Stil des HipHop angepasst werden. Die bloße Ausführung der Schritte lässt den Tanz noch nicht nach HipHop aussehen. Oft gibt es in der Gruppe Kinder, von denen die anderen profitieren können. Sollten die eigenen Bewegungen mit denen der Profis wenig Ähnlichkeit haben – im Mittelpunkt steht die Lust, zur Musik zu tanzen.

Grundform für das gemeinsame Üben ist der Kreis, um einen guten Kontakt untereinander herzustellen. Die gegenüberstehenden Kinder lernen in der Regel schnell, die Bewegungen *nicht* zu spiegeln. Wenn alle das Bewegungsmaterial kennen, kann mit anderen publikumswirksamen Aufstellungen experimentiert werden.

## *Aufgaben*

### Einstieg – Erste Begegnung

Eine von Lehrer oder Kindern ausgewählte Musik wird eingespielt. Alle stehen im Kreis und klatschen das Tempo mit. Andere Körperklänge werden gefunden, wie patschen, schnipsen, gegen Stirn/Brustbein/Schulter... schlagen. Körperklänge und dadurch entstandene Bewegungen können später in die Choreographie einfließen.

Nach den Händen nehmen die Füße das Tempo auf.

Mit leicht gegrätschtem Stand auf der Stelle „treten"; dabei zwischen den einzelnen Schritten in den Knien nachgeben wie ein kleines „Fallenlassen", als würde zwischen jedem Schritt das Becken ein Stück zu Boden sacken; im Oberkörper gelöst bleiben;
Das wird nicht allen Kindern gelingen. Wichtiger ist es, ein Gefühl für das Tempo der Musik zu entwickeln.

– Auf diese Art rechts und links im Kreis gehen, in die Mitte und zurück
– In einer Schlange hintereinander hergehen, wobei der „Anführer" das Gehen durch Armbewegungen oder Klanggesten ergänzt, die von allen imitiert werden;
ein Trommelsignal bedeutet Führungswechsel

### Kontakte

Nun gehen alle zur Musik durcheinander (!) im Raum verteilt. Bei Begegnung begrüßen die Kinder einander, indem sie eine Hand gegeneinander klatschen (frontal, oder eine von oben eine von unten; Bild). Durch weitere Varianten kann das Gehen im Tempo der Musik gefestigt werden:
– Ein Trommelschlag bedeutet vorwärtsgehen, zwei Schläge rückwärts, drei Schläge seitwärts.
– Welche Möglichkeiten gibt es seitwärts zu gehen?
– Ein Trommelschlag bedeutet alleine gehen, zwei Schläge zu zweit...
– Beim Gehen die Hände auf dem Rücken halten oder hinter dem Kopf. Welche Möglichkeiten gibt es noch?

### Die „Eins" finden

Der Lehrer beginnt, den Taktschwerpunkt zu klatschen, alle klatschen mit. Reihum findet nun immer ein Kind auf dem Taktschwerpunkt ein Geräusch, das von allen imitiert wird. Ein anderes Mal kann es eine Bewegung sein, mit dem Kopf, Armen...

**Variation:** Das Geräusch, das jeweils auf dem ersten Takt vorgemacht wurde, wird im darauffolgenden Takt von allen imitiert.

## Schrittmaterial

Je nach Fähigkeiten der Gruppe oder Dauer der Zusammenarbeit werden einfache oder komplexere Schrittkombinationen zusammengestellt. Im Wechsel von Improvisation der Kinder und Anregungen durch den
Lehrer können vielfältige Schrittmotive entstehen.

Die folgenden Schrittkombinationen basieren auf Gehschritten. Im Schritttempo getanzt ( ♩ ) geben die
Knie zwischen den Schritten nach (siehe S.195). Die Schritte beginnen immer mit rechts. Kinder, die
Schwierigkeiten mit der Unterscheidung von rechts und links haben, kleben einen roten Punkt auf das rech-
te Bein und einen blauen auf das linke, oder sie binden farbige Bänder um Hand- oder Fußgelenk. Die
Schritte können durch Arm- und Kopfbewegungen, Blickrichtungen oder Klanggesten bereichert werden
(z.B. klatschen auf der 2. und 4. Zählzeit, oder nur auf der vierten).

Einfach und dennoch spannend ist ein Wechsel zwischen Schritt- und Oberkörperbewegung, z.B.: auf einen
Takt mit Schritten folgt ein Takt mit Arm-/ Schulter- oder Kopfbewegungen.

Das Gelingen der Schritte ist ganz wesentlich von deutlichem Mitsprechen abhängig. Der Text unter den
Noten gibt dazu ein Beispiel. Wenn zur Übung auch die Kinder mitsprechen, hilft ihnen das sehr im Hinblick auf eine rhythmisch präzise Ausführung.

Die von Lehrer oder Kindern gefundenen Schrittmotive bilden die Bausteine, die zu vier-, acht- oder sech-
zehntaktigen Folgen kombiniert werden können.

**Beispiele:**

1.  3 Schritte vor, 1 Tupfschritt; ebenso zurück

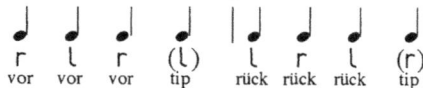

Die Tupfschritte (tip) können „normal" gesetzt werden, vor
dem Standbein kreuzend, mit ein-/ausgedrehtem Bein...

**Variationen:**
– ebenso als Nachstellschritt (vor, ran, vor, tip)
– ebenso seitwärts (seit, ran, seit, tip)
– ebenso im doppelten Tempo
– ebenso mit Kreuzschritten (seit, kreuz, seit, tip)
– zu den Schritten mit den Unterarmen einen vertikalen Kreis
 vor dem Bauch (1 1/2 Drehungen)
– ebenso in Verbindung mit einer ganzen Drehung r auf den
 ersten 3 Schritten

2.  Tupfschritte am Platz (seit, tip, seit, tip oder vor, tip, rück, tip)

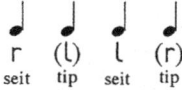

**Variationen:**
– 4-mal seit, tip, aber dabei vorwärts kommen;
 ebenso zurück
– ebenso einzelne oder mehrere Tupfschritte vor und zurück

3.  enge Seitschritte, wobei r Fuß abwechselnd einmal etwas
 vor und dann etwas nach hinten tritt;
 im Tempo der ♩ oder der ♪

4.  „Knie drehen" (Bild): die leicht gebeugten Knie im
 Rhythmus nach r und l drehen, mit enger oder leicht ge-
 grätschter Fußstellung; r und l bezieht sich hier auf die
 Ausrichtung der Knie nicht auf die Füße

5. 3 Schritte vor; dann aus der Schrittstellung 1/2 Drehung l (zur offenen Seite), wobei die Füße am Platz bleiben
   – ebenso, aber seitlich zum Publikum mit großen, schlacksigen Schritten, vorgeneigtem Oberkörper und ausschweifend gegenpendelnden Armen (Bild)

6. r kreuzt vor l, 1/2 Drehung l (Füße bleiben am Platz), 2 Schritte am Platz (r – l)

   kreuz  rum  ste - hen

7. Ganze Drehung aus einer gekreuzten Stellung: r kreuzt vor l, so dass r Fußballen links neben l Bein steht; dann eine Drehung l (Beine enden gekreuzt); in einer Verbindung:

   r     l     r    drehn,  r    (l)    l    (r)
   vor   vor  kreuz        seit  tip  seit  tip

8. r vor, tip, l rück, tip, Sprung auf r Fuß (etwas vor), linker Ballen 2-mal gekreuzt hinter r Fuß aufstoßen, 1 Drehung links (Füße bleiben am Platz), r Fuß ranstellen

   r    (l)    l    (r)    r    l     r   drehn  r
   vor  tip   rück  tip   hop tock  tock        ran

9. Wechsel von Schritt- und Oberkörperbewegung:
   – r Fuß vor, Schulterkreis rückwärts mit angewinkelten Unterarmen, l Fuß vor, Schulterkreis zurück (Bild)
   – 2 Schritte vor (♩ ♩), ein Beckenkreis (♩); ebenso zurück
   – seit, ran, eine Armbewegung, seit ran, eine Kopfbewegung

**Verbindung mit Sprüngen**

10. r Fuß vor, l Fuß tip, 2 oder 3 Standsprünge (♩ ♩ oder ♪♪♪ )

    r     l    rl   rl    rl
    vor  vor Sprung und ¹ Sprung

    – ebenso zurück
    – ebenso seitlich
    – jeweils mit dem Landen die Knie zuerst r, dann l und (bei 3 Sprüngen) wieder r wenden
    Die Sprünge erfolgen bequem mit Beinen in Hüftbreite (siehe auch Sprungvarianten)

11. 3 Schritte vor (der 3. endet neben dem l Bein), 1 Standsprung mit 1/4 Drehung r; 3-mal wiederholen, bis alle wieder frontal stehen

– ebenso, aber mit dem Sprung 1/2 Drehung; 2-mal wiederholen, bis alle frontal stehen

13. r Fuß kreuzt l, 1/2 Drehung l auf beiden Ballen,3 schnelle Standsprünge

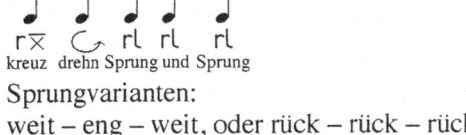

    kreuz  drehn Sprung und Sprung

    Sprungvarianten:
    weit – eng – weit, oder rück – rück – rück

14. r seit, l ran, Unterarme mit Halbkreis über oben nach l führen ⤵, mit 1 oder 2 Standsprüngen folgen;

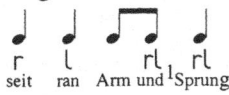

    r     l          rl    rl
    seit  ran  Arm und ¹ Sprung

    2-mal hintereinander durchführen:

---

1: Das „und" unter der 2. Achtelnote meint einen Sprung. Das Wort „Sprung" lässt sich schlecht dreimal hintereinander sprechen.

15. Sprung in die Tiefe, mit 3 Handbewegungen an einer imaginären Mauer wieder aufrichten (Bilder)

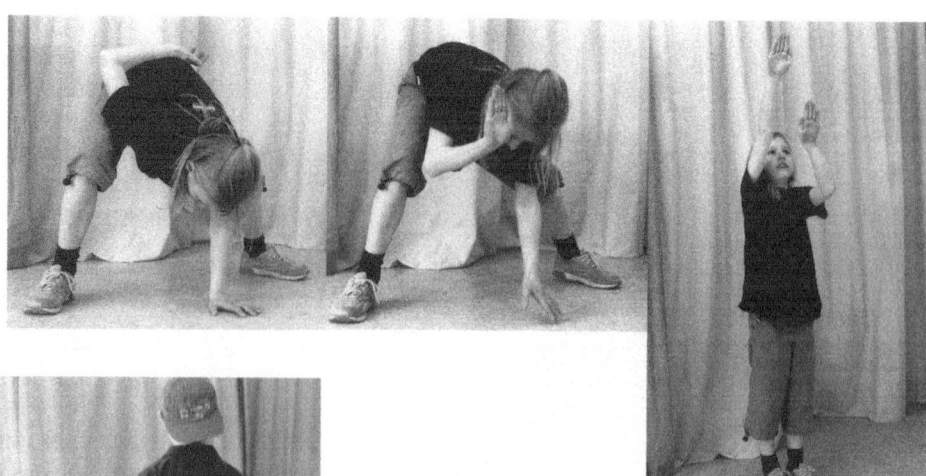

## Schritte erfinden

Mit verschiedenen Improvisationsspielen können die Kinder zum Erfinden eigener Bewegungen angeregt werden. Einige Spielformen sind auf den Seiten S. 93 ff beschrieben. Ältere Kinder können auch zu zweit oder zu dritt Motive entwickeln, die sie der Gruppe vorstellen. Aus geeigneten Vorschlägen der Kinder kann eine längere Sequenz zusammengestellt werden.

Schritte können variiert werden, z.B.:
– Füße zwischen den Schritten schleifen lassen; bei Schritten vor schleift z.B. der Fußspann über den Boden, bei Schritten rück die Ferse, bei Schritten seit die Fußinnenkannte;
– kleine oder auch ausschweifende Schritte, wobei die Arme deutlich gegenpendeln

## Sprünge erfinden

Die Kinder probieren zur Musik verschiedene Sprünge, während der Lehrer gelegentlich Anregungen gibt: „Dreht euch beim Springen, bewegt eure Arme, macht komische Sprünge, immer rückwärts springen"...
In eine musikalische Struktur gefasst, lässt sich wie folgt üben:
Zu Musik im Kreis stehend gehen die Kinder 6 Zählzeiten am Platz, die 7. und 8. wird geklatscht. Dann zur Musik frei im Raum: 6 Gehschritte und 2 Sprünge. Von Zeit zu Zeit werden neue Anregungen gegeben (s.o.). Unterstützend kann der Lehrer abwechselnd 6-mal schnipsen und 2-mal klatschen.

## Sprungvarianten

- bequemes Springen am Platz mit Landung in Hüftbreite
- in weiter und enger Position landen (2. und 1. Position im klassischen Tanz)
- abwechselnd weit, eng, weit springen
- Schrittsprünge, also von eine Schrittstellung in die andere, so dass einmal das rechte dann das linke Bein vorn ist.
- Mit 2 oder 3 Standsprüngen (in Hüftbreite oder leicht gegrätscht) vorwärts, rückwärts oder seitwärts kommen.
- Beim Rückwärtsspringen beide Ellenbogen nach hinten stoßen
- Im Sprung eine Richtungsänderung (1/4, 1/2 oder ganze Drehung)
- mit seitlich gedrehten Knien landen, so dass beide Knie einmal nach r, dann nach l zeigen, oder auch zueinander und voneinander weg
- Auch die Sprünge lassen sich mit interessanten Armbewegungen oder -haltungen kombinieren (s.u.).

## Schrittkombinationen:

Aus den oben beschriebenen Beispielen (1.–15.) lassen sich kleine Schrittfolgen zusammenstellen, die einem Teil der Musik zugeordnet werden, z.B.:

## Für die Jüngeren (vier Takte basierend auf Nr. 1):

Takt

1 – 2 seit, ran, seit, tip (beim Tippschritt klatschen mit Blick nach r); ebenso l

3 – 4 vor, vor vor, tip (mit Aufstoßen des Fußballens beim Tippschritt beide Hände nach links werfen, als wolle man einen Schrank wegstoßen);
ebenso rück, aber mit dem Tippschritt die Hände r werfen

Wird der letzte Tippschritt durch einen Standsprung mit 1/4 Drehung r ersetzt (Hände beim Absprung Richtung Schultern hochziehen und mit der Landung abwärtsstoßen), kann dieselbe Schrittfolge noch 3-mal mit neuer räumlicher Ausrichtung getanzt werden, so dass 16 Takte Musik gefüllt sind.

## Für die Älteren (acht Takte)

Takt

1 – 2 Nr. 4: vor, vor, vor, drehn; (2-mal )

3 – 4 Nr. 12: seit, ran, Arm und Sprung; (20–mal)

5 – 6 Nr. 7: vor, tip, rück, tip; hopp-tock-tock, drehn, ran

7 – 8 Nr.10 und 13: Schritt, Schritt, rechts-links-rechts; tief, Hand, Hand, Hand

## Gesten

Der Inhalt vieler Texte wird Kinder überfordern, oder ihnen fehlen die Berührungspunkte. Wenn eine Strophe jedoch Inhalte beschreibt, die für die Kinder nachvollziehbar sind, lassen sich leicht Gesten zu einzelnen
Worten finden und eventuell mit einfachen Schritten am Platz (seit–ran) verbinden.
Die Kinder finden Gesten zu charakteristischen Worten aus einer Strophe, hier z.B. aus, „Dont go away"
von Sweetbox (1998), die gegebenenfalls so variiert werden, dass sie interessant wirken.

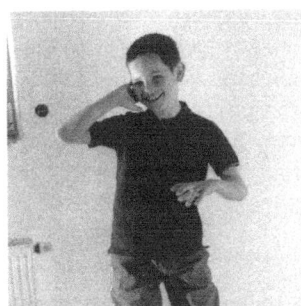   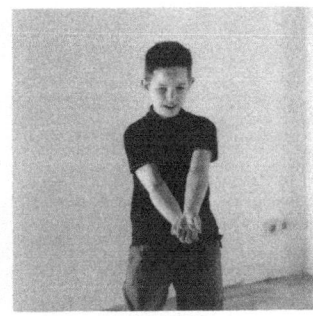

_Beauty_          _and the beast_          _we thought would never_          _make it throught._

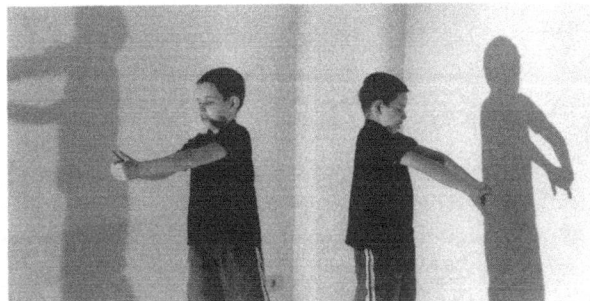  

_Good_          _and bad_          _never stopped me_          _from loving you._

## Arme

Armbewegungen können zunächst am Platz ausprobiert und früher oder später auch mit einfachen Schritten verbunden werden, z. B. mit Tupfschritten vorwärts oder seitwärts oder mit einfachen federnden Bewegungen: in leicht gegrätschter Stellung im Tempo der ♩ 2-mal mit Gewicht auf r Bein federn, 2-mal mit Gewicht aul l Bein federn (d.h. im Tempo der ♩ das Gewicht abwechselnd auf r und l verlagern);
Jetzt kommen die Arme dazu (im Tempo der ♪), z.B.:

- r Hand an Stirn, l Hand an Stirn, r Hand hoch, l Hand hoch
- r Arm vor, l Arm vor, r Arm senken, l Arm senken
  ebenso mit Armen nach rechts/ ans Kinn/ ans Brustbein...
  Mit den Kindern weitere „Ziele" im selben Rhythmus finden

- r Hand vor-, hoch- oder zur Seite strecken und mit der anderen Hand wieder zurückholen (Bilder oben)
- l Handrücken unter das Kinn, Kinn hoch schieben (zur Decke blicken), zurück, Arm senken
- r Handfläche an r Schläfe, l Handfläche an l Schläfe, Kopf r schieben und zurück, Arme senken (Bild Mitte links)
  In dieser Art können mit den Kindern weitere Bewegungen gefunden werden, in denen im Rhythmus (♩ ♩ ♫ ♩ ) Körperteile berührt oder verschoben werden.
- r Arm vorstrecken (Handfläche oben), l Hand ebenso auf r Hand legen, von Händen beginnend die Arme wie eine Schnecke zum Körper hin einrollen (Bild Mitte rechts); die Drehung weiterführen bis die Arme wieder vorgestreckt sind (Handrücken berühren sich); ebenso zurück;

### Armbewegungen erfinden

Die Kinder gehen zur Musik und bewegen dabei nur ihre Hände. Nach einer Weile auch Bewegungen mit den Armen finden.
In Kreisaufstellung beginnt ein Kind mit Armbewegungen zur Musik, alle greifen diese auf. Das nächste macht weiter...

### Die Arme spiegeln

Zwei Kinder stehen voreinander. A beginnt mit Armbewegungen zur Musik, B imitiert... Nach einer Weile zeigt A mit dem Finger auf seinen Partner, das bedeutet Führungswechsel.

### Solistische Einlagen

Zur Musik probiert die Hälfte der Kinder kleine Kunststücke am Boden, im Stand, auf Händen, Sprünge, Drehungen... Vorsicht, niemand soll schwierige Bewegungen nachmachen, die er sich nicht zutraut. Ein erfahrener Sportlehrer kann Hilfestellung geben. Die anderen, besonders der Lehrer, passen gut auf, dass nichts passiert und niemand den Übenden zu nahe tritt.

In Kreisaufstellung bewegen sich alle zur Musik mit einem einfachen Schrittmuster: r seit, l ran und mit dem Anstellen einmal klatschen; ebenso l... So werden die Solisten angefeuert. Ein Kind tritt in die Mitte und führt alleine etwas vor. Ob akrobatische Bewegungen oder einfache tänzerische Bewegungen, die den Kindern gerade einfallen - jeder tanzt, was er sich zutraut. Im Falle einer Aufführung öffnet sich der Kreis zu einem Halbkreis oder zu einer im Hintergrund stehenden Reihe, damit der Blick zu den Solisten frei ist.

Hier ist die Experimentierfreude der Kinder gefragt. Spannend wird es besonders dann, wenn die Kinder oder der Pädagoge Anregungen und Erfahrungen mitbringen. Ob es gefährlich werden kann? Im Alltag turnen, spielen und toben die Kinder auf dem Boden - ob Teppich oder Holz. Bezüglich möglicher Gefahren, muss jeder Pädagoge selbst entscheiden und Verantwortung übernehmen.

In einem großen Raum können die Kinder einzeln bestimmte Bewegungen üben, oder je zwei Kinder finden Bewegungen, die später in der Solistenrunde vorgestellt wird. Aus all diesen Versuchen werden einige interessante ausgewählt.

Die Solistenrunde kann auch dem *Üben* bestimmter Bewegungen dienen: Handstand, ein Rad, um die eigene Hand laufen (in gehockter Haltung r Hand auf den Boden stützen - um die Hand laufen, die linke Hand aufstützen, um l Hand laufen; die Körperfront bleibt nach vorne ausgerichtet).

# Gestaltungsmittel

Auch aus einfachen Bewegungungen kann ein interessanter Tanz entstehen, wenn verschiedene Gestaltungsmittel varriert werden. Einige Beispiele:

## Richtung:
den selben Ablauf nach vorne, hinten und zu den Seiten tanzen

## Tempo
- schnellere Schritte einflechten
- der rhythmischen Musik einige Takte Bewegungen in Zeitlupe entgegensetzen

## Tempowechsel-
Durch einen abwechslungsreichen Bewegungsrhythmus werden auch einfache Motive interessant. Da das Grundtempo des HipHop recht langsam ist, wecken plötzliche Tempowechsel von Schritt- oder auch Armbewegungen Aufmerksamkeit, z.B.:

♩ ♩ ♩ ♩ | ♫ ♫ ♫ ♫ | ♫ ♩ ♫ 𝄽 |
ge - hen  ge - hen  schnel-le Schrit-te schnel-le Schrit-te  seit ran Arm  seit ran Kopf

## Bewegungsstopps
über die Dauer von ein oder zwei Takten plötzlich in einer Haltung einfrieren

## Raum
- Bewegungen am Platz neben raumgreifenden Bewegungen
- Bewegungen am Boden neben Bewegungen im Stand

## Kontraste
- kleine Handbewegungen großen Armbewegungen gegenüberstellen
- schrittbetonte Kombinationen neben gestisch betonten oder gesprungenen Abschnitten
- eine einfache Bewegung langsam über zwei Takte ziehen (z.B. langsam den Körper aufrichten), danach schnelle kraftvolle Schritte

## Anfang und Ende
Ein interessanter Anfang steigert die Aufmerksamkeit für das Folgende, ein prägnanter Schluss lässt nochmals aufmerken, Beispiele:
- Beginn mit dem Rücken zum Publikum oder in Bauchlage-
- nach und nach von verschiedenen Seiten auftreten und in den Tanz einstimmen
- am Ende nach und nach aus dem Tanz aussteigen und abtreten oder hinlegen
- auf die Bühne rennen und gezielt die Ausgangsposition einnehmen
- ein Ende finden, das sich aus dem Textinhalt ergibt; Das ist besonders dann sinnvoll, wenn auch im Tanz Bezüge zum Text hergestellt werden.

## Aufstellungen
Je nach Aufstellung der Gruppe, kann ein Bewegungsablauf eine ganz andere Wirkung haben:
- freie Aufstellung mit Blick nach vorne
- eng als Block oder in Reihen
- jeder in einer anderen Ausrichtung (bei sicheren Kindern)
- eine Reihe kniend, dahinter eine zweite stehend
- zwei Blöcke zueinanderblickend oder mit Rücken zueinander
- ein Kreis (bei Publikum Halbkreis), in deren Mitte ein Solist tanzt

## Kanon
Eine Gruppe oder Reihe beginnt mit einer Schrittfolge, die zweite setzt wie bei einem gesungenen Kanon einen oder zwei Takte später mit der selben Folge ein. Dabei ist es spannend die Folge so zu planen, dass interessante Verschiebungen entstehen, z.B.:
- während die erste Gruppe nach vorne ausgerichtet ist, ist die zweite nach hinten gewandt
- während die erste Gruppe die Arme hochstreckt, laufen die anderen gebückt um ihre rechte Hand, die den Boden berührt...

**Beispiel:** Bei der folgenden aus zwei Teilen bestehenden Schrittfolge setzt die 1. Gruppe mit dem A-Teil ein, die zweite mit dem B-Teil. Zunächst üben alle die gesamte Folge. Erst wenn die Kinder beide Teile beherrschen, erfolgt ein versetzter Beginn: die im Kreis stehenden werden durchnummeriert (1,2,1,2...). Alle mit der Nr. 1 beginnen mit dem A-Teil, alle mit der Nr. 2 mit dem B-Teil. Das hat zur Folge, dass die Einser über die sich rollenden Zweier gehen (wenn nicht anders erwähnt immer mit r Fuß beginnen; wie immer ist beim Üben die Ausgangssituation der Kreis):

**A-Teil (4 Takte)**

Takt

1 2 Schritte vor ( ♩ ♩ ), in Rückenlage auf den Boden legen und Arme nach hinten strecken ( ♩ )

2 nach links rollen und seitlich zusammen ziehen ( 𝅝 )

3 aufstehen ( ♩ ), r Handfläche nach r, l Handfläche nach r ( ♩ ♩ )

4 r Fuß seit, l Fuß ran, r Fuß seit, l Fuß ran, dabei die Unterarme vor dem Körper einmal r kreisen, einmal l kreisen

**B-Teil (4 Takte) ein Viereck abschreiten:**

1 4 Schritte rückwärts; nach dem letzten nach r wenden

2 4 Schritte vorwärts; nach dem letzten nach l wenden

3 4 Schritte vorwärts, der 4. Schritt ist ein Tippschritt

4 4 Schritte l seitwärts

Auch zwei hintereinander stehende Reihen können versetzt beginnen. Eventuell sollten dann im A-Teil die ersten zwei Schritte rückwärts erfolgen.

## Beispiel für den Aufbau eines Tanzes:

|      | Intro | Strophe | Chorus | Strophe | Chorus | Instrumentalteil | Strophe | Chorus | Coda |
|------|-------|---------|--------|---------|--------|------------------|---------|--------|------|
| Tanz | Boden | alle    | Solo   | alle    | Solo   | alle (Variation) | alle    | Solo   | Boden |

**Intro**: eng beieinander hockend ganz langsam erheben und in die Ausgangsposition für den Tanz begeben.

**Strophe**: Schrittfolge von allen, eventuell bereichert durch Gesten, die den Text illustrieren

**Chorus**: Einzelne Solisten oder auch kleine Gruppen zeigen nacheinander kleine Bewegungsabläufe. Die in einer Reihe dahinter Stehenden begleiten die Tanzenden mit einfachen „seit-tip"-Schritten und schnipsen jeweils auf der 2. und 4. Zählzeit. Die Bewegungen der Gruppe sollen so klar sein, dass den Einzeltänzern nicht an Aufmerksamkeit genommen wird.

**Instrumentalteil**: Eine Bewegungsfolge von allen, die sich durch Tempo, Aufstellung oder Bewegung deutlich von denen der Strophe unterscheidet.

**Coda:** Mit dem Ausklingen der Musik steigen nach und nach einzelne Kinder aus, indem sie sich auf den Boden legen. Die Übrigen tanzen weiter, ohne an Bewegungskraft nachzulassen.

# Literatur

Arbeau, Thoinot: Orchesographie, Langres 1589; englische Übersetzung von Mary Stewart Evans, New York 1967.
Ayres, A. Jean: Bausteine der kindlichen Entwicklung, Berlin, Heidelberg 1992.
Barlin, Anne Lief: Fliegen möcht ich, 1982.
Baumann, Hartmut/Reim, Herbert: Bewegungslehre, Frankfurt am Main 1984.
Brooks, Charles V. W.: Erleben durch die Sinne „Sensory Awareness“, Paderborn 1979.
Calais-Germain, Blandine: Anatomie der Bewegung; deutsche Ausgabe: Wiesbaden 1994.
Czerwinski, Albert: Die Tänze des 16. Jahrhunderts und die alte französische Tanzschule vor Einführung des Menuett, Danzig 1878.
Dorn-Last, Femke van: Volkstanz lehren und lernen, Seelze-Velber 1994.
Feldenkrais, Moshe: Die Feldenkraismethode in Aktion; deutsche Ausgabe: Paderborn 1990.
Fritsch, Ursula: Tanzen, Reinbek bei Hamburg 1985.
Gaß-Tutt, Anneliese: Tanzkarussell 1, Boppard, Salzburg 1972.
Gaß-Tutt, Anneliese: Tanzkarussell 2, Boppard, Salzburg 1978.
Haselbach, Barbara/Nykrin, Rudolf/Regner, Hermann: Musik und Tanz für Kinder (Musikalische Grundausbildung), Mainz 1990.
Haselbach, Barbara/Nykrin, Rudolf/Regner, Hermann: Musik und Tanz für Kinder (Unterrichtswerk zur Früherziehung), Mainz 1985.
Haselbach, Barbara: Improvisation Tanz Bewegung, Stuttgart 1979.
Haselbach, Barbara: Tanz und Bildende Kunst, Stuttgart 1991.
Haselbach, Barbara: Tanzerziehung (Grundlagen und Modelle für Kindergarten, Vor- und Grundschule), Stuttgart 1971.
Hoghe, Raimund: Pina Bausch, Frankfurt am Main 1986.
Humphrey, Doris: Die Kunst, Tänze zu machen; deutsche Ausgabe: Wilhelmshaven 1985.
Humphrey, Doris: Tanztechnik; deutsche Ausgabe: Frankfurt am Main 1986.
Kjelltup, Mariann: Bewußt mit dem Körper leben (Eutonie: Durch Spannungsabbau zu Harmonie und Wohlbefinden), München 1980.
Klöppel, Renate/Vliex, Sabine: Helfen durch Rhythmik (Verhaltensauffällige Kinder – erkennen, verstehen, richtig behandeln), Freiburg im Breisgau 1992.
Knebel, Karl-Peter: Funktionsgymnastik, Reinbek bei Hamburg 1985.
Kraus, Hildegard: Johann Kresnik (Regie im Theater), Frankfurt am Main 1990.
Kuckart, Judith/Aufenanger, Jörg: Eine Tanzwut – Das Tanztheater Skoronel, Frankfurt am Main 1989.
Laban, Rudolf von: Der moderne Ausdruckstanz in der Erziehung, Wilhelmshaven 1988.
Laban, Rudolf von: Die Kunst der Bewegung, Wilhelmshaven 1996.
Langeloh, Hinrich: Renaissance-Tänze der Orchesographie nach Thoinot Arbeau, Brensbach 1993.
Liechtenhahn, Rudolf: Ballettgeschichte im Überblick, Wilhelmshaven 1990.
Mahler, Madeleine: Kreativer Tanz, Bern 1979.
Mahler, Madeleine: Tanz als Ausdruck und Erfahrung, Bern 1987.
Marhun, Heinz: Wie fang’ ich’s an? (Methodische Handreichungen der Tanzvermittlung), Boppard 1986.
Matzen, Anneliese: Ballett für Kinder (Aller Anfang ist schwer), Neuss 1982.
Meyerholz, Ulrike/Reichle-Ernst, Susi: Einfach Lostanzen, Bern 1992.
MGG (Die Musik in Geschichte und Gegenwart), hrsg. von Friedrich Blume, Kassel 1989.
Mißmahl, Inge: Gymnastik (Technik, Training, Taktik), Reinbek bei Hamburg 1980.
Mißmahl, Inge: Jazztanz (Technik, Training, Taktik), Reinbek bei Hamburg 1978.
Müller, Renate: Rock- und Poptanz mit Kindern und Jugendlichen, Kassel 1992.
Pauli, Sabine/Kisch, Andrea: Was ist los mit meinem Kind? Bewegungsauffälligkeiten bei Kindern, Ravensburg 1992.
Prokofjew, Sergej: Peter und der Wolf, Berlin 1992.
Rameau, Pierre: Le maitre à dancer, Paris 1725.
Royal Academy of Dancing: Mein Ballett Unterricht, Wilhelmshaven 1984.
Rywerant, Yochanan: Die Feldenkraismethode (Lehren durch die Hände); deutsche Ausgabe: Heidelberg 1985.
Schlicher, Susanne: Tanztheater, Reinbek bei Hamburg 1987.
Schmolke, Anneliese/Langhans, Herbert: Europäische Tänze in der Schule, Wolfenbüttel und Zürich 1976.
Taubert, Karl Heinz: Höfische Tänze (Ihre Geschichte und ihre Choreographie), Mainz 1968.
The New Grove (Dictionary of Music and Musicians), hrsg. von Stanley Sadie, New York 1980.
Veilhan, Jean-Claude: Die Musik des Barock und ihre Regeln, Paris 1977.
Vogel, Antje: Das große Buch für die kleine Tänzerin, Münster 1979.
Weineck, Jürgen: Optimales Training (Leistungsphysiologische Trainingslehre unter besonderer Berücksichtigung des Kinder- und Jugendtrainings), Erlangen 1990.
Zimmer, Renate: Handbuch der Bewegungserziehung (Didaktisch-methodische Grundlagen und Ideen für die Praxis), Freiburg im Breisgau 1993.
Zimmer, Renate: Spielformen des Tanzens (Vom Kindertanz bis zum Rock’n Roll), Dortmund 1988.